肇庆学院学术著作出版资助金资助

|光明社科文库|

明代科举士子备考研究

吴恩荣 ◎ 著

光明日报出版社

图书在版编目（CIP）数据

明代科举士子备考研究 / 吴恩荣著. -- 北京：光明日报出版社，2020.6
ISBN 978-7-5194-5789-1

Ⅰ.①明… Ⅱ.①吴… Ⅲ.①科举制度—研究—中国—明代 Ⅳ.①D691.348

中国版本图书馆 CIP 数据核字（2020）第 096484 号

明代科举士子备考研究

MINGDAI KEJU SHIZI BEIKAO YANJIU

著　　者：吴恩荣	
责任编辑：曹美娜　朱　然	责任校对：刘浩平
封面设计：中联学林	责任印制：曹　净

出版发行：光明日报出版社
地　　址：北京市西城区永安路 106 号，100050
电　　话：010-63139890（咨询），010-63131930（邮购）
传　　真：010-63131930
网　　址：http://book.gmw.cn
E - mail：caomeina@gmw.cn
法律顾问：北京德恒律师事务所龚柳方律师
印　　刷：三河市华东印刷有限公司
装　　订：三河市华东印刷有限公司
本书如有破损、缺页、装订错误，请与本社联系调换，电话：010-63131930

开　　本：170mm×240mm	
字　　数：300 千字	印　　张：19
版　　次：2020 年 6 月第 1 版	印　　次：2020 年 6 月第 1 次印刷
书　　号：ISBN 978-7-5194-5789-1	
定　　价：98.00 元	

版权所有　　翻印必究

目 录
CONTENTS

引 言 ·· 1
  第一节　明代科举研究现状 ··· 1
  第二节　文献综述 ·· 13

第一章　明代举业 ·· 20
  第一节　明代举业 ·· 20
    一、举业内容 ··· 20
    二、士子习举 ··· 38
  第二节　明人举业观 ··· 43
    一、士子的习举环境 ·· 44
    二、明人举业观 ·· 47
    三、士子的习举动机 ·· 54

第二章　士子身份与乡试资格考试 ·· 60
  第一节　科举士子身份及入试限制 ·· 60
    一、科举士子身份 ··· 61
    二、科举入试限制 ··· 77
  第二节　乡试资格考试 ·· 92
    一、考试源流 ··· 92
    二、主试者 ·· 99
    三、考试方式 ··· 107
    四、考试详情 ··· 112
    五、考试作用 ··· 123

  六、清朝承袭与明代科举的层级 ………………………………… 126
第三章　备考场所 ………………………………………………… 130
  第一节　官方学校 ………………………………………………… 130
    一、国子监 ……………………………………………………… 130
    二、地方儒学 …………………………………………………… 139
  第二节　非官方学校 ……………………………………………… 161
    一、书院 ………………………………………………………… 161
    二、其它 ………………………………………………………… 167
  第三节　明代科举中的学校地位反思 …………………………… 172

第四章　备考生活 ………………………………………………… 177
  第一节　备考内容 ………………………………………………… 177
    一、日立课程 …………………………………………………… 177
    二、时文 ………………………………………………………… 181
  第二节　备考方式 ………………………………………………… 189
    一、拜师 ………………………………………………………… 189
    二、立会结社 …………………………………………………… 196
  第三节　备考影响因素 …………………………………………… 204
    一、家庭 ………………………………………………………… 204
    二、地域 ………………………………………………………… 211
    三、生计 ………………………………………………………… 214

第五章　备考赴试 ………………………………………………… 220
  第一节　赴试 ……………………………………………………… 220
    一、赴试程序 …………………………………………………… 220
    二、赴试 ………………………………………………………… 228
  第二节　临场 ……………………………………………………… 236
    一、安顿住宿 …………………………………………………… 236
    二、冲刺与调适 ………………………………………………… 238
    三、拟题与请谒 ………………………………………………… 240
    四、入试准备 …………………………………………………… 243
  第三节　落第与弃举 ……………………………………………… 249
    一、落第 ………………………………………………………… 249

二、弃举 ………………………………………………… 252
结　语 ……………………………………………………… 256
参考文献 ………………………………………………… 262
后　记 …………………………………………………… 294

引 言

第一节 明代科举研究现状

洪武三年（1370年），明廷颁《科举诏》，下令开科取士，并于三年、四年、五年连开三科。连开三科后，明太祖又认为科举所取士"多后生少年，观其文词若可与有为，及试用之，能以所学措诸行事者甚寡"①，于是罢科举复用荐举。直至洪武十七年（1384年）颁行《科举成式》，重新开科取士，三年一行。逢子、午、卯、酉年八月乡试，两京于京府，各省于布政司，中式者为举人，贡赴京师，来年二月于礼部贡院会试。乡、会试皆以初九日、十二日、十五日为三场。会试中式者，于当年三月殿试，以一、二、三甲发榜。一甲三人，曰状元、榜眼、探花，赐进士及第。二甲若干人，赐进士出身。三甲若干人，赐同进士出身。之后二百余年里，相沿不断，并逐渐超过学校和荐举二途，成为明廷选官，尤其是高级官僚的最重要途径，对有明一代的政治、经济、文化、社会等各方面都产生了深远的影响。

对明代科举制度的研究，在明朝就已开始了，较早的有正德《明会典》（卷七十七）《科举》，分乡试、会试、殿试三部分，以编年体的方式胪列正德以前科举相关法令。嘉靖以后，随着历朝实录和科举录的流布，科举制的研究与其他典制一样，逐渐走向兴盛。如王世贞《弇山堂别集·科试考》、王圻《续文献通考·选举考》、劳堪《宪章类编》（卷二十二）、邓球《皇明泳化类编》中的

---

① （明）胡广，等．明太祖实录：卷79 洪武六年二月乙未［M］．台北："中央研究院"历史语言研究所，1962：1443.

《选举》和《制科》、万历《大明会典·贡举》、徐学聚《国朝典汇·科目》、俞汝楫《礼部志稿·科试备考》、朱国桢《皇明大事记·选举》等，着意制度兴革。俞宪《皇明进士登科考》，张朝瑞《皇明贡举考》、张弘道、张凝道《皇明三元考》和《科名盛事录》，陈鎏《皇明历科状元录》，顾祖训《明状元图考》等，关注进士人物及事迹。明亡后，在国亡修史的浪潮下，明代科举的研究趋向全面梳理、反思。如傅维鳞的《明书·选举志》、查继佐《罪惟录·科举志》、彭孙贻《明史纪事本末补编·科举开设》、万斯同《明史·选举志》、张廷玉《明史·选举志》等，带有总结的性质。其他如盛子邺《类姓登科考》、李调元《制义科琐记》、李周望《国朝历科题名碑录初集》，则为明代科举史料汇编性质著作。在《明史》修成后，明代科举研究逐渐式微，陷于停顿。除了科举制度方面的研究外，还有关于科举文体的研究著作。如袁黄《游艺塾文规》和《游艺塾续文规》，陈龙正《几亭外书·举业素语》，专论科场之文写作技法、应试技法。梁章钜《制义丛话》则多记明代制义相关之论、之人、之事。

20世纪以降，明代科举研究开始复苏，尤其是20世纪90年代以来，更是成果迭出。据郭培贵教授不完全统计，"自二十世纪初至2007年6月，海内外学术界发表专门研究明代科举的论文已有230余篇，其中，三十至五十年代近20篇，六七十年代20余篇，八十年代20余篇，九十年代以来160余篇；出版专门研究明代或明清科举的著作有15部左右，其中有12部出版于九十年代之后"①。在此，笔者仅就其要者及与本文研究相关者论述于下。

明代科举包括文科举和武科举，在此仅论文科举。当代关于明代科举的研究，主要有制度史、文化史、社会史三大视角。当然，三大视角也不是绝对的，也有交叉使用的情况，如钱茂伟《国家、科举与社会》一书②从"国家—政策（制度）—社会"的模式出发，来探讨国家设计科举的理念与科举社会化对中国社会所产生的影响。以下分别论述。

一、从制度史切入明代科举的研究。主要从科举制度本身，教育和选官等相关制度切入。从科举制度方面，第一部对明代科举进行研究的专著是黄明光

---

① 郭培贵.二十世纪以来明代科举研究述评［J］.中国文化研究，2007（秋之卷）.此文亦收入其著作《明代科举史事编年考证》前言里。

② 钱茂伟.国家、科举与社会［M］.北京：北京图书馆出版社，2004.

《明代科举制度研究》①，对明代社会的科举观、乡、会、殿试的情况及特点、考官、试卷、科举对文学和绘画、军事和自然科学的影响等方面做了广泛探讨，尤其是对明代科举在亚洲、欧洲等地区的国际影响的探讨，拓展了明代科举研究的视野，不过此作对基本史实疏于考订，多有讹误。如其论会试中式之贡士，竟与学校岁贡之贡士混为一谈②。此误为王凯旋《明代科举制度考论》所袭而不察③。由于明代殿试非淘汰性考试④，决定了会试取中之贡士只要参加殿试，皆能取中为进士。而明代科举选官是在殿试之后进行，因此明代会试取中之贡士只是过渡性的头衔，是不会在选官里出现的，二人对此显然缺少了解。在其第四章考察进士任职情况，将《万历野获编》中的"驿丞进士"误以为是由进士出任驿丞，其实是由驿丞考中进士⑤。王凯旋《明代科举制度考论》则对明代科举考试思想，科举制度与学校教育、三级考试、八股文、分卷制、防弊惩弊、武学和武举分别予以探讨。台湾地区廖鸿裕博士论文《明代科举研究》⑥亦对明代科举制度、科举与学校、科举与经学、科举与八股文风、科举与士风、科举与出版业等方面有所表见，其中"科举与出版业"方面为前人所少关注，足资参考，不过作者多征引图书出版史著作，又不溯及原始出处，是为不足。鉴于明代科举研究中的种种基本史实的讹误，郭培贵《明史选举志考论》⑦对《明史·选举志》进行了全面考证，"索其史源，辨其正误，补其缺略，明其原委，考其流变，论其得失"。其《明代科举史事编年考证》⑧一书则对有明一代科举制度重要史实按年、月排列，分期论述，每期前又有综述，并以注释的形式，或证或论。二书对明代科举制度相关的基本史实的梳理、澄清有摧陷廓清

---

① 黄明光. 明代科举制度研究 [D]. 杭州：浙江大学，2005：3. 按：黄明光在 2000 年曾于广西师范大学出版社出版《明代科举制度研究》一书，此书笔者未见，不过其博士论文虽为 2005 年提交，内容却截止到 1999 年，当与其书同为一稿.

② 黄明光. 明代科举制度研究 [D]. 博士学位论文，杭州：浙江大学，2005：32.

③ 王凯旋. 明代科举制度考论 [M]. 沈阳：沈阳出版社，2005：97.

④ 按《皇明贡举考》载："洪武二十一年三月殿试，罢对策不称旨者二人（《登科考》）。按宋嘉祐二年亲试举人，凡与殿试者始免黜落，我朝惟洪武戊辰科黜落二人，其余前后诸科俱免黜落"。（见：（明）张朝瑞. 皇明贡举考：卷1 殿试免黜落 [M] // 四库全书存目丛书. 史部：第 269 册. 济南：齐鲁书社，1997：475.

⑤ 黄明光. 明代科举制度研究 [D]. 杭州：浙江大学，2005：50.

⑥ 廖鸿裕. 明代科举研究. 博士学位论文. 台北：中国文化大学，2008.

⑦ 郭培贵. 明史选举志考论 [M]. 北京：中华书局，2006.

⑧ 郭培贵. 明代科举史事编年考证 [M]. 北京：科学出版社，2008.

之功。其近作《中国科举制度通史（明代卷）》①更是集明代科举制度研究之大成。汪维真《明代乡试解额制度研究》②专以乡试解额为研究对象，对明代历朝乡试解额变化及其原因、实施状况进行了全面考察，堪称术业有专攻。在明代科举制度基本轮廓已清晰的情况下，学者们转向史实的精细研究或是别人所忽略的制度，如叶楚炎《论明代科举的考试资格》③专门讨论科举应试者的身份，不过科举应试者身份并非考试资格，尤其是乡试，在天顺六年（1462年）以后，应试者由提学官专门考送成为定制，只有通过了提学官的考试，即后来的科考、遗才及大收，才可能参加乡试。至于会试和殿试入试者，则为曾通过上级考试之人。该文对应试者身份的考察尚有脱漏，对史实亦有不明原委、以点代面的判断。张德信《明代科考复试述略》④论述了明代科举考试中的覆试情况。王兴亚《明代殿试管理制度及其作用》⑤对明代殿试的基本情况、作用、特点予以详细论述。汪维真、牛建强《明弘治初限科会试令立废原委考释》⑥从弘治初颁布的"举人如三入会试不中者"，"不许再入试，俱照本等挨选出身"禁令入手，通过对各种记载此令的史籍进行辨析，进而考察其推出背景、时间及执行情况，并分析其推出之现实因由和罢废缘由。张连银硕士论文《明代乡试、会试评卷研究》⑦论述了明代乡、会试考官、评卷准备工作、评卷标准、评阅方法、评阅过程及录取方式。日本鹤成久章《明代会试判卷标准考》⑧探讨了明代会试判卷中考官阅卷顺序、同考官发挥的作用、会试录程文载录、会试录中"批语"的内容变迁及重初场等问题。其《论明代科举中试〈四书义〉之出题》⑨一文则深入探讨了明代科举考试中四书义的出题规定、倾向、频率、内容形式之时代变化、与思想史之关联等方面。吴宣德、王红春《明代

---

① 郭培贵. 中国科举制度通史（明代卷）[M]. 上海：上海人民出版社，2015.
② 汪维真. 明代乡试解额制度研究[M]. 北京：社会科学文献出版社，2009.
③ 叶楚炎. 论明代科举的考试资格[M]//明清论丛第九辑. 北京：紫禁城出版社，2009.
④ 张德信. 明代科考复试述略[J]. 大连大学学报，2008（2）.
⑤ 王兴亚. 明代殿试管理制度及其作用[J]. 黄河科技大学学报，2004（1）.
⑥ 汪维真，牛建强. 明弘治初限科会试令立废原委考释[J]. 历史研究，2008（1）.
⑦ 张连银. 明代乡试、会试评卷研究[D]. 兰州：西北师范大学，2004.
⑧ 〔日〕鹤成久章. 明代会试判卷标准考[J]. 陈翀，译. 考试研究，2010（1）.
⑨ 〔日〕鹤成久章. 论明代科举中试《四书义》之出题[M]//科举制的终结与科举学的兴起. 武汉：华中师范大学出版社，2006.

会试试经考略》① 主要通过对会试各经的中式人数分布统计，来推测专经录取的人数比，甚至认为会试各经人数的录取是按一定比例。该文统计数据多有讹误。另外，何炳棣、萧源锦、范金民、沈登苗、黄明光、吴宣德、龚延明、郭培贵等学者皆曾对明代进士总数进行统计，得出各不相同的数字，吴宣德、钱茂伟、郭培贵等人还对明代举人总数做出统计。此外，明代科举的考试规模及录取率亦备受关注，林丽月、吴宣德、钱茂伟、郭培贵等人皆有专文论述。

从教育制度切入明代科举研究的较早的著作有尹选波《中国明代教育史》② 第四部分专论明代科举，对考试内容、程序、进士授官、八股文皆有论述。赵子富《明代学校与科举制度研究》③ 第六、七章论述科举考试及其对政治、学术文化的影响。吴宣德《中国教育制度通史·明代卷》④ 较详细、全面地论述了明代的各类学校，第七章专论科举制度，尤其是"明代进士的地理分布"一节尤具参考价值，此节后来为作者扩充，形成《明代进士的地理分布》一书。陈宝良《明代儒学生员与地方社会》⑤ 一书上编亦从明代学校与科举制度入手，对明代的各类学校，生员在校的考课有详细论述。郭培贵《明代科举的坚实基础——官学教育的发展特点及其经验教训》⑥ 概括了明代官学教育发展的主要特点，认为官学教育与科举紧密结合，是明代科举的坚实基础。学者们普遍认为明代教育与科举联系密切，科举成为学校教育的导向和核心。邓洪波《明代书院的科举之会与科举之学》⑦ 和应方淦《明代书院举业化探析》⑧ 论述了官方学校之外的书院的科举情况。李兵博士论文《书院与科举关系研究》⑨ 论述了从北宋至清书院与科举之关系，其中第六章专论明代。

从选官制度及其他相关制度切入。选官制度方面有王兴亚《明代选官制度

---

① 吴宣德，王红春. 明代会试试经考略［J］教育学报，2011（1）.
② 尹选波. 中国明代教育史［M］. 北京：人民出版社，1994.
③ 赵子富. 明代学校与科举制度研究［M］. 北京：燕山出版社，2008.
④ 吴宣德. 中国教育制度通史·明代卷［M］. 济南：山东教育出版社，2000.
⑤ 陈宝良. 明代儒学生员与地方社会［M］. 北京：中国社会科学出版社，2005.
⑥ 郭培贵. 明代科举的坚实基础——官学教育的发展特点及其经验教训［J］. 中国文化研究，2009（夏之卷）.
⑦ 邓洪波. 明代书院的科举之会与科举之学［J］. 河北师范大学学报（教育科学版），2009（7）.
⑧ 应方淦. 明代书院举业化探析［J］. 晋阳学刊，2006（4）.
⑨ 李兵. 书院与科举关系研究［D］. 厦门：厦门大学，2004.

述略》①，论述了明代荐举制、科举制、贡监制、吏员制、捐纳制、任子世袭制六大选官途径。庶吉士制度方面有颜广文《明代庶吉士制度考评》②、邹长清《明代庶吉士制度探微》③、王尊旺《明代庶吉士考论》④等。进士观政制度方面有颜广文《明代观政进士制度考略》⑤、章宏伟《明代进士观政制度》⑥等，不一而足。

制度之外，尚有整体评价明代科举及论其弊端的论著。如郭培贵《论明代科举制的发展及其消极影响》⑦论述了明代科举制度发展的主要表现，并进而指出其消极影响，甚至认为明代科举延缓了明代社会的发展进程。王兴亚《明代考试舞弊的防范及其查处》⑧把明代科场中的舞弊行为归为挟带、传递、冒籍顶名、替考、换卷、关节、考官谋私几类，并论述了防治考试舞弊的措施。

二、从文化史切入明代科举的研究。主要集中在科举文体、科举与文学、科举与经学、理学、科举与地域文化、科举心态以及科举文献等方面。科举文体方面最热门的是八股文的研究，较早的有王凯符《八股文概说》⑨和启功、张中行、金克木《说八股》⑩。潘峰博士论文《明代八股论评试探》⑪则以明代八股论评为研究对象，论述了明代八股论评的历史渊源、文化场、发展分期及特点、对其他文体评点的影响等方面。龚笃清《明代八股文史探》⑫洋洋55万字，对明代八股文的文体源流、格式、作法、功用、文题皆有讨论，并分时期对其风格、代表人物予以介召，另附名作鉴赏。田澍《明代八股文文体述论》⑬论述了明代八股文的兴起、文体特点及演变，进而剖析此种文体。八股文之外，

---

① 王兴亚．明代选官制度述略［J］．黄淮学刊（社会科学版），1990（4）．
② 颜广文．明代庶吉士制度考评［J］．华南师范大学学报（社会科学版），1993（4）．
③ 邹长清．明代庶吉士制度探微［J］．广西师范大学学报哲学（社会科学版），1998（2）．
④ 王尊旺．明代庶吉士考论［J］．史学月刊，2006（8）．
⑤ 颜广文．明代观政进士制度考略［J］．华南师范大学学报（社会科学版），1992（2）．
⑥ 章宏伟．明代观政进士制度［J］．吉林大学社会科学学报，2008（5）．
⑦ 郭培贵．论明代科举制的发展及其消极影响［J］．内蒙古社会科学（汉文版），2003（5）．
⑧ 王兴亚．明代考试舞弊的防范及其查处［J］．黄河科技大学学报，2002（3）．
⑨ 王凯符．八股文概说［M］．北京：中国和平出版社，1991．
⑩ 启功，张中行，金克木．说八股［M］．北京：中华书局，2000．
⑪ 潘峰．明代八股论评试探［D］．上海：复旦大学，2003．
⑫ 龚笃清．明代八股文史探［M］．长沙：湖南人民出版社，2006．
⑬ 田澍．明代八股文文体述论［J］．西北师大学报（社会科学版），2004（6）．

明代科举第三场所试时务策亦颇受研究者关注。如美国艾尔曼《晚明儒学科举策问中的"自然之学"》① 关注晚明科举第三场所试关于历法、自然灾害、天象、乐理及律吕之学等"自然之学"方面的策问。其最近由中华书局出版的自选集《经学·科举·文化史》中亦收录一些关于明代科举试文方面的内容，如《1516年浙江策问中的史学观》《1594年福建乡试策问中史学策问》《八股文和成化十一年（1475年）后的形式主义文风》等②。陈长文硕士论文《明代科举取士中的时务策研究——以登科录为中心》③ 以时务策为研究对象，介绍了明代时务策资料的载体、渊源和嬗变、构成，着重探讨了时务策与时务的关系，并进行个案分析。陈鹏硕士论文《明代殿试时务策与边防对策研究》④ 关注殿试时务策中的关于边防的策论，研究不同时期应试者的边防对策，以窥明代进士知识储备与人文素养。

科举与文学方面有何玉军《明代科举与诗歌》⑤，论述了明代科举映照下的诗歌价值观、科举对诗歌的内部影响、明代庶吉士的诗歌活动等方面。王建《试论以选文为中心的明代科举与文学的关系》⑥ 以选文家选文为切入点，来论述科举与文学的关系。龚笃清《试述明代前期八股文对文学的影响》⑦ 专门论述明前期的科举对文学的影响情况，不过目前学界多认为八股文形成于成化以后，该文称明初科场之文为八股文未免黯于时人的研究成果。余来明《唐宋派与明中期科举文风》⑧ 探讨了明中期科举文风与文学流派"唐宋派"之间的联系。叶楚炎《明代科举与明中期至清初通俗小说研究》⑨ 一书凡43万字，是作者在其就读于北京大学中文系古代文学专业时所作的博士论文基础上修改而成，该书以明中期至清初通俗小说中关于科举的情节为切入点，探讨了明代科举与

---

① 〔美〕艾尔曼. 晚明儒学科举策问中的"自然之学"［J］. 中国文化，1996（1）.
② 〔美〕本杰明·艾尔曼（Benjamin Elman）. 经学·科举·文化史［M］. 北京：中华书局，2010.
③ 陈长文. 明代科举取士中的时务策研究——以登科录为中心［D］. 开封：河南大学，2001.
④ 陈鹏. 明代殿试时务策与边防对策研究［D］. 哈尔滨：黑龙江大学，2009.
⑤ 何玉军. 明代科举与诗歌［D］. 苏州：苏州大学，2004.
⑥ 王建. 试论以选文为中心的明代科举与文学的关系［J］. 中国文学研究，2003（4）.
⑦ 龚笃清. 试述明代前期八股文对文学的影响［J］. 中国文学研究，2005（1）.
⑧ 余来明. 唐宋派与明中期科举文风［J］. 武汉大学学报（人文科学版），2009（2）.
⑨ 叶楚炎. 明代科举与明中期至清初通俗小说研究［M］. 南昌：百花洲文艺出版社，2009.

通俗小说中的考试资格、通俗小说中的监生形象、明代科举制度对小说情节结构的影响、科举观念与通俗小说的互动、科举制度影响下的士人生存环境等方面。

科举与经学、理学方面。廖鸿裕《明代科举研究》第四章"科举与经学"探讨了科举标准本之编纂、经义取士对经学的影响、科举与经学风气之转变三个方面。伍贤达《明代科举制度对理学之影响浅探》① 围绕科举与程朱理学展开讨论，较简要。李子君《科举与音韵——明代音韵学繁荣的原因》② 讨论科举与音韵学的发展，认为明代科举对音韵学的繁荣有促进作用。

科举与地域文化方面有赵广华《明代河南科举与人才的消长》③，把河南的科举与地方人才联系起来。邓洪波、蒋建国《明代湖南科举述评》④ 把湖南从湖广省中剥离出来专门探讨，阐述了湖南科举地位的下降、湖南进士的分布特征，并分析湖南科举落后的原因。吴宣德《明代地方教育建设与进士的地理分布》⑤ 探讨了明代进士地理分布与地方教育的关系。

科举文献方面有陈长文《明代科举文献研究》⑥，主要对明代进士登科录进行了开拓性的研究。徐姗姗《〈游艺塾文规〉正续编研究》⑦ 以现存明代举业用书的代表作——袁黄的《游艺塾文规》和《游艺塾续文规》为研究对象，对其现存版本、编撰者、在同类文献中的地位与价值、文学理论价值皆有所探讨。

科举心态的研究方面有张涛《明代科场迷信研究》⑧，主要依据笔记小说中的科场迷信资料，将明代科场迷信分为梦徵类、文明之兆类、定命类、神鬼类、堪舆类、谶语类、阴功类七大类，统计其时间分布规律，进而探讨其社会功效。不过笔记小说多记可怪可异之事，又多辗转传抄，以此类史料层累起来的结论未免有三人成虎之嫌疑。其《梦的解析：明人科举梦兆迷信述论》⑨ 关注明人的科举梦兆，认为明代中后期科举梦兆迷信泛滥是传统文化中的梦兆情结、宋

---

① 伍贤达. 明代科举制度对理学之影响浅探 [J]. 文史博览, 2006 (4).
② 李子君. 科举与音韵——明代音韵学繁荣的原因 [J]. 长春大学学报, 2008 (6).
③ 赵广华. 明代河南科举与人才的消长 [J]. 河南大学学报（社会科学版）, 1992 (1).
④ 邓洪波, 蒋建国. 明代湖南科举述评 [J]. 湖南大学学报（社会科学版）, 2001 (1).
⑤ 吴宣德. 明代地方教育建设与进士的地理分布 [J]. 教育学报, 2005 (1).
⑥ 陈长文. 明代科举文献研究 [M]. 济南：山东大学出版社, 2008.
⑦ 徐姗姗. 《游艺塾文规》正续编研究 [D]. 扬州：扬州大学, 2008.
⑧ 张涛. 明代科场迷信研究 [D]. 兰州：西北师范大学, 2006.
⑨ 张涛. 梦的解析：明人科举梦兆迷信述论 [J]. 四川教育学院学报, 2011 (2).

元科名前定论及明中后期科举的激烈竞争所致。汪维真的《事有定数：明人对科举功名的认识》①认为明人对科名的主要解释是命定论、风水、报应说，并认为其根源是士子闱场的焦虑情绪和明人认知局限。张学亮《天命意识与明代士人的科举心理探析》②和《明代科举士人群体应试心理探析》③亦关注明代科举士人的应试心理。

科举教材方面较早的有刘祥光《时文稿：科举时代的考生必读》④，探讨了宋至清科举士子研读时文稿应试的情形，尤详于明代。付琼《明代举业教育中的苏文选本》⑤讨论苏轼之文在明代被选为举业用书的情况。高寿仙《明代制义风格的嬗变》⑥探讨了明代各时期制义的风格及时文坊刻概况。张献忠《明代科举考试用书的出版》⑦和《明中后期科举考试用书的出版》⑧论述了明代举业用书的界定、编辑、宣传、出版情形及影响和启示。其《袁黄与科举考试用书的编纂——兼谈明代科举考试的两个问题》⑨一文则以袁黄编纂的科举用书为核心，论述了明代科举考试用书出版概况、袁黄生平、袁黄编纂的科举考试用书、明代科举考试的指导思想和二三场在科举考试中的地位等方面。日本三浦秀一《明代"科举"程论管窥》⑩则关注第三场所试之论的程文。

三、从社会史切入明代科举的研究。如刘晓东《科举危机与晚明士人社会的分化》⑪认为晚明科举危机的原因在于科举流通壅滞及其所导致的"士"与

---

① 汪维真.事有定数：明人对科举功名的认识[J].史学集刊，2006（2）.
② 张学亮.天命意识与明代士人的科举心理探析[M]//2007科举学论丛第二辑.北京：线装书局，2007.
③ 张学亮.明代科举士人群体应试心理探析[J].教育与考试，2010（4）.
④ 刘祥光.时文稿：科举时代的考生必读[J].近代中国史研究通讯，1996（22）.
⑤ 付琼.明代举业教育中的苏文选本[J].学术论坛，2010（1）.
⑥ 高寿仙.明代制义风格的嬗变[M]//明清论丛第二辑.北京：紫禁城出版社，2001.
⑦ 张献忠.明代科举考试用书的出版[M]//科举学的形成与发展.武汉：华中师范大学出版社，2009.
⑧ 张献忠.明中后期科举考试用书的出版[J].社会科学辑刊，2010（1）.
⑨ 张献忠.袁黄与科举考试用书的编纂——兼谈明代科举考试的两个问题[J].西南大学学报（社会科学版），2010（3）.
⑩〔日〕三浦秀一.明代"科举"程论管窥[M]//科举学的形成与发展.武汉：华中师范大学出版社，2009.
⑪ 刘晓东.科举危机与晚明士人社会的分化[J].山东大学学报（人文社会科学版），2002（2）.

国家之间社会交往关系的破坏与平衡。其《晚明科场风变与士人科举心态的演变》① 论述了晚明科场风变、情弊及其造成的士子躁竞、游离的心态。朱子彦《论复社与晚明科举》② 考察了复社的科举情况。陈长文对明代科举中的"官年"现象，"告殿"现象，以及明代进士的姓名及婚姻皆有研究③。毛晓阳《明代公益性助考基金述论》④ 探讨了明代地方上专为科举应试士子而设的公益性的助考经费。朱帅硕士论文《论明代绍兴府余姚县科第蔚盛与地域社会》⑤ 以明代浙江绍兴府余姚县为个案，来展开科举地域的研究。论述了明代余姚县的社会和文化、科第分布与结构、中期鼎立的三大家族及该县科第蔚盛的地域因素。科举与家族也渐引起学者们的注意，如曹国庆《明代江西科第世家的崛起及其在地方上的作用——以铅山费氏为例》⑥ 以明代江西广信府铅山县费氏为例，探讨了该科举家族的崛起原因、过程及其在地方社会政治生活中的作用。钱茂伟《国家、科举与家族：以明代宁波杨氏为中心的考察》⑦ 以明代宁波杨氏家族为中心，考察了国家、科举与家族三者间的互动关系。近年来，科举地域专经的现象受到学界的充分关注，如陈时龙《明代的科举与经学》⑧，丁修真《科举的"在地"：论科举史的地方脉络——以明代常熟县为中心》等。⑨

不过更多的研究集中在科举与社会流动的关系和科举群体两方面。科举与社会流动方面当首推美籍华裔学者何炳棣《明清社会史论》⑩，通过对明清48份（其中明代17份）进士登科录中12226名进士家境的统计分析，得出明代47.5%的进士来自平民家庭的结论。因此，科举制对社会垂直流动有很大促进

---

① 刘晓东. 晚明科场风变与士人科举心态的演变［J］. 求是学刊，2007（5）.
② 朱子彦. 论复社与晚明科举［J］. 社会科学，2009（3）.
③ 陈长文. 明代科举文献研究［M］. 济南：山东大学出版社，2008.
④ 毛晓阳. 明代公益性助考基金述论［J］. 教育与考试，2010（3）.
⑤ 朱帅. 论明代绍兴府余姚县科第蔚盛与地域社会［D］. 上海：复旦大学，2010.
⑥ 曹国庆. 明代江西科第世家的崛起及其在地方上的作用——以铅山费氏为例［J］. 中国文化研究，1999.（冬之卷）.
⑦ 钱茂伟. 国家、科举与家族：以明代宁波杨氏为中心的考察［J］. 宁波大学学报（人文科学版），2010（6）.
⑧ 陈时龙. 明代的科举与经学［M］. 北京：中国社会科学出版社，2018.
⑨ 丁修真. 科举的"在地"：论科举史的地方脉络——以明代常熟县为中心［J］. 史林，2016（3）.
⑩ ［美］PING - TI HO（何炳棣）. The Ladder of Success in Imperial China: Aspects of Social Mobility, 1368 - 1911（明清社会史论）［M］. New York：Columbia University Press，1964.

作用。此作在学界掀起轩然大波,艾尔曼、沈登苗、吴宣德等人对此表示质疑,而何怀宏、钱茂伟等人则持赞同意见。

科举群体指因科举制的实行而产生的各种社会群体。目前学界对科举群体的划分主要是通过功名来界定,主要有状元、鼎甲、进士、举人,之外还有作为广大应试者主体的生员。状元的研究有周腊生《明代状元奇谈·明代状元谱》①,此作类似古代的笔记小说,辑录明代史籍中关于状元的种种奇闻趣事,以白话文复述,后面附有状元小状,每篇后皆注明出处,算不上是严格意义上的学术著作。其论文《明代状元的年龄魁龄与魁后生存时间分析》② 关注明代状元的夺魁年龄及寿命。鼎甲研究有黄明光《明代科举鼎甲研究》③,以明代科举殿试一甲为研究对象,探讨了状元的任官简况、状元录取的不公正性、状元产生的地方偏向性及状元在朝廷中任官的显赫性特点、榜眼探花的任官简况及特点。该文篇幅较小,论述亦不够深入。武汉大学郭皓政博士论文《明代状元与文学》④ 一书凡23万余言,从明代状元的文学成就切入,分上下两编。上编《科名与文章》介绍明代状元的选拔过程、仕途路线与文学概况。下编《个性与时代》对明代各个时期的状元文学的风格、特点进行了脉络性的把握梳理。进士的研究主要集中在进士的地域分布和分地区研究上。像邱进春《明代江西进士考证》⑤ 主要论述了明代江西进士地理分布、历时分布及其原因,并据明代科举录与地方史志中的科举题名的同异,对明代江西进士的姓名、籍贯、榜甲、年龄进行考订。沈登苗《明清全国进士与人才的时空分布及其相互关系》⑥、范金民《明清江南进士数量、地域分布及其特色分析》⑦ 亦侧重进士的地理分布。其他如刘希伟《明代山东进士的区域分布研究》⑧、王振芳、吴海丽《明代山西

---

① 周腊生. 明代状元奇谈·明代状元谱[M]. 北京:紫禁城出版社,1993.
② 周腊生. 明代状元的年龄魁龄与魁后生存时间分析[J]. 湖北职业技术学院学报,2005(1).
③ 黄明光. 明代科举鼎甲研究[J]. 南京理工大学学报(社会科学版),2004(4).
④ 郭皓政. 明代状元与文学[M]. 济南:齐鲁书社,2010.
⑤ 邱进春. 明代江西进士考证[D]. 杭州:浙江大学,2006.
⑥ 沈登苗. 明清全国进士与人才的时空分布及其相互关系[J]. 中国文化研究,1999(冬之卷).
⑦ 范金民. 明清江南进士数量、地域分布及其特色分析[J]. 南京大学学报(哲学·人文科学·社会科学),1997(2).
⑧ 刘希伟. 明代山东进士的区域分布研究[J]. 教育与考试,2007(6).

进士的地域分布特点及其成因》①、陈国生《明代四川进士的地域分布及其规律》②、郭培贵、赵丽美《明代广西进士人数及其地理分布考述》③ 等都是进士地域分布的视角。吴宣德《明代进士的地理分布》一书，更是集明代进士地域分布研究之大成。范金民《明代江南进士事功述论》④ 探讨了明代进士乡居时的情况和进士的事业成就。明代举人的研究主要有吴宣德研究员学生的硕士学位论文，如申礼《明代河南开封府举人辑略》⑤、丁蓉《明代南直隶举人研究》⑥、王红春《明代浙江举人研究》⑦，都以明代乡试录、会试录、登科录等科举录和地方史志中的科举名录为主要史料，对特定区域举人的分布、身份、所习经典进行统计，或考订举人姓名、籍贯、科年，多停留在资料的整理分析上，未能进一步揭示其内涵，对作为一个群体的特点、生存状态、精神面貌等方面不闻不问，也黯于对作为一个区域内科举群体不同于别处类似群体的特点的分析。这些论文的优长在于运用数理统计的方法，对科举录及方志中大量的分散的举人信息统计出相关的数据。如丁蓉对南直隶举人各科中式经书的统计，精确到各府。不过多短于对其他史料的运用，结果得出来的大量数据无法合理解释，揭示其内在因由。

相对于中上层科举群体研究的相对薄弱，对作为应试士子主体的生员研究却反而更透彻。国子监生的研究有台湾林丽月《明代的国子监生》⑧，此书写作较早，对明代国子监生与政治、监生的社会地位、居乡的社会活动、监生的上升社会流动、监生与明代学术思想、理学等方面皆有论述。地方学校生员的研究主要是陈宝良教授的一系列成果，后多结集于《明代儒学生员与地方社会》一书中，其书旁征博引，视野开阔，足为矜式。其书分上下两编，上编从学校与科举制度入手，下编以社会史的视角，考察了明代生员层的社会职业流动、

---

① 王振芳，吴海丽. 明代山西进士的地域分布特点及其成因［J］. 沧桑，2002（5）.
② 陈国生. 明代四川进士的地域分布及其规律［J］. 西南师范大学学报哲学（社会科学版），1996（3）.
③ 郭培贵，赵丽美. 明代广西进士人数及其地理分布考述［J］. 教育与考试，2010（4）.
④ 范金民. 明代江南进士事功述论［M］//第七届明史国际学术讨论会论文集. 长春：东北师范大学出版社，1999.
⑤ 申礼. 明代河南开封府举人辑略［D］. 上海：华东师范大学，2009.
⑥ 丁蓉. 明代南直隶举人研究［D］. 上海：华东师范大学，2009.
⑦ 王红春. 明代浙江举人研究［D］. 上海：华东师范大学，2007.
⑧ 林丽月. 明代的国子监生［M］. 台北：私立东吴大学中国学术著作奖助委员会，1978.

对地方社会的影响、生员的无赖化、经济地位、与学术的关系等方面，有很高参考价值。

以上是科举群体的基本研究领域，另外还有一些科举群体未受充分关注，如庶吉士群体。本文以应试士子为研究对象，以其备考应试为主线，来展开对明代科举制度与应试士子群体的交叉研究，此种视角，就笔者涉猎所及，尚属首见。本文研究对象为科举应试士子，包括生员及他途应试士子，举人及考中会试的贡士，时段大致从士子习举业开始，到中进士为止，考察这段时期内，士子以科举为导向的备考、应试生活。

第二节 文献综述

20世纪末以来，随着以《四库全书》系列丛书为代表的古籍大规模影印出版，大量曾经分散、珍稀乃至不为人知的古代文献集中面世，惠泽多士。这些丛书多有电子版，藉现代网络技术之便，为大众所触手可及。笔者以本课题为切入点，借助各种丛书的目录，曾对现已出版的明代史籍做过较大范围的搜寻，并将其中关乎选题的资料摘出，汇作一编，以为论文写作之用。资料既多，所载之事未免有重复雷同者，于此，若时代有先后，见于前者则不取于后；若内容有详略，务得其当而偏重精详；又人与书参观，观其文，按其时代、生平，以斟酌取舍。兹将所取材各类文献略述如下：

一、明人年谱。现已出版的明人年谱主要收录于《北京图书馆藏珍本年谱丛刊》（以下称《北图年谱》）里，计明人及明末清初人年谱约二百余种，剔除重复及无关科举者，得八十余种，其中自撰年谱二十一种，占四分之一。台湾王云五亦辑有《新编中国名人年谱》，种类较《北图年谱》少，又多后人辑录本，少数明编本亦见诸《北图年谱》，故价值不大。其他如《四库全书》类、《丛书集成》类大型丛书里亦散见。分开看，年谱为私人之史，若辑一代私人事迹相类者萃于一地，则自成体系，蔚为可观，可补正史之阙，明一代之变。且自撰年谱为当事人纪当时事，真情实感，历历可据，文献亦庶几可征。

就谱主年代而言，明代初、中期之人少，越往后越多，而以明末清初之人为最，基本上纵贯一代。就史料价值而言，自撰年谱价值最高，对其习举业时间、拜师、日立课程、经济状况、家庭、立会结社、赴试、应试种种情形有较翔实的记载。如秦纮《秦襄毅公自订年谱》、张文麟《端岩公年谱》、谭大初《谭次川自订年谱》、杨继盛《椒山先生自著年谱》、耿定向《观生记》、于孔兼《景素公自叙年谱》、何出图《何伯子自注年谱》、庄起元《鹤坡公年谱》、魏大中《魏廓园先生自谱》、叶绍袁《叶天寥自撰年谱》、郑鄤《天山自叙年谱》、堵胤锡《堵忠肃公年谱》、陈子龙《陈忠裕公自著年谱》等。其次为谱主子孙或门人等时代较近之人所编本，如陈敦豫、陈复《陈紫峰先生年谱》、孙岱《归震川先生年谱》、严炳、严燮《严文靖公年谱》、庄鼎铉《先考通议大夫全楚大方伯年谱略》、缪之镕《文贞公年谱》、刘汋《刘子年谱》、华衷黄《奉直大夫吏部员外郎豫如府君年谱》、侯元瀞《侯忠节公年谱》、吴蕃昌《先忠节公年谱略》、倪会鼎《倪文正公年谱》、陈才伟《陈忠洁公年谱》、夏燮《忠节吴次尾先生年谱》、漆嘉祉《庄介吴公苇庵先生年谱》、庄恒《声鹤公年谱》、李世熊《李寒支先生岁纪》、郑履淳《郑端简公年谱》等。本文以年谱中所载谱主科举相关事为主要史料，来考察明代士子以科举为目标的备考、应试生活。年谱的另一大优点是纪谱主所行所为时，于谱主身份、时代背景一目了然。

不过年谱亦有不足之处。首先，现存明人年谱有限，载科举事者又不及半。年代分布不均，谱主又多为科举成功人士，多为学校出身，代表性或恐不足。其次，谱主地域分布不均，南卷区人物多，他处人物少。

二、明人自传文。此类史料多为明人纪科举相关事之单篇文章，现存单传的有吴应箕《留都见闻录》与《南都应试记》，专纪作者应试应天的往事。此外更多的科举相关自传文分散于明人文集中，如归有光《震川先生集》中的《壬戌纪行》，专纪赴会试行程。孙楼《刻孙百川先生文集》中的《纪黜》，专纪历试被黜的经历。艾南英《艾千子先生全稿》卷首《历试卷自叙》纪其科考及历试乡闱的情形，赵维寰《雪庐焚余稿》和《焚余续草》也多纪科举考试之往事。姚舜牧《来恩堂草》中的《自叙历年》，相当于自撰简易年谱，亦有其习举应试的记载。这些记载为当事人亲身经历，真实可靠。此类史料较年谱而言，在某些细节上更逼真、翔实，不过多零散，搜寻不易。除非大范围搜寻，否则难成系统。不过在年谱史料基本上形成规模的情况下佐以此类史料，相信更加生动翔实、逼真可靠。

三、明朝实录。明代十三朝十五帝的实录，为现存明代最翔实的官修编年史，素有"明代史料之渊薮"的美誉。虽然也有"取材但凭吏牍，立传但叙迁擢"，"书美而不书刺，书利而不书弊，书朝而不书野，书显而不书微"等弊病，又或因政治而改纂，或因纂者私愤而曲笔，多是人事方面的不足，在典章制度方面多能客观记载。而且，目前《明实录》有多种电子版，卷帙浩繁，不便翻检也不再成为限制。利用关键字检索，短时间就能将明代科举相关史料检出，勒为一编，当为制度方面最为翔实、系统而权威的史料。本文研究对象应试士子，纵跨一代，分布遍两京、十三藩，虽然他们的行为可能因人而异，但不能超越其时代制度背景而特立独存。这样，以制度史的视野审视人事，以社会史的视野反思制度。士子可以因制度方面的禁令有行为上的约束，朝廷亦会因士子行为而调整制度，两者互为唇齿。对明代科举与学校相关的制度的了解，有助于理解士子备考应试生活中的种种行为。

四、以万历《大明会典》为代表的政书类及专论明代科举制之书、志类史料。万历《大明会典》中的贡举、学校、国子监三卷当为治明代科举制度史的最佳入门读物。而张廷玉《明史·选举志》，正德《明会典》次之。万历《大明会典》编排精审，文简事核，只是时间断限为万历初，于其后沿革阙然，又不注明出处，是为小疵。万历《大明会典》多于实录取材，较实录简略，亦有脱漏处，可作为实录的索引使用。《明史·选举志》优长在宏观上把握，不过疏于考订，史实多所讹误，以致许多立论也不确切，又多有误以晚明之制为一代之典的情形。如论八股，以为是太祖时所定，其实形成于成化以后。论科考则未述其源流，科考在明代并非自明初即存在。其言"科举必由学校"，更是误导众多学人。故此志只可参阅，不宜当原始资料引用。正德会典修得较早，只能顾及明前期的情况，编排亦不如万历会典详细、精核。至于其他私修关及科举制之书、志，如王世贞《弇山堂别集》中的《科试考》，王圻《续文献通考》中的《选举考》，徐学聚《国朝典汇》中的《科目》，俞汝楫《礼部志稿》中的《科试备考》，张朝瑞《皇明贡举考》等，可参照使用，亦偶有不见于《会典》《实录》者。另外，朱勤羮《王国典礼》卷七《宗学》所附宗室开科相关条令为他书所未见。

五、明代学政类史料。虽然留传下来的一些孤本学政如《八闽学政》难以得到，但在明人文集等史籍中仍收有大量学政类史料。如姚镆《东泉文集》中的《广西学政》，顾潜《静观堂集》里的《提学公移》，王宗沐《敬所王先生文集》里的《广西学政》《江西学政》，宋仪望《华阳馆文集》里的《学政录》，李维桢《大泌山房集》里的《陕西学政》，王畿《慕蓼王先生樗全集》中的《两浙学政十六条》，张邦奇《张文定公环碧堂集》里的《湖广学政》《四川学政》、薛应旂《方山薛先生全集》中的《浙江学政》、王廷相《浚川公移集》中的《督学四川条约》、刘锡玄《黔牍偶存》中的《黔南学政》、吕坤《实政录》中的《修举学政》、郭子章《蠙衣生蜀草》中的《学约》、陈儒《芹山集》里的《学政》、魏校《庄渠遗书》中的《岭南学政》《河南学政》、王在晋《越镌》里的《学政类》等。明代官方史籍如《实录》《会典》对地方学政的记载简略，只有三道提学敕谕及一些奏疏中关及地方学政之事。明代自正统元年（1436年）设立提学官一职，俾提督地方学政。在天顺六年（1462年）以后，提学官考送科举士子成为定制，科举应试士子欲参加乡试，必与提学官打交道，在学生员更是接受其岁考、科考。明代各提学官据提学敕谕，多因地制宜，形成各地方大旨神似又互有异同的学政，这些学政多有关于生员读书、作文、习字、日课、月课、季考、岁试、科考、立会等方面的内容，是了解应试士子的主体——生员日常生活的重要史料。以上现存学政，结合《明人传记资料索引》《四库全书总目提要》等工具书，找出其实施年代、地点，对生员的备考应试生活的理解大有助益。

六、明人文集中的史料。现已出版的明人文集以《四库全收》类丛书中所收最夥，尤以《四库全书存目丛书》为最，《文渊阁四库全书》《续修四库全书》《四库禁毁书丛刊》《四库未收书辑刊》次之。其他如《丛书集成》类、《北京图书馆古籍珍本丛刊》中所收亦不少。现存明人文集不仅为数繁多，而且内容驳杂，包罗万象，多为作者纪亲身见闻、待人接事之文，可信度极高。虽然单个人的文集可能囿于作者的学识、阅历、立场而有所偏颇、缺憾，但通观、比对同时代及不同时代人文集中相关内容的记载，更能反映多姿多彩的明代社会，逼近历史的本来。除了以上所举自传文、学政类史料文集中大量存在外，另有不少序、记、论、书、奏疏等文章对本文具有重要参考价值。如王守仁《王阳明先生全集》中的《重刊文章轨范序》和《王文成全书》中的《寄闻人邦英邦正》、湛若水《湛甘泉先生文集》中的《二业合一训》和《大科书堂训》、骆问礼《万一楼集》中的《举业》、蒋信《蒋道林先生文粹》中的《问举业义利之辨》，是了解明人举业观的重要史料。钱谦益《牧斋有学集》中的《家塾论举业杂说》则将明代时文分为举子之时文、才子之时文、理学之时文三类。陈龙正《几亭全书》里收录的《崇祯辛未会试京省举子公呈》和《崇祯庚辰会试外监场告示》是了解明末会试入场情形的重要材料。陆深《俨山集》中的《江西家书十一首》、茅坤《玉芝山房稿》中的《文诀五条训缙儿辈》和

《耄年录》中的《与三侄举人桂》则是了解长辈对士子科举影响的史料。周瑛《翠渠摘稿》中的《文昌祠说》、钟羽正《崇雅堂集》中的《大名府文昌祠记》、邢侗《来禽馆集》中的《德州学宫创建文昌阁碑》、冯琦《宗伯集》中的《临朐县文昌阁记》、左赞《桂坡集后集》中的《建昌府儒学重脩文昌阁记》、张卤《浒东先生文集》中的《祭文昌帝君文》等，反映了明代儒学崇祀文昌帝君的现象。《明文海》中的《虢城新开学门记》和《顺昌县改作学宫记》、叶向高《苍霞续草》中的《瑞昌县迁学记》和《延平府改建儒学记》、黄克缵《数马集》中的《连城县迁学重新记》等则展示了明代儒学因科第兴衰而迁徙或改作的情况。何景明《大复集》中的《师问》反映了明代科目兴盛背景下，举业之师日盛，古之师道日衰的情状。吕维祺《明德先生文集》中的《芝泉会约》和《伊洛社约》展示了明代讲学式会、社的举业化倾向。此外，文集中还充斥着坊刻时文、制义、房稿等时文范本之序，士子立会、结社会文课艺也有纪文存世，亦可资参考。

七、方志、学校志、太学志、书院志等史料。这些关于明代学校教育记载的书籍对士子在这些场所里的生活有他书所不及的记载。如万历《保定府志》中对保定府各学各色生员名数的记载。一些地方志的赋役志里还会有名目为科举生员路费、花红酒席费等税种与税额的记载，如万历《会稽县志》、崇祯《吴县志》中即有此类记载（此类史料以专门的赋役全书如《徽州府赋役全书》《江西赋役全书》等书的记载最为详尽）。方志中还多有地方儒学的记载。如《嘉靖沈丘县志》里的《学校》载有《皇明立学设科分教格式》，为他处所不见。《崇祯吴县志》中的《刘恒吴县学增建号舍记》，展示了明代有的儒学还建有外号，以居生员家属。《嘉靖沛县志》中的《学校》收录有该学申请易学以振文风的公呈，亦是了解明代儒学因科第兴衰而迁徙的重要史料。另外像学田、学规、课程的记载亦有。单行的纪学校之书有《常熟县儒学志》《南雍志》《续南雍志》等。书院志则记载了有关书院中科举的情况，像天启《白鹿洞书院志》中的《主洞推官李应升申议洞学科举详文》，揭示了明代中后期书院不但科举化，还占有提学官考选乡试应试者的科举名额。《石鼓书院志》中的《黄毅所先生训义八篇》则展示了黄希宪关于举业的看法。

八、明代科举录。包括明代乡、会试录、进士登科录。现已出版明代科举录主要收于学生书局（台湾）《明代登科录汇编》和宁波出版社，《天一阁藏明代科举录选刊》二套书中，其他散见有《丛书集成新编》里的《明洪武四年进士登科录》,《北京图书馆古籍珍本丛刊》里的《成化十一年会试录》。其他不出版的主要收藏在宁波天一阁、上海图书馆、国家图书馆等图书馆里。本文以《明代登科录汇编》里的乡、会试录,登科录为重要参考文献。科举录为明代科举制度运行结果的集中展现,尤其是乡、会试录、登科录,修于考试之后,第一时间地收录了大量关于考官、考生信息,考题及程文等方面的原始资料,对于明代应试士子的身份、家庭背景、科年、所中经书、考题和所刻程文等信息的查证大有裨益。

九、笔记小说、类书中的科举及士子相关史料。子部杂家和小说家里的笔记小说及子部类书,素有稗家野史之称,体例不一,鱼龙混杂,其中亦不乏有价值的记载。总体而言,纪本人所见所闻较真实可靠,道听途说、附会芜杂之言则不足凭信。原封摘录前人著述可信,附以己意改窜者不足凭信。明人笔记中载科举事较多者有黄瑜《双槐岁钞》、王世贞《凤洲杂编》、沈德符《万历野获编》、李乐《见闻杂纪》、朱国桢《涌幢小品》、谈迁《枣林杂俎》、焦竑《玉堂丛语》、何良俊《四友斋丛说》、郎瑛《七修类稿》、谢肇淛《五杂组》等,顾炎武《日知录》中亦多有关于明代科举之论,(清)李调元《制义科琐记》则多辑录明代诸书中关于制科事的记载。胡文焕所辑类书《胡氏粹编》中的《游览粹编》收录明人谈一贯落第后所作《别儒巾文》和《祭文房四宝文》,生动再现了士子应试多年的辛酸和落第后的落魄失望。杨继盛《杨忠愍公传家宝训》则有教子习举的内容,足资参考。

十、现存明代举业用书。一为以《四书大全》《五经大全》为代表的经部类用书。明代士子为便于习举,多用当代人专为科举考试而作的《四书》《五经》类讲义。如蔡清、庄烶编《四书蒙引》、王肯堂《尚书要旨》、许天赠《诗经正义》、凌濛初《诗逆》、马时敏《礼记中说》、杨鼎熙《礼记敬业》、赵恒《春秋录疑》、邹德溥《春秋匡解》、张杞《新刻麟经统一编》、冯梦龙《春秋衡库》、《麟经指月》和《春秋定旨参新》、郑来鸾《春秋实录》、陈于鼎《麟旨定》、顾懋樊《桂林春秋义》、梅之熉《春秋因是》等。二为科举范文选本,除科举录中附刻的程墨外,另有如茅维《皇明策衡》、陈垲《名家表选》等。三为资举业取材或参考之书(史鉴、总集和类书),如郭大有《新刻官板大字评史心见》、冯梦龙《纲鉴统一》、胡广《性理大全书》、詹淮《性理标题综要》、王世懋《新选古今类腴》、樊王家《左氏春秋内外传类选》、杜泾《对制谈经》、江旭奇《朱翼》、胡松《唐宋元名表》、王志坚《四六法海》、茅坤《唐宋八大家文钞》、张文炎《国朝名公经济文钞》、顾祖武《集古文英》、林德谋《古今议论参》、张以忠所辑《陈明卿先生评选古今文统》等。四为论作文、应试技法之书。如袁黄《游艺塾文规》和《游艺塾续文规》，陈龙正《几亭外书》卷七《举业素语》，李栻《困学纂言》卷六《举业附》、袁黄《了凡杂著·宝坻政书》卷十五《训士书》等。此四类现存书目前搜罗不多，尚在求索中。另有不少据原书很难断定为举业用书，但《四库全书总目提要》言其为举业而作者。

此外，像《晁氏宝文堂书目》中别出举业一目，收录明代举业用书38种。隆庆二年（1568年）刊本《珰溪金氏族谱》卷十二收录一则明人乡试公据，亦足资参考。综上所述，目前所搜集资料分布面广，不过分布不均，其中家族对士子科举的影响方面的资料则阙如。据张弘道、张凝道《科名盛事录》载，明代不乏奕世科第之家，家族对士子的影响不可小视。这类资料应该在家谱、族谱中有记载，不过由于家谱、族谱不易得到，同时限于时间、精力、学力，此类史料不刻意搜求，是为缺憾！兹将本文所采用参考古籍，略按四部分类法，附列于后（见参考文献），现存明代举业用书次之，现代著作、论文又次之。

第一章

明代举业

第一节 明代举业

明代科举分三场取士,科举并不必由学校,而士子登第者多自习举业始。举业,亦称举子业,揆之明代,士子以科场取士所用三场文为业,举业即指科举三场之文。三场之中,又以初场最难,耗费士子时日最多,明中期以后,渐有独重初场之弊,是以举业有时专指初场之文,如明末人朱之瑜云:"八月初九日第一场,文七篇,《四书》义三篇,《经》义四篇,谓之制义,亦谓之举子业"①。本文为方便论述,举业即指三场文,亦更符合明代史实。

一、举业内容

举业内容即科举考试所规定内容,明廷不仅藉考试的方式来选拔人才,更通过对考试内容的限定,来引导应试士子成为明廷所希望的人才。不过在漫长开科过程中,随着考试的规范化,竞争的激烈化,士子业举的功利化,举业内容与明初立法所定出现一定偏离,为明廷始料不及,亦无力扭转。明代对科举考试内容的限定主要有两次,第一次是洪武三年(1370年)颁《科举条格诏》规定:

> 乡试、会试文字程式。第一场试《五经》义,各试本经一道,不拘旧

---

① (明)朱之瑜.舜水先生文集:卷15 问大明科举取士法[M]//续修四库全书:第1385册.上海:上海古籍出版社,2002:4.

格，惟务经旨通畅，限五百字以上。《易》，程朱氏注、古注疏；《书》，蔡氏传、古注疏；《诗》，朱氏传、古注疏；《春秋》，左氏、公羊、穀梁、胡氏、张洽传；《礼记》，古注疏。《四书》义一道，限三百字以上。第二场试礼乐论，限三百字以上。诏、诰、表、笺。第三场试经史时务策一道，惟务直述，不尚文藻，限一千字以上。第三场毕后十日面试，骑观其驰骤便捷，射观其中数多寡，书观其笔画端楷，律观其讲解详审。殿试时务策一道，惟务直述，限一千字以上①。

其中第三场毕后面试所定科目，因为刚开科，恐应试者不能遍习，实际该科未试，并令"侯二年之后，须要兼全方许中选"②。不过二年之后，明廷停科举取士达十年之久，至洪武十七年（1384年）颁行《科举成式》，重新开科取士，之后科举一直按《科举成式》中规定的考试内容试士，其内容如下：

第一场，试《四书》义三道，每道二百字以上，经义四道，每道三百字以上，未能者许各减一道。《四书》义主朱子集注。经义．诗》主朱子集传，《易》主程朱传义，《书》主蔡氏传及古注疏，《春秋》主左氏、公羊、穀梁、胡氏、张洽传，《礼记》主古注疏。十二日第二场，试论一道，三百字以上。判语五条，诏、诰、章、表内科一道。十五日第三场，试经史策五道，未能者许减其二，俱三百字以上。次年，礼部会试，以二月初九日、

---

① （明）王世贞．弇山堂别集：卷81 科试考一［M］．北京：中华书局，1985：1540．按：该诏唯《弇山堂别集》全录，他处记载洪武三年所定科举考试内容各有异同，《皇明贡举考》中所载内容与王氏所载相同。《明太祖实录》所载稍异，曰："初场《四书》疑问，本经义及《四书》义各一道，第二场论一道，第三场策一道。中式者后十日，复以五事试之，曰：骑、射、书、算、律。骑观其驰驱便捷，射观其中之多寡，书通于六义，算通于九法，律观其决断"。（见．明太祖实录》卷55，洪武三年八月乙酉，第1084－1085页。）《大明会典》则载作："初场，经义二道，《四书》义一道。第二场论一道，第三场策一道。后十日，复以骑、射、书、算、律五事试之。乡试中式，行省咨中书省，判送礼部会试。其中选者，上亲策于庭，第其高下。《五经》义限五百字以上，《四书》义限三百字以上，论亦如之。策惟务直述，不尚文藻，限一千字以上"。（见：（明）申时行，等．大明会典：卷77 贡举［M］//续修四库全书：第790册：397．此从王氏所载。

② （明）王世贞．弇山堂别集：卷81 科试考一［M］．北京：中华书局，1985：1541．

十二日、十五日为三场，所考文字与乡试同①。

《弇山堂别集》中的《科试考》与《礼部志稿》中的《科试备考》所载此令内容与之相同，《大明会典》中所载则稍异。第二场所试"诏、诰、章、表内科一道"《会典》中作"诏、诰、表内科一道"，第三场所试"经史策五道"《会典》中作"经史时务策五道"②。从实际开科出题情况看，《会典》所言更符合实情，笔者查阅《明代登科录汇编》和《皇明贡举考》中所收各科乡试、会试题目，二场从未见有章题，至于第三场所问之策，不仅涉及经史方面，有的还关及当朝政事得失，称经史时务策无疑更为恰当。大概《实录》、《弇山堂别集》所录《科举成式》为开科原令，而《会典》修于后，乃据开科出题实况，略做修改，俾与实况吻合。

与洪武三年（1370年）的《科举条格诏》中所定考试内容相比，十七年（1384年）所颁《科举成式》稍微调整了乡、会试考试内容，主要是增加了题目道数，而降低了最低字数要求，另外第二场增加了判语五条，殿试则沿用三年所定试"时务策一道"。之后，洪武二十四年（1391年），明廷"诏礼部，今后科举、岁贡于《大诰》内出题，或策、论、判语参试之"③。永乐十七年（1419年）《为善阴骘》修成之后，成祖"又命礼部科举取士准《大诰》例，于内出题"④。成祖时还修成《四书大全》、《五经大全》，于是首场所试《四书》义、《五经》义废先前指定诸注疏不用，而主二部《大全》。此后，在考试内容方面未再有更定。

考试内容之外，关于应试者试文的规定，除了最低字数之限外，主要有两个方面的限制，一为文风方面，二为文字回避方面。

首先，文风方面，洪武四年（1371年）只要求"科举凡词理平顺者，皆预

---

① （明）胡广，等. 明太祖实录：卷160 洪武十七年三月戊戌［M］. 台北："中央研究院"历史语言研究所，1962：2467.

② （明）申时行，等. 大明会典：卷77 贡举［M］. 续修四库全书：第790册. 上海：上海古籍出版社，2002：398.

③ 明）张辅，等. 明太宗实录：卷212 洪武二十四年九月乙酉［M］. 台北："中央研究院"历史语言研究所，1962：3141.

④ （明）张辅，等. 明太宗实录：卷210 永乐十七年三月丁巳［M］. 台北："中央研究院"历史语言研究所，1962：2129.

选列"①。洪武二十四年（1391年）所定文字格式规定："凡对策须参详题意，明白对答，如问钱粮，即言钱粮，如问水利，即言水利，孰得孰失，务在典实，不许敷衍繁文。遇当写题处，亦止曰云云，不必重述"②。正统六年（1441年）又申令"取文务须淳实典雅，不许浮华"③。由此可见，明廷对应试文字的规定并不苛刻，只要求平实通畅，而摒斥浮华，明初并未指定应试文体，是时所取中文字也多只是敷衍经传。自弘治之后，随着教育的发展，思想文化、社会风气的嬗变，考试逐渐正规化，科举竞争日益激烈，渐有士子摒弃淳实通畅的文风，转向艰险奇诡，以侥幸科第。明廷以为艰深奇诡的文风是士风大坏的表现，也不利于人才的选拔，于是"正文体"之令相继颁发，如：

弘治七年（1494年），令作文务要纯雅通畅，不许用浮华、险怪、艰涩之辞，答策不许引用谬误杂书，其陈及时务，须斟酌得宜，便于实用，不许泛为夸大及偏执私见，有乖醇厚之风④。

嘉靖六年（1527年）奏准，科场文字务要平实典雅，不许浮华险怪，以坏文体⑤。

（嘉靖十二年题准《乡试条例》）场中所作文字俱要纯雅通畅，不用浮华、险怪、艰涩之词，策答不许引用谬误杂书，陈及时务须要斟酌得宜，便于实用，不许泛为夸大及偏执私意，有乖醇厚之风。俱遵照本部题准"正文体"事例，着实举行⑥。

（嘉靖）十七年（1538年）题准，会试校文务要醇正典雅、明白通畅、合于程序者方许取中。其有似前驾虚翼伪、钩棘轧茁之文，必加黜落。仍

---

① （明）申时行，等．大明会典：卷77 贡举 [M]//续修四库全书：第790册．上海：上海古籍出版社，2002：399.
② （明）申时行，等．大明会典：卷77 贡举 [M]//续修四库全书：第790册．上海：上海古籍出版社，2002：399.
③ （明）申时行，等．大明会典：卷77 贡举 [M]//续修四库全书：第790册．上海：上海古籍出版社，2002：399.
④ （明）申时行，等．大明会典：卷77 贡举 [M]//续修四库全书：第790册．上海：上海古籍出版社，2002：399-400.
⑤ （明）申时行，等．大明会典：卷77 贡举 [M]//续修四库全书：第790册．上海：上海古籍出版社，2002：400.
⑥ （明）俞汝楫，等．礼部志稿：卷71 题行乡试条约 [M]//文渊阁四库全书：第598册．台北：台湾商务印书馆，1986：207.

听考试官摘出不写经传本旨、不循体制及引用《庄》《列》背道不经之言，悖谬尤甚者，将试卷送出，以凭本部指实，奏请除名，不许再试①。

（嘉靖）十八年（1539年），令今后乡试进到试录，礼部详阅举奏，如有离经叛道、诡辞邪说，定将监临、考试等官罪黜。取中举人，辨验公据得实，革退为民②。

（万历二十年）上曰："立考为国抡才，须文理纯正、经术通明，方许收录。其有文词险怪、背经离传者，场后卷发礼部戒饬"③。

虽然如此，文体依旧日坏。万历之后，"每开科，礼部文移必有'正文体'一条，无不剀切时敝，而及至中式文卷，犹然舛谬"④。究其缘由，一方面，试文原无定体可依，所谓正文体无章可循；另一方面，士子为文，不过幸其取中，而在应举者日众，竞争日益激烈的情况下，若是大家都文理通畅，平平无奇，恐怕也难以脱颖而出，蒙考官垂青。对此，晚明赵维寰有论曰：

功令"正文体"一事，无科无条陈，无年不申饬，然而卒不正者何？八股业原无定体，无可正也。今言正文体者，必以王、唐、瞿、薛为宗，试取四先生文，以行之今世，吾知其必不售也！操觚者人一肺肠，持衡者人一意见，有时极正而或反以为不正，有时极不正而或反以为正。即正文体之人，先不知如何是体，如何是正不正，而又乌乎正⑤?

李乐亦云："今天下文士务怪逞奇，不如是不足以投时好而取青紫，何可

---

① （明）申时行，等．大明会典：卷77 贡举［M］//续修四库全书：第790册．上海：上海古籍出版社，2002：400.
② （明）申时行，等．大明会典：卷77 贡举［M］//续修四库全书：第790册．上海：上海古籍出版社，2002：400.
③ （明）顾秉谦，等．明神宗实录：卷244 万历二十年正月丙子［M］．台北："中央研究院"历史语言研究所，1962：4550-4551.
④ （明）骆问礼．万一楼集：卷55 科举文［M］//四库禁毁书丛刊集部：第174册．北京：北京出版社，1998：661.
⑤ （明）赵维寰．雪庐焚余稿：卷10 正文体［M］．四库禁毁书丛刊集部：第88册．北京：北京出版社，1998：563.

深罪。"①

士子除了以艰深奇诡的文风希图取第外,还有以文字冗长取胜者。明初科举文字之限,只有最低字数,而无最高字数。字数增多,加上考生人数多,势必增加阅卷官的工作量,影响评卷质量,而且明廷认为这和艰深奇诡的文风一样,是士风败坏的表现。为此,自隆庆元年(1567年)始,又有科举限字之令,曰:"迩来经书时义体制大坏,有浮蔓至千余字者,宜严立程式,一篇止许五百字以上,六百字以下,违式者不与誊录"②。此制当年即行,何出图自注年谱载该年乡试云:"初余之腾声艺林也,宏词常至千言,至是严限字之制,不仞拘缚,入场之日又病,自觉文思寂寥,堇能成篇"③。之后明廷又一再申令,万历元年(1573年)奏准,"士子经书文字,照先年题准,限六百字上下,冗长浮泛者不得中式"④。万历八年(1590年)奏准,"限五百字,过多者不许誊录"⑤。明末人吴应箕应试南都,亦载:"癸酉(1633年)忽行限字之令,过五百字者不录"⑥。可见,至明末限字之令仍行,不过时紧时松。

其次,文字回避方面,主要是回避皇帝、亲王名讳,以示尊崇;不许自报家门,泄漏身份信息,以防舞弊。洪武十七年(1384年)所颁《科举成式》规定:"文字回避御名、庙讳及不许自序门地"⑦。此时只需回避皇帝名讳,而无亲王名讳。成化十三年(1477年)又进一步规定避讳的方法,"令举人文字,凡遇御名、庙讳,下一字俱要减写点画"⑧。正统之后,亲王名讳亦要回避。正

---

① (明)李乐. 见闻杂纪:卷5 五十三[M]//四库全书存目丛书子部:第242册. 台北:台湾商务印书馆,1986:273.

② (明)张居正,等. 明穆宗实录:卷6,隆庆元年三月庚午[M]. 台北:"中央研究院"历史语言研究所,1962:168-169.

③ (明)何出图. 何伯子自注年谱[M]//北京图书馆藏珍本年谱丛刊:第52册. 北京:北京图书馆出版社,1998. 364.

④ (明)申时行,等. 大明会典:卷77 贡举[M]//续修四库全书:第790册. 上海:上海古籍出版社,2002:400.

⑤ (明)申时行,等. 大明会典:卷77 贡举[M]//续修四库全书:第790册. 上海:上海古籍出版社,2002:400.

⑥ (明)吴应箕. 留都见闻录:卷之上 科举[M]//丛书集成续编:第12册. 台北:新文丰出版公司,1989:403.

⑦ 明太祖实录:卷160 洪武十七年三月戊戌[M]. 台北:"中央研究院"历史语言研究所,1962:2469.

⑧ (明)申时行,等. 大明会典:卷77 贡举[M]//续修四库全书[M]. 第790册. 上海:上海古籍出版社,2002:399.

统十二年（1447年），山西"乡试小录所出《诗经》题内'维周之桢'，其'桢'字犯楚昭王讳，不曾回避"，结果试官受罚，"仍移文申谕，戒毋再犯"①。弘治七年（1494年）又规定二字不偏讳，令"御名、庙讳及亲王名讳，仍依旧制。二字不偏讳，不必缺其点画，违者黜落。文字、试题上不许加'奉试'字"②。嘉靖十年（1531年）礼部题准《会试条例》又重申"举人作文，依例回避御名、庙讳及亲王名讳，如有违犯，定行斥落，惟二名不偏讳"③，"举人文字、题目之上，不许加'奉试'字样，文字中间，不得自叙辛苦门第"④。

除了文风与文字回避之外，弘治七年（1494年）还规定士子"正卷务依所出题目，次第楷书，不许草书及先后错乱"⑤。明代官方关于科举考试内容及文字规范的限定，大略如是。不过士子在习举应试过程中，举业另呈现出一些变化和特点，比如减场逐渐不行、各经学习人数多寡悬殊、八股文的形成、独重初场、考官出题程式化、试文格式日益烦琐化等，论述如下：

1. 减场逐渐不行。洪武十七年（1384年）所定《科举成式》中规定，初场《四书》义三道，经义四道，"未能者许各减一道"，第三场试策五道，"未能者许减其二"，并不要求全场题皆做。成化十年（1474年）规定："生员作文全场、减场者，监试官各用全、减关防印"⑥。明前期也的确可以减场，而且有以减场中式者，如"永乐十年（1412年）录有减场五篇者，亦中魁选"⑦。"正统甲子（1444年）科，四川解元周洪谟，丁卯（1447年）科，福建解元陈俊，初场俱五义。"⑧ 至中期以后，减场不但不能中式，而且会被当成违规试卷贴

---

① （明）孙继宗，等.明英宗实录：卷158，正统十二年九月丙申［M］.台北："中央研究院"历史语言研究所，1962：3073.
② （明）申时行，等.大明会典：卷77 贡举［M］//续修四库全书：第790册.上海：上海古籍出版社，2002：400.
③ （明）俞汝楫，等.礼部志稿：卷71 题行会试条约［M］//文渊阁四库全书.台北：台湾商务印书馆，1986：210.
④ （明）俞汝楫，等.礼部志稿：卷71 题行会试条约［M］//文渊阁四库全书：第598册.台北：台湾商务印书馆，1986：211.
⑤ （明）申时行，等.大明会典：卷77 贡举［M］//续修四库全书：第790册.上海：上海古籍出版社，2002：400.
⑥ （明）申时行，等.大明会典：卷77 贡举［M］//续修四库全书：第790册.上海：上海古籍出版社，2002：398.
⑦ （明）郎瑛.七修类稿：卷14 本朝科场［M］.上海：上海书店出版社，2001：138.
⑧ （明）谈迁.枣林杂俎：减场［M］//四库全书存目丛书子部：第113册.济南：齐鲁书社，1997：303.

出。成书于弘治前后的《双槐岁钞》载："桐乡杨长史宗道述掌教监利时，正统甲子（1444年），同考蜀闱，简一减场卷为举首，众从之，乃周文安公洪谟也……近时，所命之题，所刻之文，皆有一定规矩，所取必须全场，减则贴出，然知人如述者鲜矣。"① 弘治己未（1499年）进士都穆亦载："往时乡试作'减场'者，如前场七篇，止作五篇，亦得中式。宣德十年（1435年），应天府乡试，吾乡祝参政颢以减场得高魁，今则凡减场者皆帖出矣。"② 由此可知，到弘治前后，减场要被贴出，一经贴出，此科无中式希望，甚至议罚，参见后文。减场不行使得考试时间紧迫，难度加大，尤其是对当场构思的士子，难以充分发挥才华，而对以记诵博取科第者，反而更具优势。祝允明曾私议贡举云："今或过午，篇数未登，终场如制，减作辄至不誊，或不给烛，俾研覃之功，委之无用，强记之辈，多遂登升。"③ 顾炎武亦曾云："盖一代之人才，徒以记诵之多、书写之速，而取其长，则七篇不足为难，而有并作《五经》二十三篇，如崇祯七年（1634年）之颜茂猷者，亦何裨于经术，何施于国用哉"④！

2. 初场八股文的形成。明初并未规定应试文体，只要求"词理平顺"，"明白对答"，"务在典实"，所谓八股文大致形成于成化以后。顾炎武云：

> 经义之文，流俗谓之"八股"，盖始于成化以后。股者，对偶之名也。天顺以前，经义之文不过敷演传注，或对或散，初无定式，其单句题亦甚少。成化二十三年（1487年），会试"乐天者保天下"文，起讲先提三句，即讲"乐天"，四股。中间过接四句，复讲"保天下"，四股。复收四句，再作大结。弘治九年（1496年），会试"责难于君谓之恭"文，起讲先提三句，即讲"责难于君"，四股。中间过接二句，复讲"谓之恭"，四股。复收二句，再作大结。每四股之中，一反一正，一虚一实，一浅一深（原注：亦有联属二句、四句为对，排比十数对成篇，而不止于八股者）。其两

---

① （明）黄瑜. 双槐岁钞：卷5 场屋知人 [M] //明代笔记小说大观. 上海：上海古籍出版社，2005：175.

② （明）都穆. 都公谭纂：卷下 [M] //四库全书存目丛书子部：第246册. 济南：齐鲁书社，1997：394.

③ （明）祝允明. 怀星堂集：卷11 贡举私议 [M] //文渊阁四库全书：第1260册. 台北：台湾商务印书馆，1986：517.

④ （清）顾炎武. 日知录集释：卷16 经义论策 [M] //清代学术名著丛刊. 黄汝成，集释. 上海：上海古籍出版社，2006：942.

扇立格（原注：谓题本两对文，亦两大对），则每扇之中各有四股，其次第文法亦复如之。故今人相传，谓之"八股"。若长题则不拘此。

嘉靖以后，文体日变，而问之儒生，皆不知八股之何谓矣①。

八股文是在科举考试日益规范，竞争日益激烈，初场日益显重的背景下产生的一种应试文体，是经学与文学杂糅而成的一种文体。初场之文多排比为八股，两两为偶，对仗押韵，既能让士子试文整饬有序，又便于考官阅卷。不过明代八股文尚处于发展过程中，体式并不如清朝那样完备、固定。清代八股文有破题、承题、起讲、入手、起股、中股、后股、束股八部分，二二相比，十分规整，而明代八股文则不然。明代八股文多分为破题、承题、小讲（或起讲）、大讲（或正讲）、束题、结题几部分，中间可能还有"过文"以起承转合②，而且每一部分并不必须有。隆庆时李栻云："文格虽有破、承、起讲、大讲、束、结许多节目，却只是一篇文字，破承中意，小讲不可再用，大讲中意，束结不可再用"③，显得较为随意。明代也很少称"八股文"，多称"时文、时艺、时义、制义、制艺"等。八股文形成后，仅适用于初场，初场之中，也止用于《四书》题及《诗》《书》《礼》《易》四经之题，《春秋》题则例外。《春秋》本史书，其题与他经之题不同，而更似论题、策题，其试文也"不拘以八股，或如论、如解、如辩、如议、如奏疏、如爰书，皆无不可"④。而且明中后期文体日变，亦使初场之文不能完全拘于八股，如顾炎武所云："嘉靖以后，文体日变，而问之儒生，皆不知八股之何谓矣"。晚明吴应箕亦载："因思墨卷中有串作者，有散作者，有作四股八比者，且有重首一句者，此皆当以失体劾

---

① （清）顾炎武著. 日知录集释：卷16 试文格式 [M]//清代学术名著丛刊. 黄汝成，集释. 上海：上海古籍出版社，2006：951.
② （明）李栻. 困学纂言：卷6 举业附 [M]. 四库全书存目丛书子部：第127册. 济南：齐鲁书社，1997：67-70. （明）袁黄. 游艺塾续文规：卷2 鹿门茅先生论文 [M]//续修四库全书：第1718册. 北京：北京图书馆出版社，1998：179-183.
③ （明）李栻. 困学纂言：卷6 举业附 [M]//四库全书存目丛书子部：第127册. 济南：齐鲁书社，1997：67.
④ （明）梅之熉. 春秋因是：卷首 春秋因是发凡 [M]//四库全书存目丛书经部：第128册. 杭州：浙江古籍出版社，1986：14.

斥"①。可见晚明科场之文并非全是八股文的天下。

3. 初场独重。明初定以三场取士，三场并无畸重，中期以后，应试之人日多，卷多而考官少，乃有初场独重之弊。成化丁未（1487年）进士夏鍭曾上书周尚书论科举云：

> 且以浙事言之，一经之士，多可望千聚，而付之二三新进，不学少行，否则戒得倦勤之人，恣自为之，往往踵卤莽就事之弊，无真实得士之心。其酌题也守穿穴臆说，得真旨者遂无望其录卷也。赏记诵之成文，出自己构者厄焉。一字会意，竟篇皆恶而必采；头场不合，后场虽美而无成。况精神惮于多阅，美恶成于一览。置之前后而不应其能，揆诸去取而胥枉其实！……於乎！论文于一日，论又不详，取人以言语，言又无实，则何可以弗动意也耶②！

可见在成化、弘治前后，已有重初场之弊。明代以儒学立国，初场试《四书》义、《五经》义，三场之中亦以初场最难，重初场亦是情理中事。揆之事理，若考生初场即文理纰缪、错讹连篇，二三场也不会高明，何况头场已不通，即便二三场优秀，也不可能三场皆通。对此，明人李栻有论云：

> 二三场文字虽亦各有体则，然犹可以随人才思驰逞，惟头场规矩做定，针线织成，虽有才思，随意驰逞不得。故论其体概，虽稚子亦能成篇，求其精纯，必欲股股句句不可易置，不可增减，则虽老师，亦未易合格也。故主司去取，全在头场。然二三场若有规矩，就头场亦足以见之。故观其讲结通今博古，句法可方可圆，有议论、有断制，而论、策可知也。观其间架整齐、词气苍古，而诏、诰、表、判可知也。若头场不合体格，二三场纵有才思，何由得入主司之目③？

---

① （明）吴应箕.留都见闻录：卷上 科举[M]//丛书集成续编：第12册.台北：新文丰出版公司，1989：404.

② （明）夏鍭.明夏赤城先生文集：卷12 上周尚书论科举书[M]//四库全书存目丛书集部：第45册.济南：齐鲁书社，1997：317.

③ （明）李栻.困学纂言：卷6 举业附[M]//四库全书存目丛书子部：第127册.济南：齐鲁书社，1997：72.

独重初场除了初场内容重要,难度大外,另一个原因是考生日多,而阅卷官人少,阅卷时日有限,考官无暇顾及二三场。嘉靖时海瑞曾言:

> 近时举业习时套,独第三场五策议论时务经史,较前两场稍可得人。主试者每以卷多,日有限,头场不预取数者,不复检看。是以末场虽有极工者,头场非时套,不能美俗观,因之不蒙选录。是科举名数多,亦为得人之累。①

科举本为求才而发,以初场论成败,本亦可行,不过与初场日重相应的是试文格式程式化、烦琐化,初场还形成了应试文体——八股文。在这种情况下,正如李栻、海瑞二人所言,初场之文因为规矩、俗套太多,"论其体概,虽稚子亦能成篇,求其精纯,必欲股股句句不可易置,不可增减,则虽老师,亦未易合格也",已难以分辨考生高下。何况试士于风檐之下,且须全场七篇皆作,时日窘迫,精力耗损,能自构而擅场者极少,而宿构或窃记旧文取中者实不乏其人。初场已难以承担选拔人才的重任,以初场定去取,名为抢才,实则沦才。

鉴于此种情况,明廷曾试图矫正此弊。隆庆元年(1567年),直隶提学御史耿定向奏请"主考官止宜发初场试卷付同考,分经校阅,二三场更易品订,毋专委一人,致令偏重初场,遗真才积学之士"。不久,御史陈联芳亦请重后场,二议"俱允行之"②。万历元年(1573年)明廷又奏准:"各处乡试行令提调官,转行主考官,除初场照旧分经外,其二三场改发别房,各另品题,呈送主考定夺。查果三场俱优者,即置之高选。后场俊异,而初场纯疵相半者,酌量收录。若初场虽善,而后场空疏者,不得一概中式"③。当年姚舜牧参加乡试,其《自叙历年》载:"是岁三场分看,初场山阴大尹徐孺东老师取备卷,次

---

① (明)海瑞. 海瑞集:上编3 均徭 [M]. 北京:中华书局,1962:93.
② (明)张居正,等. 明穆宗实录:卷6 隆庆元年三月庚午 [M]. 台北:"中央研究院"历史语言研究所,1962:168-169.
③ (明)申时行,等. 大明会典:卷77 贡举 [M]//续修四库全书:第790册. 上海:上海古籍出版社,2002:399.

场节推萧念渠老师取表擅场，得中式六十七名"①。之后明廷又一再申令，并在一定范围、时期内得到实施。如万历壬子（1612年）方震孺应乡试，即是"首场不满志，以表冠场得隽"②。不过在考卷多而阅卷官少、阅卷时间有限的矛盾未得到根本解决的情况下，晚明仍多以初场定去留，且初场七篇多不全阅。晚明赵维寰"议房考"云："国家分房阅卷，本求真士，而近以分门生故，限定二十人，遂致人少暑促，无论二三场，绝不寓目，即七篇鲜阅完者"③。

4. 五经学习人数多寡悬殊。明代分经取士，乡、会试中二三场及首场之《四书》义大家都一样，唯《五经》义则每人只选一经。是以士子业举只需专攻一经，无须五经贯通。由于五经难易程度不一，各经师资亦不同，因此各经学习人数有很大差异，也反映到各经中式人数上。笔者统计《明代登科录汇编》中所收各科乡、会试录中各经中式人数如下表：

表1　明代科举各经中式统计表

科年	易	书	诗	春秋	礼记	总数	备注
建文二年（1400）会试	19	35	33	17	5	109	
正统十年（1445）会试	26	43	41	20	20	150	
成化元年（1465）山东乡试	12	23	27	7	6	75	
成化七年（1471）广西乡试	12	15	15	6	7	55	
成化十一年（1475）会试	57	83	104	29	27	300	
弘治二年（1489）山东乡试	13	21	30	5	6	75	
弘治二年（1489）湖广乡试	19	23	30	7	6	85	
弘治五年（1492）应天府乡试	31	33	55	8	8	135	
弘治十四年（1501）应天府乡试	27	31	60	7	7	135	缺3人
弘治十五年（1502）会试	76	70	112	21	21	300	
正德十一年（1516）浙江乡试	31	16	31	7	5	90	
正德十四年（1519）山东乡试	16	19	29	6	5	75	
嘉靖元年（1522）应天府乡试	39	28	56	6	6	135	
嘉靖七年（1528）浙江乡试	32	16	27	8	4	90	
嘉靖十年（1531）顺天府乡试	33	32	56	8	6	135	
嘉靖十年（1531）山西乡试	16	17	21	7	4	65	
嘉靖十年（1531）云贵乡试	16	11	19	5	4	55	
嘉靖十六年（1537）贵州乡试	7	6	8	2	2	25	
嘉靖十九年（1540）应天府乡试	34	26	51	13	10	135	缺1人
嘉靖二十年（1541）会试	84	64	108	25	19	300	
嘉靖二十八年（1549）应天府乡试	41	26	50	10	8	135	
嘉靖三十一年（1552）山东乡试	18	16	31	5	5	75	
嘉靖三十一年（1552）福建乡试	30	18	29	7	6	90	

---

① （明）姚舜牧. 来恩堂草：卷16　自叙历年[M]//四库禁毁书丛刊集部：第107册. 北京：北京出版社，1998：267.

② （明）方震孺. 方孩未年谱[M]//北京图书馆藏珍本年谱丛刊：第59册. 北京：北京出版社，1998：9.

③ （明）赵维寰. 雪庐焚余稿：卷10　议房考[M]//四库禁毁书丛刊集部：第88册. 北京：北京出版社，1998：588.

续表

科年	易	书	诗	春秋	礼记	总数	备注
嘉靖三十七年（1558）江西乡试	34	18	32	7	4	95	
嘉靖三十七年（1558）广东乡试	24	11	30	5	5	75	
嘉靖三十八年（1559）会试	89	62	106	24	19	300	
嘉靖四十一年（1562）会试	89	62	106	24	19	300	
嘉靖四十三年（1564）四川乡试	20	14	27	6	3	70	
隆庆元年（1567）陕西乡试	15	18	23	5	4	65	
隆庆二年（1568）会试	121	77	144	29	26	400	缺3人
万历元年（1573）云南乡试	14	10	15	3	3	45	
万历元年（1573）贵州乡试	9	5	10	3	3	30	
万历七年（1579）河南乡试	24	14	30	7	5	80	
万历七年（1579）云南乡试	14	10	15	3	3	45	
万历十年（1582）浙江乡试	36	17	23	8	6	90	
万历十三年（1585）山东乡试	18	16	30	5	6	75	
万历十四年（1586）会试	108	71	122	27	22	350	
万历二十二年（1594）山东乡试	18	17	30	5	4	75	缺1人
万历二十九年（1601）会试	91	64	102	23	20	300	
万历己未（1619）会试	105	73	119	27	23	350	缺3人
天启七年（1627）江西乡试	36	26	29	6	5	102	
崇祯十二年（1639）陕西乡试	18	18	24	5	6	71	

（注：上表数据来自《明代登科录汇编》中所收各科乡、会试录，有字迹不清或缺文者，则统计其数于备注栏。）

由上表可知，以《诗》《书》《易》三经中式者多，以《礼》《春秋》二经中式者少，其中《诗》最多，《春秋》略多于《礼》，而且随着取士名额的增加，以《诗》《书》《易》三经中式人数增长快，而以《礼》《春秋》二经中式人数则变动不明显，形成《诗》《书》《易》三经热，而《礼》《春秋》二经冷的局面。究其原因，无非是二经经义繁多，题目互变。正德时顾潜云："《春秋》《礼记》同为圣人垂世立教之书，近时学者苦其简帙浩繁，习者渐少，深惧久而愈失其传"①。嘉靖时人宋仪望亦云："《春秋》《礼记》二经，海内诵习者少，得非以题目互变，书义烦多乎"②？如《礼记》，明人侯于赵云："方今举业帖括所称翼传註而阐经旨者，亡虑数百家，至《礼经》独号孤尠，人人难之夫，亦以其载籍浩繁，而说者未悉其奥义，以故支离乖隔，不合不公，甚至郢书燕说，

---

① （明）顾潜. 静观堂集：卷8 申严条约事［M］//四库全书存目丛书集部：第48册. 济南：齐鲁书社，1997：532.

② （明）宋仪望. 华阳馆文集：续刻卷2 学政第三［M］//四库全书存目丛书集部：第116册. 济南：齐鲁书社，1997：494.

愈远而愈失其真矣"①。薛应旂亦云："某少业《礼经》,尝历考诸家训释,每苦其说之浩繁,而画蛇非马之谈则又各逞其纵横辨驳,岐途殊轨,莫或适从……迨我明兴,学校立官,科目取士,其于是礼尤致重焉,但后学病于浩博,难于师傅,诵而习者,比之诸经,为类颇寡"②。至于《春秋》则本经文少,"崩、薨、卒、葬不以命题,其有传可以试士者,才七百有奇耳!国初连二比,或三比、四比,而义多不可强通,于是传题、比题之例起,凡义可以强通者,人人皆得以臆撰,至不可穷极"③。所以《春秋》题型有三:经题、传题、合比题(即比题)。经题自经中出题,因经文少,又自传中出题,为传题,"或从传而无意义,主二传合,然后冠冕者,或会传意合作,或传中本无,但人以己意合而成题,或以属词比事之法,比而成题,要之必有大义理、大字眼,谓之合比题"④,结果"他经入闱,止虑文之不佳,《春秋》入闱,先虑题之不习"⑤。

5. 考官出题有章可循,士子试文有法可依。三场中以初场题多,名目、变化也多。明人郭子章曾将初场之题归纳为15种:单题式、两扇题式(又细分为短题两扇者、长题两扇者、两扇中涵四扇者、语似两扇意寔相串者)、三扇题式、四扇题式、长题式、一句分两截题式、接上搭下题式、前后照应题式、两句作一句题式、丛问未尽题式、反题式、事寔题式、断制题式、散题式、咏叹题式⑥。据日本鹤成久章先生研究,首场《四书》义的出题倾向、频率及形式都有一定规律。会试在景泰以后,乡试在弘治以后,《四书》义的出题范围及顺序多为《论语》《中庸》《孟子》,或者《大学》《论语》《孟子》二种模式⑦。

---

① (明)马时敏. 礼记中说:卷首 刻礼记中说序[M]//四库全书存目丛书经部:第90册. 台北:"中央研究院"历史语言研究所,1962:420.
② (明)薛应旂. 方山先生文录:卷9 代礼记正蒙序[M]//四库全书存目丛书集部:第102册. 济南:齐鲁书社,1997:312.
③ (明)梅之熉. 春秋因是:卷首 自叙[M]//四库全书存目丛书经部:第128册. 杭州:浙江古籍出版社,1986:11.
④ (明)邹德溥. 春秋匡解[M]//四库全书存目丛书经部:第120册. 台北:"中央研究院"历史语言研究所,1962:638.
⑤ (明)冯梦龙. 春秋衡库:卷首 春秋衡库序[M]. 四库全书存目丛书经部:第123册. 北京:中华书局,1985:4.
⑥ (明)袁黄. 游艺塾续文规:卷2 青螺郭先生论文[M]//续修四库全书:第1718册. 北京:北京图书馆出版社,1998:189-191.
⑦ 〔日〕鹤成久章. 论明代科举中试《四书义》之出题[M]//科举制的终结与科举学的兴起. 陈翀,译. 武汉:华中师范大学出版社,2006.

《五经》义出题内容亦有章可循,顾炎武云:

> 予闻昔年《五经》之中,惟《春秋》止记题目,然亦须兼读四传。又闻嘉靖以前,学臣命《礼记》题,有出《丧服》以试士子之能记否者。百年以来,《丧服》等篇皆删去不读,今则并《檀弓》不读矣。书则删去《五子之歌》《汤誓》《盘庚》《西伯戡黎》《微子》《金縢》《顾命》《康王之诰》《文侯之命》等篇不读,诗则删去淫风变雅不读,《易》则删去《讼》《否》《剥》《遯》《明夷》《睽》《蹇》《困》《旅》等卦不读,止记其可以出题之篇,及此数十题之文而已①。

由上可知,至晚明,《诗》《书》《礼》《易》出题皆有一定范围,其不出题者士子不读。《春秋》出题则多自功令出题,其中"崩、弑等传,或复词赘语"②,则不出题。而且初场因出题范围有限,还多有摘缀、割裂经文,谲怪命题之弊,尤其是《春秋》。如天顺三年(1459年)浙江温州府永嘉县教谕雍懋言:

> 朝廷每三年开科取士,考官出题多摘裂牵缀,举人作文亦少纯实典雅。比者浙江乡试,《春秋》摘一十六股配作一题,头绪太多,及所镂程文,乃太简略而不纯实。且《春秋》为经,属词比事,变例无穷,考官出题往往弃经任传,甚至参以己意,名虽搭题,实则射覆,遂使素抱实学者一时认题与考官相左,即被黜斥。乞敕自后考官出题、举子作文一惟明文是遵,有弗悛者罪之③。

结果"上善其言,命礼部议行"。正德十年(1515年)十二月,南京礼科给事中徐文溥亦奏:"近日主司务为谲怪命题,摘掇一句二句,或割裂文义,或

---

① (清)顾炎武著. 日知录集释: 卷16 拟题[M]//清代学术名著丛刊. 黄汝成,集释. 上海: 上海古籍出版社,2006: 945-946.
② (明)冯梦龙. 春秋衡库: 卷首 发凡[M]//四库全书存目丛书经部: 第123册. 济南: 齐鲁书社,1997: 9.
③ (明)孙继宗,等. 明英宗实录: 卷307 天顺三年九月甲辰[M]. 台北: "中央研究院"历史语言研究所,1962: 6471. 按: 正文已据《〈明英宗实录〉校勘记》改正.

偏断意旨。宜如成化初年以前出题，必章句成段，义理贯属。取文必讲理亲切，措词淳雅，其有浮艳险怪、不根义理者，并皆黜落。各处提学官亦依此训迪诸生"①。"疏入，下所司知之"。万历四十年（1612年），礼部又奏请："科场题目须正大冠冕，《春秋》题必以圣经为主，以胡传为宗，不得穿凿附会"②。结果"奉旨，依议行"。

  第二场论、判之外，诏、诰、表内科一道。论虽不像初场八股文那么规矩繁多，但也"有破题、有承题、有小讲、有入题、有原题、有大讲、有腰、有结"。明人习论多参考宋论，袁黄还将宋论归纳为"有辨论格、有诘难格、有问答格、有关锁格、有借宾形主格、有从浅入深格、有摘字贯题格、有贬题立说格"③。判自《大明律》出题，多不过百来字，"略知律意，便可用事填去"④，较为简单。顾炎武云："至于近年，士不读律，止钞录旧本。入场时每人止记一律，或吏或户。记得五条，场中即可互换。中式之卷大半雷同，最为可笑"⑤。至于诏、诰、表，士子仅须从中选作一道，不过《双槐岁钞》载："诏、诰、表内科一道，兼作者听"⑥。明中后期，士子多选作表，诏、诰实际不行。嘉靖丁未（1547年）陈垲云："近时士子应试，率多作表取中"⑦。李维桢亦云："明制：试士初以经书义，再以论、诏、诰、表、判，三以策。诏、诰久不行，其他如故，二百五十年于今，文体不啻数十变矣"⑧。笔者查阅《明代登科录汇编》中所收乡、会试录所刻墨卷，也不见二场有刻诏、诰者，不过《双槐岁钞》

---

① （明）费宏，等. 明武宗实录：卷132　正德十年十二月乙亥 [M]. 台北："中央研究院"历史语言研究所，1962：2630. 按：正文已据《〈明武宗实录〉校勘记》改正.
② （明）顾秉谦，等. 明神宗实录：卷492　万历四十年二月乙亥，台北："中央研究院"历史语言研究所，1962：9259.
③ （明）袁黄. 游艺塾续文规：卷5　了凡袁先生论文 [M]//续修四库全书：第1718册. 北京：北京图书馆出版社，1998：223.
④ （明）陆深. 俨山集：卷96　江西家书十一首 [M]//文渊阁四库全书：第1268册. 台北：台湾商务印书馆，1986：622.
⑤ （清）顾炎武. 日知录集释：卷16　判 [M]//清代学术名著丛刊. 黄汝成，集释. 上海：上海古籍出版社，2006：954.
⑥ （明）黄瑜. 双槐岁钞：卷5　场屋知人 [M]//明代笔记小说大观，上海：上海古籍出版社，2005：174.
⑦ （明）陈垲辑. 名家表选：卷首　名家表选序 [M]//四库全书存目丛书补编：第13册. 北京：北京图书馆出版社，1998：95.
⑧ （明）李维桢. 大泌山房集：卷26　论表策衡序 [M]//四库全书存目丛书集部：第151册. 济南：齐鲁书社，1997：63.

载:"永乐辛卯(1411年)福建第一人林志,刻诏、诰及表是已"①。沈德符亦云:"成化二年(1466年)丙戌,《五经》各刻文三篇,二场乃刻诏","弘治六年(1493年)癸丑,亦刻论二篇,又刻诏一篇"②。大概诏、诰到弘治时还有人作,至嘉靖以后渐不行。场中所出表题亦有规律,《双槐岁钞》载明初会试,"所拟表,洪武、永乐中,祥瑞称贺为多,如'野蚕成茧''五色卿云'之类,近始易以进书授官,渐与昔异矣"③。晚明袁黄则云:"场中之表惟出唐、宋及本朝表"④,表之体"有谏、有请、有乞、有进、有荐、有贺、有慰、有辞、有谢、有讼、有弹,今场所用惟三体,曰进、曰贺、曰谢而已"⑤。作表亦有法可依:

> 表冒长短不拘,但要的确,移易不动。冒后为解题,原其来历,究其指归。进表解题宜详,不拘进书进物,凡自我而进,则当说得分明。贺表多不用解题,凡解说题目,多说前朝不济,故贺表不用,即用亦不得多,切忌道着衰微乱亡景象,颂圣处亦要切题。贺表颂圣宜详,谢表自叙宜详,各有体也⑥。

三场之策出题不拘古今,止许直陈所见,不许修饰文词,习策者多读《通鉴》、历朝正史、当朝政书等。至晚明,"古惟宗《文献通考》,今惟宗《大明会典》"⑦,至于资质鲁钝、不能遍阅二书者,多将拟定策目作文,考时抄誊一

---

① (明)黄瑜.双槐岁钞:卷5 场屋知人[M]//明代笔记小说大观.上海:上海古籍出版社,2005:174.
② (明)沈德符.万历野获编:卷14 会试刻文[M]//元明史料笔记丛刊.北京:中华书局,1959:376.
③ (明)黄瑜.双槐岁钞:卷9 会试论表[M]//明代笔记小说大观.上海:上海古籍出版社,2005:248-249.
④ (明)袁黄.游艺塾续文规:卷5 了凡袁先生论文[M]//续修四库全书:第1718册.北京:北京图书馆出版社,1998:224-225.
⑤ (明)袁黄.宝坻政书:卷15 作表法、了凡杂著[M]//北京图书馆古籍珍本丛刊:第80册.北京:书目文献出版社,1998:802.
⑥ (明)袁黄.宝坻政书:卷15 作表法、了凡杂著[M]//北京图书馆古籍珍本丛刊:第80册.北京:书目文献出版社,1998:802.
⑦ (明)袁黄.宝坻政书:卷15 作策法、了凡杂著[M]//北京图书馆古籍珍本丛刊:第80册.台北:台湾商务印书馆,1986:803.

过，以欺主司耳。

6. 试文格式烦琐化与贴卷。随着科举考试的程式化，科举考试越来越注重形式而非内容，除了形成应试文体——八股文外，还形成了烦琐的试文格式，对不合格式的试卷，则要被贴出，以示惩戒，称为贴卷。士子试卷一经贴出，则此科中试无望，甚至议罚。明初对试文格式的要求很少，只是要求避皇帝、亲王之讳，且不得自报家门，弘治时还要求试卷要用楷书誊录。中期以后，试文格式渐多，连次序错乱这样的细枝末节也在失格之列。嘉靖前后陆深在家书中叮嘱其子应试事宜时就曾云："灯烛下誊真，尤要仔细，须再三看题目次序，恐坐失格，是一番徒劳耳"①。至晚明，试文规范极多，不合规范者则要被贴出。天启乙丑（1625年）科，薛三省曾有《议会场誊卷贴卷疏》论其事甚详，择其要者录于下：

> 凡士子三场试卷有大乖明式者，虽属过误，法所必贴，不少惜也。有迹涉嫌疑者，虽所犯者小，法所必贴，不少假也。
>
> 初场凡贴出一百八十三卷，其余微疵小瑕，尚有二百余卷。如开卷失写题目复涂注者，七稿前长后短及经稿前后偶失次者，或涂抹一篇另草者，或稿纸已尽，少未草者，或七篇中共抹八九行，与一篇中涂改四五行者，受卷、弥封、誊录、对读四所等官皆拟贴，而臣则谓磨对原为正稿而设，磨及草稿，已为过察，何复苛求！
>
> 及至二三场，诸士草野，不习程式，更多错失。其失格大者，又复贴出一百六卷。此外尚有宜抬头不抬头者，宜抬两字，止抬一字者，有颂语一句，下即直写者，有写判与题平者，有试卷复有横格者，此等多至四百余卷。
>
> 盖旧时四所官皆坐镇，而假手书役辈，但记款目大者数条相对，故贴卷少。及癸丑（1613年）磨勘议起，奉行甚峻，中式卷中少有瑕疵，并四所官无不追议，而磨勘始日苛矣。今四所官皆所题留，兢兢以挂误为惧，

---

① （明）陆深. 俨山集：卷96　江西家书十一首[M]//文渊阁四库全书：第1268册. 台北：台湾商务印书馆，1986：622.

不惜穷夜继日，手翻目阅，故纤瑕毕露，拟贴如此多也①。

由此疏可知，晚明贴卷，尤其是万历癸丑（1613年）之后，极为苛刻，所立格式多为细枝末节，连试文涂抹、顺序颠倒、书写格式不合规范都在失格之列。科举取士由重内容而转向重形式，背离了立法初衷。晚明试文格式烦琐化与贴卷也并非一时矫弊之举，而是愈演愈烈，薛氏所奏"微疵小瑕"者亦在贴卷之列，一直奉行。明季朱之瑜云："第一场，七夫、七盖、七甚矣，不写音注，涂抹，俱贴出。不完，贴。无束题，贴。第二场，表中抬头差一字便贴，犯讳，贴，贴出惟二场极多"②。在如此烦琐的格式限制下，士子应试一方面要致力于内容构思，另一方面还要注意格式违禁，好比戴着镣铐起舞，稍不留神就会出格。晚明赵维寰回忆其万历庚子（1600年）应乡试云："庚子初场，余既完卷，对一过，辄上堂交纳。时收卷者问余何经，因谓曰：'《书经》卷正在封束，若少站'。余时无所事，复开卷一对，则七'夫'也，大惊，即就收卷桌上掣笔改二'盖'字，得不贴"③。至乙卯年（1615年）他应会试，又因初场"首题便落'子曰'二字"④，差点被贴出，幸亏誊录书手禀告考官，誊录时补上此二字才未贴。当然，贴卷也有遏止舞弊，以儆效尤的作用。如崇祯癸酉（1633年）南闱，"头场贴出誊录作弊及文字关节者十有四人，大都皆下江富贵子也。监场出示，谓行文督学究治，后事皆寝，然则人何所惮而不作弊乎"⑤。至于该事未果，则是执行方面的问题，与晚明时局有关，非关立法本意。

二、士子习举

士子习举为科举之途的起点，明人一般称学作三场文为习举业，三场之中，

---

① （明）薛三省. 薛文介公文集：卷3 议会场誊卷贴卷疏［M］//四库全书存目丛书集部：第182册. 济南：齐鲁书社，1997：249-250.
② （明）朱之瑜. 舜水先生文集：卷15 问大明科举取士法［M］//续修四库全书：第1385册. 上海：上海古籍出版社，2002：4.
③ （明）赵维寰. 雪庐焚余稿：卷10 灯花［M］//四库禁毁书丛刊集部：第88册. 北京：北京出版社，1998. 558.
④ （明）赵维寰. 雪庐焚余稿：卷10 丙辰试［M］//四库禁毁书丛刊集部：第88册. 北京：北京出版社，1998：562.
⑤ （明）吴应箕. 留都见闻录：卷上 科举［M］//丛书集成续编：第12册. 台北：新文丰出版公司，1989：403.

又以初场为重点，亦是难点。但是，士子并非直接就学作三场之文，还有必要的准备工作。一般士子启蒙识字后，先学习《四书》，之后择《五经》中的一经而习之，之后才开始学作时义，即初场之文，次及二三场之文。士子习举的主要内容，就是读书和作文。

举业之中，唯《五经》为专门之学，士子只需专攻一经，一些所谓的科第之家也多专经传家，并在专经取士的背景下，经专于家向专于邑扩散，促进了经学的传播。明人吴宽云：

> 维皇明以经术取士，士之明于经者或专于一邑，若莆田之《书》，常熟之《诗》，安福之《春秋》，余姚之《礼记》，皆著称天下者，《易》则吾苏而已。苏之《易》始于顾顺中先生，一时游其门者，出则取科第，以其经转相传授。岁久，师弟子益众，延及他郡，莫非出顾氏①。

对于一些偏僻冷门之《经》，由于卷帙浩繁，经题多，习之者少，其传承更具有地域性。如《春秋》，顾懋樊云："《春秋》学有嵩门，如江右之吉州，楚之麻城，闽之晋江，近日三吴尊宿，代多闻人，而吾浙则推会稽、乌程、淳安，诸名家辈出，与武林并盛"②。

正因为《五经》学有专门，士子择经并非可以随意选择，而是受到师资的限制。明代士子择经主要有两种方式：从亲和从师。从亲是跟从祖、父、兄、亲戚等人习经。明人以科目为重，若亲人有科举出身或习举业者，子弟则近水楼台，因之习经。如谢迁十二岁时，"父简庵公以《礼经》授之，初作经义即成章，不烦改削"③。陈雍十八岁时，"受业于姊夫郡博徐德辉公，习《礼记》，始作文"④。若无亲人教习，士子则要从师受经，或在庠校，或在馆塾，甚至改自家世业之经而从师。如谭大初自订年谱载其从师受经云："是年（1519年），本

---

① （明）吴宽. 家藏集：卷34 三辰堂记［M］//文渊阁四库全书：第1255册. 上海：上海古籍出版社，2002：285.

② （明）顾懋樊. 桂林春秋义：卷首 凡例［M］//四库全书存目丛书经部：第125册. 上海：上海古籍出版社，2002：439.

③ （明）倪宗正. 文正谢公年谱［M］//北京图书馆藏珍本年谱丛刊：第41册. 北京：北京图书馆出版社，1998：604.

④ （明）陈垲. 明南京工部尚书进阶荣禄大夫简庵陈公年谱［M］//北京图书馆藏珍本年谱丛刊：第41册. 北京：北京图书馆出版社，1998：667.

斋训导罗源黄公晖因学政严谨,拘集本斋生员坐斋读书,如习举子业,读《诗经》。先祖暨二伯俱业《书》,今读《诗经》,从黄师也"①。士子择经之后,由于各经难易程度不同,还有改经以便取第者。如何出图十六岁时,"读《礼记》已徧而顾善忘,先公恶其钝也,议改习《诗》,延诸生李天胤教之,入冬又授经于穆孝廉,二师竟不能卒业"②。许天赠在《诗经正义引》里亦载:"予先祖治《诗经》,方予幼,命之以《易》,及见予质之鲁,恐不达于《易》之奥也,年十五改授《诗》焉"③。

《四书》《五经》学过之后,士子便开始学作初场之文,明人多称此为习举业。士子习举是以中进士为目标,除非中途弃举,否则举业的学习一直延续到中进士为止,这通常是个漫长的过程。笔者统计《北京图书馆藏珍本年谱丛刊》中所收明人年谱中明人习举、中举、登第年龄如下表:

表2 明人习举、中举、登第年龄统计表

姓名	出生年	习举年龄	中举年龄	登第年龄	册数-页码
章纶	1413	16	26	27	39-75、76、76
丘濬	1421	17	24	34	39-601、604、611
刘大夏	1436	14	24	29	41-7、10、11
谢迁	1449	12	26	27	41-604、606、607
陈雍	1451	18	33	34	41-667、670、671
邵宝	1460	14	21	25	42-309、313、315
陈琛	1477	14	34	41	44-352、369、374
毛伯温	1482	13	26	27	44-424、431、431
钱薇	1502	15	24	31	46-562、567、571
谭大初	1504	15	34	35	47-255、291、294
严讷	1511	13	27	31	49-184、192、195
杨继盛	1516	13	25	32	49-457、462、464
耿定向	1524	12	29	33	50-15、23、26
王祖嫡	1531	13	28	41	51-662、668、674
于孔兼	1538	10	24	43	52-307、315、321
顾宪成	1550	16	27	31	53-220、227、230
高攀龙	1562	12	21	28	54-492、494、496
缪昌期	1562	11	39	52	55-4、21、25
郑鄤	1594	10	19	29	61-220、223、233
黄淳耀	1605	12	38	39	63-441、450、450
陈子龙	1608	12	23	30	63-510、530、542

(注:上表数据来自《北京图书馆藏珍本年谱丛刊》,仅统计其中明文记载其习举业或

---

① (明)谭大初. 谭次川自订年谱 [M] //北京图书馆藏珍本年谱丛刊:第47册. 北京:北京图书馆出版社,1998:255.
② (明)何出图. 何伯子自注年谱 [M] //北京图书馆藏珍本年谱丛刊:第52册. 北京:北京图书馆出版社,1998. 351.
③ (明)许天赠. 诗经正义:卷首 诗经正义引 [M] //四库全书存目丛书经部:第61册. 台北:"中央研究院"历史语言研究所,1962:264.

学作文各年谱。)

由上表可知,明人习举多在10岁至18岁间,前期年龄偏大,后期偏小,有低龄化的倾向。中举、登第年龄则不定,依个人情况而定,不过在科目日重,应举人数日众,竞争日益激烈的情势下,高龄进士越来越多。如归有光自20岁时始应乡试,经过6次乡试,9次会试,至60岁高龄始中进士①。又如"公安刘珠惟明,嘉靖丁酉(1537年)贡士,困公交车三十六年……隆庆辛未科(1571年),年六十六成进士"②。何况绝大多数人连举人,甚至是秀才也考不上,更不用说进士了,如果仍坚持科举之途,则余生都在习举中度过。

士子习举,只是读书、作文二事。按明廷立法本意,首场以《四书》义、《五经》义,继以二三场之论、判、表、策,本欲使士子谙熟儒家经典,从中体悟圣贤之道,修习德业,之外明察古今治道得失,并具有一定行政能力,将来临政治民,才能学有所用,与治道吻合,科举只是选拔人才的途径。故士子习举所读之书,无非圣贤经传,史书与当朝政书,这在明朝所行学政中也可看出,如万历三年(1575年)所颁提学敕谕云:

> 国家明经取士,说书者以宋儒传注为宗,行文者以典实纯正为尚。今后务将颁降《四书》《五经》《性理大全》《资治通鉴纲目》《大学衍义》《历代名臣奏议》《文章正宗》,及当代诰、律、典制等书,课令生员诵习讲解,俾其通晓古今,适于世用③。

读书之外,则是作文,王廷相督学四川时曾规定:

> 生员每季各置课簿一扇,该学用印钤记,每月以三六九日作课。初旬《四书》义三篇,中旬经义三篇,末旬论、策各一篇,表、判同日各一篇,

---

① (明)孙岱. 归震川先生年谱[M]//北京图书馆藏珍本年谱丛刊:第49册. 北京:北京图书馆出版社,1998.
② (明)谈迁. 枣林杂俎:圣集·科牍[M]//四库全书存目丛书子部:第113册. 济南:齐鲁书社,1997:304.
③ (明)申时行,等. 大明会典:卷78 学校[M]//续修四库全书:第790册. 上海:上海古籍出版社,2002:418.

诏、诰侯次月作表、判日期各一篇，一月共作文十篇，立为定规。未成材者，《四书》义四篇，经义五篇。初学者，日作破承、对句各三首。文字要本近年会试及两京乡试程文，务求体格高古，辞气典雅，以为式归。不许杂用恶滥陈腐之词，粗浅叫躁之句，夸多斗靡，以为奇观①。

读书、作文之外，书法与字学亦是习举者需要掌握的，因为试卷需要楷书，试文需写音注，表有平仄。士子学书法必须是楷书，如张邦奇督学湖广时就曾规定士子"日取晋唐法帖临写一二百字，务令端楷，毋或轻率"②。字学则一依《洪武正韵》，之外还有《海篇直音》一书，明人吕坤修举学政云：

> 天下之字文归六书，古今之道载焉。今诸生于字学全不理会，任口传讹，反为僧家所笑。提调官将《洪武正韵》《海篇直音》二书，令教官习之，以正诸生。《直音》但查边傍，《正韵》以考反切，莫听诗家雌黄语，谓《正韵》未精，此昭代之制也，臣子尊之③。

此为官方习举程式。明代士子习举，尤其是中后期，士子为求便捷取第，多读讲义、时文、墨卷及古文，而于圣贤经传、子史等书，一概不看。万历时人孙鑛论习举云：

> 大都举子业，门路宜正不宜杂，思致宜沉不宜浮，记诵宜精不宜多，结构宜雅不宜俗。先选经书程墨二百余首，分作二册；次选论十余首，表三十首，都作二册；次选乡会程策五十余首，墨卷参之，作一册；又选先秦、两汉百余首，韩、柳、欧、苏参之，分作二册。捴袭以书囊，留置案头，旦暮取而诵习之，循序致精，周而复始，目无他视，心无他思，口无他念，令彼精神命脉，收作吾心，故物而吾之精神命脉，更不知从彼得也。

---

① （明）王廷相．浚川公移集：卷3 督学四川条约［M］//王廷相集．北京：中华书局，1989：1171．

② （明）张邦奇．张文定公环碧堂集：卷17 湖广学政［M］//续修四库全书：第1337册．上海：上海古籍出版社，2002：262．

③ （明）吕坤．实政录：民务卷3 修举学政［M］//续修四库全书：第753册．上海：上海古籍出版社，2002：294．

由是取近时诸名家阅之，妍媸得失，举莫能逃①。

明末杨继盛教其子习举，亦是以诵读时文、作文为主。其训曰：

> 习举业只是要多记、多作《四书》、本经，记文一千篇，读论一伯篇，策一百问，表五十道，判语八十条。其余功惟熟读《五经》《周礼》《左传》，好古文读一二百篇，每日作文一篇，每月作论三篇，策二问②。

举业至此，可谓是弊矣。科举本为取士所设，士子习举所学，直接关系到由科目出身的官员的素质。晚明举业，一以时文、程墨为中心，所谓举业，不过文章之糟粕，经传之绪余，明廷以之所取之士，与立法所望之士，不啻背道而驰，相差万里。

第二节 明人举业观

有科举而后有举业，科举观与举业观既相联系又有区别，科举观多从国家角度出发，论述科举对于国家的意义，或国家制定科举的思路。如黄明光《明代科举制度研究》第一章"明代社会的科举观"，主要从人才的选拔角度来讨论科举观③。王凯旋《明代科举制度考论》第一部分"明代科举考试思想述论"，则从明廷设计科举考试的思路角度来论述科举观④。本书所要探讨的举业观则是从个人的视角，来探讨明人对举业的看法。

举业即三场之文，本书并不从文学角度探讨明人对举业的看法，而是围绕举业与习举者的利益关系，来论述明人对举业的看法及士子的习举动机。欲探讨明人的举业观，有必要先关注士子的习举环境，包括明廷对明人举业观的引

---

① （明）袁黄. 游艺塾续文规：卷7 月峰孙先生论文[M]//续修四库全书：第1718册. 北京：北京图书馆出版社，1998：250-251.
② （明）杨继盛. 杨忠愍公传家宝训[M]//丛书集成续编：第60册. 台北：新文丰出版公司，1989：538.
③ 黄明光. 明代科举制度研究[D]. 杭州：浙江大学，2005：1-10.
④ 王凯旋. 明代科举制度考论[M]. 沈阳：沈阳出版社，2005：1-26.

导、举业对习举士子重要性的上升、士子习举环境的恶化三方面。

一、士子的习举环境

明廷对明人举业观的引导。明廷对习举士子,首先责以德业。明代以儒学立国,专经取士,不过欲使士子明经。儒家以传经来传道,士子通过读经来悟道。按照官方的说法,士子于圣贤经传的微言大义中体悟圣人之道乃是本,本立则立德、修身、齐家、治国、平天下皆在其中,更别说作文。天顺六年(1462年)所颁提学敕谕即督促士子云:"习学举业亦穷理之事,果能精通《四书》、本经,便会行文"①。以后所颁学政,率多先责以德业,而后文艺。如隆庆五年(1571年)督学察院申饬学政事略云:"我朝开科取士,大较不外三场文字,虽体裁各别,无非阐明经传,参订古今,发摅性灵,以为黼黻经纶之具,所谓得之于心,形之于言也,岂徒文焉已哉"②。其次,笼以利禄。士子业举,考为秀才,就可免其家二丁之役,若是廪膳生每月还有廪米一石。若中为举人、进士,则可以选官,尤其是进士,最为通显。至明朝中后期,科目独盛,进士则几乎把持了所有的清官要职,形成"非进士不入翰林,非翰林不入内阁"的局面。最后,宠以殊荣,使之显亲扬名。如洪武甲子(1384年)初科,京闱监生取中过半,明太祖下令:"在京乡试,多有取中的国子监生,为他肯学,所以取中,似这等生员,好生光显他父母。恁礼部出榜,于原籍去处张挂,著他乡里知道"③。"洪武二十一年(1388年),任亨泰状元及第,太祖曰:'新状元得人,敕□(有)司立坊牌以荣之'。故坊上特揭圣旨字,他坊惟恩荣小扁,此我朝天下坊牌之始"④。之后进士、举人皆立牌坊。另外,举人有鹿鸣宴,进士有

---

① (明)申时行,等.大明会典:卷78 学校[M]//续修四库全书:第790册.上海:上海古籍出版社,2002:416.
② (明)贾淇,等.保定府志:卷17 学政志[M]//日本藏中国罕见地方志丛刊.北京:书目文献出版社,1991:405.
③ (明)黄佐.南雍痈志:卷15 储养生徒之定制[M]//四库全书存目丛书史部:第257册.济南:齐鲁书社,1997:343.
④ (明)张朝瑞.皇明举贡考:卷1 坊牌[M]//四库全书存目丛书史部:第269册.济南:齐鲁书社,1997:481.

唱名传胪，有恩荣晏，还勒名石碑，立之太学①，传之久远。乡试后修《乡试录》，会试后修《会试录》，殿试后修《登科录》。士子中举，各地方上视为乡里荣耀，极尽旌扬之能事。王世贞载："诸生中乡荐与举子中会试者，郡县则必送捷报，以红绫为旗，金书立竿以扬之。状元及第则以黄绖丝金书状元，立竿以扬之"②。各地方上还立有科举题名碑。凡此种种，都极大地提高了科举的社会地位，增广了科举的影响力，引导人们以科目为高，以科举为荣。同时，也在无形中倡导了一种功利主义的举业观。

举业对习举士子重要性的上升。明初选人之法，科举、学校、荐举三途并用。荐举盛于明初，英宗之后渐不行。学校与科举实际上所学都一样，士子能发身科第为上策，否则自学校出贡，由监生历事而拨选，亦不失为一途。出贡一途程式化后，多为地方儒学廪膳生以资历挨贡，例监行后，监生拨历壅滞不堪，加上监生选官多为教官、地方吏典等低级职位，日后迁擢不易，故学校出贡一途亦日轻。唯有科目一途独盛，早在永乐二年（1404年），成祖就曾言："科举是国家取人材第一路"③，较他途通显，且应科举者在身份上较少限制，基本上一般士子皆可应举，参见第二章第一节"科举士子身份及入试限制"。习举也就逐渐成为一般士子仕进的首选途径，并在科目日重，选官资格日拘的情势下，又渐成士子仕进的唯一途径。明人刘永澄云："举业虽小道，舍此无由进身，虽有其德，苟无其位，孔孟无设施之地矣"④。随着解额日开，举人多而进士少，而官缺有限，科目之中，又重甲科而轻乙科，由是士子业举，多以中进士为目标，士子即使中为举人，也少有甘愿选官者，必中进士而后已。尤其是在嘉靖之后，许多举人屡次下第，仍相继于会试之途，并非皆好慕虚名，实是迫于选官过分讲求资历。晚明赵维寰云：

---

① 按《皇明贡举考》载："洪武十八年令立进士题名碑于国子监（《登科考》）。二十一年立石题名，著为令。永乐二年三月命工部建进士题名碑于国子监，命侍读学士王逵撰记（疑题名碑有记始此。俱《宪章录》）。十三年令立石北京国子监（《登科考》）"。（见：皇明贡举考：卷1《立石题名》，《四库全书存目丛书》史部：第269册．477．）

② （明）王世贞．觚不觚录 [M] //丛书集成新编第85册．台北：新文丰出版公司，1985：14．

③ （明）张辅，等．明太宗实录：卷28 永乐二年二月乙酉 [M]．台北："中央研究院"历史语言研究所，1962：507．

④ （明）刘永澄．刘练江先生集：卷2 举业 [M] //四库全书存目丛书部：第179册．济南：齐鲁书社，1997：392．

余生平微有用世志，念今世资格太拘，可以行志者，独进士一涂耳！孝廉非无晋九列者，而晋九列之孝廉，非独不能行志也，且并无志有如□海忠介，于今日，必无忠介矣。余之栖栖道路，历六十九年而弗惮，意盖在此①。

士子习举，欲中进士而后已，必定延长其习举时间，加大科举之途的难度。所以，举业对于士子仕进，从明初的一种选择到中后期的唯一选择，而且士子的习举时间延长了、登第难度加大了。

士子习举环境的恶化。一方面，士子所习举业有所变化，由讲求德业转向专攻文艺。举业为科举而发，并无定式，士子业举，首要是为取第。虽然明廷极力宣扬德业、举业本为一事，力图引导习举士子学行并重，但毕竟科举考试是以文章，而不是以抽象、难以把握的德行，举业与德业并非一物。明人顾潜云：

顾惟科目之制，一以至公待人，糊名易书，帘隔内外，主司之去取士，但观其一日之文，罔究其平素之行。即有凶如共兜，恶如跖蹻，而三场文有可观，亦置优等，非不欲去也，势不能也②。

科场之文容量有限，体裁、内容较为固定，加上应试文化的积累，使得应试作文有很大的技巧性，于是有投机者弃烦琐的经义、史书、政书不读，转而求诸时文、程墨、古文，专攻文艺，以求便捷取第。另一方面，随着荐举、学校的不振，科目独盛，习举之人日多，竞争日益激烈。如万历时江西巡按御史徐元正言："西江士子几九十学，不啻数万计，儒童之多，又不啻十数万计"③。西江即江西，当时江西解额不过95人，而习举人数多至十数万，竞争激烈程度

---

① （明）赵维寰．焚余续草：卷1 述志［M］//四库禁毁书丛刊集部：第88册．北京：北京出版社，1998：619.
② （明）顾潜．静观堂集：卷8 预审学行以备选举事［M］//四库全书存目丛书集部：第48册．济南：齐鲁书社，1997：533.
③ （明）顾秉谦，等．明神宗实录：卷412 万历三十三年八月癸卯［M］．台北："中央研究院"历史语言研究所，1962：7715.

可想而知。习举应试之人日多,而阅卷官却有限,能花在每份试卷上的评阅时间也就更少,加上试文格式日益规范化、程式化,使得士子试文更加讲究技巧,求奇务险,以博试官青睐。士子习举,也就更重视时文技巧,而不及德行。何况,就算如明廷所要求,由德行而发为举业,又岂必能较专攻时艺者更便于取中,多是费力不讨好。

所以,明廷以举业养士,即责以德业,又笼以利禄,复宠以殊荣,其举措本身就已启士子功利之心,也吸引射利之徒如蚁附膻。谢肇淛云:"今人教子读书,不过取科第耳,其于立身行己不问也"①。既启士子利禄之心,而又无法规正士子的习举行为,使明中后期士子所习举业,与明廷立法所设定的举业,大相径庭。明代科举取士,其弊不在于考试内容与考试方式,而在于科场之文既无法导士子于明廷所望的举业之途,明廷又没有办法规正士子的习举行为,结果明代举业,每况愈下,日益衰敝。正由于举业之风出现了浮薄、功利化的转变,而仍忠实于儒家道德学说的士子,转而厌薄举业,对之嗤之以鼻,也引发了明人关于举业的讥评、反思。

二、明人举业观

自科目日盛,习举应试之人日多,加上应试文化的积累和社会风气的影响,习举之人渐分为两派。一为笃行德业派,举业、德业兼修,注重实学,符合明廷所望和儒家的道德标准;一为功利派,习举只为发身科第,投机取巧,专攻时艺程墨,而于学问道德,鲜有措意。笃行德业费力难行,专攻时艺简便易行,何况许多人只为功名利禄而来,并非为道学而来,习举业只不过是博取功名利禄的工具。结果举业功利之风浸盛、笃行德业之风浸衰,士风大变,举业日敝,引起了有识之士的讥评与规诫。这些人主要是理学家,同时又是讲学布政者,其观点主要如下:

1. 举业乃晋身之阶。大多数人肯定举业对士子的重要性与士子习举的必要性,认为是明代取士之制使得士子不得不习举。王阳明还将举业比作士子贽见君王的"羔雉",其《重刊文章轨范序》云:

---

① (明)谢肇淛. 五杂组:卷13 明代笔记小说大观[M]. 上海:上海古籍出版社,2005:1770.

> 夫自百家之言兴而后有《六经》，自举业之习起而后有所谓古文，古文之去《六经》远矣，由古文而举业又加远焉。士君子有志圣贤之学，而专求之于举业，何啻千里！然中世以是取士，士虽有圣贤之学，尧舜其君之志，不以是进，终不大行于天下。
>
> 盖士之始相见也，必以贽故。举业者，士君子求见于君之羔雉耳！羔雉之弗饰，是谓无礼。无礼，无所庸于交际矣！故夫求工于举业而不事于古作，弗可工也。弗工于举业而求于幸进，是伪饰羔雉以罔其君也。虽然，羔雉饰矣，而无恭敬之实焉，其如羔雉何哉！是故饰羔雉者，非以求媚于主，致吾诚焉耳。工举业者，非以要利于君，致吾诚焉耳①。

虽然王阳明以为举业为"士君子求见于君之羔雉"，但又认为士子习举并非为"求媚于主"，而要"致吾诚焉"。郭子章亦云："举业，学中一事耳，顾国家以此取士，士繇此进，昔人比之羔雁，即使孔孟复生，无能易此"②。

2. 举业不妨圣学。王阳明一方面肯定士子习举的必要性，另一方面又认为举业与圣贤之学不同，"士君子有志圣贤之学，而专求之于举业，何啻千里"，是以他肯定士子业举的同时，又勉励习举士子修习德业，不废圣人之学，以为举业不妨圣学。其《寄闻人邦英邦正》曰：

> 家贫亲老，岂可不求禄仕？求禄仕而不工举业，却是不尽人事，而徒责天命，无是理矣。但能立志坚定，随事尽道，不以得失动念，则虽勉习举业，亦自无妨圣贤之学。若是原无求为圣贤之志，虽不业举，日谈道德，亦只成就得务外好高之病而已。此昔人所以有不患妨功，惟患夺志之说也。夫谓之夺志，则已有志可夺。若尚未有可夺之志，却又不可以不深思疑省而早图之③。

---

① （明）王守仁.王阳明先生全集：卷5 重刊文章轨范序[M]//四库全书存目丛书集部：第50册.济南：齐鲁书社，1997：419.
② （明）郭子章.蠙衣生蜀草：卷9 学约[M]//四库全书存目丛书集部：第154册.济南：齐鲁书社，1997：700.
③ （明）王守仁.王文成全书：卷4 寄闻人邦英邦正[M]//文渊阁四库全书：第1265册.台北：台湾商务印书馆，1986：140-141.

之后又寄书云：

> 然谓举业与圣人之学相戾者，非也。程子云："心苟不忘，则虽应接俗事，莫非实学，无非道也，而况于举业乎"！谓举业与圣人之学不相戾者，亦非也。程子云："心苟忘之，则虽终身由之，只是俗事，而况于举业乎"！忘与不忘之间，不能以发，要在深思默识所指，谓不忘者果何事耶，知此则知学矣①。

王阳明认为举业与圣学不同，但举业不妨圣学，要在有求为圣贤之志，习举时心不忘圣学。稍后的黄希宪亦认为举业、圣学两不相妨，但是他受到"举业、德业合一论"的影响，并不认为圣学与举业为二，其曰：

> 举业，圣贤之学，致道而已。子夏曰："君子学以致道"。文章乃其绪余，蕴之为德行，发之为文章，岂有二哉。会讲不外《六经》，圣人以吾心之理，说之于经，经非外也。吾以此心之理，稽之于经，心非内也。
>
> 国家以文章取士，非求之外也，谓其根于心也，文章即德行也。今之为文者谓圣学妨举业之功，乃不求之于心，为巧掇速化之术，骋剽窃糟粕之能，以售技艺，以谋利达焉尔。及其一日之长，徼倖进取，则举业即为无用之物矣。国家以文取士，先资其言，以观其行，欲两得之。为士者举业时一段工夫，做官时又另是一段工夫，殆两失之矣。
>
> 孔子曰："有德者必有言"。有本之文也，圣学所谓文艺也。又曰："有言者不必有德"。无根之文也，今世所谓举业也。有本之文，不饰而华；无本之文，求工愈拙。学者苟能真立求为圣贤之志，将《六经》语意，悉以涵养本心，则和顺积中，英华发越，以之而敷演于文艺之间，自然亲切有味，可爱可传。是致道不惟不妨举业矣。苟用我则尧舜其君，尧舜其民，非徒言之，实□蹈之。举业心学，天岂有二哉。
>
> 或有问于阳明先生曰："为学以亲故，不免于举业之累"。先生曰："以亲之故而举业，为累于学，则力田以养其亲者，亦有累乎"？又曰："十日

---

① （明）王守仁. 王文成全书：卷4 寄闻人邦英邦正[M]//文渊阁四库全书：第1265册. 台北：台湾商务印书馆，1986：141.

之间，七日学道，三日治举业，谓之不妨功"。是又岐道与举业而二之，且三日身心置于何处？苟其心致道也，终日举业，莫非德性也。苟不致道也，终日讲道，莫非口耳也。举业，致道一事也。举业中切己体认，便是致道，便是心学，何等于深求哉①！

相比较而言，王氏所言更符合举业的现实状况，举业与圣学有很大的不同，儒家之学以身心体验为主要途径，而举业以文艺为主要途径。黄氏则一守儒家的道德标准，虽然说教味很浓，但二者都是为了勉励士子不要因习举而忽视道德修养。

3. "举业、德业合一论"。"举业、德业合一论"创自大约与王阳明同时代的理学大家湛若水。针对士子习举日益功利化，士风日下，湛若水创《二业合一训》，宣扬德业、举业合一。一方面，他肯定士子习举的必要性，曰："今之科举，其圣代之制矣，志学之士有不遵习焉，是生今反古也。生今反古者，非天理也。虽孔孟复生，亦必由此而出矣，虽孔孟教人，亦不外此而求之矣"②。另一方面，他论证举业、德业并非背离，举业达于圣学，圣学有助于举业。曰：

夫德业、举业，业二而致一者也。今夫修德业者，从事于古训也；为举业者，亦从事于古训也，是其业一也。世之学者以为不同，非也。盖系乎志不系乎业也，故不易业而可以进于圣贤之道者，举业是也；不易志而可以大助于举业者，圣学是也。故志于德业，则读书也精、涵养也熟、于义理也明。故其辞畅、其指达，其发于文，皆吾自得之实事，比之掇拾补缀，而不由一本一气者，大径庭矣。故圣学反有大助于举业，何相妨之患。

虽然有助，云者犹二之也。举而措之耳，如身具手足，而使手持而足行耳。是故古之学者本乎一，今之学者出乎二。二则离，离则支，支离之患兴，而道之所以不明不行也。故夫知与行二，即非真知行矣；才与德二，即非全人矣；文与武二，世无全材矣；兵与农二，则世无善法矣；夫子之

---

① （明）李安仁，等. 石鼓书院志：卷上　黄毅所先生训义八篇 [M] //四库全书存目丛书史部：第243册. 济南：齐鲁书社，1997：554.
② （明）湛若水. 湛甘泉先生文集：卷5　二业合一训 [M] //四库全书存目丛书集部：第56册. 济南：齐鲁书社，1997：548.

文章与性道二，则世不知圣学矣；心与事物二，则圣学不明不行矣。良可叹哉①！

湛若水的"举业、德业合一论"较王阳明的"举业不妨圣学论"，更接近明廷立法初衷，也从理论上更便于引导习举士子于德业之途，故后来的讲学家多从其说。如王时槐立《西原会规》十七条，其一云：

举业一事。朝廷以此求贤，而士以此应朝廷之求，实圣贤中之一事也。今人或以举业、理学二者相妨，误矣！夫举业命题缀文，本诸《四书》《六经》，但以《四书》《六经》为干进之空言，则虽工文词取科第，而其身心之尘俗垢污，与常人之竞刀锥者等耳，是谓儒名而市心，岂是副国家求贤之至意哉！

今诚能读《四书》《六经》，即以《四书》《六经》之义理体之于心，措之于躬，凡圣贤之所是者必行之，圣贤之所非者必戒之，则即举业而可希圣贤。由是以吾端静纯一之心，而紬绎圣贤之旨，笔之为文，必理明而词畅。在庠序则为真儒，登朝廷则为硕辅，任一方则为良牧。是始焉即举业为常课，而实以理学修其身，终焉由举业发科目，而实以理学措于政，则举业、理学，本为一事，何相妨之有哉。有志者可以省也②。

又如冯从吾云："以举业体验于躬行，便是真理学。以理学发挥于文辞，便是好举业，原是一事，说不得同异"③。吕维祺亦云："举业、理学，原非二事。以理学发出文字为真举业，以举业证出道理为真理学。且前朝多以辞赋杂流取士，惟国朝以《四书》《五经》取士，虽曰为科第阶，倒是驱人于理学路上"④，等等，不一而足。他们用儒家的道德本体论，也是一种道德万能论，来论证举

---

① （明）湛若水. 湛甘泉先生文集：卷5 二业合一训 [M]//四库全书存目丛书集部：第56册. 济南：齐鲁书社，1997：547.
② （明）王时槐. 塘南王先生友庆堂合稿：卷6 西原会规十七 [M]//四库全书存目丛书集部：第114册. 济南：齐鲁书社，1997：307-308.
③ （明）冯从吾. 少墟集：卷11 河北西寺讲语 [M]//文渊阁四库全书：第1293册. 济南：齐鲁书社，1997. 185.
④ （明）吕维祺. 明德先生文集：卷23 计会中答语二十一 [M]//四库全书存目丛书集部：第185册. 济南：齐鲁书社，1997：336.

业、德业的合一，从而鼓励士子注重实行实德。在他们看来，体验圣人之道是本，本立则任何问题皆可迎刃而解，举业只是其中一事，虽貌似迂阔之言，却也用心良苦。

4. 举业义利之辨。随着举业逐渐功利化，引发了明人关于习举是为义还是为利的反思，有的士子甚至因鄙薄以时文套路干科名的行为，转而抛弃举业，"舍学校之教而自立门户，曰道学"①。针对这种情况，有理学家乃用心学的方法，从士子业举的用心出发，剖析义与利并不在于举业本身，而存乎习举士子心中。湛若水云：

> 科举之学，合下立心，便分义利，义利便君子、小人悬绝，岂可不痛省，而甘为小人之归。且读书以明心性，体贴此实事，根干、枝叶、花实自然成就，而举业在其中，此义之谓也。若读书徒事记诵，为举业之资，以取科第爵禄，便是计功谋利之心，大本已失，此利之谓也。舜与跖之分，间不容发，诸生当自猛省戒勉②。

湛氏以为，业举若心向圣学则是为义，若只为发身科第爵禄则是为利。对举业义利之辨，蒋信有更详尽的阐述：

> 举业之习，古无有也，自后世始有之。夫举业之习不习，非以为义与利之辨也，义与利之辨，存乎习之者何如耳。自夫习之者迷其途，而后士之心术大坏。士之心术大坏，而天下之言治者始无所措其手矣。执事将有意觉天下之迷，而顾于愚生惓惓焉，无亦曰："救天下之弊，必自吾党始乎"？
>
> 夫今之士之不能不为举业也亦明矣，上之人举天下之士，而网之以科目，固将曰："有实而后有华，工于道不工于言者，天下无是也"。夫上以是求我，而我固卑其习，以为不足为，而莫之为焉，则虽有尧舜君民之志，

---

① （明）骆问礼. 万一楼集：卷56 举业［M］//四库禁毁书丛刊集部：第174册. 北京：北京出版社，1998：668.
② （明）湛若水. 湛甘泉先生文集：卷6 大科书堂训［M］//四库全书存目丛书集部：第56册. 济南：齐鲁书社，1997：557.

固莫可得遂也，而抑岂理也哉。故使孔孟而生乎今之世，吾知其不能不由乎今之制也。是故生之今世而由今之制，不害其为义也，亦惟辨吾所以为孔孟焉者耳。

今夫货色之为物，视举业何如也。好货如公刘，不以病公刘，好色如太王，不以病太王者，盖其货色与天下同，而心术念虑之微有与天下异焉者也。是故日用心于举业，苟其有与天下异焉，皆舜之徒也；苟其无与天下异焉，固跖之徒也，而可以弗之辨乎？且以今之为举业者言之，所读者非圣人之经，则贤人之传也。夫圣人之经以明道也，贤人之传以明经也，其致固一也。吾将为孔孟焉，固以道为事也，而于圣人之经、贤人之传，其信以为糟粕而弃之否乎？是故举业之在天下，非若老与佛之道，与吾为邪正焉，而不可以相一也。

夫今也举天下而汩没乎其中，譬之大河泛溢，而涉之者，动有濡首灭顶之患，诚未见有褰裳而诞登于岸者，宁不动执事之忧乎？愚固窃以为兹天下之大惑也已夫！使吾志于道，而即举业之利钝，以为吾操存磨砺之地，则终日而举业，固终日而进德修业也，夫何悖乎古人之学。况自践履而达于文词，本根枝叶之谓也，圣贤《六经》之至文且将归之，而何有于今之工拙乎。使吾专于利，而精明果确之志，眩夺于得丧荣辱之场，圣人之经，徒借之以为罔利之具，则终日而举业，固终日而习攘夺之行也，奈之何不为小人之归。况剽陈言，而为小枝、燕石、鱼目之类已耳。虽其有幸焉者，而何足以为贵乎。

故夫举业不惟其习不习之辨，而惟其用心义与利之辨。义与利之间，君子、小人之判，家国、天下、理乱盛衰之故，皆于兹决焉，而可不畏哉。尝试以为生今之世，病夫举业之拘挛，而不能肆其力于身心者，是不知学者也。知举业之皆学，而困于其利钝之纷沓，终无以自立焉者，是无志者也。无志则画，不知学则瞽。画与瞽，此士之习所以日弊，而天下之治有不可为者矣①。

蒋信也肯定士子习举的必要性，并认为举业所读皆圣贤经传，义与利在乎

---

① （明）蒋信. 蒋道林先生文粹：卷9 问举业义利之辨［M］//四库全书存目丛书集部：第96册. 济南：齐鲁书社，1997：356-357.

习举士子之存心。湛、蒋二人所论，确有一定道理，也认识到症结所在，不过二人都停留在理论剖析上，在对策上却无所措置，这也是儒家的通病，好似大道就在心中，在眼前，却难有实策去实行。既已析明举业义与利之辨，却没有有力的对策来确保习举士子弃利从义，而寄托于士子的自我道德规范。若是业举士子皆能好德向道，举业又岂会日渐浮薄、日益功利化，士风又岂会日下，举业、德业合一也好，义与利之辨也好，终是空言，难济于事。

以上诸论是针对士子习举功利心日重，专攻举业而忽视德行而发，规诫者多为理学家，其中不乏名家，如王阳明、湛若水之辈。儒家既有慷慨用世的激情，也有尚德贱利的超脱，对于明中后期举业功利化，这些卓有识见的理学家并没有鄙薄举业，以为不可为，相反，肯定习举的必要性，并且谆谆教诲习举士子举业、德业并重，试图力矫举业衰颓之风。习举士子乃储备官僚，士子品质素养，系乎治道兴衰，与其坐视其沦于利禄之途，孰若力挽狂澜，将其规正到符合儒家道德标准的德业之途上来，才能不使国运倾颓，道德日丧。蒋信云："吁！岂细故哉，愚也幸承明教，粗若有觉，诚不忍以天下之所赋至重而至大者，陨丧于一举业之小，乃若由是以往，觉天下之迷，以还三代之盛，则固执事责也，愚生何与焉"①。虽然他们没有提出有效的应对之策，但也体现了这些理学家以治道人心为己任，为往圣续绝学的道德使命感。

三、士子的习举动机

明代中后期举业之风日敝，文体日变，士子习举但攻时艺，少有究心身心性命之学者，并不因理学家们的谆谆教诲而幡然改过。究其缘由，乃在于习举士子身处更为繁杂、功利的社会环境，有着更为复杂的习举动机，并非仅以举业、德业合一论，举业义与利之辨就能涵盖、化解。何况士子业举，不耒不耜，不商不贾，衣食仰仗于人，无以自立，是以士子业举，并非单为己发，有身不由己，不得不然之处。笔者归纳士子业举动机与所受影响，大致来自社会、家庭及家族、个人三个方面。

1. 社会影响。如前所述，随着科目日重，士子非此无以晋身，明廷又导以利禄、虚荣，在民间则形成一种以科目为重、以科目为高的风气。科举为利薮，

---

① （明）蒋信. 蒋道林先生文粹：卷9 问举业义利之辨［M］//四库全书存目丛书集部：第96册. 济南：齐鲁书社，1997：358.

则驰利之人必趋之如鹜,自大批射利之徒加入习举的行列,士子的习举环境日益功利化,习举成为利禄之阶,青紫之梯。明代曾有《勉学歌》,最能反映科举利禄化后,世人射利的举业诉求,其谣曰:

君不见,东邻一出骑青骢,笑我徒步真孤穷。
读书一旦登枢要,前遮后拥如云从。
昔时孑身今富足,大纛高牙导前陆。
始信出门莫恨无人随,书中车马多如簇。

君不见,西邻美妇巧画眉,笑我无妻谁妻之。
读书一旦登高第,高门争许成婚期。
昔时孤房今花烛,孔雀屏开欢中目。
始信娶妻莫恨无良媒,书中有女颜如玉。

君不见,南邻万顷业有余,笑我饥寒苦读书。
读书一旦登云路,腰间紫袋悬金鱼。
昔时箪瓢今梁肉,更是全家食天禄。
始信富家不用买良田,书中自有千钟粟。

君不见,北邻飞宇耸云端,笑我屋漏无门关。
读书一旦登相府,便有广厦千万间。
昔时苇檐今梁木,画栋雕甍成突兀。
始信安居不用架高堂,书中自有黄金屋①。

此谣描绘的明代习举图景是:读书即是习举,习举即为登第,登第则有车马仆从,有美妻,有天禄,有广厦。习举是为了个人的功名利禄,而不是所谓的德业、圣人之学。明廷以科举求贤才,世人以科举为利薮,在追名逐利的习举环境下,士子难免耳濡目染,受其墨黑。

---

① (明)胡文焕.游览粹编:卷5 勉学歌.胡氏粹编[M]//北京图书馆古籍珍本丛刊:第80册.北京:书目文献出版社,1998:304.

2. 家庭及家族影响。首先是亲人嘱望。士子开始习举，多不过十来岁，尚无选择能力，其习举多是出自祖、父、兄等亲人的安排，特别是一些科第或诗书世家，更是希望子孙能登科第，不少人至弥留之际，仍念念不忘子孙科举。明人郭奇美的祖父唯翁不仅生前"缮先学士父子读书台，延师课子弟"，临终时还"遗命诸孙亡以訾省妨举子业，伤而翁志"①。明人王绍的父亲临终时，呼王绍兄弟至前，不及家事，而是对王绍说："绍尔，既就师攻举业，宜惟勤惟一，以勉就尔学，毋以吾弃遗尔之故堕厥志"。又嘱咐王绍兄弟说："尔兄弟其奖辅绍志如吾存时，使绍终有成，吾虽没泉下，又奚憾！其咸忆吾言，勿忘是命也，无日月无时刻不往来"②。许多士子习举就是为了告慰双亲，甚至双亲辞世已久，仍以双亲之望为念。堵胤锡十岁时，其父亲乡闱落第，常半夜抚床而泣，堵胤锡问其故，其父曰："而大父母教育予者数十年，予亦锐志攻苦，今且就衰矣，白发在堂为有限，而两母复中道析予，潦倒至此，何以慰存没后先之志乎！心惊钟漏，百怆具来，是以悲耳"③。

士子家人之所以对士子习举寄予厚望，不惜尽全家之力以支持，并不仅在于科举能光耀门第，显亲扬名，更在于科举中酝寓有更多的现实利益。明代文官群体并非世袭群体，而是以科第为兴衰，若家族无人发科，则意味着整个家族的衰落，这个家族所能享有的种种特权亦不复存在。因此，一些科第之家更是严格要求子弟习举。于孔兼11岁时，其祖父中丞公致仕还里，日以课孙为事，延师家塾，并亲自督其四兄弟读书极其严苛，寒暑不辍。夏天偶尔疲倦小睡，"辄以荆挞背至头，荆屡断，不能堪"。临睡前又为诸孙复习白天所习，又讲国家大典，古今政事，诸孙稍有倦色辄大声训斥曰："吾老矣，恨不能一言唤醒尔辈，尚得泄泄乃尔耶"！还常常指着所居之第对于孔兼说：

> 祖父欲高大门闾，以待子孙，不可不体念力学。吾身在，以缙绅居之，胥吏不敢登门。我一往，而征国税者且及汝妻子卧阁矣。老祖构宅五，予

---

① （明）郭子章. 王父云塘先生年谱 [M] //北京图书馆藏珍本年谱丛刊：第45册. 北京：北京图书馆出版社，1998：743.
② （明）刘球. 两谿文集：卷19 书王绍怀先卷端 [M] //文渊阁四库全书：第1243册. 台北：台湾商务印书馆，1986：647.
③ （明）堵胤锡. 堵忠肃公年谱 [M] //北京图书馆藏珍本年谱丛刊：第62册. 北京：北京图书馆出版社，1998：367.

阅得其二，目击其一椽一瓦，皆经手校心营，子孙岂容易消受者。及予今老，而顾瞻遗像，追想堂构之苦心，每不能不涕泣悲思也。凡我子孙，可无深念乎①！

可见由科举入仕，不仅足以保持家业，还可使胥吏不敢登门，士子习举，实身系整个家族的利益，对已入仕者，更是深谙此理。亦有出身寒素者因为家族卑微，不受人尊重而发愤习举。耿定向即是因为与族人一同服役时，"族人为市滑所困，余复不礼于邑幕"，于是愤愤对其友说："丈夫志康济天下，一弱族且不能庇，非夫矣！子代我了此，余归而修吾业也"②。于是回去发愤攻举业。

3. 个人因素。首先，科举对习举士子来说，是最佳的谋生出路。明代读书人的出路并不多，尤其对于业举士子，自十来岁习举始，至中进士或弃举，历十数年至数十年之久，多已成家立室，而士子业举，势不能兼他业，不耒不耜，不商不贾，虽可佣书以自赡，但收入微薄，上不足以奉父母，下无以抚妻子，士子能发身科第，对困窘的家庭经济，能有彻底的改观。嘉靖二十八年（1549年）耿定向再试乡闱不利，"归，入视两亲粝食藜羹，出睹诸从鹑衣菜色，衷荼若刺"。追忆从前虽常贫窘，但却淡泊自然，此时眼见亲人亦随其困苦，心有戚然。"自是，夕常当寐而都，日常罢箸而喟然，非为一己荣名念也"③。

其次，士子发身科第，也是个人价值的体现。嘉靖十一年（1532年），谭大初的同乡胡大庆礼闱落第归乡，御史丘道隆待以殊礼，当时师生俱以公事集府庭，一同目睹此景，谭大初自订年谱回忆曰："予私念我若是举人，丘公亦必以待胡之礼待我，愈自奋发，夜以继日"④，于是发愤为举业。又如明人华允诚为生员时，有一年其族有人打官司，一晚他与两兄侍其母晚膳，谈话间稍微涉及诉讼是非，他母亲训斥他曰："大兄中过乡榜，纵不能上进，不失为举子，汝兄弟两人秀才耳，不闭户读书，欲置喙户外事，此顶儒巾脆脆在头上动摇矣，

---

① （明）于孔兼. 景素公自叙年谱［M］//北京图书馆藏珍本年谱丛刊：第52册. 北京：北京图书馆出版社，1998：308.

② （明）耿定向. 观生记［M］//北京图书馆藏珍本年谱丛刊：第50册. 北京：北京图书馆出版社，1998. 23.

③ （明）耿定向. 观生记［M］//北京图书馆藏珍本年谱丛刊：第50册. 北京：北京图书馆出版社，1998：22.

④ （明）谭大初. 谭次川自订年谱［M］//北京图书馆藏珍本年谱丛刊：第47册. 北京：北京图书馆出版社，1998：278.

不怕贻我老人羞乎"。闻言华允诚"悚仄无地，不禁泪盈盈两睫间，潜起掩袂，即复入侍坐颙若，命之退乃退，于是益发愤读书"①，并于当年中乡试。可见士子发身科第能证明自身价值，受人尊敬。

按照儒家的道德理想，士以修身、齐家、治国、平天下为目标，揆诸明代国情，科举入仕乃士子践行修齐治平理想的最佳途径，许多士子困于场屋多年，仍不愿放弃，其志在于能一日登乎庙堂，施展所学，竟其抱负，有所表见于天下。赵维寰云："余生平微有用世志，念今世资格太拘，可以行志者，独进士一涂耳……余之栖栖道路，历六十九年而弗悛，意盖在此"②。艾南英曾七试七挫于乡闱，回首二十年的应试生涯，百感交集，"每一念至，欲弃举业不事，杜门著书，考古今治乱兴衰之故，以自见于世，而又念不能为逸民以终老"③。

正因为科举不论对于士子本人，还是对其家庭、家族，都承担太多现实利益和理想期待，其焦点则聚集到士子中第上，是以士子家人对其习举应试极为看重，甚至凌越于常理、伦常之上。如古人以孝为先，亲老、亲病则不远游，但在明代，不乏父母生病，甚至弥留，仍鼓励士子离家应试。如万历二十二年（1594年）当大比，缪昌期母亲夏太淑人患病，他想留侍母亲，不欲就试，太淑人促之行曰："吾闻病噎者不受食，今受食，非噎也。汝不试，予滋懑"。缪昌期始就试，试归不久他母亲就去世了，临终时说："生非金石，安得不死，死等耳，欲缓须臾，以念汝秋试，而竟不可待，然固命也"，还嘱以"失时无丧业，得时无丧心"④。万历元年（1573年）何出图父亲染风寒，至冬转剧，何出图迎医，打算放弃第二年的会试。至春节时他父亲病稍愈，日促其北行，何出图不得已，"于新正六日始就道，却顾日皇皇也"。入京后，其父担心他挂念，还强起作手书遣仆往谕曰："我自新正，日愈一日，尔其展布四体，以求决胜，

---

① （清）华衷黄. 奉直大夫吏部员外郎豫如府君年谱 [M] //北京图书馆藏珍本年谱丛刊：第60册. 北京：北京图书馆出版社，1998：250.

② （明）赵维寰. 焚余续草：卷1 述志 [M] //四库禁毁书丛刊集部：第88册. 北京：北京出版社，1998：619.

③ （明）艾南英. 艾千子先生全稿：卷首 历试卷自叙 [M] //四库禁毁书丛刊经部：第7册. 北京：北京出版社，1998：235-236.

④ （清）缪之镕. 文贞公年谱 [M] //北京图书馆藏珍本年谱丛刊：第55册. 北京：北京图书馆出版社，1998：16.

勿更以老夫为念也"①。待其考完，回寓所已有使者送信至，家书非其父手笔，肝胆堕地，疾驰七日夜至家，则其父已去世九天。又如崇祯十二年（1639年）当乡试，李用楫临场病得很厉害，饮粥糜仅一勺，其父"兰皋公负之去，强扶入棘闱"，其舅很宠爱他，"力沮不能得，至于诟詈涕泣相持，兰皋公亦感泣生悔。及出，病稍苏，舅氏喜，父立命录稿进，不少待，终三场皆然，竟以得售"②。可见科第在明人心目中的地位，已超乎生死病痛之上。

在举世以科目为高，以科目为荣的流风下，为人父母者多希望子弟早发科第，只有少数通达之士能为子弟长远发展着想，并不求子弟速第，相反，以为一定的挫折对子弟成长更有益。万历四年（1576年）顾宪成中应天乡试第一，其父闻信有忧色。先前顾宪成二试应天不第，其父以为喜，至是顾宪成问曰："大人何昔之喜而今之忧也"？其父曰："吾闻士可以贫贱激也，激则耻，耻则忧，忧则动心忍性，长其不能。孺子再试有司，有司以为不才而弃之，孺子忧矣，老人安得不喜。今以一书生骤然为东南冠，闾阎之人盛容色而矜道之，孺子喜矣，老人安得不忧"③。万历己酉（1609年）浙江乡试，李日华的儿子落第，他在日记里写道："二十九日，晴。浙榜开，所录大率老成宿士，儿子虽委羽，余甚喜，尝见学业未成而蚤捷者，往往不克有终，父兄之教亦不能行，经此折挫，可与深图学问矣。"④

由上可知，明代科举士子习举动机中既有世俗的习举环境影响，又有家庭、家族的影响，还有个人谋生和实现自我价值的内在需求，与明廷制定科举的抡材思路有一定偏差。思想主导行为，无论何种动机，殊途同归，最后都聚焦到中第上，在竞争日益激烈，急功近利的习举环境下，士子苟能发第，无所不用其极，而于立德修身，鲜有措意，这也是明代举业之风日益浮薄化、功利化的重要内因。

---

① （明）何出图. 何伯子自注年谱［M］//北京图书馆藏珍本年谱丛刊：第52册. 北京：北京图书馆出版社，1998：373.
② （清）李庆来. 武舟公年谱［M］//北京图书馆藏珍本年谱丛刊：第64册. 北京：北京图书馆出版社，1998：221.
③ （明）顾与沐，顾枢. 顾文端公年谱［M］//北京图书馆藏珍本年谱丛刊：第53册. 北京：北京图书馆出版社，1998：227.
④ （明）李日华. 味水轩日记［M］//北京图书馆古籍珍本丛刊：第20册. 北京：书目文献出版社，1998：38.

第二章

士子身份与乡试资格考试

第一节　科举士子身份及入试限制

　　明代科举入试者的身份是考察明代科举制度开放程度的主要指标,学界已有关注,如吴宣德①、钱茂伟②、田澍③等人皆有涉及,不过篇幅有限,论述不出万历《大明会典》对入试者记载的范围。陈长文的《明代"杂流"登科现象考略》④用到现存明代科举录来考察明代科举入试士子身份,不过拙于其他史料的运用,亦较简略。叶楚炎的《论明代科举的考试资格》⑤一文三万余言,是目前论述明代科举应试者身份及其限制最为详尽的论文,不过亦有不妥之处。首先,应试者身份非考试资格。明代科举为乡、会、殿试三级考试,正统之后,乡试前尚有提学官主持的资格考试(即后来的科考、遗才、大收)。只有通过上一级考试,方取得下级考试的应试资格,故应试资格的获得取决于能否通过上级考试。明代科举对应试者的身份亦有限制,主要是在乡试前的资格考试时审核,审核合格并通过资格考试方能应乡试,依次而下。各级考试资格取得后,

---

　　① 吴宣德. 中国教育制度通史·明代卷 [M]. 济南:山东教育出版社,2000:472－475,481－483.
　　② 钱茂伟. 国家、科举与社会 [M]. 北京:北京图书馆出版社,2004:91－94.
　　③ 王戎笙,王天有,李世愉. 中国考试通史·明清卷 [M]. 北京:首都师范大学出版社,2008:57－62. 按:见第二章"明代科举考试"第一节"乡试",此部由田澍执笔.
　　④ 陈长文. 明代"杂流"登科现象考略 [M] //科举学的形成与发展. 武汉:华中师范大学出版社,2009.
　　⑤ 叶楚炎. 论明代科举的考试资格 [M] //明清论丛第九辑,北京:紫禁城出版社,2009.

还可能由于别的原因丧失考试资格，如冒籍、犯罪等，举人若选官亦丧失会试的资格。可见应试者身份是能否参加科举考试的限制条件之一，但并不等于应试资格，叶文以身份为资格，不妥者一。其次，明朝为中央集权的君主制政权，典章制作自朝廷出，治明代科举制度史宜以官修历朝《实录》和正德、万历《会典》为核心史料。私修政书在资料齐备与编排精审方面显然远逊于官修会典，叶文以私修政书王圻的《续文献通考》和徐学聚的《国朝典汇》为主要依据，不妥者二。第三，作为应科举的限制因素，士子可能因身份、冒籍等原因无法入试，或者取得各级考试资格后，因冒籍、舞弊、犯罪、选官等原因又失去考试资格。"冒籍"仅为其中一项。该文论"冒籍"几占一半篇幅，且不言其结构是否合理，论"冒籍"又不析明各类士子指定的考试地点，多就现象论现象，未免给人舍本逐末之感，不妥者三。此外，史实脱漏、误读之处亦不乏其例。鉴于上述不足，本文拟据《实录》《会典》中关于科举应试者的规定，参佐各科乡试录、会试录、登科录中的考生身份信息及其他史籍，对明代科举士子身份及入试限制作一全面梳理，不当之处，还望方家指正。

一、科举士子身份

明朝自开科伊始即对应试者身份作出限制，洪武三年（1370年）所颁《科举条格诏》中关于应试者的规定如下：

> 仕宦已入流品及曾于前元登科并曾仕宦者，不许应试。其余各色人民并流寓各处者，一体应试。
>
> 有过罢闲人吏、娼优之人，并不得应试①。

此诏中不许应试者有四，一为"仕宦已入流品（者）"，二为"曾于前元登科并曾仕宦者"，三为"罢闲人吏"，四为"娼优之人"。科举本为选官而发，登第者可获选官资格，既已仕宦且入流品，自然无再经科举的必要。将"曾于前元登科并曾仕宦者"排除在科举应试者之外，反映了明初统治者对前元遗宦入仕多少心存疑虑，且前元遗宦仅存于明初，具有时代性。"罢闲人吏"既经罢黜，已有政治污点，不宜再入仕。"娼优之人"则被认为是贱民，身份低下，亦

---

① （明）王世贞.弇山堂别集：卷81 科试考一[M].北京：中华书局，1985：1541.

不宜入仕，冒滥名器。四者之外的"其余各色人民并流寓各处者"则皆允许入试。不过此诏通行时间不长，仅行三年、四年、五年三科，之后罢科举达十年之久。至洪武十七年（1384年）颁行《科举成式》，重新开科取士，科举方成定制，直至明亡。《科举成式》也就成为明朝科举的纲领式文件，擘画有明一代科举概况，影响更为深远。其中关于应试者的规定如下：

> 应试。国子学生、府、州、县学生员之学成者、儒士之未仕者、官之未入流而无钱粮等项黏带者，皆由有司保举性资敦厚、文行可称者，各具年甲、籍贯、三代、本经，县、州申府，府申布政司乡试。其学官及罢闲官吏、倡优之家、隶卒之徒与居父母之丧者，并不许应试①。

除了"曾于前元登科并曾仕宦者"外，此令基本上继承了洪武三年（1370年）《科举条格诏》中关于应试者的规定，并进一步清晰、细化。此令将应试者主要归为三类：生员、儒士和吏典。从有明一代科举情况来看，三者构成应试者的主体，三者之中，又以生员为主，且人数日众，迨至明中后期，士子多先经学校，而后应科举，形成所谓"科举必由学校"的现象。儒士、吏典应科举终明世未废，不过在学校、科举一体化的趋势下，科举解额虽日广，而儒士、吏典入试却日益窘迫。下面将论述三者应试概况。

1. 生员。明代生员名目繁多，以学校分，除了国子监、府州县儒学里的生员外，还有卫学、运司学、武学、宗学、三氏学、都司学、宣慰司学、宣抚司学等学校里的生员。若按类别划分，有监生、廪膳生、增广生、附学生、官生、民生、军生、武生、宗生等。

监生，指名籍隶属于国子监之生员，明初曾设南京、北京、中都国子监，后中都国子监革，南京、北京国子监沿设不废。国子监生员来源主要有四：贡监、举监、荫监、例监。贡监又有岁贡、选贡、拔贡、恩贡之分。举监为落第举人入监，应乡试主要是贡监、荫监、例监三途监生，不过举监举人仍可参加会试。监生来源虽广泛，但在科举录中称谓较单一，乡、会试录中称监生，登科录中称国子生。在嘉靖之后有以"岁贡"身份应试者，如《嘉靖十七年

---

① （明）申时行，等.大明会典：卷77 贡举［M］//续修四库全书：第790册.上海：上海古籍出版社，2002：404-405.

（1538年）进士登科录》载："莫如忠，贯：直隶松江府华亭县，民籍，岁贡生……顺天府乡试第二名"①、"陈光哲，贯：浙江台州府临海县，军籍，岁贡生……顺天府乡试第十三名"②。晚明又有以"拔贡""选贡"应试者，如崇祯十二年（1639年）陕西乡试，"第四十五名石中玉，陇西县拔贡"③、"第四十七名郝璧，兰州选贡"④。笔者以为，以岁贡、拔贡、选贡身份应试者当为已选为贡生，但尚未入监而应举者，若已入监而应举，则无岁贡、选贡、拔贡之分，统称监生或国子生。如谭大初在嘉靖十六年（1537年）已选为贡生，但仍在当地以"岁贡"身份应科举⑤。地方学校生员选为贡生，贡至京师后，要通过翰林院的考试方能入监，成为监生，否则黜罚。由上可知，明嘉靖以后，选为贡生但尚未入监者亦可参加乡试。至于贡生或于当地科举，或在京师科举，除了时间因素外，还可能由于各地乡试竞争激烈程度不同，士子避难就易。

府、州、县儒学生员，明初地方儒学生员之设，唯有廪膳生，在科举录中称府学生、州学生和县学生。至洪武二十年（1387年），明廷始"令增广生不拘额数"⑥，"宣德三年（1428年）定增广生员，在京府学六十人，在外府学四十人，州学三十人，县学二十人"⑦。在永乐时已有以增广生身份应试者，如《永乐十年（1412年）进士登科录》载："黎恬，贯：江西临江府清江县思贤乡二都，军籍，县学增广"⑧。随着文教聿兴，科目日盛，廪膳生、增广生之外又出现附学生。商辂在宣德四年（1429年）"春，选补邑庠生"，六年（1431

---

① （明）严嵩，等.嘉靖十七年进士登科录［M］//明代登科录汇编：第9册.台北：台湾学生书局，（1969）：4447.

② （明）严嵩，等.嘉靖十七年进士登科录［M］//明代登科录汇编：第9册.台北：台湾学生书局，1969：4495.

③ （明）佚名.崇祯十二年陕西乡试录［M］//明代登科录汇编：第22册.台北：台湾学生书局，1969：12408.

④ （明）佚名.崇祯十二年陕西乡试录［M］//明代登科录汇编：第22册.台北：台湾学生书局，1969：12408.

⑤ （明）谭大初.谭次川自订年谱［M］//北京图书馆藏珍本年谱丛刊：第47册.北京：北京图书馆出版社，1998：290.

⑥ （明）申时行，等.大明会典：卷78 学校［M］//续修四库全书：第790册.上海：上海古籍出版社，2002：410.

⑦ （明）申时行，等.大明会典：卷78 学校［M］//续修四库全书：第790册.上海：上海古籍出版社，2002：410.

⑧ （明）吕震.永乐十年进士登科录［M］//明代登科录汇编：第1册.台北：台湾学生书局，1969：223.

年）始"领批，补增广生"①，可见在宣德时地方儒学里已有附学之实，不过此时尚无附学之名。正统十二年（1447年），明廷"奏准生员常额之外，军民子弟愿入学者，提调教官考选俊秀，待补增广名缺，一体考送应试"②，地方儒学附学之实得到政府的认可。明代附学生之名在成化三年（1467年）时始出现③，正式在科举名录中出现则在弘治时。《客座赘语》载："又附学生入试，自弘治八年（1495年）始，吾乡顾尚书璘以附学生中第十四名。应天试录之有附学生，亦自此始也"④。又按《弘治九年（1496年）进士登科录》载："顾璘，贯：应天府上元县，匠籍，直隶吴县人，附学生"⑤，而《明代登科录汇编》所收《弘治五年（1492年）应天府乡试录》及以前科举录中未见有以附学生身份中式者，故明代附学生当在弘治八年（1495年）始许应乡试。廪膳、增广、附学生之外，府、州、县儒学中亦有军生、官生、宗生等，亦可参加科举考试。如《正统十年（1445年）会试录》载："第二十九名陈詠，直隶隆庆州永宁县学军生"⑥、"第六十四名赵昂，顺天府学军生"⑦。《弘治十五年（1502年）会试录》载："第二百二十五名霍□，直隶易州学官生"⑧。《崇祯十二年（1639

---

① （明）商振伦. 明三元太傅商文毅公年谱［M］//北京图书馆藏珍本年谱丛刊：第39册. 北京：北京图书馆出版社，1998：163.

② （明）申时行，等. 大明会典. 卷78 学校［M］//续修四库全书：第790册. 上海：上海古籍出版社，2002：410.

③ 此据施闰章《矩斋杂记》，内云："旧制，学校生员，廪膳有额，增广无额，故名之增广。其亦有额也，自宣德四年始。至景泰元年，照旧无额。成化三年又定额。京师语曰：'和尚普度，秀才拘数，礼部姚夔，颠倒错误.'不得已，附学之名立焉。"文中谓增广有额始于宣德四年，误，应为三年。……转引自：张显清，林金树. 明代政治史［M］. 桂林：广西师范大学出版社，2003：562.

④ （明）顾起元. 客座赘语：卷8 科举事例［M］//明代笔记小说大观. 上海：上海古籍出版社，2005：1385页.

⑤ （明）倪岳. 弘治九年进士登科录［M］//明代登科录汇编：第4册. 台北：台湾学生书局，1969：1996.

⑥ （明）钱习礼. 正统十年会试录［M］//明代登科录汇编：第1册. 台北：台湾学生书局，1969：354.

⑦ （明）钱习礼. 正统十年会试录［M］//明代登科录汇编：第1册. 台北：台湾学生书局，1969：358.

⑧ （明）吴宽. 弘治十五年会试录［M］//明代登科录汇编：第5册. 台北：台湾学生书局，1969：2272.

年）陕西乡试录》载："第五十五名朱谊□，长安县附学宗生"①。明代生员入学并非军生只能入卫学，宗生入宗学，民生入府、州、县儒学，多因地制宜，就近入学，故一学中有多种生员。至晚明，府州县儒学里的生员名目其实更为复杂，明末人朱之瑜云："秀才，今谓之生员，即所谓诸生，即所谓茂才，即所谓博士弟子员，异名而同实也。其中有廪膳、有增广生、有附学生、有青衣、有社生，五者得科举。以外更有乡贤守祠、工、辽、寄学等生，不与科举之数"②。不过见诸科举录的唯有廪膳、增广、附学三种，而无青衣、社生之属，青衣、社生为生员考核时黜罚后的名目，要入试要么以廪膳、增广、附学中的一种入试，要么就只能以儒士的身份应试。

其他地方学校里的生员。自明初府、州、县皆立儒学之后，又有多种类型的学校先后设立。在军卫处立卫学，都司设都司学，山东圣裔聚居地设三氏学，两京设武学，西南宣慰司、宣抚司有宣慰司学、宣抚司学，宗人聚居处设宗学，运司设运司学等，入学生员亦可参加科举考试。如《正统十年（1445年）会试录》载："第四十二名陈琔，直隶镇海太仓卫学军生"③。《成化元年（1465年）山东乡试录》载："第十二名佟珍，辽东都司学军生"④。《成化五年（1469年）进士登科录》载："张璲，贯：山西平阳府安邑县，盐籍，河东运司学生"⑤。《弘治五年（1492年）应天府乡试录》载："第七十五名刘麟，京卫武学生"⑥。《嘉靖十年（1531年）云贵乡试录》载："第八名冯璿，贵州永宁宣抚司学

---

① （明）佚名. 崇祯十二年陕西乡试录 [M] //明代登科录汇编：第22册. 台北：台湾学生书局，1969：12409.
② （明）朱之瑜. 舜水先生文集：卷15 问大明开科取士法 [M] //续修四库全书：第1385册. 上海：上海古籍出版社，2002：4.
③ （明）钱习礼. 正统十年会试录 [M] //明代登科录汇编：第1册. 台北：台湾学生书局，1969：355.
④ （明）吴启. 成化元年山东乡试录 [M] //明代登科录汇编：第2册. 台北：台湾学生书局，1969：710.
⑤ （明）姚夔. 成化五年进士登科录 [M] //明代登科录汇编：第2册. 台北：台湾学生书局，1969：827.
⑥ （明）王鏊. 弘治五年应天府乡试录 [M] //明代登科录汇编：第4册. 台北：台湾学生书局，1969：1697.

生"①、"第九名叶履谦，贵州宣慰司学生"②。当然，这些学校里亦有民生，如《成化八年（1495年）进士登科录》载："吴玉荣，贯：福建兴化府莆田县，盐籍，平海卫学民生"③。正统九年（1444年），明廷"又令三氏教授司生员应山东乡试，本处提学官考选"④。宗生应举情况参见后文"宗室"条。

除了国子监和地方儒学里的生员外，还有以"翰林院生员""翰林院秀才"应试者。《成化八年（1495年）进士登科录》载："杨一清，云南宁安州人，贯：湖广巴陵县民籍，翰林院秀才"⑤。《嘉靖二十年（1541年）会试录》载："第九十五名夏子开，翰林院生员"⑥。按《大明会典》载："凡各处举到幼童奉旨送院读书习字者，月给食米，内阁稽考课业，俟有成效，奏请擢用，其愿科举出身者听"⑦。翰林院中另有译字官、译字生应试，详见后文。

2. 儒士。儒士指学校出身之外，同时没有如吏典、军、匠、医士、医生、天文生等其他身份特征的研习儒家经典的读书人的泛称。儒士自明初即可应科举，如《建文二年（1400年）殿试登科录》载："方孚，贯：江西饶州府乐平县，民籍，儒士"⑧。明初儒士不仅可以应科举，还可以应荐举，以儒士身份应试并没有什么限制，有的地方"儒士报科举者，往往一县至有二三百人"⑨，远远超过了一县在学生员数。不过在科举与学校一体化情势下，提学官逐渐主要

---

① （明）焦维章. 嘉靖十年云贵乡试录［M］//明代登科录汇编：第8册. 台北：台湾学生书局，1969：4016.

② （明）焦维章. 嘉靖十年云贵乡试录［M］//明代登科录汇编：第8册. 台北：台湾学生书局，1969：4016.

③ （明）邹干. 成化八年进士登科录［M］//明代登科录汇编：第3册. 台北：台湾学生书局，1969：1267.

④ （明）申时行，等. 大明会典：卷77 贡举［M］//续修四库全书：第790册. 上海：上海古籍出版社，2002：405.

⑤ （明）邹干. 成化八年进士登科录［M］//明代登科录汇编：第3册. 台北：台湾学生书局，1969：1236.

⑥ （明）温仁和. 嘉靖二十年会试录［M］//明代登科录汇编：第10册. 台北：台湾学生书局，1969：5095.

⑦ （明）申时行，等. 大明会典：卷221 翰林院［M］//续修四库全书：第792册. 上海：上海古籍出版社，2002：624.

⑧ （明）陈迪. 建文二年殿试登科录［M］//明代登科录汇编：第1册. 台北：台湾学生书局，1969：17.

⑨ （明）孙继宗，等. 明英宗实录：卷268 景泰七年秋七月丙申［M］. 台北："中央研究院"历史语言研究所，1962：5690-5691.

在生员中考送科举应试者，由"儒士"应科举渐渐受到限制。正统十二年（1447年）直隶凤阳府知府杨瓒言：

> 我朝天开景运，文教聿兴，内建太学，以储天下之英贤，外设府、州、县儒学，以育民间之俊秀。府学额设廪、增生员八十名，州学六十名，县学四十名。此外，聪明之士不得与者入学寄名，以俟补增广之缺。寄名者既众，遇开科之际，欲报增广，则增广名数已足，欲报儒士，则有司多方沮抑，以此无路出身，未免沧海遗珠之叹①！

可见在正统时以"儒士"身份应试已受到限制，不过"儒士"应试终明世未废。如崇祯三年（1630年），李用楫即是因为"生有异禀，识学过人，幼年即负盛名，故得保举儒士应试"②。可见儒士应试在晚明仍存在，不过已少见，即《明史·选举志》所云："当大比之年，间收一二异敏，三场并通者，俾与诸生一体入场，谓之充场儒士"③。

3. 吏典。最初吏胥并不许应试。洪武三年（1370年）颁《科举条格诏》开科取士后，四年（1371年）"中书省奏：'科举定制，凡府、州、县、学生员、民间俊秀子弟及学官、吏胥习举业者皆许应试'"，结果"上曰：'科举初设，凡文字词理平顺者皆预选列，以示激劝，惟吏胥心术已坏，不许应试'"④。不过至洪武十七年（1384年）颁行的《科举成式》中，则明文规定"官之未入流而无钱粮等项黏带者"可经保举入试，之后吏典应试，一直未废。如《建文二年（1400年）殿试登科录》载："吴玭，贯：福建邵武府建宁县，民籍，由国子生任湖广汉川典史"⑤。《成化七年（1471年）广西乡试录》载："第四十四

---

① （明）孙继宗，等．明英宗实录：卷151，正统十二年三月癸酉［M］．台北："中央研究院"历史语言研究所，1962：2959－2960．

② （清）李庆来．武舟公年谱［M］//北京图书馆藏珍本年谱丛刊：第64册．北京：北京图书馆出版社，1998：220．

③ （清）张廷玉，等．明史：卷69 选举一［M］．北京：中华书局，1974：1687．

④ 胡广等．明太祖实录：卷67，洪武四年秋七月丁卯［M］．台北："中央研究院"历史语言研究所，1962：1258．按：正文已据《〈明太祖实录〉校勘记》改正．

⑤ （明）陈迪．建文二年殿试登科录［M］//明代登科录汇编：第1册．台北：台湾学生书局，1969：39．

名马驼，布政司照磨所吏"①。不过随着生员逐渐成为应试主体，在晚明的科举录中已很难找到以吏典中式的记载了。

《科举成式》中所规定的生员、儒士、吏典是明代科举入试者的主体，不过明朝开科二百余年，实际入试者远较此复杂。最能反映有明一代科举士子身份概貌的当属傅维鳞《明书·选举志》中关于科举入试者的记载：

> （乡试）凡应试，除两雍监生、教官、各学生员外，国初许高丽、琉球、占城、安南随便入试，而杂流、僧、道、吏胥、天文生、医士、官生、军舍，俱许各该管官保勘应试，惟罢闲官吏、娼优、隶卒之徒，与冒籍、匿丧者俱不许，违者皆罪之②。

> （会试）凡应试，乡试新中式举人及下第坐监举人、署教举人，皆准会试。若署教举人，虽经两科六年考满，遇试期将近，仍准会试。凡下第举人，国初愿回读书俟后举者听，其后尽数分送两监肄业，寻愿坐监拨选者入监，不愿入监而俟后举者听③。

从引文可以看出，科举入试者身份异同主要表现在乡试阶段，会试入试者则必须具有举人的身份。当然，举人也会因为选官、丁忧、犯罪等原因而不能会试。下面将结合《实录》《会典》及其它史籍中的相关史料分别论述生员、儒士、吏典之外的应试者。

第一类，军职、武职、土官子弟。在宣德以前，就有军职子弟入学应举的记载。宣德五年（1430年），"巡按监察御史梁甡言：'陕西、宁夏等卫洪武间设儒学，止置教授一员，专教军职子弟读《百将传》《武臣大诰》，以为讲武保身之策。永乐间，旗军亦遣子入学，一如府、州、县，讲读经书应举，亦尝得人，以资任用'"④。宣德七年（1432年）三月，"行在吏部尚书郭璡等奏：'比

---

① （明）单昺.成化七年广西乡试录［M］//明代登科录汇编：第3册.台北：台湾学生书局，1969：1048.
② （清）傅维鳞.明书：卷64 选举志二［M］//丛书集成初编第3940册.上海：商务印书馆，1936：1273.
③ （清）傅维鳞.明书：卷64 选举志二［M］//丛书集成初编第3940册.上海：商务印书馆，1936：1274.
④ （明）杨士奇，等.明宣宗实录：卷73 宣德五年十二月壬辰，台北："中央研究院"历史语言研究所，1962：1714.

陕西按察司佥事林时言，各处卫所宜建学校，以教军官子孙。臣等议得，卫所与府、州、县治相邻者，令入府、州、县学读书，相远者或一卫所，或二三卫所共设一学，以教训之。学有成者，听赴本处乡试'。从之"①。之后正统、天顺、万历三朝所颁提学敕谕，皆有提调武职子弟习读《武经七书》《百将传》，"有能习举业者听"的条款。至正德时，武学幼官亦允许应试。"正德十年（1515年），令两京武学幼官及军职子弟有志科目者，亦许应试，惟不充贡"②。土官子弟则在正统时就已允许应试。正统九年（1444年），"命各处土官衙门应继儿男俱照军生例，遣送官学，读书乡试。其相离地远者，有司计议，或二卫、三卫设学一所"③。沈德符亦载："贵州镇远府推官杨载清，本应袭土舍也，曾中贵州乡试"④。嘉靖元年（1522年）又奏准土官"族属子弟愿入学者听补廪、科举，与军、民、武生一体"⑤。这些人多入卫学、武学等学校，当多以军生、武生身份入试。

第二类，军、匠、军余、舍余、匠余、舍人。宣德七年（1432年），明廷"令卫所官舍军余俊秀者，许入附近府、州、县学，听本处乡试"⑥。"景泰元年（1450年），令应试儒士册内原无名籍儒士及赘婿、义男并文武官舍、军校、匠余，悉不许于外郡入试"⑦。在科举录中，亦不乏这些人中式的记载。如《天顺元年（1457年）进士登科录》载："石后，贯：陕西西安府渭南县，官籍，舍

---

① （明）杨士奇，等. 明宣宗实录：卷88 宣德七年三月己卯［M］. 台北："中央研究院"历史语言研究所，1962：2032.
② （明）申时行，等. 大明会典：卷77 贡举［M］//续修四库全书：第790册. 上海：上海古籍出版社，2002：405.
③ （明）孙继宗，等. 明英宗实录：卷119，正统九年闰七月辛丑［M］. 台北："中央研究院"历史语言研究所，1962.：2410-2411.
④ （明）沈德符. 万历野获编：卷16 土舍科目［M］//元明史料笔记丛刊［M］. 北京：中华书局，1959：410.
⑤ （明）张居正，等. 明世宗实录：卷20，嘉靖元年十一月己未［M］. 台北："中央研究院"历史语言研究所，1962：584.
⑥ （明）申时行，等. 大明会典：卷78 学校［M］//续修四库全书：第790册. 上海：上海古籍出版社，2002：411.
⑦ （明）申时行，等. 大明会典：卷77 贡举［M］//续修四库全书：第790册. 上海：上海古籍出版社，2002：405.

人"①、"张祥，贯：锦衣卫籍，军余"②。《成化七年（1471年）广西乡试录》载："第四十九名颜士英，庆远卫军"③。《弘治五年（1492年）应天府乡试录》载："第九十一名齐贵，营缮所匠"④。《弘治十四年（1501年）应天府乡试录》载："第七十一名邵镛，南京羽林右卫舍余"⑤。

第三类，译字官、译字生。翰林院四夷馆译字官、监生在永乐间即已允许乡试、会试，不过与一般考生有所不同，"其所作文字俱是番书例，不属考官定其去取，俱送翰林院考试，中者送回科场，第入正榜"⑥。成化四年（1468年）以后则与其他考生一样，"不必仍写番字送内阁"⑦。弘治三年（1490年）定四夷馆翻译考选之法，译字生由官民家子弟选取者，"务须专习本艺，精通夷语，谙晓番文，以备应用，不许假以习举为由，别图出身"⑧，不能应科举。由监生选取者入试亦受到限制，"其兼习举业者非精通本业，亦不许入试"⑨。至弘治八年（1495年）才重开禁令，"奏准子弟有愿科举者，考送顺天府应试"⑩。笔者翻阅明代科举录，未见以译字生应试者，大概或以监生，或以翰林院生员、翰林院秀才的身份应试。译字官则在科举录中有记载。如《嘉靖十年（1531

---

① （明）王翱. 天顺元年进士登科录［M］//明代登科录汇编：第2册. 台北：台湾学生书局，1969：493.

② （明）王翱. 天顺元年进士登科录［M］//明代登科录汇编：第2册. 台北：台湾学生书局，1969：569.

③ （明）单暠. 成化七年广西乡试录［M］//明代登科录汇编：第3册. 台北：台湾学生书局，1969：1049.

④ （明）王鏊. 弘治五年应天府乡试录［M］//明代登科录汇编：第4册. 台北：台湾学生书局，1969：1699.

⑤ （明）王华. 弘治十四年应天府乡试录［M］//明代登科录汇编：第4册. 台北：台湾学生书局，1969：2073.

⑥ （明）孙继宗，等. 明英宗实录：卷269 景泰七年八月辛酉［M］. 台北："中央研究院"历史语言研究所，1962：5708.

⑦ （明）刘吉，等. 明宪宗实录：卷56 成化四年秋七月丙戌［M］. 台北："中央研究院"历史语言研究所，1962：1155.

⑧ （明）李东阳，等. 明孝宗实录：卷38 弘治三年五月戊午［M］. 台北："中央研究院"历史语言研究所，1962：802.

⑨ （明）李东阳，等. 明孝宗实录：卷38 弘治三年五月戊午［M］. 台北："中央研究院"历史语言研究所，1962：803.

⑩ （明）申时行，等. 大明会典：卷221 翰林院［M］//续修四库全书：第792册. 624.

年）顺天府乡试录》载："第二十三名陈大琛，翰林院译字官"①。

第四类，天文生、阴阳人。天顺二年（1458年），明廷"令两京天文生阴阳人及官生子弟，许就在京乡试"②，可见此时天文生、阴阳人可以参加科举考试。至弘治五年（1492年）之后，天文生、阴阳人应试被禁革，"其在部未考岁贡，或在监告就教职监生，及不系在任依亲官生并天文生、阴阳人，例不许习他业者，皆不许入试"③。之后，弘治十五年（1502年）钦天监掌监事吴昊，嘉靖元年（1522年）钦天监监副韩昂曾先后奏请重开天顺间天文生应试例，皆未允。

第五类，医士、医生及其子弟。弘治五年（1492年），明廷奏准"医士、医生在册食粮执役者，方许在京应试"④。不过此时止许当差医士、医生应试，其子弟则不许，其子弟"止令专习医业，不许营求科举，以贰其心"⑤。至弘治十年（1497年）年，才重开太医院各官子弟应试例，"令太医院各官、医下子孙弟侄本院册内有名者，照旧乡试"⑥。科举录中亦有医生中式的记载，如《成化五年（1469年）进士登科录》载："徐瓒，贯：浙江嘉兴府秀水县人，太医院医生"⑦。

第六类，中书舍人、恩荫中书、尚宝。明代中书舍人应试始自吕𢡮。吕𢡮以父翰林学士吕原荫授中书舍人。成化七年（1471年）五月，吕𢡮应顺天府乡试，本来中书舍人系七品官，不能应试，但宪宗"念儒臣之子，有志科目，特允所请，不为例"⑧。虽然宪宗说"不为例"，但实际上已开中书舍人入试之例，

---

① （明）吴惠．嘉靖十年顺天府乡试录［M］//明代登科录汇编：第7册．台北：台湾学生书局，1969：3669．
② （明）申时行，等．大明会典：卷77 贡举［M］//续修四库全书：第790册．405．
③ （明）申时行，等．大明会典：卷77 贡举［M］//续修四库全书：第790册．上海：上海古籍出版社，2002：405．
④ （明）申时行，等．大明会典：卷77 贡举［M］//续修四库全书：第790册．上海：上海古籍出版社，2002：405．
⑤ （明）李东阳，等．明孝宗实录：卷69 弘治五年十一月戊寅，台北："中央研究院"历史语言研究所，1962：1313．
⑥ （明）申时行，等．大明会典：卷77 贡举［M］//续修四库全书：第790册．上海：上海古籍出版社，2002：405．
⑦ （明）姚夔．成化五年进士登科录［M］//明代登科录汇编：第2册．台北：台湾学生书局，1969：928．
⑧ （明）刘吉，等．明宪宗实录：卷91，成化七年五月辛巳，台北："中央研究院"历史语言研究所，1962：1762．

"中书舍人之得应试也，实自兹始"①。而且允许应试的中书舍人必须为荫袭，且非实授②。科举录中以中书舍人应试者也多为"试中书舍人"，如《嘉靖二十三年（1544年）进士登科录》载："陆炜，贯：锦衣卫官籍，浙江嘉兴府平湖县人，试中书舍人"③；《隆庆二年（1568年）进士登科录》载："唐文燦，贯：福建镇海卫铜山千户所，军籍，试中书舍人"④。至晚明，恩荫尚宝、中书未任者也允许科举。天启五年（1625年），以皇子生，颁诏大赦天下，其中一条云："凡恩荫尚宝、中书未任者，准照试中书例科举，从本州、县起文，赴两京吏部，考试入场"⑤。

第七类，教官。《科举成式》中明令禁止学官应试，无论是乡试还是会试，只要选为教官，就不得应试。首先开的是教职会试之禁。天顺八年（1464年），明廷为了鼓励副榜举人、下第举人就教职，"令教官由举人署职，任满该升，年四十以下愿会试者听"⑥。此令中允许会试的举人教官必须任满该升，而且年龄在四十以下。至成化四年（1468年），进一步放宽年龄限制，"教官考满到部，惟年五十以上者不听会试"⑦。成化二十三年（1487年），明廷又奏准"举人授教官六年有功迹者，许会试"⑧。之后又稍有调整，"弘治十二年（1499年），令署职教官，照成化二十三年例（1487年），两科准算六年，愿会试者听。其任满该升，如遇会试将近，不拘年岁，亦许会试。若给假，或捏病，久不入选，

---

① （明）费宏，等．明武宗实录：卷76，正德六年六月戊申［M］．台北："中央研究院"历史语言研究所，1962：1682.
② 叶楚炎．论明代科举的考试资格［M］//明清论丛第九辑．北京：紫禁城出版社，2009：67.
③ （明）佚名．嘉靖二十三年进士登科录［M］//明代登科录汇编：第10册．台北：台湾学生书局，1969：5279.
④ （明）高仪．隆庆二年进士登科录［M］//明代登科录汇编：第17册．台北：台湾学生书局，1969：8942.
⑤ （明）温体仁，等．明熹宗实录：卷64 天启五年十月庚子［M］．台北："中央研究院"历史语言研究所，1962：3035-3036.
⑥ （明）申时行，等．大明会典：卷77 贡举［M］//续修四库全书：第790册．上海：上海古籍出版社，2002：407.
⑦ （明）刘吉，等．明宪宗实录：卷54，成化四年五月丙子［M］．台北："中央研究院"历史语言研究所，1962：1102.
⑧ （明）申时行，等．大明会典：卷77 贡举［M］//续修四库全书：第790册．上海：上海古籍出版社，2002：407.

窥伺会试者，不准"①。弘治十七年（1504年），"令教官由举人九年考满，不拘署职、实授及功迹有无，愿入试者听"②。至此，举人教官要入会试，要么署职六年有功迹，要么待九年考满。科举录中亦不乏教官会试的记载，如《弘治十五年（1502年）会试录》载："第二十八名张桂，陕西同官县学教谕"③、"第九十六名张廷槐，浙江永康县学训导"④、"第二百四十三名吴祺，直隶滦州学学正"⑤。教官乡试之禁开自嘉靖六年（1527年），仅限于岁贡出身教职。《明世宗实录》载："始命岁贡生授教职三年、教有成效者得预乡试，每省毋过五人"⑥。《大明会典》中的记载与此稍异，曰："嘉靖六年（1527年）奏准，岁贡出身教职，历任三年，教有成效，提学官考试文学优长者，许就见任地方入试"⑦。从此二令看，教职应乡试，须为岁贡出身，历任三年且教有成效，每省最多五人，仍由提学官考试入场。颇有人情味的是于见任地方入试，而无须回原籍。在实际施行过程中，一些地方教官应乡试还另编"昌"字号。崇祯八年（1635年）陈子壮奏：

> 南畿、浙江训导应试之另编"昌"字号，缘来久矣，登隽者寥寥，或因地方多才，收录不及教官，未必尽系主司之明弃。但据称河南、山西等省训导与生员共编字号，有例可援，则教官赵度等执词而请，亦其情之不得不鸣者也。朝廷用人惟其当，原不计其年龄，圣世升贤一以公，何必拘以畛域，相应准从。以后南直、浙江训导乡试与生员一体编号，庶寒毡得以

---

① （明）申时行，等．大明会典：卷77　贡举［M］//续修四库全书：第790册．上海：上海古籍出版社，2002：407．

② （明）申时行，等．大明会典：卷77　贡举［M］//续修四库全书：第790册．上海：上海古籍出版社，2002：407．

③ （明）吴宽．弘治十五年会试录［M］//明代登科录汇编：第5册．台北：台湾学生书局，1969：2250．

④ （明）吴宽．弘治十五年会试录［M］//明代登科录汇编：第5册．台北：台湾学生书局，1969：2257．

⑤ （明）吴宽．弘治十五年会试录［M］//明代登科录汇编：第5册．台北：台湾学生书局，1969：2274．

⑥ （明）张居正，等．明世宗实录：卷77，嘉靖六年六月戊午［M］．台北："中央研究院"历史语言研究所，1962：1718-1719．

⑦ （明）申时行，等．大明会典：卷77　贡举［M］//续修四库全书：第790册．上海：上海古籍出版社，2002：405．

义命自安，而无复遗珠之叹矣①。

此奏"奉圣旨是"，南直、浙江教官乡试另编字号革。科举录中亦见教官乡试记载，如《万历二十二年（1594年）山东乡试录》载："第六十六名崔讲，东阿县学训导"②。

第八类，宗室。明朝并不曾明令禁止宗室科举应试。明初实行分封制，宗室禄食丰厚，地位尊宠，恐怕也不屑与齐民争进，参加科举考试。建文时始有削藩之举，靖难之后，停止削藩，但宗室的政治权利逐渐受到限制。之后又有汉王高煦叛乱，宗室之禁渐严，明廷对宗室仅给以厚禄，在政治上转而严密防范，宗室成为寄生群体。由于明廷不允许宗室染指政治，科举做为选官的清华之途，事实上已与宗室无缘。弘治十五年（1502年）礼部覆奏南京光禄寺卿杨俊所陈"恤宗室以广圣恩事"云：

> 俊欲如宋朝宗室仕官、科目故事，凡将军、中尉之子许充生员，报名于各伴读、教授处，授以《五经》，教以文字。长史司提督考校，量给廪膳，校余供养成材，于本处科贡，一体乡试、会试。中进士者除授宗支无碍府分长史等官，副榜者除教授、审理等官，食粮应贡中者除工正、杂职等官。所言亦自有见，但教授、审理以下官视奉国中尉品职既卑、俸禄亦薄，且非圣祖立法初意，请如旧③。

从上奏可知，弘治时宗室并不能应科举，杨俊提议开宗科，也以所议与圣祖立法初意不合遭否决。开宗科之议是在宗支繁衍，宗禄不敷，下层宗室无以谋生的情况下出现的。最先开的是宗婿应举，嘉靖三十二年（1553年）明廷奏准秦王怀埢所请宗婿"如有志科举者，听就督学官试"④。至万历时，下层宗室

---

① （明）陈子壮. 礼部存稿：卷6 乡试教官一体编号疏［M］//丛书集成续编：第58册. 台北：新文丰出版公司，1989：161.

② （明）王登才. 万历二十二年山东乡试录［M］//明代登科录汇编：第21册. 台北：新文丰出版公司，1989：11366.

③ （明）李东阳，等. 明孝宗实录：卷192 弘治十五年十月己未［M］. 台北："中央研究院"历史语言研究所，1962：3547－3548．注：正文已据《〈明孝宗实录〉校勘记》改正.

④ （明）张居正，等. 明世宗实录：卷404 嘉靖三十二年十一月戊申［M］. 台北："中央研究院"历史语言研究所，1962：7065.

的出路问题进一步激化，成为一大社会问题，奏开宗科之议前后相继，明廷才开始允许宗室应科举。万历时所行开宗科之令如下：

万历十八年（1590年）题准，以后宗学诸生除将军、中尉外，其另题名粮及无名粮庶宗有举业精通、志愿进取者，听长史司起送提学道，与同民间子弟一体考试。文体颇通者送本城府、州儒学作养，遇开科年分试，果习学有成，准其应试。待有中式出身者，方将铨授考课之法，查照科臣原议，临时奏请。其未设宗学府分庶宗亦照此例，惟花生、传生子孙不许朦胧送考①。

（万历二十二年）礼部覆郑世子载堉条奏七事……宗生旧制，虽有考验换授之文，弟辅国中尉以上，诚难更授，请如近议，不应举者照旧宗学作养，无得杂青衿就试督学。……奉国中尉等即以赐名应试，若无名禄者从便起名，不许混同。玉牒、中式榜录皆著国姓，下书宗室封爵。……铨除考课。向来宗生未闻中式，候临期奏请……②

万历二十八年（1600年）题准，奉国中尉内有不愿授封者，即与停止封禄，听其入学应举，一体照依出身资格授官，不以原品换授为拘，及致仕罢闲，亦不得再行给禄外，但不许应举武科及掌握兵马等官，原议已确，毋庸置喙。若除授京职一节，似亦无害。惟是宗生应举，未闻中式，尚应仍照原议，候临时奏请。奉圣旨："郑世子所奏，以惇伦劝学为主，你部里既酌议停当，便行与各该有宗室、地方，务要大破拘挛，从公用舍，以称朝廷激励贤宗之意"③。

（万历三十三年诞育元孙诏）开宗室入仕之例，与海内贤才比肩而进，分禄而食，亲亲贤贤，此意甚美。业有明旨，未见遵行。自今有王府省分宗学子弟入试，与生员一体编号，但有中式，即行登榜，不许引嫌遗弃，

---

① （明）朱勤美. 王国典礼：卷7 开科[M]//四库全书存目丛书史部：第270册. 济南：齐鲁书社，1997：255.
② （明）顾秉谦，等. 明神宗实录：卷269 万历二十二年正月甲辰[M]. 台北："中央研究院"历史语言研究所，1962：5005-5006. 注：正文已据《〈明神宗实录〉校勘记》改正.
③ （明）朱勤美. 王国典礼：卷7 开科[M]//四库全书存目丛书史部：第270册. 济南：齐鲁书社，1997：255-256.

违者监试官参处①。

（万历三十四年）始令宗室将军、镇、辅中尉，俱得与生员一体应试。进士出身者，二甲选知州，三甲选推官、知县。其以乡举出仕者，亦照常除授，俱不得选除京职。先是，宗室开科例止许奉国中尉以下入试，辅国以上爵尊，难于授职，不得与。至是，礼臣李廷机议言："封爵、科目原属两途，彼既愿从科目中式，后自应照士子出身资格，一体铨选，何拘原爵"？遂得允行②。

从上引诸令看，自万历十八年（1590年）始，允许宗室中尉以下应举，之后又陆续放宽限制，至万历三十四年（1606年），明宗室除亲王外，皆可应科举。不过直到天启元年（1621年），尚无一名宗室中举，一方面，可能如"诞育元孙诏"中所言主试官引嫌遗弃；另一方面，可能与晚明科举激烈竞争有关，宗生与民生一体科举，势必与民生竞争有限的解额，结果"民生尚欲增数于额外，而宗生乃欲夺数于额内，则委实窒碍难行尔"③。直到熹宗继位，为光新政，奏准"江西、湖广、河南、陕西、四川等省将所在宗室科举每二十名以上者，加额中式一人"④。宗生另开解额，并于第二年取中朱慎鉴，之后才陆陆续续有宗室中举⑤。

第九类，外国人。洪武三年（1370年）所颁《科举条格诏》还允许外国人应试，其文曰："高丽国、安南、占城等国，如有经明行修之士，各就本国乡试，贡赴京师会试，不拘额数选取"⑥，并"遣使颁《科举诏》于高丽、安南、

---

① （明）顾秉谦，等.明神宗实录：卷416 万历三十三年十二月乙卯[M].台北："中央研究院"历史语言研究所，1962：7837.
② （明）顾秉谦，等.明神宗实录：卷424，万历三十四年八月丁酉[M].台北："中央研究院"历史语言研究所，1962：8006-8007.
③ （明）朱勤美.王国典礼：卷7 开科[M]//四库全书存目丛书史部：第270册.济南：齐鲁书社，1997：257.
④ （明）温体仁，等.明熹宗实录：卷11 天启元年六月戊寅[M].台北："中央研究院"历史语言研究所，1962：551.
⑤ 明代宗室科举情况参见：陈长文.明代宗科进士辑考[J]//鲁东大学学报（哲学社会科学版），2009（3）；汪维真.明代乡试解额制度研究[M].北京：社会科学文献出版社，2009：175-187.
⑥ （明）王世贞.弇山堂别集：卷81 科试考一[M].北京：中华书局，1985：1541.

占城"①。第二年的会试就有高丽人参加，还有一人登第②。外国人应试是在本国乡试，直接贡赴京师会试，不过笔者所见外国人应试唯此一例③，之后的科举条文也没有关于外国人应试的规定。

第十类，僧道。傅维鳞在乡试"应试"条里还提到僧道。《续文献通考》载正统十三年（1448年）科，"一甲三人，时称为儒释道。状元彭时，儒籍。榜眼陈鉴，神乐观道士，四十尚未娶。探花岳正，早丧父，嫡母不容，避居兴隆寺从僧，故云"④。傅氏之说，盖源自此例，不过此例与外国人应试一样，并非常例。

明代科举应试者身份大抵如上，除了罢闲官吏、娼优、隶卒及天文生、阴阳人此种专门人才外，其他身份的人基本上皆可应试，明代科举制度向广大齐民敞开了大门。当然，虽然在身份上，绝大部分齐民可以参加科举，但科举考试对参与者家庭经济的负担，使许多下层贫困家庭无力承担，上层富裕家庭的优势还是显而易见的。至于因冒籍、匿丧以及犯罪等因素而不能参加科举考试，并非身份上的限定，而是行为上的限定，下面将介绍明代科举考试中，对应试者行为方面的主要限制。

二、科举入试限制

影响明代科举士子入试最广的限制当属冒籍之禁，其他还有应试回避，落第举子入监，罚科，行劣举人不许会试等限制，下面将分别论述。

1. 冒籍之禁。籍系指籍贯，包括户籍与乡贯。户籍多以祖辈职业身份划分，如儒籍、民籍、军籍、官籍、富户籍、灶籍、锦衣卫籍、医籍、匠籍等。乡贯

---

① （明）胡广，等. 明太祖实录：卷52，洪武三年五月己亥 [M]. 台北："中央研究院"历史语言研究所，1962：1021.

② 明太祖实录：卷62 洪武四年三月乙酉 [M]. 台北："中央研究院"历史语言研究所，1962：1195. 其文曰："洪武四年三月乙酉朔，策进士于奉天殿，登第者百二十人……高丽入试者三人，惟金涛登第，授东昌府安丘县丞。朴实、柳伯儒皆不第。三人俱以不通华言，请还本国，诏厚给道里费，遣舟送还"。

③ 关于明代外国人中进士，除金涛外，《弇山堂别集：卷一八《奇事述三》还述及交址6人，不过此6人父祖辈已入中国籍，已非外国人。参见：郭培贵. 明代科举史事编年考证 [M]. 北京：科学出版社，2008：10. 刘志强. 明代的交址进士 [M]//2009科举学论丛第一辑. 北京：线装书局，2009.

④ （明）王圻. 续文献通考：卷46 举士四 [M]//续修四库全书：第762册. 上海：上海古籍出版社，2002：565.

指户籍的所在地。二者在登科录中一目了然，如"吴琬，贯：福建邵武府建宁县，民籍"①。有的考生可能离开了户籍所在地（通常是父祖辈的迁移），籍贯后面还会另附现居地，如"李志刚，贯：四川成都左护卫，军籍，陕西泾阳县人"②，"侯汝谅，贯：山西太原左卫，官籍，直隶滑县人"③。明代科举以户籍所在乡贯为准，考生必须在户籍著录乡贯所在省份乡试，而不以现居地为准，故上引李志刚于四川乡试，侯汝谅于山西乡试。

明代冒籍之禁大致兴起于宣德、正统之后，是为保证乡试解额制度与会试南北中卷制度顺利实施的重要举措。明代科举自仁、宣之后，开始实行各省定额取士的乡试解额制度，与之相应，会试亦以地域为据，分全国举子为南、北、中卷应试，各规定不同的取中比例。明廷据各省文教不均衡现状，兼顾全局，制定此种制度，本意是使科举出身官员能有效代表全国不同地方的利益，增加政权的认可度，同时促进落后地区的文教发展，却也在客观上造成了各省科举竞争激烈程度不一。总体上说，南卷区竞争最为激烈，其次北卷，最后中卷。结果有的士子避难就易，特别是南卷区士子，离开户籍所在地，潜往北卷、中卷区，冒充当地户籍入试，冀图科第。

冒籍的认定主要看士子的真实籍贯与应试地点，不过士子于籍贯所在省份应乡试只是一个通行标准，由于开科范围广阔，应试者来源身份复杂，实际上亦有特定地方、特定身份的人并不于籍贯所在省份应乡试，而另指定应试地点，在此梳理如下：

首先，辽东和甘肃终明之世未单独开科。甘肃科举附陕西，而辽东科举先是附山东，嘉靖十年（1531年）之后，"辽东生儒听辽东巡按御史考送顺天府应试"④。贵州在嘉靖之前亦未单独开科。洪熙元年（1425年），明廷"令贵州

---

① （明）陈迪.建文二年殿试登科录［M］//明代登科录汇编：第1册.台北：台湾学生书局，1969：39.

② （明）刘健.弘治十八年进士登科录［M］//明代登科录汇编：第5册.台北：台湾学生书局，1969：2451.

③ （明）严嵩，等.嘉靖十七年进士登科录［M］//明代登科录汇编：第9册.台北：台湾学生书局，1969：4458.

④ （明）申时行，等.大明会典：卷77　贡举［M］//续修四库全书：第790册.上海：上海古籍出版社，2002：405.

愿试者，就试湖广"①。宣德二年（1427年），又因贵州"去湖广路远，于云南为近，宜就近为便，上命就试云南"②。之后贵州一直附云南科举，直到嘉靖十四年（1535年）方题准巡按贵州监察御史王杏等奏请，在贵州"议定旧址建立科场，依期开设乡试，以备一省宾兴之制"③。从此，贵州才单独开科，贵州士子不再赴云南乡试。除了这三大区域外，亦有个别地方由于距本省乡试远，而改附他省乡试。嘉靖十年（1521年），明廷题准"直隶德州左等卫儒学，听山东提学官管辖，就于山东布政司应试"④。嘉靖二十二年（1543年），又"诏湖广所隶清浪、镇远、五开、平溪、偏桥五卫军生寄贵州诸学者，皆从贵州乡试"⑤。类似的地方还有潼关和宣府，嘉靖十年（1531年），礼部题覆辽东生儒请改附顺天乡试时即引此二地方为例，云："（辽东都司卫学）今欲改附近顺天府应试，又与潼关之附陕西，宣府之附顺天事体相同"⑥。按《明一统志》云："直隶潼关卫，在潼关城中，洪武三年（1370年）建"⑦。可知潼关属京师管辖，但是乡试距陕西近。宣府则为京师西北边镇，乡试距顺天为近。

其次，特定身份，主要是供职或隶属于各衙门者多于所在衙门所属省份乡试，而不必返回原籍，其子弟与之同，唯仕宦子弟后来须返回原籍应乡试。供职或隶属于各衙门者包括吏典、天文生、阴阳人、医士、医生及嘉靖以后允许乡试的岁贡教官等。天顺二年（1467年），明廷"令两京天文生、阴阳人及官生子弟，许就在京乡试"⑧。弘治五年（1492年）又奏准"医士、医生在册食

---

① （明）申时行，等．大明会典：卷77　贡举［M］//续修四库全书：第790册．上海：上海古籍出版社，2002：405．

② （明）杨士奇，等．明宣宗实录：卷28，宣德二年六月己未［M］．台北："中央研究院"历史语言研究所，1962：741．

③ （明）俞汝楫，等．礼部志稿：卷72　贵州设科解额［M］//文渊阁四库全书：第598册．台北：台湾商务印书馆，1986：221．

④ （明）申时行，等．大明会典：卷77　贡举［M］//续修四库全书：第790册．上海：上海古籍出版社，2002：405．

⑤ （明）张居正，等．明世宗实录：卷274　嘉靖二十二年五月丙午［M］．台北："中央研究院"历史语言研究所，1962：5373．

⑥ （明）俞汝楫，等．礼部志稿：卷71　就近乡试［M］//文渊阁四库全书：第598册．台北：台湾商务印书馆，1986：203．

⑦ （明）李贤等．明一统志：卷32　陕西布政司［M］//文渊阁四库全书：第472册．台北：台湾商务印书馆，1986：813．

⑧ （明）申时行，等．大明会典：卷77　贡举［M］//续修四库全书：第790册．上海：上海古籍出版社，2002：405．

粮执役者，方许在京应试"①。嘉靖六年（1527年）岁贡出身教职被允许应试后，亦是"就见任地方入试"②。天启五年（1625年）皇子诞生恩诏中规定的"凡恩荫尚宝、中书未任者，准照试中书例科举，从本州、县起文，赴两京吏部，考试入场"③，是在京而非在本籍乡试。这些人的子弟多与之同，如弘治十年（1497年）太医院奏请重开医士、医生子弟应试例称："本院官并医生、医士子孙弟侄，凡有谙习举业者，例得应顺天府乡试"④，可知医士、医生子弟亦是与其父辈同地乡试。供职或隶属于各衙门而允许应试者，多是不入流品杂职人等，职位卑，俸禄薄，且远离乡土，回籍应试，多有不便，允许其在就职地科举，亦是合情之举。既然父辈允许在此乡举，没有理由反而叫子孙返回原籍乡试。唯有官生子弟后来规定必须回原籍应试。景泰之前，官生子弟可在京应试。《双槐岁钞》载："南北京闱，例令四方髦士游太学、寄京籍及依亲仕宦者，皆得应试。景泰癸酉（1453年），吉安罗崇岳冒试，中顺天府第一，为京士讦奏，诏充原籍学生"⑤。罗崇岳被讦奏冒籍的当年，明廷"申禁官员子侄人等于宦所冒籍科举"⑥。到天顺二年（1458年），则又允许官生子弟与天文生、阴阳人可在京乡试。既然在京官生子弟于当地乡举，各省官生子弟可能也允许于当地入试。至正德十年（1515年），明廷奏准给事中范洵所言"宦游子弟科举听原籍提学考试，则高门不得妨寒畯之阶，公道不至为私意所蔽"⑦。并规定"两京文职衙门及各布政司，凡有弟男人等回籍乡试者，令赴告本州、县取结明白，转送提学官考试入场，不许径于仕宦衙门移文起送。其提学官一体遵守，不许

---

① （明）申时行，等. 大明会典：卷77 贡举［M］//续修四库全书：第790册. 上海：上海古籍出版社，2002：405.
② （明）申时行，等. 大明会典：卷77 贡举［M］//续修四库全书：第790册. 上海：上海古籍出版社，2002：405.
③ （明）温体仁，等. 明熹宗实录：卷64 天启五年十月庚子［M］. 台北："中央研究院"历史语言研究所，1962：3035－3036.
④ （明）李东阳，等. 明孝宗实录：卷131，弘治十年十一月癸卯［M］. 台北："中央研究院"历史语言研究所，1962：2315.
⑤ （明）黄瑜. 双槐岁钞：卷5 京闱二科举首［M］//明代笔记小说大观. 上海：上海古籍出版社，2005：184.
⑥ （明）孙继宗，等. 明英宗实录：卷226 景泰四年二月壬寅［M］. 台北："中央研究院"历史语言研究所，1962：4934.
⑦ （明）李东阳，等. 明孝宗实录：卷127，正德十年秋七月辛丑［M］. 台北："中央研究院"历史语言研究所，1962：2548.

阿狗。违者通查参究"①。嘉靖十二年（1533年）题行《乡试条例》又重申，"不许仕宦子弟于父母原任衙门移文起送"②。仕宦群体多是入流品流职文官，被认为是强势群体，申禁其子弟在宦所乡试意在维护当地士子的权益。因为若允许其于宦所乡试，一方面，流职文官流动较频繁，其子弟可能规避原籍乡试的激烈竞争，而在竞争相对弱的省份乡举，增加中举概率，也消耗了宦所省份乡试解额；另一方面，流职文官多在科举中担任提调之职，其子弟在宦所乡试，更易在科考和乡试时倚势取中。监生亦是在京乡试，南监者应南闱，北监者应北闱。在天顺八年（1464年）之后，陆续允许监生以依亲、给假、历满等理由回籍者在当地乡试，参见第二章第二节"乡试资格考试"中"主试者"部分。

最后，对于一些无名籍的流寓人口，明廷令其就地乡试。如"景泰元年（1450年）令应试儒士册内原无名籍儒士及赘婿、义男并文武官舍、军校、匠余，悉不许于外郡入试"③。此制亦为投机之徒提供了假为流移而冒籍入试的弊窦。

冒籍在明代作为一种社会现象，极为广泛，从郡县入学至乡试，皆有冒籍，以至"会试举人报籍印卷，亦有假托族属，改附籍贯，朦胧开具，以南作北"④。冒籍的原因也不仅限于投机之徒避难就易，冀图科甲，"亦有因地里遥远，盘费弗给而不能回者"，或者是"从亲在外生长，不识乡里而难以回者"⑤，或者是"居家之时恃才作奸，败伦伤化，削籍为民。兼之负累亡命，变易姓名，不敢还乡"⑥。冒籍的手段也无非以下几种：或者诈冒籍贯，投充入学；或者假为义男、赘婿等流移人口；或者改易姓名，奔走营求；或者投结乡里，交通势要；或者寻觅同姓，假称族属等等。其中改易姓名是常用的一种手段，如嘉靖

---

① （明）申时行，等．大明会典：卷77　贡举［M］//续修四库全书：第790册．上海：上海古籍出版社，2002：405.
② （明）俞汝楫，等．礼部志稿：卷71　题行乡试条约［M］．文渊阁四库全书：第598册．台北：台湾商务印书馆，1986：207.
③ （明）申时行，等．大明会典：卷77　贡举［M］//续修四库全书：第790册．上海：上海古籍出版社，2002：405.
④ （明）张居正，等．明世宗实录：卷281，嘉靖二十二年十二月甲申［M］．台北："中央研究院"历史语言研究所，1962：5468.
⑤ （明）孙继宗，等．明英宗实录：卷240　景泰五年夏四月癸卯［M］．台北："中央研究院"历史语言研究所，1962：5234.
⑥ （明）张居正，等．明世宗实录：卷279，嘉靖二十二年十月辛巳［M］．台北："中央研究院"历史语言研究所，1962：5440.

二十二年（1543年）顺天乡试，"余姚人钱德充，易名仲实，冒大兴籍以中。慈溪人张汝濂，易名张和，冒良乡籍以中"①。明人姓名之命与改，较为随意，政府并无相关法规，甚至明廷自己还规定应举生儒"不许重冒古今显者姓名，有即改正"②。即使在科举考试期间，士子改名也屡见不鲜，如庄廷臣万历丁亥（1587年）应乡试，"梦一人执唱名牌，府君于牌上检己名，其人指牌中庄姓云：'此即汝，何检为'？盖牌中乃今讳"③，于是"改名就试"。魏大中万历二十二年（1594年）考秀才县试时"恐县令疑为冒籍，更名廷鲲，以从兄弟中有庠生，皆廷字排行者，可弗疑也"④，至万历三十七年（1609年）中乡试后，"入都，仍更本名大中"⑤，继续应会试。庄恒崇祯十六年（1643年）会试，也是因梦而"改名恒"⑥，结果"入场果得售"。由此可见明人在科举期间改名很自由，既然名可以随意改，那么势必增加核实籍贯的难度，给冒籍者以可乘之机，这也是明代冒籍之禁屡禁不止的一个重要原因。

为杜止冒籍，明廷除了对发现了的冒籍中式者严加惩处，以儆效尤外，在制度上主要有二项重要举措：一是令提学官于科考时核实士子乡贯，以杜冒籍。正统元年（1436年）年设提学官，其所领敕谕即载有防止冒籍一事，云："科举本古者乡举里选之法，近年奔竞之徒利他处学者寡少，往往赴彼投充增广生员，诈冒乡贯应试，今后不许"⑦。之后天顺六年（1462年）、万历三年（1575年）所给提学敕谕皆载其事。敕谕之外，又三令五申，对易于冒籍的京师，嘉靖十六年（1537年）还题准，"今后顺天府乡试儒士，务要查审辨验籍贯明白。

---

① （明）张居正，等．明世宗实录：卷279，嘉靖二十二年十月辛巳［M］．台北："中央研究院"历史语言研究所，1962：5440.
② （明）申时行，等．大明会典：卷77 贡举［M］//续修四库全书：第790册．上海：上海古籍出版社，2002：401.
③ （清）庄鼎铉．先考通议大夫全楚大方伯年谱略［M］//北京图书馆藏珍本年谱丛刊：第54册．北京：北京图书馆出版社，1998：322.
④ （明）魏大中．魏廓园先生自谱［M］//北京图书馆藏珍本年谱丛刊：第56册．北京：北京图书馆出版社，1998：431.
⑤ （明）魏大中．魏廓园先生自谱［M］//北京图书馆藏珍本年谱丛刊：第56册．北京：北京图书馆出版社，1998：448.
⑥ （清）庄恒．声鹤公年谱［M］//北京图书馆藏珍本年谱丛刊：第66册．北京：北京图书馆出版社，1998：201.
⑦ （明）孙继宗，等．明英宗实录：卷17 正统元年五月壬辰［M］．台北："中央研究院"历史语言研究所，1962：346.

其附籍可疑之人，取有同乡正途出身官印信保结，方许应试"①。二是通过入场唱名辨验籍贯。先是各处乡试采取唱名辨验的方法，此制在嘉靖二十二年（1543年）以礼科给事中陈棐奏请，亦为京闱乡试所采用②。嘉靖二十五年（1546年）明廷又奏准南京给事中万虞恺等所请会试"入场始唱名给卷"③。会试亦采取入场唱名之法。

2. 嘉靖以后，下第举人必须坐监方允许会试。明代下第举人入监之例始自洪武朝，此后时紧时松，视国子监虚实而定，国子监空虚则入监之令严，否则发回原籍进学。明中前期所颁下第举人入监、坐监之令如下：

（洪武）十八年（1385年），令会试下第举人，送监卒业④。

永乐七年（1409年），令下第举人再试，送国子监进学。其优等者，仍赐冠带，或加俸级，后令发回原学进业⑤。

正统二年（1441年），令副榜举人不愿就教职者，入监卒业⑥。

（成化）十四年（1478年），令南方举人愿入南监者听⑦。

弘治六年（1493年）奏准，南监自明年为始，岁贡并举人入监者，暂留坐监，候监生数多之日，照例放回⑧。

（弘治）十二年（1499年）奏准，自明年为始，岁贡并举人、官生入

---

① （明）申时行，等. 大明会典：卷77 贡举［M］//续修四库全书：第790册. 上海：上海古籍出版社，2002：405.

② （明）张居正，等. 明世宗实录：卷279，嘉靖二十二年十月辛巳［M］. 台北："中央研究院"历史语言研究所，1962：5441. 其文曰："而京闱乡试如各省法，唱名办验，不得混冒，庶乎前弊可革"。

③ （明）张居正，等. 明世宗实录：卷310，嘉靖二十五年四月己酉［M］. 台北："中央研究院"历史语言研究所，1962：5826. 注：正文已据《〈明世宗实录〉校勘记》改正.

④ （明）申时行，等. 大明会典：卷220 国子监［M］//续修四库全书：第792册. 上海：上海古籍出版社，2002：607.

⑤ （明）申时行，等. 大明会典：卷77 贡举［M］//续修四库全书：第790册. 上海：上海古籍出版社，2002：407.

⑥ （明）申时行，等. 大明会典：卷220 国子监［M］//续修四库全书：第792册. 上海：上海古籍出版社，2002：608.

⑦ （明）申时行，等. 大明会典：卷220 国子监［M］//续修四库全书：第792册. 上海：上海古籍出版社，2002：608.

⑧ （明）李东阳，等. 明会典：卷173 国子监［M］//文渊阁四库全书：第618册. 上海：上海古籍出版社，2002：706.

监者，俱留坐监，暂止依亲①。

值得一提的是，落第举人一经入监，不论是否坐监，之后皆以监生的身份会试、殿试。如商辂宣德十年（1435年）以邑增广生"领浙江乡荐第一名"②，二次会试不第后，入监卒业，正统十年（1445年）"会试春官选第一名"③。又按《正统十年会试录》载："第一名商辂，浙江淳安县人，监生，《书》"④。正德五年（1510年）黄佐在广东"应乡试，以《诗经》中式第一名"⑤。至正德十六年（1521年）他中进士，而当年登科录载："黄佐，贯"广东广州府香山县，军籍，国子生"⑥。又《嘉靖二十年（1541年）会试录》载："第十八名殷迈，南京留守右卫人，监生，《易》"⑦、"第一百八十八名，严讷，□□□□□人，监生，《诗》"⑧。而按其年谱，殷迈是嘉靖辛卯（1531年）在南京以廪生"乡试中式第三十八名"⑨，严讷是嘉靖十六年（1537年）"以一等第七名科举，应应天京兆试，中式举人第九十五名"⑩。这几例都是在其家乡以儒学生员身份中乡试，但并非第二年就中进士，而是迁延一科或数科，结果会试或殿试都是记作监生身份。由此可知，如果应届举人不能于第二年中进士，以后应会试、

---

① （明）李东阳，等. 明会典：卷173 国子监［M］//文渊阁四库全书：第618册. 上海：上海古籍出版社，2002：706.
② （明）商振伦. 明三元太傅商文毅公年谱［M］//北京图书馆藏珍本年谱丛刊：第39册. 北京：北京图书馆出版社，1998：166.
③ （明）商振伦. 明三元太傅商文毅公年谱［M］//北京图书馆藏珍本年谱丛刊：第39册. 北京：北京图书馆出版社，1998：178.
④ （明）钱习礼. 正统十年会试录［M］//明代登科录汇编：第1册. 台北：台湾学生书局，1969：351.
⑤ （清）黄佛颐. 文裕公年谱［M］//北京图书馆藏珍本年谱丛刊：第45册. 北京：北京图书馆出版社，1998：668.
⑥ （明）佚名. 正德十六年进士登科录［M］//明代登科录汇编：第6册. 台北：台湾学生书局，1969：3010.
⑦ （明）温仁和. 嘉靖二十年会试录［M］//明代登科录汇编：第10册. 台北：台湾学生书局，1969：5087.
⑧ （明）温仁和. 嘉靖二十年会试录［M］//明代登科录汇编：第10册. 台北：台湾学生书局，1969：5106.
⑨ （明）殷迈. 幻迹自警［M］//北京图书馆藏珍本年谱丛刊：第49册. 北京：北京图书馆出版社，1998：265.
⑩ （清）严炳、严銎. 严文靖公年谱［M］//北京图书馆藏珍本年谱丛刊：第49册. 北京：北京图书馆出版社，1998：192.

殿试多以监生身份入试，这也是何以有明一代以监生中进士比例居高不下的重要原因，特别是在明中期以后，往届举人入试人数远远超过应届举人入试人数。明代监生中进士比例参见吴宣德的《中国教育制度通史·明代卷》中的第二章第三节①。

由于监生坐监之令时紧时松，加上监规日弛，供给缺乏等因素，举人入监者多在以依亲、丁忧、成婚、省亲、送幼子等项请假回籍，在监举人日少。这种情况在嘉靖初年达到一个顶峰。嘉靖十五年（1536年）国子监祭酒吕楠奏监规五事时称：

> 举人在监，本以观皇上熏陶群士。今查实数，以天下之广，止二三十。盖自会试之后，或入监未久，或就于礼部支称他故，奔回原籍。有志者固不废学，余多交际郡邑，业治门产，及试期方攒监簿，乃计水程，觊图拨历。未仕如此，居官可知！乞敕该部将已、未入监告回举人，移文各省，定限行取坐监。违限半年者，准在监作旷三月，计月加旷。若违至年半，通未入监，免其考试。庶几士类知儆，向学者众②。

由此奏可知，至嘉靖初年，虽入监之令仍行，但下第举人入监后，绝少坐监者，多支称他故，告回原籍，以致在监少，不敷拨历。举人不愿在监除了士风方面的原因外，监规日弛，学风不振，在监供给不周，生活艰苦亦是重要原因。何况举人多已成家，又岂能尽家境殷实，供其在监肄业，是以举人还乡，治生计也是重要因素。针对吕楠所奏，明廷始定下第举人须坐监方允许会试之令，此令后来亦为万历《大明会典》所收，曰：

> （嘉靖）十五年（1536年）奏准，南、北直隶并浙江等布政司，将原在部、在监、告病并依亲、搬取、毕姻等举人，俱以文书到日为始，限三月内，起送发监肄业。如违限半年者，准在监作旷三月，计月加旷。若有

---

① 吴宣德. 中国教育制度通史·明代卷 [M]. 济南：山东教育出版社，2000：146-148.
② （明）俞汝楫，等. 礼部志稿：卷69 条陈监规 [M] //文渊阁四库全书：第598册. 台北：台湾商务印书馆，1986：162.

违至半年,并通未入监,会试临期方至者,送问查勘明白,方准入试①。

不过明中后期国子监之弊积重难返,并非一条诏令就能扭转,实际上举人监生仍少坐监者。为此,又不断有大臣上奏举人不坐监之弊,进而重申举人坐监之令。如以下诸令:

(嘉靖二十七年)至于下第举人,则多系年少气高,不屑就监,与贡生不同,宜尽发两监肄业,不许托故回籍。其有已送监而迁延不至,及到监而无故潜回者,该监治之。有全不赴监,辄持原引及原籍起送入监文书投试者,有回籍之后陆续投告送监,以觊赴试者,本部治之,仍不听会试②。

(嘉靖三十八年)举人迁延及迫试期方赴监,或不入监而赴试者,本部送问如例,不许入试③。

万历三年(1575年)题准,两京各省举人有未经入监,及监事未毕告回原籍者,俱限三个月内,起送到部,发监肄业。其原入南监者,仍赴该监,依期起文会试。若未经入监,虽有原籍起送公文,不准入场。以后每科会试毕日,凡举人下第及中副榜不愿就教者,查照前例,尽数分送两监肄业。并不许假借告病、依亲等项名色,告给引回籍④。

虽然三令五申,效果却十分有限。万历五年(1575年)当会试,何出图自注年谱载:"时礼部题例,旧科举人不入监不准会试。伯子客岁季冬至京,即游成均。是时乡科在监者千六百人",不过何出图在会试不第后,无意留京,告改

---

① (明)申时行,等.大明会典:卷220 国子监[M]//续修四库全书:第792册.上海:上海古籍出版社,2002:614-615.
② (明)张居正,等.明世宗实录:卷340,嘉靖二十七年九月甲戌[M].台北:"中央研究院"历史语言研究所,1962:6188.按:此议为祭酒程文德所奏请,议入报可。此议亦为《礼部志稿》所收,载作嘉靖二十四年,此从《实录》.
③ (明)张居正,等.明世宗实录:卷471,嘉靖三十八年四月丙午[M].台北:"中央研究院"历史语言研究所,1962:7912.按:此议为南京国子监祭酒潘晟所奏请,议入报可.
④ (明)申时行,等.大明会典:卷77 贡举[M]//续修四库全书:第790册.上海:上海古籍出版社,2002:407.

南雍,"准坐监实日两月半归家"①。可见,举人即使迫于坐监之令,也不过坐数月而已。至明末,举人坐监之令不过一纸具文。堵胤锡崇祯七年(1634年)会试下第,并未入监,至九年初始入监,也不过谒见领文书而已,并不坐监,不久即因事离京。其自记云:"祖制:孝廉下第即入监读书,课最绩分,方咨送礼部应试,旷学有罚。国初胄子之教,意有加也,今日遂为浊流所居,至孝廉坐监,尤极简脱,不过谒见领文书而已。余于丙子(1636年)初月循例一往,时大司成张印岩,名四知"②。

3. 应试回避。应试回避指科举考生若有亲属担任试官,则考生应回避,此科不得入试。应试回避之令在洪武十七年(1384年)就已明文规定:"凡试官不得将弟男子侄亲属入院,狥私取中,违者指实陈告"③。嘉靖十二年(1533年)所题准《乡试条例》则规定:"顺天、应天二府官员不拘是否入院共事,弟男人等俱不许朦胧入试,以致夤缘中式"④。应试回避通行于乡试、会试中,嘉靖五年(1526年)程文德赴会试时,即是"以亲故,引嫌不与试而归"⑤。不过会试中也可以是试官回避,而考生入试。嘉靖三十二年(1553年)规定:"礼部尚书止是领题进呈,有子入试者,不必回避。侍郎该充知贡举官入场,有子应试者,许回避"⑥。此制是为维护大多数考生的利益,保证考试的公平性。正德十年(1515年)令仕宦子弟必须返回原籍应试与此制类似,不同的是,应试回避的士子此科不能入试,而返籍士子仍可乡试,只是须回原籍。

4. 限科会试之禁。弘治二年(1489年),明廷奏准内阁大学士刘吉所请

---

① (明)何出图. 何伯子自注年谱[M]//北京图书馆藏珍本年谱丛刊:第52册. 北京:北京图书馆出版社,1998:377.
② (明)堵胤锡. 堵忠肃公年谱[M]//北京图书馆藏珍本年谱丛刊:第62册. 北京:北京图书馆出版社,1998:399.
③ (明)申时行,等. 大明会典:卷77 贡举[M]//续修四库全书:第790册. 上海:上海古籍出版社,2002:401.
④ (明)俞汝楫,等. 礼部志稿:卷71 题行乡试条约[M]//文渊阁四库全书:第598册. 台北:台湾商务印书馆,1986:207.
⑤ (明)姜宝. 松谿程先生年谱[M]//北京图书馆藏珍本年谱丛刊:第46册. 北京:北京图书馆出版社,1998:34.
⑥ (明)申时行,等. 大明会典:卷77 贡举[M]//续修四库全书:第790册. 上海:上海古籍出版社,2002:407.

"今后会试举人如三入会试而不中者,请不许再入试,俱照本等挨选出身"①。当年九月即有应试举人林澜等上奏:"近例,举人三试不中者不许复试,臣等艰苦万状,临试猝遇此令,坐守者有空归之叹,远来者有徒行之劳,乞下所司,别为议处"。结果"令明年再入试一次,以后仍依近例"②。第二年限科会试之禁为礼科给事中王纶所奏革③。此禁实际上不曾施行。关于此禁,汪维真、牛健强撰有专文探讨,以为该令推出缘于当时的科举队伍庞大,仕途壅滞,解禁则由于"悠久的文化传统和现实中重进士的社会风气的力量"④。不过入试人数与取中人数并非成比例增长,并不必然导致进入仕途的进士增多。笔者以为,此令推出的出发点应为控制不断膨胀的会试规模,会试规模过大,对于考试管理、阅卷、考场设施、考试供给等方面都是很大压力。明代乡试在正统之后确立科考制度,在应试人数日多的情况下,发展出控制入试人数的职能,先是定额送考,后来改为按比例送考,详见下节"乡试资格考试"部分。而会试却几乎没有限制,落第或副榜举人虽可就教职,但多不愿就教。自景泰之后,每科新中举人比新中进士多八百余名,若每科都有八百余名落第举人拥入下科会试,会试规模显然会迅速膨胀,给会试正常运行增加难度。此制遭否决后,会试基本上没有有效的控制入试人数的方法,会试规模也不断增大,至晚明,会试考生多至五千人左右,不过明廷却并未大幅增加取中进士数。该令被禁革主要还是为了收拢士心,虽然明廷取中的进士数依旧,但士子就算落第也多自叹命运不好,而少有归咎明廷者。即使个人灰心丧气,也阻止不了其他士子对科举的一片向往之情。

5. 罚科。罚科是以一科或数科禁止会试,来对违反试规或行为不端的举人进行惩罚,具有一定的时效性。据沈德符载:"万历三十八年(1610 年)庚子,

---

① (明)李东阳,等.明孝宗实录:卷29 弘治二年八月戊子[M].台北:"中央研究院"历史语言研究所,1962:641 – 642.

② (明)李东阳,等.明孝宗实录:卷30 弘治二年九月己卯[M].台北:"中央研究院"历史语言研究所,1962:678.

③ (明)李东阳,等.明孝宗实录:卷46 弘治三年十二月戊辰[M].台北:"中央研究院"历史语言研究所,1962:933. 其文曰:"……我朝科举之法,最为尽善,取之有序,进之有等。近年拘于例簿,举人三试不中者,不许再会试,恐中间亦有年富志刚而未衰废者,此例一拘,志意消沮,不复振作矣!乞仍照旧例,通许会试为便。下礼部议,以纶所奏切於治体,从之".

④ 汪维真,牛建强.明弘治初限科会试令立废原委考释[J].历史研究,2008(1).

第一名赵维寰，浙江平湖人，以文体被参，礼部覆试，罚科，举人之有罚科自此始"①。由此可知，罚科始自万历三十八年（1610年），笔者所见罚科的记载，也多在万历朝，不过在此之前已有罚停会试的记载。如嘉靖十六年（1538年）应天府乡试由于"试录进呈，考官既不填名，策题又以国家祀戎大事为问，所对语多讥讪"②，结果主试官、提调官被提问，"所取生儒不许会试"。万历十七年（1589年）山东乡试有生员数十人群噪，结果对其中取中的贾三凤等人，"部议发国子监肄业三年，方许会试"③。可见在万历三十八年（1610年）之前，明廷就曾以不准会试为惩罚手段，来规范举人行为，以儆效尤。举人罚科的原因也各不相同，有的是行为不端。如万历三十八年浙江己酉（1609年）科举人闵于经因"故纵亲族夹带私盐"而"罚停两科会试"④。更多的是因为科场指摘而罚科，或者是违反试规，或者是试文不合规范。如万历四十年（1612年）举人傅皇谟因"经学虽已遗讹，韶质犹堪再造，当罚停三科会试"⑤。万历四十七年（1619年）举人许士柔因"落字之罚"不仅"此番之不入试"，而且"仍应罚一科"⑥。罚科只是针对少数举人的惩罚性措施，具有一定时效性，也多见于万历朝，影响较小。

6. 行劣举人不准会试。万历时还曾有行劣举人不许会试之令，此令源自礼部覆御史孔贞一疏，云：

> 士子一叨乡荐，身已离乎黉序，既考较黜斥之所弗加，足未蹑乎仕途，又殿最激扬之所未及。中间好修之士，固不乏人，而不自爱者，亦往往有之。如台臣所云：武断乡曲，是闾右之豪也；嘱托行私，是墙间之乞也；

---

① （明）沈德符. 万历野获编：卷14 顺天解元 [M] //元明史料笔记丛刊. 北京：中华书局，1959：373.
② （明）张居正，等. 明世宗实录：卷204 嘉靖十六年九月癸卯 [M]. 台北："中央研究院"历史语言研究所，1962：4271.
③ （明）顾秉谦，等. 明神宗实录：卷208 万历十七年二月乙酉 [M]. 台北："中央研究院"历史语言研究所，1962：3893.
④ （明）顾秉谦，等. 明神宗实录：卷467 万历三十八年二月丙辰 [M]. 台北："中央研究院"历史语言研究所，1962：8803.
⑤ （明）顾秉谦，等. 明神宗实录：卷501 万历四十年十一月乙巳 [M]. 台北："中央研究院"历史语言研究所，1962：9498.
⑥ （明）顾秉谦，等. 明神宗实录：卷583 万历四十七年六月乙卯 [M]. 台北："中央研究院"历史语言研究所，1962：11090.

违法取利、包揽钱粮，是市侩之事也；把持官府、侵害小民，是虺蛇之毒也；捏造歌谣、兴灭词讼，是穷奇之奸也。至于群居赌博，穷昼夜、混良贱，此又其无行义之尤者。盖台臣之述备矣！

而臣又见寒士□儒甫，侥幸一举，非绮纨不衣，非舆马不出。赴春闱而驰传，辄乘双舟；骋浪迹以抽丰，不远千里。骄盈奢侈、猥琐卑污。若而人者，一得志于南宫，俨然称制科，倪而就官，亦将民社寄焉，而素行如此，欲其恪守官方，比迹循吏，不亦难乎？

台臣所陈，深裨风化，容臣部移咨都察院，两京行提学御史，各省行巡按御史，转行藩臬守巡，将所属府、州、县举人，查其饬躬励行、卓然不凡者奏荐、揭荐。其无行不简，确然有据者，监司开送巡按，巡按密揭臣部并吏部。如其过犹浅能改图者，姑与自新，以观其后。如行止即亏，前愆难盖，则亦不必怜惜也。

而臣又谓禁之以言，未若惕之以事，必重惩其已著，方可警其将来。臣见万历二十九年（1601年），浙江巡按御史马从聘参嘉兴举人马文远、钟世芳凌辱桐乡知县谢谏。近日，浙江巡抚尹应元参湖州乡官、知县王德坤凌辱本府同知尚从试，皆以干谒不遂，横逆相加，令人不堪，至于弃官解印而去。臣愚谓马文远、钟世芳、王德坤并宜黜革，然后可以端士习、肃人心，整顿纪纲，挽回风俗，而天下乃不至于乱①。

此奏批复云：

士子一登乡书，德业所基，前途颇远，乃猥自菲薄，屑越名教，何以望其将来？此后但有决裂行简，自底不类的，巡按官查有实据，开送礼部，不许起文会试。其卓然不凡的，许奏荐、揭荐，通行着实举行，以端士习②。

---

① （明）顾秉谦，等．明神宗实录：卷411 万历三十三年七月乙酉［M］．台北："中央研究院"历史语言研究所，1962：7689-7691．按：正文已据《〈明神宗实录〉校勘记》改正．
② （明）顾秉谦，等．明神宗实录：卷411 万历三十三年七月乙酉［M］．台北："中央研究院"历史语言研究所，1962：7691．

此令主要是针对居乡举人种种劣迹而发，并曾实施。第二年"云南巡按沈正隆遵新例，访革所属行劣举人马中骥为民，杨忠海留鞫，停会试"①。沈德符对禁止行劣举人会试亦有记载，云：

> 今年署礼部事侍郎李廷机上疏谓举人在籍恣肆，作奸犯科，无法惩创，请将最不肖者勒停会试，以示裁抑。上允之。谈者尤其太苛，然亦有激而成。先是御史孔贞一，巡视东城，有一南方举人，投牒诉其妹为乐户掠买为娼，今偶遇于京师，乞追断完聚。孔大怒，尽法惩乐户，立以娼女给还。未一年而此妇复为娼于京城之外，细之，则举人爱弛，已高价别售青楼。其妇亦北人，初非妹也。孔闻未信，密侦之，果然。以此痛恨其事，告之晋江，因遂有此举。其人浙之杭人，以甲午（1594年）中式，不欲言其姓名，恐污齿颊。临场礼部出示，不许入试者，普天凡数名，而此人压卷云②。

除了上述限制外，在要求落第举人须坐监才准会试之前，还曾规定回乡举人必须由本布政司倒文至部，方能会试。"嘉靖十年（1531年）题准，会试除新科举人赍执公据外，凡依亲等项复班举人，有不由本布政司倒文到部者，照例送问，各该承行官吏查参。其止赍原给文引者，不拘日期远近，一切不准入试"③。另外，士子若有亲人亡故，须居丧守制，丁忧期内，不得应举。

综上所述，明代科举入试限制以冒籍之禁影响最广，历行最久，举人坐监则为充实国学而发，应试回避多少维护了大多数考生的利益，具有一定的公平性。其他如罚科、罚停会试多为惩罚性手段，影响范围较小。丁忧则有一定时期性。上述限制或为规范科举考试，确保考试的公平，或为矫正士子行为，确保考生素质。总体上看，明代科举考试并无特别苛刻的入试限制，加上入试者身份的广泛性，明代科举基本上构筑了一个相对公平、规范、开放的竞争平台，

---

① （明）顾秉谦，等．明神宗实录：卷422　万历三十四年六月辛酉 [M]．台北："中央研究院"历史语言研究所，1962：7989．

② （明）沈德符．万历野获编：卷16　举人勒停会试 [M]//元明史料笔记丛刊．北京：中华书局，1959：424．

③ （明）申时行，等．大明会典：卷77　贡举 [M]//续修四库全书：第790册．上海：上海古籍出版社，2002：407．

既是国家选才大典，也是个人登进之阶，使国家利益与个人发展紧密结合。

第二节　乡试资格考试

明代乡试资格考试，为乡试前的预备考试，即后来的科考、遗才试和大收。应试士子只有通过了资格考试，方能参加乡试。明代乡试资格考试发轫于正统初，形成于天顺六年（1462年）以后，为明朝首创，并为清朝继承，成为影响明清两代科举考试近五百年的重要制度举措，在应试人数日多的情况下，对乡试规模的控制和乡试的正常、规范运行发挥了重要保障作用。由于资格考试并非一时形成，亦非某时某地某场考试，而是由多场考试组成，随时推移又多有变动，称谓亦不尽相同，在此且以乡试资格考试统称之。

乡试资格考试由于明代《会典》《实录》皆不详载，历来学界知之不详，前人虽有涉及，仅能略窥其貌，难见全豹①。故笔者不揣谫薄，拟据散见于实录、会典、文集、年谱、奏疏、笔记等中的大量相关史料，对明代乡试资格考试的源流、主试者、考试方式、考试详情、考试作用、清朝的承袭等方面做详细论述，并进而反思明代科举考试的层级。

一、考试源流

前人论述明代乡试资格考试最常征引的史料莫过于以下二则：

> 提学官在任三岁，两试诸生。先以六等试诸生优劣，谓之岁考。一等前列者，视廪膳生有缺，依次充补，其次补增广生。一二等皆给赏，三等如常，四等挞责，五等则廪、增递降一等，附生降为青衣，六等黜革。继取一二等为科举生员，俾应乡试，谓之科考。其充补廪增、给赏，悉如岁试。其等第仍分为六，而大抵多置三等。三等不得应乡试，挞黜者仅百一，

---

① 赵子富《明代的学校及其考试制度》是较早涉及科考及遗才的论文。陈宝良《明代儒学生员与地方社会》第四章有关于科考、遗才试和大收的论述，但对各考试的源流、相互间的关系，尚未能有清晰的把握。王戎笙、王天有、李世愉主编《中国考试通史·明清卷》第一章，郭培贵的《明史选举志考论》和《关于明代科举研究中几个流行观点的商榷》一文，龚笃清《明代科举图鉴》第二卷第二章亦有涉及科考之处，皆较简要。

第二章 士子身份与乡试资格考试

亦可绝无也。生儒应试，每举人一名，以科举三十名为率。举人屡广额，科举之数亦日增。及求举者益众，又往往于定额之外加取，以收士心。凡督学者类然①。

  旧制：诸生于郡县有司按季课程名季考，及所部御史入境，取其士十之一而校之名观风。二者既非诸生黜陟进取之所系，而予又以嬾慢成癖，辄不及与试。独督学使者于诸生为职掌，其岁考则诸生之黜陟系焉，非患病及内外艰，无不与试者。

  其科考则三岁大比，县升其秀，以达于郡；郡升其秀，以达于督学；督学又升其秀，以试于乡闱。不及是者，又有遗才、大收以尽其长，非是塗也，虽孔孟无由而进②。

  前者出自《明史·选举志》，后者出自艾南英的《历试卷自序》，二者所言皆是晚明乡试资格考试的情况。相比较而言，前者论科考为详，不过其言科考是在岁试基础上进行，此论尚待商榷。后者则更简要地描绘出晚明乡试资格考试的轮廓，即科考、遗才、大收三项，下面笔者将介绍三者演变的源流。

  1. 科考。科考又称科试、小试、道试、院试、台试、正考等，是明代乡试资格考试中的常规考试，出现时间最早。应试者只有通过科考，方能参加乡试，科考被录取称录科。不过科考一词出现较晚，在嘉靖之前，科考多直称"科举"。如弘治十七年（1504年）当乡试，张文麟在其自撰年谱中载："又当大比，理故籍、绎旧闻。三月尽，则石峰先生至府吊考科举矣"③。嘉靖庚子年（1540年）又当乡试，杨继盛在其自著年谱中写道："春，提学宁夏黄公南渠考科举，予居第三"④。至嘉靖三十一年（1552年）乡试，于孔兼方在其自叙年谱

---

① （清）张廷玉，等. 明史：卷69 选举一［M］. 北京：中华书局，1974：1687.
② （明）艾南英. 艾千子先生全稿：卷首 历试卷自叙［M］//四库禁毁书丛刊经部：第7册. 北京：北京出版社，1998：231. 按：此文流传甚广，贺复征所编《文章辨体汇选》、黄宗羲所编《明文海》、李调元的《制义科琐记》、艾南英的《天佣子集》等皆收录.
③ （明）张文麟. 端岩公年谱［M］//北京图书馆藏珍本年谱丛刊：第44册. 北京：北京图书馆出版社，1998：497.
④ （明）杨继盛. 椒山先生自著年谱［M］//北京图书馆藏珍本年谱丛刊：第49册. 北京：北京图书馆出版社，1998：462.

中记载："科试不得取，时赠公北试下第，遂留京焉"①。此后，科试、科考等称谓才渐渐多起来。

在明初，士子应乡试并不需预行考试，而是由"有司保举"入试。洪武十七年（1384年）颁行的《科举成式》规定："国子学生、府、州、县学生员之学成者、儒士之未仕者、官之未入流而无钱粮等项黏带者，皆由有司保举性资敦厚、文行可称者，各具年甲、籍贯、三代、本经，县、州申府，府申布政司乡试。其学官及罢闲官吏、倡优之家、隶卒之徒与居父母之丧者，并不许应试"②。采取"有司保举"这种方式，一方面可以查核士子身份，不致使"学官及罢闲官吏、倡优之家、隶卒之徒与居父母之丧者"蒙混入试；另一方面多少也可以保证应试者"性资敦厚、文行可称"。不过"有司保举"这种方式，在应试人数日多时，有司显然难以应付，又由于地缘、人缘种种关系，难免碍于情面，徇私滥举。洪熙元年（1425年）成都府双流知县孔友谅言六事，其中"慎科目"一事云：

> 今秋闱取士，动经一二百名，弊既多端，侥幸过半。及至会试下第，入监并还家者，十常八九。间有文学中式者，实行或乖，以致真才少见，叨滥者多。今后乞敕中外，每遇开科应试之士，所司取诸生所属里邻结状，平日乡党称其孝弟，朋友服其信义，资质端重、学业优赡者，方许入试。监试官先加考验，以辨真伪，则所司不致滥举。且将前次下第举人通计其数，设法清理，庶几名寔相称，国家得真才之用，而侥幸无由进矣③。

结果"命行在礼部会议行之"。从该则材料中可看出，此时乡试已有不少冒滥入试者，"有司保举"的方式难以保证入试者的质量。而其所拟对策要点有二：一为诸生邻里结状，二为监试官先加考验。由于史料匮乏，此议是否得以实施不明，监试官先加考验是以考试的方式还是别的方式亦不得而知。

---

① （明）于孔兼. 景素公自叙年谱［M］//北京图书馆藏珍本年谱丛刊：第52册. 北京：北京图书馆出版社，1998：309.
② （明）申时行，等. 大明会典：卷77 贡举［M］//续修四库全书：第790册. 上海：上海古籍出版社，2002：404-405.
③ （明）杨士奇，等. 明宣宗实录：卷11，洪熙元年十一月甲寅，台北："中央研究院"历史语言研究所，1962：307. 按：正文已据《〈明宣宗实录〉校勘记》改正.

至正统元年（1436年），明廷令"各处添设按察司副使或佥事一员，南、北直隶监察御史各一员，请敕专一提督学校"①，简称提学或督学。提学官所奉敕谕虽无关于科考的明文规定，但在正统九年（1444年）云南道监察御史计澄等所奏之事涉及提学官科考之事，兹录于下：

  云南道监察御史计澄等奏："开科取士，务得实才。今南、北直隶凡遇开科，多有诈冒乡贯，报作生员；或素无学问，倩人代笔，其弊非止一端。乞敕该部会议，今后开科，令御史亲诣各处，严加考选，必得学问优长、素无过犯者，令其入试。其在京如遇称系军生，并各衙门吏典、承差人等，不由学校，不经考验，其间奸盗贪墨，无所不有，此等之徒，一体不许入试，庶革奔竞之风"。下礼部，议如澄言。上曰："求贤之路，不宜阻塞。生员、儒士、军生还著提督学校御史考察入试，其吏典、承差人等，礼部严切考察，果通经无过犯，俱容入试。仍移文原籍勘实，如有虚诈，论罪不宥"②。

上引批复可以看作科考制的开端，其缘由则是为规范科举考试，使冒籍之士和素无学问之人不得冒滥入试，确保应试者的素质，以达到国家抡才的目的。不过从批复之语"生员、儒士、军生还著提督学校御史考察入试"中的"还著"二字看，似乎在这之前已有提学官考选乡试应试者的情况。又据《涌幢小品：卷十一"精鉴"条载："正统元年（1436年），两京设提学御史，各省设佥事。彭勖，永丰人，往南直松江府应试。取十五人，华亭七人。或以为少，请益之，不许，曰：'吾所取皆决科，若是足矣'。及秋榜出，钱溥第一，徐观第三，张恭第五，所遗者，华亭二人耳"③。按正德《松江府志》，钱溥、徐观、张恭三人乃正统六年（1441年）辛酉科举人④，可见正统六年（1441年）已有

---

① （明）申时行，等. 大明会典：卷78 学校［M］//续修四库全书：第790册. 上海：上海古籍出版社，2002：415.
② （明）孙继宗，等. 明英宗实录：卷118 正统九年秋七月丙辰［M］. 台北："中央研究院"历史语言研究所，1962：2379. 按：正文已据《〈明英宗实录〉校勘记》改正.
③ （明）朱国祯. 涌幢小品：卷11 精鉴［M］//明代笔记小说大观. 上海：上海古籍出版社，2005：3349.
④ （明）陈威，顾清. （正德）松江府志：卷26 科贡下［M］//四库全书存目丛书史部：第181册. 济南：齐鲁书社，1997：743-744.

提考官考送生儒应乡闱的实例。故笔者以为，正统元年（1436年）提学官之设，实可视为科考制之滥觞。

正统朝科考的具体实施状况已难以查证，不过何乔远在其《闽书》中云："皇朝贡院则八府会试矣，宋郡、州士子皆得入试，皇朝则先以监司选择之，乃以入试，景泰以后则专委之提学使者"①。谈迁在其《枣林杂俎》中亦载："宋制，大比之岁，每州皆有贡院，本州士子皆得入试。明朝先以监司选择之，乃以入试，景泰以后专委之提学宪臣"②。从这二则史料看，提学官考送应试士子应乡闱的科考制似在景泰之后确立。何为万历时人，谈为明末清初之人，相隔一二百年，不知所言何据。不过二者皆以景泰为断限，以为科考实确立于景泰之后，看来未必就是空穴来风。

又按会典，"景泰元年（1450年），革罢提学风宪官，听巡按御史、各司、府、州、县官提督考察"③，其原因是"各处提调学校佥事无督教之实"④，看来正统时设提学官的效果并不理想。由于革罢提学风宪官时，委其责于巡按御史、各司、府、州、县官，之后"又令按察司分巡各道副使、佥事照依提学官先奉敕书事理提督，两直隶御史提督"⑤，故尚难断定景泰时就废科考之制。不过所委之官职非专设，事非专责，而乡试前要遍历各学考选生儒绝非易事，非数月不办，景泰初科举又一度不拘额数，入试限制较宽松，至景泰七年（1456年）方重定乡试额数，故此时段科考制能否施行尚有疑问。至天顺五年（1461年）十一月"复设提督学校风宪官"⑥，天顺六年（1462年）复给提学敕谕，提学之制方成定制，至万历三年（1575年）三给敕谕，之后相沿不废，直至明亡。故笔者以为，明代科考之制在天顺六年（1462年）以后方正式确立。

---

① （明）何乔远. 闽书：卷32　建置志［M］//四库全书存目丛书史部：第204册. 济南：齐鲁书社，1997：607.

② （明）谈迁. 枣林杂俎：圣集·科牍［M］//四库全书存目丛书子部：第113册. 济南：齐鲁书社，1997：303.

③ （明）申时行，等. 大明会典：卷78　学校［M］//续修四库全书：第790册. 上海：上海古籍出版社，2002：415.

④ （明）孙继宗，等. 明英宗实录：卷191　景泰元年夏四月壬午［M］. 台北："中央研究院"历史语言研究所，1962：3951.

⑤ （明）申时行，等. 大明会典：卷78　学校［M］//续修四库全书：第790册. 上海：上海古籍出版社，2002：415.

⑥ （明）孙继宗，等. 明英宗实录：卷334　天顺五年十一月癸丑［M］. 台北："中央研究院"历史语言研究所，1962：6840.

2. 遗才。科考制形成不久，又有遗才试。遗才录取称录遗。遗才者，顾名思义，为科考遗漏之才。科考制确立以后，乡试前由提学官考送生儒，而各处提学官额设一人①，各处又幅员辽阔，交通不便，应试生儒日多，大比前要遍历各学科考，势必提前数月，于是在科考与乡试间出现较大的时间差。在科考之后、乡试之前，尚有因丁忧、患病等事故未能参加科考者，或又经数月温习而有望决科者，或科考时发挥不佳者。这样，在大比前加试一场就成为必要，这就是遗才试的由来。遗才试在正德时就已出现，正德二年（1507年）京畿提学官顾潜在科考完后又行《科举事》云：

> 照得该府并所属州、县儒学生员，已经行令，将本院先次考取材堪科举者查勘，起送应试外，尚虑不取数内，或先因一日之短而见遗，或更加累月之功而精进，未试穿杨之技，能无抱璞之嗟？若不再行搜罗，恐于人情未便。为此仰抄案，回司呈府，即行本府并所属州、县儒学，从公访举，不取生员中间，果有三场淹贯、材可决科者，送府严加考验是实，起赴本院，覆试定夺。阖郡大约不得过二十人，果无其人，不必再举。若将虚名无实之徒滥行起送，考得文理疵疏者，痛加挞楚；经旨谬戾者，决行黜革。教官仍提问罪不恕，而所司坐失知人之明，上负兴贤之典，咎亦有归，俱

---

① 按：南直、湖广在万历四十一年（1613）各增一提学官。见：（明）顾秉谦，等. 明神宗实录：卷514 万历四十一年十一月己卯［M］. 台北：“中央研究院”历史语言研究所，1962：9709. 其文曰："增设南直隶、湖广学臣各一员"。据吴应箕载，南直隶在下次开科，即万历四十三年（1615）时，就已有两督学主持科考。见：（明）吴应箕. 留都见闻录：卷上 科举［M］//丛书集成续编：第12册. 台北：新文丰出版公司，1989：402. 其文曰："往年南京十四府共一提学，至场期，则使者至南京坐察院，以观士子进场，之后往谒，犹掣签点名使其守，揭晓以观鹿鸣之盛。自乙卯（1615）分两督学，而上江文宗以江上二县非属邑，不奉供应，遂不至京，故士亦场毕遂归，而鹿鸣赴宴者不及三之一矣"。而湖广实际上到万历四十四年（1616）始分设两提学。见：（明）顾秉谦，等. 明神宗实录：卷544 万历四十四年四月丙辰［M］. 台北："中央研究院"历史语言研究所，1962：10331. 其文曰："初命铸湖广武汉等处提学副使关防，湖广幅惧甚阔，历试难徧，抚臣梁见孟以为请，于并设（《〈明神宗实录〉校勘记》中'于并设'条云.广本》《抱本》无'于'字。下疑脱'是'字。）两提学副使分督之"。至天启五年（1625）湖广又复旧制，见：（明）温体仁，等. 明熹宗实录：卷56 天启五年二月丁未［M］. 台北："中央研究院"历史语言研究所，1962：2592-2593. 其文曰："吏部言湖广设两提学官，士子分党鼓噪，宜复旧制，以安地方。将荆、岳诸府并归武汉提学道，定限三年完岁、科两考，方与升转，其荆岳提学道永免铨补。上是之"。

毋违错①。

行此公移前顾潜已"先次考取材堪科举者"一次，此次为遗才试无疑，公移仍名《科举事》，可知此时尚无遗才试之名，遗才和科考一样，皆直称"科举"。又正德十一年（1516年）当乡试，浙江人唐枢"考科举，取第十一名，值减场，本学止送九名，正在截外，友人为语遗才告考之路"②。嘉靖十六年（1537年）陈儒提督浙江学政，"自去冬以及今夏，将所属杭、嘉、宁、绍、台、温等府各儒学生员俱已考校，勉定优劣，内文理平通、亦通者，各照例，许令应试"之后，又"虑恐一时不明，或有遗才。又于本年六月内，通行各府提调官，将所属州、县严加考选，送道覆考选取"③。由此三例可知，正德以后，科考之后又行遗才试已渐普遍。

3. 大收。迨至万历之后，于科考、遗才之后又有大收一试。大收，又称大考，通常是临场收考科考、遗才所不收录的士子。如万历二十五年（1597年），范凤翼因治妻丧未与科试，"七月赴考遗才不录，八月二日会五百余人于句容，求学台大校，收三十六人，先生与焉"④。万历丙午（1606年），李二溟督学于浙，八月"初四日考遗才，初六发案。是日，即与入帘宴。初七收大考，初八发案"⑤。天启元年（1621年），刘锡玄督学于黔，其《临场大收牌行贵阳府》云："照得临场大收，虽各省时有之，然可以罗英才，不可以启倖窦"⑥。从这三则史料来看，万历时出现大收，至天启时已较普遍，连科举不甚发达的贵州亦行。

大收出现的原因与遗才试类似。明中期以后，应试之人日多，万历之后尤

---

① （明）顾潜. 静观堂集：卷8 科举事［M］//四库全书存目丛书集部：第48册. 534.
② （清）许正绶. 唐一庵先生年谱［M］//北京图书馆藏珍本年谱丛刊：第46册. 济南：齐鲁书社，1997：113.
③ （明）陈儒. 芹山集：卷24 学政［M］//北京图书馆古籍珍本丛刊：第106册. 北京：北京图书馆出版社，1998：199.
④ （清）张有誉. 真隐先生年谱［M］//北京图书馆藏珍本年谱丛刊：第57册. 北京：北京图书馆出版社，1998：448.
⑤ （明）赵维寰. 雪庐焚余稿：卷10 闻变［M］//四库禁毁书丛刊集部：第88册. 北京：北京出版社，1998：565.
⑥ （明）刘锡玄. 黔南学政：黔牍偶存［M］//北京图书馆古籍珍本丛刊：第80册. 北京：书目文献出版社，1998. 999.

多，遗才试渐渐变得和科考一样，成为提学官考送生儒应乡试的常规考试，新出现的临场大收则承担了先前遗才试场前考选遗才的职能。

二、主试者

总体上说，明代乡试资格考试主要由提学官考送生儒应乡试，不过也有不由提学官考送者。同时，由于资格考试并无乡、会、殿试那样明确的规定，应试人员来源又极为广泛，是以在实际施行中，或有他官侵越提学职事者，或有提学力有未逮而委责于他官者，在此将应试者经由的主试者及其他情况论述于下。

主试者概况。《大明会典》载："正统九年（1444年）奏准，各处应试生儒人等，从提学官考送，在京各衙门吏典、承差人等，听本衙门保勘，礼部严考，通经无犯者送试。仍行原籍勘实，不许扶同诈冒"①。由此可知地方生儒由提学官考送，而在京各衙门吏典、承差人等则由礼部考送。不过地方应试者除生儒外，也有吏典等杂流人等，上文未明确规定，兹举一实例来见地方应试士子的具体考送情况。张邦奇督学湖广时的科考公文曰：

> 即今大比在迩，各学生员仰各提调官候当职按临日，严加考试，择取能通三场者，开具手本，连卷印封送考。其儒士并军吏人等，许先期赴本管衙门报名，提调官研审籍贯明白，身家无过，然后严加考试，择取能通三场者，开具备细手本并官吏不扶结状送考。不许将粗知章句、籍贯不明之人，一概混送②。

上述考送方法实为类考，即应试人等先由提调官考选后，择取"能通三场者"送提学官，类考将在后节细述。由上文可知，地方上除生员外，儒士、军吏人等杂流亦由提学官考送。在此需要注意的是，提学一职在景泰元年（1450年）一度罢设，至天顺五年（1454年）复设。其职事先委于巡按御史、各司、

---

① （明）申时行，等. 大明会典：卷77 贡举［M］//续修四库全书：第790册. 上海：上海古籍出版社，2002：405.
② （明）张邦奇. 张文定公环碧堂集：卷17 湖广学政［M］//续修四库全书：第1337册. 上海：上海古籍出版社，2002：264.

府、州、县官,之后"又令按察司分巡各道副使、佥事照依提学官先奉敕书事理提督,两直隶御史提督"①,如果此时科考之制不废的话,地方应试人等当从所委各官考送入试。

地方应试者除生员、儒士及吏典等杂流外,天顺八年(1464年)以后,亦有监生在地方上应乡试的情况,亦多从本处提学官考送入试。关于监生在地方上应乡试的规定如下:

(天顺)八年(1464年)奏准,依亲监生从提学官考,就本处乡试②。

弘治五年(1492年)奏准,吏部听选监生给假在家者,许就本处乡试③。

(嘉靖十四年)诸生历满还乡,凡遇乡试,皆令所在巡按御史收考入试④。

(嘉靖)二十二年(1543年)议准,……其历满岁贡、援例监生有志进取者,许赴原籍提学官处,同生儒考选应试⑤。

隆庆元年(1567年)奏准,……其回籍监生有志进取者,听令于本省科举,提学官一体考送⑥。

相对于地方应试生儒人等皆由提学官考送入试,两京应试者的考送情况则复杂许多。上文引用正统九年(1444年)关于在京应试者的规定只提到各衙门吏典、承差人等,是"听本衙门保勘,礼部严考,通经无犯者送试"。从此令

---

① (明)申时行,等. 大明会典:卷78 学校[M]//续修四库全书:第790册. 上海:上海古籍出版社,2002:415.
② (明)申时行,等. 大明会典:卷77 贡举[M]//续修四库全书:第790册. 上海:上海古籍出版社,2002:405.
③ (明)申时行,等. 大明会典:卷77 贡举[M]//续修四库全书:第790册. 上海:上海古籍出版社,2002:405.
④ (明)张居正,等. 明世宗实录:卷179,嘉靖十四年九月丙戌[M]. 台北:"中央研究院"历史语言研究所,1962:3846. 按:此议为南京国子监祭酒费案所请行。此令中还乡历满诸生是从巡按御史考送入试,而非提学官考送。从后面的情况看,自嘉靖二十二年始,还乡历满监生仍可于当地应乡试,不过是从提学官考送.
⑤ (明)申时行,等. 大明会典:卷77 贡举[M]//续修四库全书:第790册. 上海:上海古籍出版社,2002:405.
⑥ (明)申时行,等. 大明会典:卷220 国子监[M]//续修四库全书:第792册. 611.

看，在京吏典、承差由礼部负责考送，至于在京监生则未明文提及。《明宪宗实录》成化二十一年（1485年）十二月"庚子"条则有关于考送南京监生乡试的记载：

> 先是，应天府以南直隶应试者太滥，乞定额数，礼部定以二千二百名。至是，南京礼部、国子监并南直隶提学御史俱乞量增其数，礼部拟以二千八百内，监生人等俱令南京礼部会考入试。上命仍以二千二百为额，应试该考者，令南京都察院考定之①。

从文字上看，成化二十一年（1485年）后，南京的应试者，包括监生，皆由都察院考定。不过实际施行中，南直所辖各学生儒显然是由南直提学官考送。当然，南直提学官由监察御史充之，隶属于南京都察院，其言由南京都察院考定与提学官考送并不矛盾。隆庆四年（1570年）高拱的《议革会考科举疏》亦有涉及考送监生事，全疏如下：

> 准礼部咨，据顺天府呈，照得本年八月初九日，本府开科乡试，乞将应试历事监生，早为考试，备送本府，以凭遵奉施行等因。
>
> 到部送司，案查嘉靖四十五年（1566年）十月内，该科给事中张卤题《为振贤科定额贡以罗真才以永治安事》，该本部议覆，举人一名，取科举三十名。今后俱合以此为准，此外不许过多一名。两京监生亦依该中解额，照数取送。见在坐班者送该监考选，历事、听选等项，临期吏、礼二部侍郎各一员，会同考选等因。奉世宗皇帝圣旨："依拟行，钦此"！
>
> 今照试期在迩，相应移咨吏部，行取各衙门历事监生，会同考送，合咨查照催取，至日希由会期考试施行等因。
>
> 咨部送司，案呈到部，看得礼部咨称："吏、礼二部侍郎各一员，会同考选科举"一节。为照历事监生考送科举，原系各衙门自行，后因徇私滥送，遂令吏、礼二部堂上官会考，乃是一时厘弊之意。然以顺天府乡试，而用吏、礼部堂上官为之考送科举，于体统终为未妥。况今本部右侍郎靳

---

① （明）刘吉，等. 明宪宗实录：卷273　成化二十一年十二月庚子［M］. 台北："中央研究院"历史语言研究所，1962：4606.

学颜尚未到任,止有左侍郎王本固在任,每日承旨奏事,难以前赴贡院会考。且科举事于吏部本无关涉,似亦不必用吏部官。相应题请,伏乞敕下礼部,另行议处,径自奏请施行等因。

隆庆四年(1570年)七月八日题,初十日奉圣旨:"是"①。

由上疏可知,坐监者由该监考选,历事监生在嘉靖四十五年(1566年)之前是由历事衙门起送,之后因滥送而改为吏、礼二部侍郎各一员会同考送,至隆庆四年(1570年)又革。又按两京历科乡试录序中关于应试者的记载,如:

> 嘉靖庚子(1540年)《应天乡试录序》云:"诸曹、六馆之士、督学御史臣宜所简以试者,凡四千四百而奇"②。
>
> 嘉靖丙午(1546年)《顺天府乡试录序》云:"乃合提学御史臣王达暨六馆、诸曹所选士凡三千三百有奇,三试之"③。
>
> 嘉靖乙卯(1555年)《顺天府乡试录序》云:"乃进提学御史臣马三才所选士及诸曹、六馆所选士三试焉"④。
>
> 《顺天府癸酉(1573年)乡试录序》云:"而先是,诸曹、六馆及提学御史臣傅孟春所选士、挟策就试者四千余人"⑤。
>
> 万历十年(1582年)《顺天乡试录序》云:"乃合诸曹、六馆及提学御史臣朱琏所选士四千二百余人三试之,遵制额取百三十五人"⑥。
>
> 万历十三年(1585年)《应天乡试录叙》云:"乃进诸曹、六馆暨提学

---

① (明)高拱.高文襄公集:卷10 议革会考科举疏[M]//四库全书存目丛书集部:第108册.济南:齐鲁书社,1997:143-144.

② (明)张治.张龙湖先生文集:卷3 应天乡试录序[M]//四库全书存目丛书集部:第76册.济南:齐鲁书社,1997:399.

③ (明)吕本.期斋吕先生集:卷5 顺天府乡试录序[M]//四库全书存目丛书集部:第99册.济南:齐鲁书社,1997:401.

④ (明)王维桢.王氏存笥稿:卷1 顺天府乡试录序[M]//四库全书存目丛书集部:第103册.济南:齐鲁书社,1997:76.

⑤ (明)王锡爵.王文肃公文草:卷1 顺天府癸酉乡试录序[M]//四库全书存目丛书集部:第136册.济南:齐鲁书社,1997:188.

⑥ (明)朱赓.朱文懿公文集:卷3 顺天乡试录序[M]//四库全书存目丛书集部:第149册.济南:齐鲁书社,1997:186.

御史臣房寰所选士五千一百有奇，三试之，得百三十五人"①。

《庚午（1630年）顺天乡试录序》云："乃与同考试官臣某某等集督学御史臣某某所遴选诸生暨六馆、诸曹之士，凡六千余人，三试之"②。

以上记载皆以诸曹、六馆之士（明代国子监分六堂肄业，六馆之士即坐监国子监生）与督学御史所选之士并列，可见诸曹、六馆之士并不由提学官考选，当如高拱所奏，国子监生和各衙门里的吏典，包括历事监生，皆是自行考送。据以上史料，笔者推测，在大多数情况下，在京各衙门吏典、历事监生由各衙门起送，在监监生由该监考送，之外的生儒人等则皆由提学官考送。又《明世宗实录》载："诏京卫武学生愿应文举者听兵部考送"③。可知京卫武学生在嘉靖之后由兵部考送。

他官侵越提学职事。各省提学官为按察司副使或佥事，品级较低，在考送生儒应乡试时易受布政司、按察司官，尤其是巡按御史侵越职事。正德五年（1510年）山西按察司提学副使陈凤梧疏言："提学所奉敕谕，不许布、按二司及巡按御史侵越职事，顷年各布政司乡试，提学官已将应试生儒考定入场，而巡按御史又会二司覆考，重加去取，实为侵越"。得旨云："巡按者自有监临职任，如有奸弊，则当纠察，考试属之提学，各官宜勿预"④。此令实施情况似乎并不理想，嘉靖十年（1531年）都给事中张润身条陈科举事，其一云："革小考，以节劳费。各省督学往往多取名数，临期集省城，听巡按御史覆考，名为小考，此于生儒劳费不便"⑤。其曰"各省督学往往多取名数"说明小考现象较为普遍，疏入，"诏如议"。在这以后，巡按御史侵越提学职事仍是不绝如缕。《涌幢小品》卷十一"停告考"条云：

---

① （明）于慎行. 穀城山馆文集：卷10 应天乡试录叙[M]//四库全书存目丛书集部：第147册. 济南：齐鲁书社，1997：407.

② （明）姚希孟. 响玉集：卷1 庚午顺天乡试录序[M]//四库禁毁书丛刊集部：第178册. 北京：北京出版社，1998：419.

③ 明）张居正，等. 明世宗实录：卷123，嘉靖十年三月戊戌[M]. 台北："中央研究院"历史语言研究所，1962：2961.

④ （明）费宏，等. 明武宗实录：卷64，正德五年六月甲辰[M]. 台北："中央研究院"历史语言研究所，1962：1410.

⑤ （明）张居正，等. 明世宗实录：卷123，嘉靖十年三月辛卯[M]. 台北："中央研究院"历史语言研究所，1962：2952.

> 各省巡按于科试年，大放告考，自昔有之。正德中，陈公凤梧督湖广、山西学政，上疏力争，乃得止。其巡按以民生送入学者拒之，真一大快。陈后至副都御史，泰和人。神宗初年，我浙中亦有告考。丙子年（1576年），吴御史从宪收至千五百人，中试者几三十人。近年始题革，而督学以干请批送者甚多。吾友陈赤石大绶至，尽黜之，又一大快。①

由此可见，巡按御史侵提学职事，屡禁不止。万历丙子年（1576年）浙江科考，御史吴从宪所收考者竟达千五百人，达允许送试人数的二分之一。

委责于他官。明初设提学一职，两京、各省皆只设一员②，以一人之身，欲在大比之年遍历各学，考送生儒，显非易事。再加上有的提学官辖境广泛，阻山隔水，交通不便。如陕西兼甘肃科举事，直隶北边亦有不少边远卫所学校，在嘉靖十年（1531年）后还兼辽东科举事，云南在嘉靖十四年（1535年）之前一直兼带贵州乡试，故于一些边远偏僻地区，提学官力有所不逮，应试士子由带管之官考送乡闱。弘治八年（1495年）巡按直隶监察御史韩福言：

> 万全都司并开平等卫、隆庆等州，学校虽设而教官或缺，生徒虽具而讲习罕闻，兼之军卫数多，未得有司提调，虽有提学御史，又以地临边境，道路往来，动须防护，巡历难编，考校不时，故生徒无所激劝，成材者少。乞准贵州、云南事例，令分巡口北道佥事带管学校，凡考补廪、增、科举、小试并岁贡之类俱属之，而直隶提学御史专管内地学校，不必干预边方。如分巡官不可，则令本处巡按御史兼管③。

疏上"命所司知之"。由上文可知，直隶提学御史专管内地学校，边方卫所学校则令分巡官或本处分巡御史兼管。嘉靖十年（1531年）后，辽东生儒附顺

---

① （明）朱国祯．涌幢小品：卷11　停告考［M］//明代笔记小说大观．上海：上海古籍出版社，2005：3351．
② （明）朱国祯．涌幢小品：卷11　停告考［M］//明代笔记小说大观．上海：上海古籍出版社，2005：3351．
③ （明）李东阳，等．明孝宗实录：卷96　弘治八年正月己酉，台北："中央研究院"历史语言研究所，1962：1769．

天府乡试，其科考则"听辽东巡按御史考送顺天府乡试"①。万历丙午（1594年）《顺天乡试录序》云："于是乃进诸曹、六馆暨提学御史臣周家栋、兼摄学校宣大御史臣乔允升、辽东御史臣萧淳所选士四千四百有奇，三试之"②。可见在实际施行中，顺天府所辖地方生儒主要由提学御史、宣大御史、辽东御史考送。

贵州学校则在弘治四年（1491年）时以巡按贵州监察御史汪律言："贵州学校以云南提学佥事兼领，地远不能徧历，请改命贵州兵备副使带管"，"礼部覆奏，从之"③。至于甘肃各处儒学生员，嘉靖二十六年（1547年）议准，"行甘肃巡按御史带管提调，遇该科举之年，听考送陕西布政司应试"④。当然，也不排除其他省份偏僻地区有带考情况。如万历六年（1578年）题准，"南直隶庐、凤、淮、扬四府，滁、徐、和三州学校，以江北巡按兼之。湖广衡、永二府，郴州以上，湖南道副使兼之，辰州一府，靖州，以辰沅道副使兼之。广东琼州府，以海南道副使兼之。各请专敕行事，每岁巡历考校"⑤。至万历十一年（1583年），"又令南直隶提学御史仍兼管江北，湖广、贵州提学官照旧专管该省，惟琼州府仍属海南道"⑥。以上诸令中各官兼管学政事，很可能科考亦代考。

除了因地理因素委他官带管外，另有一种委他官代考的情况，即类考。类考是提学官先委地方有司官考选生儒，府则府考送提学，县则县考送府，府考送提学，然后提学在地方有司官考选的基础上再加考选。这一考送方式是在应试人数日多的情况下产生的，提学官将部分考选权下放到府、州、县有司官，自己则掌握最终考送权。类考情况详见下节"考试方式"。

---

① （明）申时行，等. 大明会典：卷77　贡举［M］//续修四库全书：第790册. 上海：上海古籍出版社，2002：405.

② （明）吴道南. 吴文恪公文集：卷14　顺天乡试录序［M］//四库禁毁书丛刊集部：第31册. 北京：北京出版社，1998：509.

③ （明）李东阳，等. 明孝宗实录：卷47　弘治四年正月丙申，台北："中央研究院"历史语言研究所，1962：950.

④ （明）申时行，等. 大明会典：卷78　学校［M］//续修四库全书：第790册. 上海：上海古籍出版社，2002：417.

⑤ （明）申时行，等. 大明会典：卷78　学校［M］//续修四库全书：第790册. 上海：上海古籍出版社，2002：420.

⑥ （明）申时行，等. 大明会典：卷78　学校［M］//续修四库全书：第790册. 上海：上海古籍出版社，2002：420.

其他情况。首先，应试士子有未经考选直接入试的情况，多为官宦子弟。此现象在正德十年（1515年）被明令禁革，"两京文职衙门及各布政司，凡有弟男人等回籍乡试者，令赴告本州、县，取结明白，转送提学官，考试入场，不许径于仕宦衙门移文起送。其提学官一体遵守，不许阿徇。违者通查参究"①。嘉靖十二年（1533年）题行《乡试条例》又重申，"不许仕宦子弟于父母原任衙门移文起送"②。

其次，应试士子有被提学遗弃，而径自告考者。如弘治壬子（1492年）吉安范兆祥为提学副使黄仲昭小试所遗，兆祥作一诗上巡按御史云：

两泪交流出汉宫，琵琶声断戍楼空。
金钱买得龙泉剑，寄与君王斩画工③。

结果巡按御史奇其才，收他应试，并于秋榜中第五。此现象在嘉靖初尚常见，嘉靖十年（1531年）兵部主事王学益奏称："窃见各该生儒人等，有见屈于提学而不得应试者，往往百十成群，自赴该管官司，百计哀求，士节荡然，可贱甚矣"④。此奏之后，越过提学告考现象渐少。一方面，提学之职日专，他官侵越提学职事现象受到禁革；另一方面，随着遗才、大收的出现，提学官的收考工作一直持续到乡试临场，遗弃生员告考多仍就提学官考选。如万历庚子（1600年），杨涟"正考、汇考、遗才、大收俱不录，八月七日犹伏总司堂考校，竟不获就试"⑤。可见正考不录，犹可参加汇考，遗才不录，犹可参加大收。大收之后，犹有人径自到场外告考，冀图入试。赵维寰《雪庐焚余稿》载有《绝处逢生》一事：

---

① （明）申时行，等. 大明会典：卷77 贡举［M］//续修四库全书：第790册. 上海：上海古籍出版社，2002：405.
② （明）俞汝楫，等. 礼部志稿：卷71 题行乡试条约［M］//文渊阁四库全书：第598册. 台北：台湾商务印书馆，1986：207.
③ （明）徐咸. 西园杂记：卷下 丛书集成新编：第88册. 台北：新文丰出版公司，1985：78.
④ （明）俞汝楫，等. 礼部志稿：卷70 处士子三议［M］//文渊阁四库全书：第598册. 台北：台湾商务印书馆，1986：195.
⑤ （清）杨徵午. 杨忠烈公年谱［M］//北京图书馆藏珍本年谱丛刊：第56册. 北京：北京图书馆出版社，1998：46.

徐孟邃，海昌佳士也。庚午（1630年）类试，自正案及遗才及大考俱不录。是时按台观风，则孟邃首，然案至入帘始发，孟邃乃以初八日谒求太尊。太尊痴之曰："转瞬点名矣，即观风首何及，且安从觅卷"？邃乃对曰："只苦不入，不苦无卷"。盖先是自谓必收，业预为地也。太尊闻颇心动，然已迫甚，度无能为，仍谢去。及暮，太尊诣贡院，孟邃持笔砚随之，场前失科诸生，抢攘者犹百许。学道怒，传令大逐，一哄尽散。孟邃独留，乃复求太尊，太尊不得已，强请之学道曰："观风首止一人"。学道亦不得已，强应之曰："当请之按君"。少顷，闱门启，差吏揭禀，按君亦不得已，强许入，而孟邃入矣。及放榜，衰然中式。此谓绝处逢生，造物之妙，未易测也①。

由此事可见，大收之后，犹有人径到场外告考，而且人数不少，"抢攘者犹百许"。此事名以《绝处逢生》，可见大收之后，此科几无入试的希望，是为"绝处"，如徐孟邃者，终属特例。

三、考试方式

明代提学官之设，本欲其遍历所属各学，考校生儒，通常一年一次，谓之岁试。遇开科之年，则岁试之外，还需考选生儒应乡闱，即科考。由于各提学官所辖幅员辽阔，交通不便，应试士子又日多，再加上有的提学官自身懒散，惮于巡历，所以在实际巡历中，岁考也好，科考也好，并非采取法定的逐学考校，而多采取吊考和类考的方式。

1. 吊考，又称吊试、调考，指提学官居一城而调附近几学赴考。吊考这种方式在正统时已出现。正统十三年（1448年）山西举人张干言："近年增置御史、佥事等官，专于提督学校，然地里有近远，学校有多寡，有岁仅一至者，有岁不一至者，甚者不至本学，而预拘生徒于他处俟考"②，其言"不至本学，

---

① （明）赵维寰. 焚余续草：卷1 绝处逢生［M］//四库禁毁书丛刊集部：第88册. 北京：北京出版社，1998：618.
② （明）孙继宗，等. 明英宗实录：卷168，正统十三年秋七月丙戌［M］. 台北："中央研究院"历史语言研究所，1962：3243-3244.

而预拘生徒于他处俟考"显然就是吊考，之后吊考这种方式同样被用到科考中。弘治十七年（1504年）当大比，张文麟载："三月尽，则石峰先生至府吊考科举矣"①。嘉靖四年（1525年）当乡试，谭大初亦载："是年夏四月，恭简公吊通学赴韶科举，以士之讬于诸侯非礼也"②，至嘉靖十年（1531年）则是"宗主太仓王公世芳吊韶考科举"③。

吊考往往坐府城吊考，与类考不同的是，吊考之前，生员并未委府、州、县有司官预先考选，所有应试生儒人等仍由提学考送。嘉靖中期以后，科考多通行类考之法，吊考则在岁考中仍行，吊考的范围也不限于附近几学，有上千里者。天启二年（1622年）吏科都给事中魏应嘉言："远调就试，或二三百里，或四五百里，甚至往返几二千里"④。

2. 类考，或称汇考。万历三十二年（1604年）李廷机奏称："及至大比，又有类考之规。如府学则府考送道，县学则县考送府，府考送道，不送则不得进"⑤。类考起于两直，原因是"特以人众，道遥时迫，难遍之故耳"，结果"后来各省乐其便，亦踵行焉"⑥。类考在弘治时已出现，据张文麟自著年谱，弘治十一年（1498年）当大比，他先经知县杨柳塘考选后，取送府考，府考之后，方送察院考⑦，这显然就是类考。不过至弘治十七年（1504年）大比时，

---

① （明）张文麟. 端岩公年谱［M］//北京图书馆藏珍本年谱丛刊：第44册. 北京：北京图书馆出版社，1998：497.

② （明）谭大初. 谭次川自订年谱［M］//北京图书馆藏珍本年谱丛刊：第47册. 北京：北京图书馆出版社，1998：266.

③ （明）谭大初. 谭次川自订年谱［M］//北京图书馆藏珍本年谱丛刊：第47册. 北京：北京图书馆出版社，1998：277.

④ （明）温体仁，等. 明熹宗实录：卷31 天启三年二月庚午［M］. 台北："中央研究院"历史语言研究所，1962：1568.

⑤ （明）顾秉谦，等. 明神宗实录：卷398 万历三十二年七月甲戌［M］. 台北："中央研究院"历史语言研究所，1962：7485. 按：实录中所收李廷机此奏亦见其集《李文节集》(明）李廷机. 李文节集：卷2 条陈学政行岁考革汇考疏［M］. 台北：文海出版社，1970：142-145.。实录疏中"类考"在文集中皆作"汇考"。"类考""汇考"实为异名同质。

⑥ （明）李廷机. 李文节集：仕迹 四库禁毁书丛刊史部：第44册. 北京：北京出版社，1998：697.

⑦ （明）张文麟. 端岩公年谱［M］//北京图书馆藏珍本年谱丛刊：第44册. 北京：北京图书馆出版社，1998：488-490.

则是"石峰先生至府吊考科举矣"①。张为南直人,可见此时类考已出现,尚处于发始阶段,与吊考杂而用之。嘉靖以后,各省已普遍通行类考,关于类考的具体情况,从魏校督学河南时科考生儒的规定可见一斑:

> 为科举事照得,今岁大比之年,宾兴贤能,国家重事也。当职为国求才,所至参考诸生文行,一时岂能徧知,必须上下协心,庶几事克有济。
>
> 合就行仰汝宁府抄案,着落当该官吏,照依案验内事理,通行所属州、县,文书到日,提调官速会教官,考选儒学生员,择其文理平实典雅,已在取列者,从而审察其素行,采访乡评。其间果有过恶彰闻、众所共弃者,文辞虽工,责令退避,以俟修改,果能改者,亦当职所容也。若有素行称于乡,众所信服,或抱负材识,杰然出众,而拙于文辞者,特取而进之。儒士、监生应试者,提调官一体考选,俱送该府提调官,严加覆考。各查上科应举名数,量增一倍,候按临坐府送考,期在四月上旬。牌至,乃刻日期,其不预送考者,各在学肄业,勿妨其功。
>
> 此系国家开科求贤重事,务推至诚至公之心,期于荐贤报国,勿徒虚应故事,责有所归。案至,各具奉过日期缴报②。

由上文可知,州、县生儒人等由提调官,通常是知州、知县负责预先考选,此时取列者尚要访求平日德行,之后送府覆考,侯提学官按临送考。之后学政废弛,类考不再关及平日德行。在这种考试方式中,提学官不再一一按临各学,而仅至府城。同时,提学官将一部分考选生儒的权力下放到州、县有司官,自己则掌握最终考送权。类考是在提学官辖境辽阔,应试生儒日众,科考时日有限的情况下出现的,使提学官能有效地在乡试开科前完成考送生儒的任务。相对于吊考,类考中经提学官考选的生儒并非所有应试生儒,而是经州、县有司官考选合格的生儒,因此较吊考效率更高,故类考在嘉靖中期以后,能取代吊考,成为晚明科考的常规考试形式。

---

① (明)张文麟. 端岩公年谱 [M] //北京图书馆藏珍本年谱丛刊:第44册. 北京:北京图书馆出版社,1998:497.

② (明)魏校. 庄渠遗书:卷10 河南学政 [M] //文渊阁四库全书:第1267册. 台北:台湾商务印书馆,1986:879.

类考中所采取的地方有司官预先考选生儒的方法，在遗才试中亦通行。张邦奇督学湖广时，其所行"告示为遵圣谕以端士习事"云：

> 今除严考试去取外，其间果系患病、丁忧、缘事未曾与考，今病瘥、起复、事结者，许各该提调官考试，文理平通，即连试卷及官吏并通学师生不扶结状印封，起送赴道收考。间有诈冒、事发、连坐，其已经考过，辄生奔竞如前所言者，本道径自拿问。或查访姓名，于岁考之日，究治出退。其提调官有不顾士习，辄将已试生儒与丁忧、患病等项混行起送，及教官徇情故纵，不能严加禁抑者，定行究问，决不食言①。

李乐在《见闻杂纪》中亦载："湖郡庠教授万先生凤，宣城人，自县令谪之任未久，奉府檄试本庠遗才生"②。二者皆由地方考送遗才，一如科考。万历三十一年（1603年）魏大中就遗才试时，"县试第四名，县令为安福谢公凤高，名虽稍亚，而意常在予。府试第一名，则嘉兴令郑公振先所取"③，则遗才试已完全与科考一样，发展成县试、府试、道试三级。至于临场大收，则未见有司官预先考选的记载。据刘锡玄督学贵州时所行《临场大收牌行贵阳府》檄文云："凡告考生员，备卷投交该府，俱逐一查收，用印限三十日午时。该府预具投过姓名呈送，通于八月初一日，赴道考试。如有仍前孟浪干进者，五六等必倍于取数及不取数，毋自取悔，须至牌者"④。此檄文为天启元年（1621年）开科前所行，由此可见，明末欲参加大收的生员，只需于该府投卷，无须再预先考选。

吊考、类考皆非法定的提学考核方式，尤其是类考，以其方法简便易行，在嘉靖之后大行，虽然在一定程度上保证了科考的有效完成，但也助长了提学官怠于巡历，临期方类考完事的风气。至万历三十二年（1604年），李廷机犹请行岁考革类考，其疏云：

---

① （明）张邦奇. 张文定公环碧堂集：卷17 湖广学政 [M] //续修四库全书：第1337册. 上海：上海古籍出版社，2002：268.

② （明）李乐. 见闻杂纪：卷3 一百三十四 [M] //四库全书存目丛书子部：第242册. 济南：齐鲁书社，1997：223.

③ （明）魏大中. 魏廓园先生自谱 [M] //北京图书馆藏珍本年谱丛刊：第56册. 北京：北京图书馆出版社，1998：441.

④ （明）刘锡玄. 黔南学政：黔牍偶存 [M] //北京图书馆古籍珍本丛刊：第80册. 北京：书目文献出版社，1998：1000.

臣为诸生，每见提学官三年之内，有岁考，有科考，皆通学径送，无一士不经试，无一卷不经目，故才者见其才，而不才者亦无所匿其荒谬。膏粱之子安分守拙，而孤寒之士，咸得扬眉吐气，自致青云。后来人不耐劳，岁考稀少，生员有终身不得见提学，而混厕衣巾、滥沾优免者。及至大比，又有类考之规。如府学则府考送道，县学则县考送府，府考送道，不送则不得进，不求则不得送。

臣前年患病家居，时当科举，臣见家乡子弟以类考之故，惴惴然忧府县之不录，不暇诵习史书，而奔走晨昏。贵家用势，富家托势，守令逼于应酬之不暇，孤寒苦于进取之无阶。臣因追念，臣之孤寒苦在今日，既无势力，又耻奔走，将无繇致身而事皇上矣！以福建一省推之，而各省可知也。士风日坏，关系匪轻，祗缘岁考久弛，类考相沿，人谁肯舍逸而就劳？亦有履任未几，科考期迫，不得已而类考者。

臣谓提学一官迁除宜早，或难其代，则暂加衔再任。务令三年之内，岁考一次，科考一次，通学尽考，生员有不愿科举者，听之。提学未经岁考，不得升迁，有仍类考图便及圆融狗私者，劣处。庶甄别当而考较勤，荒谬之士难容，孤寒之士得进，所以杜躁竞、正风俗者，端在于斯。伏乞圣明裁察，敕下臣部施行①。

此疏批复云：

提学官职司考较，载在敕书，岁周一次，原无类考之规。自行类考而士风躁竞，孤寒淹滞，率繇于此。便行与各省直，务遵屡旨，勿得自为偷安之计。年终仍开报该部，以凭分别铨叙。其有资俸该升，考未周遍者，不妨加衔再任。吏部知道②。

---

① （明）顾秉谦，等. 明神宗实录：卷398，万历三十二年七月甲戌 [M]. 台北："中央研究院"历史语言研究所，1962：7484-7486. 按：此疏其文集亦收录，名《条陈学政行岁考革汇考疏》，疏中"类考"文集中皆作"汇考"，参见前注。

② （明）顾秉谦，等. 明神宗实录：卷398 万历三十二年七月甲戌 [M]. 台北："中央研究院"历史语言研究所，1962：7486.

此疏之后，类考被禁革，不过在神宗怠政、缺官不补，大臣党争，鲜任实事，应试士子众多的情况下，要恢复岁考之制显然不现实，实际上类考之法仍通行。晚明艾南英云："其科考则三岁大比，县升其秀，以达于郡；郡升其秀，以达于督学；督学又升其秀，以试于乡闱"①。明末朱舜水亦云："县试士送府，府送督学，取科举送省乡试，谓之举子"②。二者之言皆发于此疏之后，可见类考在实际施行中，并未废止，反成权威的乡试考送方式，晚明乃至清朝所行的县试送府，府试送道的童试其实就是典型的类考。

3. 截考。除吊考、类考外，另有一种"截考"的记载。隆庆六年（1572年）候选训导侯贵言："提学岁考，数年不及一周，科场迫近，但务截考。不如以其权分委之各府，而总摄于提学，听其参究焉"③。万历初年王弘诲《拟改海南兵备道为提学道疏》亦言及截考，当时海南琼州府由于孤悬海岛，提学官科考往往不至其地，"惟驻节雷州，行文吊考"，虽"间有一二提学能体悉，亦不过行文该府截考，夤缘作弊，黜陟不举，考察不行，教化废弛，士习厌怠"④。从此条记载来看，截考当为提学官将最终考送权亦委之地方有司官，由其直接考定送乡闱，而不再经提学官覆试。

四、考试详情

考试时间、地点。各提学官要在大比前巡历全省，科考应试士子，多需半年以上，甚至期年。嘉靖七年（1528年）当乡试，谭大初载："是年春二月，新任宗主山阴萧公鸣凤度岭，念科举期迫，势难遍历，入境即考"⑤。二月距八月开科尚有半年之久，萧公鸣凤入境即考，可见半年时间尚紧迫，若非新任，

---

① （明）艾南英.艾千子先生全稿：卷首 历试卷自叙［M］//四库禁毁书丛刊经部：第7册.北京：北京出版社，1998：231.按：文首云："其明年春为万历庚子，始籍东乡县学，迄万历己未，为诸生者二十年"。则此文言万历庚子（1600）至万历己未（1619）间事。

② （明）朱之瑜.舜水先生文集：卷15 问大明科举取士法［M］//续修四库全书：第1385册.上海：上海古籍出版社，2002：4-5.

③ （明）顾秉谦，等.明神宗实录：卷8，隆庆六年十二月甲戌，台北："中央研究院"历史语言研究所，1962：299.

④ （明）王弘诲.太子少保王忠铭先生文集天池草重编：卷2 拟改海南兵备道为提学道疏［M］//四库全书存目丛书集部：第138册.济南：齐鲁书社，1997：57.

⑤ （明）谭大初.谭次川自订年谱［M］//北京图书馆藏珍本年谱丛刊：第47册.北京：北京图书馆出版社，1998：270.

当在半年之外即开考。万历乙巳（1605年）李二溟督学于浙，第二年当乡试，于是"是年秋即檄上八府行科考事，至丙午（1606年）七月犹未完"，至八月"初四日考遗才，初六日发案。是日，即与入帘宴。初七收大考，初八发案，倍取至四百名"①。是自科考始，至大收毕几费一年。

对于提学官，乡试资格考试是其巡历全省中，不同时间、不同地点的多场考试。对于应试士子来说，他可能参加提学官主持的科考、遗才试和大收，若科考是以类考的方式，类考本身又包括县或州试、府试、道试三级。科考多由提学官按临至府举行，遗才试若临近开场，则在省城举行，到晚明，遗才试已和科考一样，成为资格考试的常规考试。刘锡玄天启元年（1621年）督学于黔所行《酌参前道所取省会六学案示》云："本道以八十日巡考通省正、遗科举及童生，不得不于省会六学，暂准前道所取，优等与未取者，同日覆考，然此一日之考，即取出正、遗二案"②。据此文很可能晚明遗才和科考已成为提学官巡考全省的常规考试，考完科考之后考遗才，巡省而下，最后回到省城，临场方行大收。

考试内容。乡试资格考试与乡、会试出题大致相同，不过乡、会试是三场取士，而资格考试多一日完事，时间有限，三场之题势难遍出。一般来说，首场之题必不可少，二场之论，三场之策亦是兼出。题数也不多，多不超过四题。弘治十一年（1498年）张文麟参加科考，县试时命题四篇，"《四书》：彻者彻也，助者藉也；《经》：大则如威，小则如愧；论：正己以格物；策问：张良、诸葛亮、陶潜、范仲淹人品优劣如何"③？答至半晚始纳卷。府试时命二题，"其若是谁能御之，论实学"④，道试时"提学方信之先生取人精敏而命题严切，学力未周，《四书》、本经、策、论得此失彼不录"⑤，可见《四书》义、经义、

---

① （明）赵维寰.雪庐焚余稿：卷10 闻变［M］//四库禁毁书丛刊集部：第88册.北京：北京出版社，1998：565.

② （明）刘锡玄.黔南学政：黔牍偶存［M］//北京图书馆古籍珍本丛刊：第80册.北京：书目文献出版社，1998：1002.

③ （明）张文麟.端岩公年谱［M］//北京图书馆藏珍本年谱丛刊：第44册.北京：北京图书馆出版社，1998：489.

④ （明）张文麟.端岩公年谱［M］//北京图书馆藏珍本年谱丛刊：第44册.北京：北京图书馆出版社，1998：489.

⑤ （明）张文麟.端岩公年谱［M］//北京图书馆藏珍本年谱丛刊：第44册.北京：北京图书馆出版社，1998：490.

论、策皆出。隆庆五年（1571年）叶向高参加院试时，"试二义一论"①。万历壬子（1612年）周顺昌赴遗才试时，"三题一挥而就"②，亦是考三题。正由于科考出题少，使科考较乡试容易，士子科考常利而乡试屡挫，究其缘由，"盖小试止二三篇文字，穷日之力，俚堪錬词铸意，点缀自工，至七篇粘手，而首尾两端本来面目露矣。又有前场仅能了事，而策、论、表、判未能措笔者，即能措笔，而皆翻弄坊间近科程墨，窃其唾余，不免雷同抄袭者"③。

考场设置及考试情形。乡试资格考试并不像乡、会试那样有专门的考试场所——贡院，省城的科考、遗才和大收尚可直接借贡院举行，而在各地方的考试，尤其是提学官主持的道试，一般规模较大，多是临时搭盖考棚。张邦奇督学湖广时所行学政适逢大比之年，其中关于考试的规定当为科考而发，其考场布置如下：

> 各提调官于本道按临，先期于分司，或宽展处所，搭盖篷席，俱要牢密稳当，堪蔽风雨。堂上极北设一高座，生员卓皆南向，墙垣四周务加严葺，以便关防。仍于甬道两边置大溺桶一个，东、西、南三面用席或木板遮蔽，空其北面勿遮，以便观察。考试之日，各官俱免参见，侯黎明开门，先将供应诸生饼食送入，分置各卓。诸生各儒巾，青色便衣，自备笔、砚、水罐，执卷肃侯。巡捕官带军人或皂隶十人，于大门内两旁搜检，不许夹带片纸只字。提调官、教官于中门内照验放入，仍送吏一名于门内司启闭。生员交卷讫，至中门下甬道边立侯，聚至十人，把门吏就于中门下高声跪禀。生员十人禀讫，随即开门，逐名高声数出，随开外门径放。该卫掌印官择委的当千户一员，带军牢十名，在外击柝巡逻。另选一员，带领军牢十名，守把外门。俱先期开报花名手本送道，若无军卫去处，州、县选委官吏执役。
>
> 试卷用坚白纸，该学掌印官亲自逐一看过，无得破裂接补，参差不齐。

---

① （明）叶向高. 蘧编［M］//北京图书馆藏珍本年谱丛刊：第53册. 北京：北京图书馆出版社，1998：507.
② （明）殷献臣. 周吏部年谱［M］//北京图书馆藏珍本年谱丛刊：第58册. 北京：北京图书馆出版社，1998：627.
③ （明）王在晋. 越镌：卷17 学政类［M］//四库禁毁书丛刊集部：第104册. 北京：北京出版社，1998：444.

先用本学印记钤其下缝,仍送提调官,用印钤其上缝及正面。提调官先期将各生编号,如廪膳四十名,自廪字一号至廪字四十号止,其一二三四次序,信意编写,不以食粮深浅为次,增、附仿此。卷面令善书者写廪字几号,下空寸余,以俟发落填名。仍于其下写某儒学廪、增、附、武生员,年几岁,补增、廪或进学几年,科举几次,或未经科举,习某经。仍置号簿一扇,写某字、某号、某姓名,下用印钤记,在外亲自收掌,临考前一二日,将卷分散各生收执。摆列卓凳,用方寸小帖写廪字一号,黏东北隅第一卓上,廪字二号黏西北隅第一卓上,廪字三号在一号之右,四号在二号之左。东边以次而西,西边以次而东,廪尽继之以增,增尽继之以附。一二三四皆以号数为次。仍先裱小轴一个,图写行次,略如大比之时东西文场之式,预先张挂,令诸生认定坐处。至期,于甬道上分东西两行,照次而入,不许搀混间断。各生坐定,提调官一人将轴送本道堂上张挂,以凭观察,违犯规矩生员,呼号责治。若遇各学同考,则各学相间而坐,各学廪字一号俱坐尽,次及各学二号。阅卷毕日,提调官督同教官赍号簿入道,比对填名。

凡列卓之式,每两卓中间约空四尺以上,每卓置黑油坚木尺二条,大门外设鼓一面。巡捕官俱要听候,缉访关防,毋得喧哗。如有警急必须报知者,击鼓三下①。

由上可知,科考入场搜检、场外巡逻、考场布置、锁院、印卷,一仿乡试成式,唯一不如乡试之严密者,恐怕就是纳卷之后不用誊卷易书,内外帘隔离。对于试卷的封发亦有严密规定,刘锡玄督学于黔时,规定"诸生交卷时,不论正取及遗才,一一揭去浮票,教官送府收贮,俟发卷拆号方查对。且廪、增、附等字样,概不许填写卷面,即欲私查一人,何处着手,不得不反向郡县讨关节,万不能带此面皮也。如仍前有营求嘱托者,不惟不听,法究毋悔"②。资格考试防范之严,并不亚于乡、会试,明人艾南英回首科考经历撰文曰:

---

① (明)张邦奇.张文定公环碧堂集:卷17 湖广学政[M]//续修四库全书:第1337册.上海:上海古籍出版社,2002:263-264.
② (明)刘锡玄.黔南学政:黔牍偶存[M]//北京图书馆古籍珍本丛刊:第80册.北京:书目文献出版社,1998.1002.

试之日，衙鼓三号，虽冰霜冻结，诸生露立门外。督学衣绯坐堂上，灯烛辉煌，围炉轻暖自如。诸生解衣露足，左手持笔砚，右手持布袜，听郡县有司唱名，以次立甬道，至督学前。每诸生一名，搜检军二名，上穷发际，下至膝踵，保腹赤踝，为漏数箭而后毕。虽壮者，无不齿震冻栗，腰以下，大都寒沍僵裂，不知为体肤所在。遇天暑酷烈，督学轻绮荫凉，饮茗挥箑自如。诸生什佰为群，拥立尘坌中，法既不敢执扇，又衣大布厚衣。

比至就席，数百人夹坐，烝熏腥杂，汗淫浃背，勺浆不入口，虽设有供茶吏，然率不敢饮，饮必朱钤其牍，疑以为弊，文虽工，降一等，盖受困于寒暑者如此。

既就席，命题。题以一教官宣读，便短视者，一书牌上，吏执而下巡，便重听者。近废宣读，独以牌书某学某题，一日数学，则数吏执牌而下。而予以短视，不能见咫尺，必屏气嗫嚅，询傍舍生问所目。而督学又望视台上，东西立瞭高军四名，诸生无敢仰视四顾、丽立伸欠、倚语侧席者。有则又朱钤其牍，以越规论，文虽工，降一等。用是腰脊拘困，虽溲溺不得自由，盖所以系其手足便利者又如此。所置坐席，取舍工吏，吏大半侵渔，所费仓卒，取办临时，规制狭迫，不能舒左右肱。又薄脆疏缝，据坐稍重，即恐折仆。而同号诸生常十余人，虑有更号，率十余坐以竹联之，手足稍动，则诸坐皆动，竟日无宁时，字为跛踦。而自闽中一二督学重怀挟之禁，诸生并不得执砚。砚又取给工吏，率皆青刓顽石，滑不受墨，虽一事足以困其手力。不幸坐漏痕承檐所在，霖雨倾注，以衣覆卷，疾书而毕事。盖受困于胥吏之不谨者又如此。

比阅卷，大率督学以一人阅数千人之文。文有平奇虚实、烦简浓淡之异，而主司之好尚亦如之，取必于一流之材，则虽宿学不能无恐，而予常有天幸然。高下既定，督学复衣绯坐堂上，郡县有司候视门外，考官立阶下，诸生俯行以次，至几案前，跽而受教，喋不敢发声，视所试优劣，分从甬道西角门以出。当是时，其面目不可以语妻孥。盖所为拘牵文法以困折其气者又如此。嗟乎！备尝诸生之苦，未有如予者也①。

---

① （明）艾南英. 艾千子先生全稿：卷首 历试卷自叙［M］//四库禁毁书丛刊经部：第7册. 北京：北京出版社，1998：232-234.

由上可知，科考由于时日不定，或遇寒或遇暑，而入场脱衣搜检不废。既入场，防范过严，至有茶不敢饮，溲溺不自由。发案时，又对督学卑躬屈膝。士子不仅在身体上倍受煎熬，更在心理上留下深深的屈辱感。

4. 考试规模及录取率。资格考试规模不定，视各地方应试人数而定，一般由提学官主持的考试规模较大，如上文艾南英所云："比阅卷，大率督学以一人阅数千人之文"，可知一府经县试、府试之后，最后由提学官会考人数犹有数千人之多，至于这数千人是一场应试，还是分几场试，不得而知。而隆庆四年（1570年）江西省城举行的遗才试，"众至三万八千余人"，结果考场秩序难以维持，"一听指挥王国光令人呼噪拦打，以致生儒拥倒蹂践，即时死者四十八人，次日死者十七人"①，更是骇人听闻，估计明代考试规模无有逾此者。

资格考试录取率亦因地方而异，如晚明江西乡试允许入试人数在三千人左右，而总的应试生儒在四万人以上，录取率在8%以下。而贵州应试人数少，录取率反而高。刘锡玄云："如贵阳通学生员二百六十余名，而正、遗科举已取至一百二十八名，余五学大率如此"②，是录取率几达50%。

5. 科考资格与发案。第1节所引《明史·选举志》云："继取（岁考）一二等为科举生员，俾应乡试，谓之科考。其充补廪增、给赏，悉如岁试。其等第仍分为六，而大抵多置三等"。此段文字传递二个重要信息：一为科考在岁考基础上进行，取岁考一二等生员考送乡闱。二为科考发案置六等，唯一二等方可应乡试。

科考资格考辨。明代科考资格说确有其史实来源，不过并不尽如《明史·选举志》所云，取岁考一二等生员科考。明代学校自正统六年（1441年）始置簿记录生员日常学行③。成化三年（1467年）奏准礼部尚书姚夔所议，"（学校）仍置三等簿籍考验，其德行优、文艺赡、治事长者，列上等簿；或有德行而劣经义、有德行、经义而欠治事者，列二等簿；经义虽优、治事虽长而德行

---

① （明）高拱. 高文襄公集：卷17 覆南京科道交论江西科场事变参提学副使陈万言等疏[M]//四库全书存目丛书集部：第108册. 济南：齐鲁书社，1997：231-232.
② （明）刘锡玄. 黔南学政：黔牍偶存[M]//北京图书馆古籍珍本丛刊：第80册. 北京：书目文献出版社，1998：1000.
③ （明）申时行，等. 大明会典：卷78 学校[M]//续修四库全书：第790册. 上海：上海古籍出版社，2002：413.

欠缺者，列三等簿。岁课月考，验其所进，循次而升之，非上等、二等不许科贡"①。弘治十八年（1505年）彭缙又奏："宜令（教官）会府、州、县正官，将本学生员考访学行，分为上、中、下三等，俟提学官巡历至日，复加考访，于上、中二等中取应科举"②。前议准行，后议"命所司看详以闻"。二议皆以生员平日学行为依据，定为三等，唯前二等许科贡。而科贡为提学职掌，提学官很可能据此，演化成取岁考一二等生员送科考。

正德末魏校督学广东时行"科举事"云：

> 本职先巡历潮州府岁考生员，参取文行，列于优等，其有志讲学者，又经续考，以行激劝。但该郡人材素多，原取数少，合再甄收。仰抄案回府，着落当该官吏，照依案验内事理，即行各学，将后开岁考及续考优等生员，起送应试。其有行检欠修，不为众所信服者，提调官及教官访实，申呈定夺，毋得混送应试③。

从此令看，此时似有取岁考优等生员送科考的情况，揆之事理亦通。明代学政至嘉靖初尚有序，岁考之法行。正德时张邦奇督学湖广时云："照得本职到任，适遇科举日近，先行条约未及举行，各属官吏、师生遂视以为弥文，鲜或留意。即今科举事毕，本道合行岁考"④。可见岁考、科考乃是分开的，并不因科考而废岁考。岁考乃是一年一次，如果科考之年已经岁考过，就不必另外科考一遍，也无此时间，而直接取岁考优等生员应科考。而嘉靖之后，情况则渐不同。

嘉靖以后，科考很难取岁考一二等生员应试。首先，嘉靖以后，科考普遍通行类考，若科考直接取岁考一二等生员应试，又何须委地方有司官先行县试、府试。其次，嘉靖以后，学政日弛，以万历时为最。万历二十四年（1596年）

---

① （明）刘吉，等．明宪宗实录：卷40　成化三年三月甲申［M］．台北："中央研究院"历史语言研究所，1962：815．

② （明）李东阳，等．明孝宗实录：卷223　弘治十八年四月己卯［M］．台北："中央研究院"历史语言研究所，1962：4232．

③ （明）魏校．庄渠遗书：卷9　岭南学政［M］//文渊阁四库全书：第1267册．台北：台湾商务印书馆，1986：871．

④ （明）张邦奇．张文定公环碧堂集：卷17　湖广学政［M］//续修四库全书：第1337册．上海：上海古籍出版社，2002：267．

吏科给事中刘道享奏:"两浙多士之区,六年不经岁考"①。多士之区尚且如此,何况他处,此时即欲取岁考所定一二等而不可得。

从史实上看,嘉靖以后,科考取岁考一二等生员应试一说也站不住脚。嘉靖四年(1525年)当乡试,谭大初载:"恭简公吊通学赴韶科举"②,是"吊通学",而非一二等生员。万历三十二年(1604年)李廷机奏:"臣为诸生,每见提学官三年之内,有岁考,有科考,皆通学径送,无一士不经试,无一卷不经目"③,则科考亦是"通学径送"。堵胤锡天启五年(1625年)"十月岁试降青",第二年"十月,院科试一等复附"④。青为青衣,岁考降青当在五等,犹可参加第二年的科试。明末朱舜水亦云:"(生员)其中有廪膳、有增广生、有附学生、有青衣、有社生,五者得科举"⑤。可见,岁考中降为青衣的生员也可参加科举。综上所述,笔者以为,明嘉靖以后,科考是通学尽送,并非取岁考一二等生员应试。

发案。《明史·选举志》谓科考置六等,这是晚明的情况。正德十一年(1516年)当乡试,浙江人唐枢"考科举,取第十一名,值减场,本学止送九名,正在截外,友人为语遗才告考之路"⑥。是至正德时,科考似为直接按排名截止,并无置等之说。

科考置等当为嘉靖以后事。明代生员置等始于三等簿之设,至正德时,又出现"五等法"。正德十五年(1520年)监察御史朱裳奏:"近年学校生儒多尚文艺,不以德行为重,而取之教之者亦然,遂使心术坏于未仕之时,气节丧于

---

① (明)顾秉谦,等.明神宗实录:卷298 万历二十四年六月癸丑[M].台北:"中央研究院"历史语言研究所,1962:5584.
② (明)谭大初.谭次川自订年谱[M]//北京图书馆藏珍本年谱丛刊:第47册.北京:北京图书馆出版社,1998:266.
③ (明)顾秉谦,等.明神宗实录:卷398,万历三十二年七月甲戌,台北:"中央研究院"历史语言研究所,1962:7484.
④ (明)堵胤锡.堵忠肃公年谱[M]//北京图书馆藏珍本年谱丛刊:第62册.北京:北京图书馆出版社,1998:390.
⑤ (明)朱之瑜.舜水先生文集:卷15 问大明科举取士法[M]//续修四库全书:第1385册.上海:上海古籍出版社,2002:4-5.
⑥ (清)许正绥.唐一庵先生年谱[M]//北京图书馆藏珍本年谱丛刊:第46册.济南:齐鲁书社,1997:113.

出仕之日。乞令提学官考试兼取德行文艺，各立五等，定为升降之法"①。部覆仍置三等簿考验。不过正德时已有将生员定为五等者，正德二年（1507年）顾潜督学京畿时规定："即行本府提调官，将阖学诸生悉心体访，务得其学行之实，定为五等"②。至嘉靖时始见岁考有六等黜陟法，如嘉靖十五年（1536年）前后，陈儒督学浙江所行学政云："为岁考事案照，先据杭州府开送廪、增、附生员许启等到道，考得出字三号生员傅松文理不通，置之六等，例应黜退"③。此时科考亦置等，唯一二等起送科举，尚不确定置几等，陈儒所行学政中还有"除照本道近日考选遗才，明文各该府、县如期精选送考外，其考过三等、四等生员，非奉本道明文，擅赴省城告考者……"④语，据此则科考至少置四等。

  可以肯定，嘉靖以后科考普遍置等，一二等始许应乡闱。如嘉靖三十一年（1552年）耿定向邑试、郡试皆不录，"后就督学使者林懋和试，始跻高等入试"⑤。万历元年（1573年）叶向高参加科考，"列三等，遂不得应试，县送遗才至府"⑥。可见科考列为三等就无入试资格，不过此时科考未录仍可参加遗才试，不像陈儒督学时规定科考三等、四等不能应遗才试。天启元年（1621年），刘锡玄督学于黔，其《临场大收牌行贵阳府》云："照得临场大收，虽各省时有之，然可以罗英才，不可以启倖窦。本道阅过正、遗各卷，全篇疵缪而字句稍通，无不宽收矣，至五六等卷，每学尚有数卷未发"⑦。由此可知晚明科考确有置六等的情形。科考本只为考送生儒应乡试，以一二等入试，三等不送，置之三等已绰绰有余。迨至万历以后，岁考废弛，科考还兼具岁考的功能，所以置

---

① （明）费宏，等.明武宗实录：卷189 正德十五年八月丁卯，台北："中央研究院"历史语言研究所，1962：3588－3589.
② （明）顾潜.静观堂集：卷8 预审学行以备选举事［M］//四库全书存目丛书集部：第48册.济南：齐鲁书社，1997：533.
③ （明）陈儒.芹山集：卷24 学政［M］//北京图书馆古籍珍本丛刊：第106册.北京：北京图书馆出版社，1998：202.
④ （明）陈儒.芹山集：卷24 学政［M］//北京图书馆古籍珍本丛刊：第106册.北京：北京图书馆出版社，1998：200.
⑤ （明）耿定向.观生记［M］//北京图书馆藏珍本年谱丛刊：第50册.北京：北京图书馆出版社，1998：24.
⑥ （明）叶向高.蘧编［M］//北京图书馆藏珍本年谱丛刊：第53册.北京：北京图书馆出版社，1998：508.
⑦ （明）刘锡玄.黔南学政：黔牍偶存［M］//北京图书馆古籍珍本丛刊：第80册.北京：书目文献出版社，1998．999.

之六等,以便黜陟生员,登进童生。

6. 覆考与荐牍之风。科考中若遇改换提学官,新任提学官一般会先科考完前任所未考士子,若仍有余暇,将覆试前任提学官所考士子,重定去取。万历戊午(1618年)吴应箕本以台试第六起送应试,已启行,至七月"十三日闻台试甚急,余自采石觅舆,走慈湖道中。时督学岣嵝周公新莅任,覆试前应试诸生,檄迫甚,故仓卒走句容"①。刘锡玄督学于黔时所行《酌参前道所取省会六学案示》云:"本道以八十日巡考通省正、遗科举及童生,不得不于省会六学,暂准前道所取优等与未取者,同日覆考,然此一日之考,即取出正、遗二案"②。天启六年(1626年)十月,堵胤锡科试一等,第二年他远游山东,"六月归,始知新学使覆科,比兼程,已不及矣。七月,院覆试,不与除科举"③。三者皆已科考过,因换提学官而覆考。

科考中改换提学官终属少数,而科考中的荐牍之风则更为普遍。科考取送权一属提学御史,类考行后,部分下放到地方有司官。由于科考并不像乡、会试那样有严密的防范规定,科考去取权更多取决于主试者,故科考更易请嘱关托。正德二年(1507年)当大比,陈琛回乡科考迟,其师虚斋先生"贻书督学推荐之",他得知后,以为"得失有命,而借援以进,于心不安"④,于是取烛焚毁荐书。万历四十六年(1618年)叶天寥类考陁于府,"邑侯霍钟西先生义形于色,发愤荐援,心力交尽"⑤。类考行后,地方守令亦成请嘱对象。李廷机云:"臣见家乡子弟以类考之故,惴惴然忧府县之不录,不暇诵习史书,而奔走晨昏。贵家用势,富家托势,守令逼于应酬之不暇,孤寒苦于进取之无阶"⑥。万历三十一年(1603年)魏大中参加遗才试,亦云:"时竞者日奔走名绅之门

---

① (明)吴应箕. 南都应试记[M]//丛书集成续编:第12册. 台北:新文丰出版公司,1989:411.

② (明)刘锡玄. 黔南学政:黔牍偶存[M]//北京图书馆古籍珍本丛刊:第80册. 北京:书目文献出版社,1998. 1002.

③ (明)堵胤锡. 堵忠肃公年谱[M]//北京图书馆藏珍本年谱丛刊:第62册. 北京:北京图书馆出版社,1998:390.

④ (明)陈敦豫,陈复. 陈紫峰先生年谱[M]//北京图书馆藏珍本年谱丛刊:第44册. 北京:北京图书馆出版社,1998:359.

⑤ (明)叶绍袁. 叶天寥自撰年谱[M]//北京图书馆藏珍本年谱丛刊:第60册. 北京:北京图书馆出版社,1998:405.

⑥ (明)顾秉谦,等. 明神宗实录:卷398,万历三十二年七月甲戌[M]. 台北:"中央研究院"历史语言研究所,1962:7485.

自鬻，名绅亦复假文字以收门生"①。明中后期，科举应试人数日渐多，科考亦有名数限制，荐牍之风行，则孤寒之士易受到排挤，科举考试自其开始就已不公平。姚舜牧回忆其嘉靖甲子（1564年）科考曰："府庠原额科举六十名，时特疏裁减二十名，秦学道命录考又多狥私，牧不得观场"②。

资格考试中，贿赂之风亦行。崇祯三年（1630年），堵胤锡"七月录遗不与，以乏学师例馈也"③。

7. 考试费用。科考成为定制以后，科考同岁考、季考、童试、按院观风等考试一起，所需的费用皆由地方政府承担，地方政府又将此等费用转化为赋税，摊给民众。泰昌元年（1620年）刊本《徽州府赋役全书》所载徽州府科考相关赋税如下：

> 提学岁考、科举，考试府学生员、童生、遗才，合用供给行赏及新送学花红彩旗等银壹百陆拾两。
>
> 提学考试搭蓬厂银叁拾两。
>
> 本府应试生员盘缠、卷资、酒席共银肆百叁拾壹两陆钱，叁年带征，每年银壹百肆拾叁两捌钱陆分陆厘柒毫（……院考府学通学生员，试卷约共银壹拾两，备□垫各银、封袋约共银叁钱，数项共去银叁百玖拾壹两捌钱伍分，仍该剩银叁拾玖两柒钱伍分。凡季考、科考及按院观风，各县通融支给，迭年多解不齐，其收支并存剩银两贮库登报，循环查刷）。
>
> 各县提学岁考、科举及新进学生员花红彩旗等项共银贰百捌拾两（各项征用)④。

对于府下所辖县来说，除了征收本县生员科考费用，还得征收本府科考的费用，这可能与明中后期的类考有关，因为对于县学里的士子来说，不仅

---

① （明）魏大中. 魏廓园先生自谱 [M]//北京图书馆藏珍本年谱丛刊：第56册. 北京：北京图书馆出版社，1998：441.

② （明）姚舜牧. 来恩堂草：卷16 自叙历年 [M]//四库禁毁书丛刊集部：第107册. 北京：北京出版社，1998：266.

③ （明）堵胤锡. 堵忠肃公年谱 [M]//北京图书馆藏珍本年谱丛刊：第62册. 北京：北京图书馆出版社，1998：391.

④ （明）田生金. 徽州府赋役全书：徽州府总数 [M]//明代史籍汇刊. 台北：台湾学生书局，1970：87-88，95-96.

需经本县考核，还要送府考，再送院考。如徽州府所辖休宁县所征收科考费用如下：

> 提学岁考、科举等银叁拾贰两。
> 提学考试搭蓬银陆两。
> 本府应试生员盘缠、卷箱银壹拾叁两捌钱叁分叁厘肆毫。
> 本县提学岁考、科举及新进学生员等银伍拾两。
> 本县儒学生员应试，原该银陆拾柒两柒钱捌分叁厘叁毫，又加增银陆两玖钱壹分陆厘陆毫贰丝①。

五、考试作用

科考制之缘起，最初不过是为了不使三场不熟、出身不明、诈冒乡贯之人冒滥入试。随时推移，科考又承担起控制乡试入试人数，保证乡试正常运行的功用。至嘉靖以后，随着岁考的废弛，科考于考送生儒应秋闱之外，又兼具岁考的所有功能。

1. 核实士子学行、身份、籍贯，确保乡试入试者的素质，以副国家宾兴之典。正统九年（1444年）云南道监察御史计澄等奏请开科前御史亲诣各处考选生儒，不过是因为"今南、北直隶凡遇开科，多有诈冒乡贯，报作生员；或素无学问，倩人代笔"，至于军生和衙门吏典、承差人等，不由学校、不经考验，更是"奸盗贪墨，无所不有"②。此奏之后，科考开始制度化。提学官在开科前以考试的方式，使三场不熟之士无法冒滥入试，确保入试者的素质。考试之外，尚须核实士子身份，将"曾由科目出身未入流品官、生员发充吏、罢闲官吏、监生生员、娼优隶卒、刑丧过犯之人"③排除在外；查明士子乡贯，杜止冒籍，使分省解额取士制度能顺利推行。其后又三令五申，如"弘治七年（1494年）

---

① （明）田生金. 徽州府赋役全书：休宁县［M］//明代史籍汇刊. 台北：台湾学生书局1970：212，216.
② （明）孙继宗，等. 明英宗实录：卷118，正统九年秋七月丙辰，台北："中央研究院"历史语言研究所，1962：2379.
③ （明）孙继宗，等. 明英宗实录：卷237 景泰五年春正月戊寅，台北："中央研究院"历史语言研究所，1962：5173.

令应举生儒人等,不许未熟三场、初学之士及外处人冒滥入试,亦不许重冒古今显著姓名,有即改正"①。嘉靖十二年(1533年)题行《乡试条例》规定:"应举生员并儒士人等,俱要本府、州、县并卫所申送。提调学校并辽东巡按御史先行严加考试,中者方许入场。不得将不熟三场、初学之士及外处人民假以赘婿等项,冒滥入试,虚费供给,亦不许仕宦子弟于父母原任衙门移文起送。其各生有重冒古今显著姓名,责令改正,方许入场"②。嘉靖十六年(1527年)题准,"今后顺天府乡试儒士,务要查审辨验籍贯明白。其附籍可疑之人,取有同乡正途出身官印信保结,方许应试"③。嘉靖二十二年(1543年)礼部奏请"仍行两京、各省凡遇乡试开科,提学考选生儒,不得将流移附籍之徒一概滥收,以玷科目,违者奏请治罪。报可"④。不一而足。

2. 控制乡试入试人数,确保其正常运行。明代科目日重,应试之人日多。如晚明江西,应试数在四万人以上,而乡试囿于场地、阅卷官人数、阅卷时间,显然不能无限制扩大考试规模。在此种情况下,资格考试也就逐渐承担起一项重要任务,即控制乡试入试人数。两直由于既有地方学校生员,又有监生、杂流人等,应试人数最多,也最早明令规定入试人数。早在成化二十一年(1485年),南直就已定下入试人数为二千二百名⑤。至弘治七年(1494年)钦天监生闻显言:

> 两京应试生儒人等,旧例止许二千三百有余,司小试者拘此,一县或所取多不过七八人,少不过一二人。乞不拘以名数,但文理平通者,取之

---

① (明)申时行,等. 大明会典:卷77 贡举[M]//续修四库全书:第790册. 上海:上海古籍出版社,2002:401.
② (明)俞汝楫,等. 礼部志稿:卷71 题行乡试条约[M]//文渊阁四库全书:第598册. 台北:台湾商务印书馆,1986:207.
③ (明)申时行,等. 大明会典:卷77 贡举[M]//续修四库全书:第790册. 上海:上海古籍出版社,2002:405.
④ (明)张居正,等. 明世宗实录:卷281,嘉靖二十二年十二月甲申[M]. 台北:"中央研究院"历史语言研究所,1962:5468. 注:正文已据《〈明世宗实录〉校勘记》改正。
⑤ 见:(明)刘吉,等. 明宪宗实录:卷273 成化二十一年十二月庚子[M]. 台北:"中央研究院"历史语言研究所,1962:4606. 其文曰:"先是,应天府以南直隶应试者太滥,乞定额数,礼部定以二千二百名。至是,南京礼部、国子监并南直隶提学御史俱乞量增其数,礼部拟以二千八百内,监生人等,俱令南京礼部会考入试。上命仍以二千二百为额,应试该考者,令南京都察院考定之"。

入试，则人才无所遗"①。

上议批复云：

> 各处乡试因先年入场人众，难于供给，俱有奏准定数，遵行已久。若不拘额数，恐一时任意增添，侥幸愈多，徒为纷扰②。

可见至弘治时，两京乡试入试人数定为"二千三百有余"，而各处乡试亦"俱有奏准定数"。之所以限定人数，是因为人数太多，则难于供给。其实考试规模过大，对考试的管理、防弊、评阅卷、考试经费都是很大负担。

嘉靖以后，定额入试开始转化为按比例入试。"（嘉靖）四十年（1561年）令两京、各省科举俱照原定解额名数，每举人一名，取科举二十五名。四十五年（1566年）令每举人一名，取科举三十名"③。万历三年（1575年）所颁提学敕谕中，又重申乡试"每举人一名，取科举三十名"④。虽然明廷为考试正常运行计，限定入试人数，但在实际施行中，提学往往多取名数，以收士心。

3. 科考兼具岁考职能。科考本与岁考分行，科考负责大比之年考送士子应乡试，岁考负责生员考校、充补廪增、给赏、黜革、童生登进等职能。岁考可能废弛，科考则因三年一开科，势在必行。这样，岁考废弛后，提学官借科考的考核结果行岁考职能，聊以补牢塞责。或者科考之年，提学官偷懒，直接以科考作岁考，不再另行岁考。

科考行岁考职能在嘉靖后期就已出现，如嘉靖四十三年（1564年）郭子章

---

① （明）李东阳，等. 明孝宗实录：卷88 弘治十五年戊戌 [M]. 台北："中央研究院"历史语言研究所，1962：1624-1625.
② （明）李东阳，等. 明孝宗实录：卷88 弘治十五年戊戌 [M]. 台北："中央研究院"历史语言研究所，1962：1626.
③ （明）张朝瑞. 皇明贡举考：卷1 入乡试之人 [M]//四库全书存目丛书史部：第269册. 济南：齐鲁书社，1997：464.
④ （明）申时行，等. 大明会典：卷78 学校 [M]//续修四库全书：第790册. 上海：上海古籍出版社，2002：420.

即以科考一等补增①。万历七年（1579年）孙奇逢以"科试第一食饩"②。万历二十一年（1592年）范凤翼经督学御史饶位科考，"以儒士选入州庠"③，则是以科考入学。

至万历时，科考兼岁考职能得到官方认同。万历三十年（1592年）礼部条陈取士二十五款，其二云："一、提学除御史之差听都察院考覈外，其司道官礼部同吏部照往年例，将三年内提学官考过次数甄别。一、南直隶、浙江、江西、湖广，一年半一周，余省一年一周。即遇事故，亦须三年之内岁考一次，岁考兼科举一次"④。此奏中，允许三年之内提学至少岁考一次，岁考兼科考一次。所以大比之年，科考与岁考一体化，兼具岁考职能。之后李廷机奏事亦请："务令（提学）三年之内岁考一次，科考一次"⑤。何宗彦亦云："至于学臣，则三年之内必岁考、科考二次"⑥。可见，万历中后期，提学官三岁二试成为常经，大比之年行科考，则不再另行岁考，科考也就兼具岁考所有职能。

六、清朝承袭与明代科举的层级

1. 清朝承袭。清承明制，清朝开科后，亦采取提学考送生儒的科考制。顺治二年（1645年）规定：

> 遇乡试年照直省，每中式举人一名，取应试生儒三十名。提学考试精通三场者，方准应试。不得将初学之士冒滥应试，亦不许仕宦子弟于父兄

---

① （明）郭孔延. 资德大夫兵部尚书郭公青螺年谱［M］//北京图书馆藏珍本年谱丛刊：第52册. 上海：上海古籍出版社，2002：503.
② （明）孙铨. 高阳太傅孙文正公年谱［M］//北京图书馆藏珍本年谱丛刊：第55册. 北京：北京图书馆出版社，1998：122.
③ （清）张有誉. 真隐先生年谱［M］//北京图书馆藏珍本年谱丛刊：第57册. 北京：北京图书馆出版社，1998：446.
④ （明）顾秉谦，等. 明神宗实录：卷373 万历三十年六月壬辰［M］. 台北："中央研究院"历史语言研究所，1962：6989-6990.
⑤ （明）顾秉谦，等. 明神宗实录：卷398 万历三十二年七月甲戌［M］. 台北："中央研究院"历史语言研究所，1962：7485.
⑥ （明）顾秉谦，等. 明神宗实录：卷524 万历四十二年九月戊寅［M］. 台北："中央研究院"历史语言研究所，1962：9879.

原任衙门移文起送。违者不许入场,取送过多者参处①。

看来清初不但继承了晚明科考"举人一名,取科举三十名"之制,亦继承了晚明庞大的应试生儒群体。提学科考之外,继有遗才、大收,一如明制。三者之外,又有所谓督抚"普收"。"举人一名,取科举三十名"之制亦未持久,举人一名,有录科至百名者,不可谓不滥。乾隆《钦定大清会典则例》云:

(乾隆)七年谕:各省应试生员、贡监,由学臣录送入场,向例举人一名,额取科举三十名,嗣后加至百名,不为不多矣!乃学臣等博宽大之名,于科举之外遗才、大收,一概录送。且有督抚普收送考者,以致文理荒疏之人,亦得滥冒入场②。

鉴于此种状况,乾隆时所修《大清会典》关于录送乡试士子的比例则规定为:"凡送乡试,由学政录取科举,每中式一名,大省准录科八十名,中省六十名,小省五十名,副榜一名准录科二十名"③。新的规定注意到了各省应试群体基数的大小差异,进而制定举人一名,大省录科八十名、中省六十名、小省五十名。正榜之外,副榜亦录科,副榜一名送二十名。乡试副榜约起于明万历时,最初中乡试副榜者只是给赏,后来可以充贡,入清则乡试副榜充贡成为定制。明代乡试无副榜录科的规定,此制为清所独有。

乡试前由提学考送应试士子的科考制一直持续到清末,如"(光绪)八年(1882年)谕给事中邓承脩奏《条陈科场事宜》'请慎覈录科'等语,乡试录科送考,例有定额,近年顺天乡试录送太滥,以致号舍不敷,嗣后著国子监及顺天学政严行考覈,分别弃取,毋得稍涉冒滥"④。清朝科考规制详明,较明朝更为繁杂,详情参阅光绪《钦定大清会典事例:卷三百三十七《礼部·贡举(录

---

① (清)乾隆朝官修. 钦定大清会典则例:卷66 贡举[M]//文渊阁四库全书:第622册. 台北:台湾商务印书馆,1986:192.
② (清)乾隆朝官修. 钦定大清会典则例:卷66 贡举[M]//文渊阁四库全书:第622册. 台北:台湾商务印书馆,1986:195.
③ (清)允裪,等. 钦定大清会典:卷31 贡举[M]//文渊阁四库全书:第619册. 台北:台湾商务印书馆,1986:248.
④ (清)崑冈,刘启端等. 钦定大清会典事例:卷338 贡举(录送乡试二)[M]//续修四库全书:第803册. 台北:台湾商务印书馆,1986:363.

送乡试一)》及卷三百三十八《礼部·贡举（录送乡试二)》。

由上可知，乡试前由提学官考送士子之制为清朝所袭，虽略有变更，大体不出晚明科考制之窠臼，由明所首创的乡试资格考试实影响明清二代科举考试近五百年。

2. 明代科举的层级。关于明代科举考试分级情况，主要有三种观点：一为"三级说"，即明代科举分乡试、会试、殿试三级，持此观点的有王兴亚①、方志远②、赵子富③、黄明光④、吴宣德⑤、高寿仙⑥、王凯旋⑦、田澍⑧、汪维真⑨、龚笃清⑩、廖鸿裕⑪等人，这也是影响最为广泛的观点。二为"四级说"，即明代科举由童试（一为郡试）、乡试、会试、殿试组成，持此观点的有尹选波⑫、刘海峰⑬等人。三为"五级说"，即明代科举由科考、乡试、会试、殿试、庶吉士考试组成，持此观点的主要是郭培贵⑭。金诤亦有"五级说"，不过他以为明清科举为童试、院试、乡试、会试、殿试五级考试⑮。

乡、会、殿试属于科举考试无疑，有疑问的是童试、郡试、科考、庶吉士考试属不属于科举考试。童试则毋庸论，童试本为提学岁考时考选童生入学的

---

① 王兴亚. 明代行政管理制度 [M]. 郑州：中州古籍出版社, 1999：84.
② 方志远. 明代国家权力结构及运行机制 [M]. 北京：科学出版社, 2008：166.
③ 赵子富. 明代学校与科举制度研究 [M]. 北京：燕山出版社, 2008：226-261. 按：赵子富以为"庶吉士制度是明代在进士之上设立的进修制度，是作为进士的一种补充形式出现的"。
④ 黄明光. 明代科举制度研究 [D]. 杭州：浙江大学, 2005：11-55.
⑤ 吴宣德. 中国教育制度通史·明代卷 [M]. 济南：山东教育出版社, 2000：458-491. 按：吴宣德以为"选拔庶吉士，是科举考试的一个附带产品"。
⑥ 张显清，林金树. 明代政治史 [M]. 桂林：广西师范大学出版社, 2003：570. 按：见第五章明代的官僚管理制度第一节仕途结构，该部分由高寿仙执笔。
⑦ 王凯旋. 明代科举制度考论 [M]. 沈阳：沈阳出版社, 2005：76.
⑧ 王戎笙，王天有，李世愉. 中国考试通史·明清卷 [M]. 北京：首都师范大学出版社, 2008：52. 按：见第二章明代科举考试，此部分由田澍执笔。
⑨ 汪维真. 明代乡试解额制度研究 [M]. 北京：社会科学文献出版社, 2009：16.
⑩ 龚笃清. 明代科举图鉴 [M]. 长沙：岳麓书社, 2007：307.
⑪ 廖鸿裕. 明代科举研究 [D]. 台北：中国文化大学, 2008：28.
⑫ 尹选波. 中国明代教育史 [M]. 中国全史, 北京：人民出版社, 1994：95. 其文曰：明代的科举分为四个阶段，即郡试、乡试、会试和殿试。所谓郡试，又称小考，是由府、州、县考选俊秀生员，确定他们参加乡试的资格，可以说是乡试的预考。
⑬ 刘海峰. 中国科举史 [M]. 上海：东方出版中心, 2004：280.
⑭ 郭培贵. 关于明代科举研究中几个流行观点的商榷 [J]. 清华大学学报（哲学社会科学版), 2009 (6).
⑮ 金诤. 科举制度与中国文化 [M]. 上海：上海人民出版社, 1990：171.

考试,晚明岁考废弛后,科考亦兼具童试的功能,但童试与科举未有必然联系。尹选波所谓的郡试实际上就是科考,科考为乡试资格考试中的常规考试,大多数士子经由科考送乡闱。至晚明,科考之外又有遗才、大收,士子即使错过科考,亦可由遗才或大收入试。故从严密逻辑上说,科考亦难单独成为一级,由科考、遗才、大收所组成的乡试资格考试勉强可以算作一级。庶吉士考试是在殿试后考选庶吉士,为储相地,与科举考试目标已有一定偏离,亦非每科都选,非定制。若是从层级上看,殿试后的确存在这一级考试,亦可算作一级。这样,郭培贵教授所言五级考试在史实上的确存在。

不过在明人观念中,科举即指乡试、会试、殿试三级。洪武十七年(1384年)颁行的《科举成式》,正德《明会典》、万历《大明会典》及明清各种论明代科举制度相关之书、志,皆只言乡、会、殿试三级,而未有将之前的资格考试和之后的庶吉士考试与之相提并论者,可见在明人、清人的观念中,科举为乡、会、殿试三级亦明矣。从社会影响上来说,乡试有乡试录,会试有会试录,殿试有登科录,另有同年录、序齿录、题名记等,举人、进士皆立牌坊。凡此种种,皆非资格考试或庶吉士考试所能望其项背者。所谓的"四级说""五级说"乃今人之说,明、清二代绝无此议,明清二代皆以科举为三级考试。故笔者以为,既然明人以为科举为乡、会、殿试三级考试,今人亦不宜越俎代庖,将资格考试和庶吉士考试纳入其中,明代科举仍宜称乡试、会试、殿试三级考试制。

第三章

备考场所

士子业举备考，总须有一定的场所，或独自肄习，或有师友效益。士子备考场所，有学校与非学校之分。明代以学校储士，以科举取士。学校则中央有国子学，地方上有府、州、县儒学、卫学、运司学、武学、宗学、三氏学、都司学、宣慰司学、宣抚司学等，另有小学性质的社学，不过明代学校教育的增长远跟不上习举人数的增长，于是学校之外，书院勃兴，稍分其势。在民间，则私学日益昌盛。嘉靖以后，士子会课结社逐渐风行。除学校、书院场地固定，师资，学规亦较整饬外，私学、会课、结社、自学则不拘场所，因地制宜，各自为政，凡村、镇、寺、庵、祠、观、家中等地，皆可肄习。本文拟以士子备考场所为切入点，以揭示在明代学校教育不足以承担举业培训重任的情况下，士子习举的基本格局及变化，并进而反思明代学校教育在科举考试中的地位。

第一节 官方学校

一、国子监

明初于南京置国子学，正四品衙门。洪武八年（1375年）置中都国子学，十五年（1382年）改国子学为国子监，中都国子学为中都国子监，二十六年（1393年）革中都国子监，永乐元年（1403年）置国子监于北京。之后南、北京国子监沿设不废，至于明亡。

洪武十五年（1382年），新建南京太学成，其规制如下：

庙学皆南向，庙在太学。东中为大成殿，殿左右两庑。前为大成门，门左右列戟二十四。门外东为牺牲厨，西为祭器库，又前为灵星门。太学正堂曰：彝伦堂。中为祭酒、司业公署，左为祭酒、司业讲授之所，右西列席，东向为博士课试之所。前为太学门，又前为集贤门。彝伦堂之后为六堂：曰率性、曰修道、曰诚心、曰正意、曰崇志、曰广业，诸生肄业居之。堂之东西皆列二馆，助教、学正、学录居之。丞、簿有署，会馔有堂，厨库井湢，以次而列。学之旁以宿诸生，谓之号房，有妻子者居外，月给米赡之①。

并于同年订立学规，明确各官职责，本监正官总理监务，监丞、参领监事，博士、助教、学正、学录职专教诲，掌馔职备廪食，典簿职专文案。监生分堂肄业，堂又分班，每班选厚重勤敏生员一名充斋长，以表率诸生，催督工课。监生不法行为从绳愆厅究治，并置集愆册纪录，以凭通考。监生的主要任务就是背书、讲书。其每月日程安排如下：

表3 明代国子监学习日程表

初一	初二	初三	初四	初五	初六	初七	初八
假	会讲	会讲	背书	复讲	复讲	背书	会讲
初九	初十	十一	十二	十三	十四	十五	十六
背书	背书	复讲	背书	背书	会讲	假	会讲
十七	十八	十九	二十	二十一	二十二	二十三	二十四
背书	复讲	背书	背书	会讲	背书	背书	复讲
二十五	二十六	二十七	二十八	二十九	三十		
会讲	背书	复讲	复讲	背书	复讲		

（注：据万历《大明会典：卷之二百二十"国子监"编制②。）

监生必须坐监肄业，会馔宿号。第二年又定六堂肄业法，"凡生员通《四书》未通经者，居正义、崇志、广业堂。一年半之上，文理条畅者，许升修道、

---

① （明）胡广，等. 明太祖实录：卷145 洪武十五年己未［M］. 台北："中央研究院"历史语言研究所，1962：2274-2275.

② （明）申时行，等. 大明会典：卷220 国子监［M］//续修四库全书：第792册. 上海：上海古籍出版社，2002：604.

诚心堂。坐堂一年半之上，经史兼通、文理俱优者，升率性堂"①。并行积分之法，其法如下：

> 凡生员升率性堂，方许积分。积分之法：孟月，试本经义一道；仲月，试论一道，诏、诰、表、章内科一道；季月，试经史策一道、判语二条。每试文理俱优与一分，理优文劣者半分，文理纰缪者无分。岁内积至八分者为及格，与出身，不及分者，仍坐堂肄业②。

积分之法所试内容与洪武十七年（1384年）所颁《科举成式》中所定乡、会试所试内容完全相同，可见明廷立法，国子监教育与科举考试是互相配合的。重新开科之后，随着科举考试的规范化并日益显重，国子监的教育加强了举业训练，洪武二十年（1387年）所定国学学规增加了作文的训练，并要求习楷书，基本上奠定了以后国学及地方学校举业培训的范式，即以读书、作文为主要内容。其规定如下：

> 三日一次背书。每次须读《大诰》一百字，本经一百字，《四书》一百字，不但熟记文词，务要通晓义理。若背诵、讲解全不通者，痛决十下。
> 每月务要作课六道。本经义二道，《四书》义二道，诏、诰、表、章、策、论、判语内科二道，不许不及道数。仍要逐月作完送改，以凭类进，违者痛决。
> 每日写仿一幅。每幅务要十六行，行十六字，不拘家格。或羲、献、智永、欧、虞、颜、柳，点画撇捺，必须端楷有体，合于书法。本日写完，就于本班先生处呈改，以圈改字少为最。逐月通考，违者痛决③。

洪武三十年（1397年）又重申此学规，之后相沿。国子监教育明初曾盛于

---

① （明）申时行，等. 大明会典：卷220 国子监 [M] //续修四库全书：第792册. 上海：上海古籍出版社，2002：605.
② （明）申时行，等. 大明会典：卷220 国子监 [M] //续修四库全书：第792册. 上海：上海古籍出版社，2002：605-606.
③ （明）申时行，等. 大明会典：卷220 国子监 [M] //续修四库全书：第792册. 上海：上海古籍出版社，2002：606.

一时，如"洪武甲子（1384年）初科，京闱监生取中过半"①。国子监教育不仅本身培养了大批科贡人材，还通过监生、副榜举人、落第举人选授教官，实际上充当了中央师范学校的角色，对明初教育的振兴实有奠基之功。如洪武八年（1375年），明廷曾令"御史台官选国子生分教北方"②，共派遣三百六十六人。

国子监教育在永乐末就有衰退的迹象，不过直至英宗朝，不时有振兴之举，成化之后，坐监人数锐减，再难复兴。监生有科贡二途，由科举者少，历事者多，国学教育衰落除与入监生员素质下降，例监的施行，监生拨历壅滞等因素相关外，国子监自身亦有二个重要原因，使监生学习环境恶化，从而使监生不乐坐监。

一是会馔不行，供给不周。洪武初曾定国子监师生会馔之制如下：

> 三月至十月终，日食三餐，每人日支米一升。十一月至次年二月终，日食二餐，每人日支米八合五勺。若监生有家小者，三月至十月终减支，每人日支米六合九勺。十一月至二月终，不减支。其监生家小，月支食米六斗。若云南所属并四川土官生，许带家人一名，同食廪米。
>
> 其会馔物料：每人日支青菜三两，腌菜则一两五钱。豆腐，黄豆一合磨造。盐三钱、酱二钱、花椒五分、香油三分。醋，每四十人共一瓶。面，三日一餐，每人八两造馒头，猪肉四两作馅。酵醋三钱，豆粉一两，干粉索为汤。干鱼，三日一次，每人二两。柴，每人日支二斤③。

永乐元年（1403年）在北京设国子监后，第二年又"奏准北京国子监廪馔等项，俱照在京国子监例"④。不过会馔之制并未施行多久，北监在"宣德三年（1428年）停止会馔，其馒头、馅肉逐月照依时估，于顺天府都税司门摊课钞

---

① （明）黄佐.南雍志：卷15 储养生徒之定制［M］//四库全书存目丛书史部：第257册.济南：齐鲁书社，1997：343.
② （明）胡广，等.明太祖实录：卷98，洪武八年三月戊辰［M］.台北："中央研究院"历史语言研究所，1962：1672.
③ （明）申时行，等.大明会典：卷220 国子监［M］//续修四库全书：第792册.上海：上海古籍出版社，2002：609.
④ （明）申时行，等.大明会典：卷220 国子监［M］//续修四库全书：第792册.上海古籍出版社，2002：609.

内折支，干鱼、椒、盐等料，仍办本色"①。南监会馔则在"景泰年间因缺柴薪，暂且停止"②，至成化时仍废弛。明初监生待遇优渥，不仅给以廪食，还多有给赐，如冬夏衣、灯油、课纸、医药等。随着监生日多，财政匮乏，就连廪食也多有减省，更勿论其他。天顺四年（1460年）国子监祭酒刘益等奏："景泰年间，户部奏欲存省京储，止留监生千余人，余放依亲，于是三十二班学官，每员所教生徒不满二三十人，廪禄虚縻，六堂寂寥"，并"乞将天顺元年（1457年）以前依亲年久举人、今会试中副榜不愿就职及下第举人，悉令在监"，英宗从之。不过不久又有人以存省京储为辞，于是"复放依亲"③。正德五年（1510年）还曾令"今年岁贡生放回依亲，俟一年后与纳银者相兼行取"，岁贡生停粮，至九月份方令"岁贡生在监者通准食粮，已放者悉令行取，其纳银生未放而年岁不及者，乃令自备薪米，寄监读书"④。

会馔不行，供给不周，势必使监生坐监学习环境恶化。如秦纮在正统十二年（1447年）中会试副榜，入监读书，其自订年谱载："时孤身，凡饮食皆馆人代炊，虽贫苦无聊，而讲读不辍"⑤。至正统十四年（1449年）"八月放依亲，予犹在京读书，时已停月粮，贫窭尤甚，每月裁节止用银六钱，以易薪米，仅得延命而已"⑥。成化十四年（1478年）尚宝司卿李木亦言："举人监生止缘会试而来，不意留之坐监，供给不周，艰辛万状"⑦。至嘉靖以后，由于供给缺乏，落第举人坐监历事需要一笔不小的费用，令贫困士子望而生畏。嘉靖辛丑（1541年）杨继盛会试落第，约友入监，有人告诉其兄曰："举人坐监历事，可

---

① （明）申时行，等. 大明会典：卷220 国子监 [M] //续修四库全书：第792册. 上海古籍出版社，2002：609.
② （明）刘吉，等. 明宪宗实录：卷51 成化四年二月乙巳 [M]. 台北："中央研究院"历史语言研究所，1962：1040.
③ （明）孙继宗，等. 明英宗实录：卷313 天顺四年三月乙丑 [M]. 台北："中央研究院"历史语言研究所，1962：6562-6563.
④ （明）费宏，等. 明武宗实录：卷67 正德五年九月丙辰 [M]. 台北："中央研究院"历史语言研究所，1962：1468-1469.
⑤ （明）秦纮. 秦襄毅公自订年谱 [M] //北京图书馆藏珍本年谱丛刊：第40册. 北京：北京图书馆出版社，1998：37.
⑥ （明）秦纮. 秦襄毅公自订年谱 [M] //北京图书馆藏珍本年谱丛刊：第40册. 北京：北京图书馆出版社，1998：38.
⑦ （明）刘吉，等. 明宪宗实录：卷177 成化十四年夏四月癸丑 [M]. 台北："中央研究院"历史语言研究所，1962：3199.

三年而毕,须费二百金"①,结果其兄害怕连累,与其分居。

二是监规废弛,学风不振。监规兴废与学风好尚与国学的管理息息相关,国学的管理系于监官,尤其是祭酒一职。由于用人不当,正统初年北监监规就废弛已久。正统五年(1430年)明廷敕谕国子监祭酒、司业等官贝泰等曰:

> 尔北京国子监官不务敬慎,骤弛学规,玩愒岁月。洪武、永乐中,六堂诸生咸有季试,考第高下,以伸劝励。今南监尚循旧规,北监废而不举。其间为师能勤讲授,为弟子能勤问学,大率计之,什不二三,此非师长之情慢乎?尤有甚者,莫之顾义,惟利是与。有入监数月或一二年即得拨诸司办事者,有坐监十余年不得出身者。又与诸司交通,凡办事一人有阙,即被干求者得之,借曰为势所逼,何为不执以奏?师之所行如此,何以表励学者?
>
> 朕推天地之量,姑皆曲宥不问。自今宜洗心涤虑,改过自新。凡洪武、永乐监学常行之规,不许骤废。拨历事者,必依资次,不许挽越。办事者亦须公当,不许徇私。但有私相嘱托、辄便听从不奏闻者,必罪不恕。继今务明圣贤之道,正己以淑生徒,毋背义苟利,以坏名祸。已,如复不悛,悔将无及②。

第二年闰十一月,李时勉任祭酒,整顿国学,锐意作兴,一时称盛,尹恕所撰《古廉李先生小传》载:

> (正统)六年闰十一月,上以太学为天下教化之原,前莅其职者不惬舆论,众议咸以先生荐,遂任之。
>
> 先生至太学,冠带缙绅之士迎迓道左者相属,文武众寮、父老戎卒相率诣桥门而拜者无虚时。监规久弛,先生为严立教条,因才设科。壮而可仕者教以吏事,如今官府论判之类,幼而可进者教以举子业。日考课程,

---

① (明)杨继盛. 椒山先生自著年谱[M]//北京图书馆藏珍本年谱丛刊:第49册. 北京:北京图书馆出版社,1998:463.
② (明)孙继宗,等. 明英宗实录:卷68 正统五年六月甲午[M]. 台北:"中央研究院"历史语言研究所,1962:1314.

夜则令宿学舍，虽隆冬盛寒，先生俯就讲解经史，每至通宵，于是诸生各有所造就。

当时作人之盛，如商辂、姚夔、彭时、岳正、万安诸彦，俱廷试魁天下。其余或中进士高第，或任御史、黄门、部属、二司、守令者，皆先生教导之力致然也①。

李时勉之后，监官多不得人，国学又重归于敝，成化七年（1471年）吏部尚书姚夔等奏称：

国子监储养贤才之地，教化之原，其责不为不重，所以祖宗立法至严，择官尤慎。如宋讷以硕德重望为祭酒，刘崧以致仕吏部尚书署司业，自是以后，如胡俨、陈敬宗、李时勉，俱师范可尊，至今为人思仰。近年人不以此官为重，而居是官者，亦不知所以自重，以致监规废弛，官属生徒，放肆纵横，殊无忌惮，风俗教化，至此已极②！

成化以后，两监在监人数锐减，原定监规不复能行。正德以后，讲学立会之风盛行，国学亦不例外，给衰落的国学教育带来一丝新气息。相比较而言，南监较北监学风稍好。嘉靖壬辰（1532年）殷迈会试下第，肄业南雍，"少司成南野欧阳公至，开讲鸡笼山，太学诸友渐兴起，彬彬然矣"③。万历七年（1579年）何出图亦游南雍，其自注年谱载其在监肄业生活云：

时大司成许公颖阳，少司成张公洪阳刻意作人，开讲院，馆谷诸生，为文会，入监考优者，即拔置会中。伯子与焉，更为所赏识。每五日一会文，论四篇，亲加批点，辄分甲乙昭揭，以故六馆之士争识伯子面。伯子自乡荐后至此十三年，漫无可否，颇怠于进修，一经二名公品题，且直指

---

① （明）李时勉. 古廉文集：卷12 古廉李先生小传 [M] //文渊阁四库全书：第1242册. 台北：台湾商务印书馆，1986：898.
② （明）刘吉，等. 明宪宗实录：卷89 成化七年三月戊戌 [M]. 台北："中央研究院"历史语言研究所，1962：1739-1740.
③ （明）殷迈. 幻迹自警 [M] //北京图书馆藏珍本年谱丛刊：第49册. 北京：北京图书馆出版社，1998：266.

真诠,有如梦觉。窃谓桑榆收效,皆二师力也①。

可见万历时南监作兴士子,但凭讲学立会,与原定学规毫不相干,学习内容也以举业为主。晚明复社亦在南监立会,称国门广业社,因其社设于南监六堂之一的广业堂,故名之。《忠节吴次尾先生年谱》载:"每大比之年,诸生论文考蓺,率萃处广业堂中。是年(1630年)合十百人为雅集,主之者为刘伯宗及芜湖沈崑铜等,并约自后三年一举行,更番主会"②。国门广业社共举四次,至崇祯十二年(1639年),"四举国门广业之社"③。

对于习举士子来说,能在国学里肄业的只是少数。监生来源主要有四:贡监、举监、荫监、例监。贡监又有岁贡、选贡、拔贡、恩贡之分。值得一提的是举监,洪武时即有落第举人入监读书之例,嘉靖之后,因国学空虚,而有落第举人须坐监方许会试之制。落第举人入监后,是以监生的身份会试,这也是明代监生中进士比例居高不下的重要原因,并非皆是国学教育的成果,参见第二章第一节"科举士子身份及入试限制"。明代国学教育在成化之后,不论在规模上还是质量上,都大打折扣,实际上在整个举业教育中,已影响甚微。监生数量可从侧面反映国学教育兴衰,吴宣德先生曾统计过明代两监监生数量,笔者据其统计结果改绘表如下:

---

① (明)何出图. 何伯子自注年谱[M]//北京图书馆藏珍本年谱丛刊:第52册. 北京:北京图书馆出版社,1998:379.
② (清)夏燮. 忠节吴次尾先生年谱[M]//北京图书馆藏珍本年谱丛刊:第61册. 北京:北京图书馆出版社,1998:517-518.
③ (清)夏燮. 忠节吴次尾先生年谱[M]//北京图书馆藏珍本年谱丛刊:第61册. 北京:北京图书馆出版社,1998:561.

表4　明代两京国子监生人数统计表

年份	南监数	北监数	两监总数	年份	南监数	北监数	两监总数
永乐三年	3050			正统八年	2539	2906	5445
永乐四年	4058			正统九年	2780	3052	5832
永乐五年	4538			正统十年	2789	4055	6844
永乐六年	4814			正统十一年	2928	4206	7134
永乐七年	6198	1028	7226	正统十二年	3933	4210	8143
永乐八年	6553	1335	7888	正统十三年	4426	4700	9126
永乐九年	6629	1551	8180	正统十四年	4284	5845	10129
永乐十年	7655	1598	9253	景泰元年	4371	5202	9573
永乐十一年	7754	1648	9402	景泰二年	4825	6108	10993
永乐十二年	6628	1754	8382	景泰三年	4735	7479	12214
永乐十三年	8260	1788	10048	景泰四年	5010	9073	14083
永乐十四年	8561	1791	10352	景泰五年	5809	8701	14510
永乐十五年	8467	2100	10567	景泰六年	4846	8639	13485
永乐十六年	8554	2150	10704	景泰七年	4940	8976	13916
永乐十七年	8551	2758	11309	天顺元年	4607	8975	13582
永乐十八年	9262	5460	14722	天顺二年	4450	8815	13265
永乐十九年	9884	5299	15183	天顺三年	4088	8157	12245
永乐二十年	9972	5300	15272	天顺四年	4146	9166	13312
永乐二十一年	9860	5340	15200	天顺五年	3093	8476	11569
永乐二十二年	9533	5400	14933	天顺六年	3398	13569	16967
洪熙元年	8558	5405	13963	天顺七年	4344	13511	17855
宣德元年	8665	5330	13995	天顺八年	5833	12016	17849
宣德二年	7054	1190	8244	成化元年	6177	13011	19188
宣德三年	5615	1757	7372	成化二年	6020	12870	18890
宣德四年	4891	1709	6600	成化三年	5720	984	6704
宣德五年	4383	1709	6092	成化四年	5487	1035	6522
宣德六年	3894	2500	6394	成化五年	5262	1012	6274
宣德七年	3326	3200	6526	成化六年	3681	1081	4762
宣德八年	3385	4256	7641	成化七年	3226	965	4191
宣德九年	3210	4123	7333	成化八年	3112	896	4008
宣德十年	3392	4352	7744	成化九年	2813	1121	3934
正统元年	3362	4352	7714	成化十年	2621	1300	3921
正统二年	3295	3795	7090	成化十一年	1996	992	2988
正统三年	3409	3921	7330	成化十二年	1989	1130	3119
正统四年	2599	3903	6502	成化十三年	1703	1320	3023
正统五年	2736	3614	6350	成化十四年	2026	989	3015
正统六年	2397	2850	5247	成化十五年	1960	1042	3002
正统七年	2565	3476	6041				

（注：数据来自《南雍志》卷一五、《明太学志》卷一二，据吴宣德先生统计成果改绘①。）

由上表可知，永乐末至宣德初和景泰至成化初，两监人数最多，不过上表统计人数多为名籍隶属于国学人数，并非实际在监学习人数。如上文所引天顺四年（1460年）刘益等奏称"景泰年间，户部奏欲存省京储，止留监生千余人"，而上表中景泰年间监生数除景泰元年外，都在一万人以上。上表北监人数成化二年（1466年）为12870人，成化三年（1467年）骤降至984人，大概前者是统计隶籍国学人数，而后者为实际坐监人数。

---

① 吴宣德. 中国教育制度通史·明代卷［M］. 济南：山东教育出版社，2000：50-63.

综上所述，明初国学教育曾盛极一时，尤其是为地方学校输送了大批师资人才，对明初教育复兴实有奠基之功。明代中期以后，科举应试人数日多，而国学人数却日减，监规废弛，学风不振，与科举的兴盛形成强烈对比。国学衰落，主要由于监生历事制度的破坏，监生拨历壅滞，又授职卑微，是故日益衰退。在明中后期的举业教育格局中，国学实无足轻重。

二、地方儒学

洪武二年（1369年），明廷诏天下府州县设立学校，学者专治一经，之后卫所、都司、行都司、宣慰使司、宣抚司、安抚司、招讨司、长官司、盐运使司等地皆陆续设立儒学①。明代儒学设立情况较复杂，且已有不少研究成果，在此，本文仅以地方儒学为例，论述士子在儒学里的习举、生活概况。

生员名额。府州县所立儒学，生员皆有名额。设学之初，在京府学生员六十人，在外府学四十人，州学三十人，县学二十人，此即为廪膳生。洪武二十年（1387年），明廷令增广生员，不拘额数，增广生立。至宣德三年（1428年），定增广生与廪膳生之额等。廪膳生、增广生皆定额之后，有的地方读书者多，生员名额不敷，于是"聪明之士不得与者入学寄名，以俟补增广之缺"②。正统十二年（1447年），入学寄名得到了明廷的认可，当年奏准"生员常额之外，军民子弟愿入学者，提调教官考选俊秀，待补增广名缺，一体考送应试"③，即为后来的附学生。之后，嘉靖二年（1523年）令增顺天府廪膳生员二十名，三年（1524年）令增应天府学廪膳、增广生员、顺天府学增广生员各二十名，十一年（1532年）奏准承天府学廪膳、增广生员六十名，其钟祥县学生员亦照例，通隶府学④。一般府州县儒学生员名额则不变。附学生员没有名额限定，到明中后期，许多地方的附学生员往往是廪膳生、增广生总和的几倍。万历《保定府志》中载其所辖各学各类生员名目甚详，录于下：

---

① 吴宣德. 中国教育制度通史·明代卷［M］. 济南：山东教育出版社，2000：175-180. 及郭培贵.《明史》选举志考论［M］. 北京：中华书局，2006：110-120.

② （明）孙继宗，等. 明英宗实录：卷151，正统十二年三月癸酉［M］. 台北："中央研究院"历史语言研究所，1962：2959.

③ （明）申时行，等. 大明会典：卷78 学校［M］//续修四库全书：第790册. 上海：上海古籍出版社，2002：410.

④ （明）申时行，等. 大明会典：卷78 学校［M］//续修四库全书：第790册. 上海：上海古籍出版社，2002：410.

保定府学生员四百名。廪膳生四十名，起复廪膳生十名。增广生四十名，起复增广生三名。附学生二百八十名。

大宁都司学生员二百八十名。优等生四十名，起复优等生九名。次等生四十名，起复次等生四名。附学生一百六十六名。

清苑县学生员二百二十六名。廪膳生二十名，起复廪膳生一名，停廪生四名。增广生二十名，起复增广生二名。附学生一百五十七名，革巾附学生十名。

满城县学生员一百三十九名。廪膳生二十名，停廪生三名。增广生十名，起复增广生一名。附学生六十六名，起复附学生一名，革巾附学生一十二名。

安肃县学生员一百九十七名。廪膳生二十名，起复廪膳生四名，考复廪膳生三名，停廪生三名，侯廪生四名。增广生二十名，侯增生六名。附学生一百一十六名，革巾附学生一十一名。

定兴县学生员一百九十九名。廪膳生二十名，起复廪膳生一名，停廪生一名。增广生二十名。附学生一百四十八名，革巾附学生九名。

新城□□生员一百五十七名。廪膳生二十名，停廪生一名，侯廪生三名。增广生一十八名。附学生九十二名，起复附学生一名，革巾附学生十一名。

唐县学生员一百二十五名。廪膳生二十名，停廪生三名。增广生二十名，侯增生二名。附学生七十四名，革巾附学生六名。

博野县学生员一百五十一名。廪膳生二十五名，停廪生三名。增广生十九名。附学生八十一名，革巾附学生十名。

庆都县学生员一百二名。廪膳生二十名，停廪生三名，考复廪膳生一名。增广生一十四名。附学生五十九名，革巾附学生五名。

容城县学生员一百六十九名。廪膳生二十名，起复廪膳生三名，停廪生三名，考复廪膳生一名，恩贡革廪生一名。增广生二十名，起复增广生二名，侯增生二名。附学生八十七名，革巾附学生一十二名。

完县学生员一百四十名。廪膳生二十名，停廪生七名。增广生二十名。附学生七十五名，革巾附学生三名。

蠡县学生员一百九十二名。廪膳生二十名，停廪生三名。增广生二十名。附学生一百二十三名,革巾附学生一十三名。

雄县学生员一百四十四名。廪膳生二十名,停廪生七名。增广生一十七名。附学生八十八名,起复附学生四名,革巾附学生八名。

祁州学生员一百三十四名。廪膳生二十八名,停廪生三名。增广生十七名,增侯廪生五名。附学生六十六名,附侯增生二名,革巾附学生十三名。

深泽县学生员九十九名。廪膳生二十名,停廪生五名。增广生一十一名。附学生五十三名名,革巾附学生八名。

束鹿县学生员二百名。廪膳生二十名,考复廪膳生一名,停廪生三名。增广生二十名,侯增生二名。附学生一百二十四名,丁忧附学生十三名,革巾附学生十二名。

安州学生员一百五十二名。廪膳生三十名,考复廪膳生二名,停廪生五名。增广生二十五名。附学生六十九名,起复附学生三名,革巾附学生一十八名。

高阳县学生员一百六十九名。廪膳生二十名,丁忧廪膳生三名,停廪生一名。增广生二十名,丁忧增广生二名,起复增广生二名。附学生九十九名,丁忧附学生七名,侯增生三名,革巾附学生一十二名。

新安县学生员一百二十三名。廪膳生二十名,考复廪膳生一名。增广生一十七名。附学生七十六名,起复附学生一名,革巾附学生八名。

易州学生员一百七十九名。廪膳生三十四名。增广生二十六名。附学生一百三名,起复附学生三名,革巾附学生一十三名。

涞水县学生员一百一十七名。廪膳生二十名,停廪生二名,侯廪生一名。增广生一十一名。附学生五十八名,革巾附学生一十四名①。

由上可知,至万历时,保定府各儒学里的生员名目主要仍是廪膳、增广、附学三种,以及因考核、丁忧等故而由其衍化出的名目,总数额与定额略有出入,附学生则不拘,亦最多。

三种生员之中,一般只有廪膳生才能在儒学里坐斋肄业,领取廪粮膳银,

---

① (明)冯惟敏纂修、王国桢续修、王政熙续纂.保定府志:卷17 学政志[M]//日本藏中国罕见地方志丛刊.北京:书目文献出版社,1991:400-403.

会馔宿号，接受完整的儒学教育，而增广生、附学生多只隶籍儒学，实际上多不在学校肄业，因为明代儒学的师资、场地有限，明初儒学教学规模即是为廪膳生而设定的。明初徐一夔云："国朝学校之制，郡设教授一，训导四，弟子员四十，俱廪于官。每训导教弟子员，则以十人为率，而日课其业。教授则月考四十人所课有进与否，而加程督焉"①。终有明一代，地方儒学廪膳生员额并未增加，增广生之设，只是为补廪膳之缺，之后附学生之设，又令补增广生之缺。虽然并没有规定不许增广生、附学生在学校学习，但明代儒学的设学规模，显然无法容纳所有的学生在校，尤其是在明中后期，附学生激增的情况下。而且三种生员中，只有廪膳生有月粮膳银，大略足以维持生计，增广生、附学生没有经济来源，又岂能人人皆家境殷实，供其在学肄业，是以在学坐斋会馔的生员，主要以廪膳生为主。嘉靖时人宋仪望曾云："坐斋会馔，止及廪膳"②。所以，有明一代，实际上在学校肄业之士非常有限。

明代儒学廪膳生员总数较为固定，虽然陆续有儒学新建，或因丁忧、考核而与定额略有增减，但相差不大，有明一代，廪膳生大约在三万至四万名间。宣德七年（1432年），南京礼部尚书张瑛言："天下儒学廪膳生员，府四十人，州三十人，县二十人，通计三万有奇"③。万历时人支大纶则言："我朝天造，聿崇师儒，广学制，誊髦之士廪于县官者三万五千八百人，涵濡二百年"④。成书于万历癸巳（1593年）的《禅寄笔谈》亦载正德以来，"廪膳生员三万五千八百三十人"⑤。可见宣德时廪膳生约三万，至万历时约三万五千八百人，之后即使有增长，亦不会太多。因此，明代儒学教育的设学规模大约在三四万人间。这个教学规模，与明中后期庞大的习举群体相比，无异于杯水车薪。

---

① （明）徐一夔. 始丰稿：卷12 送俞齐赴会试序 [M] // 文渊阁四库全书：第1229册. 台北：台湾商务印书馆，1986：337.

② （明）宋仪望. 华阳馆文集：续刻卷2 学政第二 [M] // 四库全书存目丛书集部：第116册. 济南：齐鲁书社，1997：488.

③ （明）杨士奇，等. 明宣宗实录：卷96，宣德七年冬十月辛丑 [M]. 台北："中央研究院"历史语言研究所，1962：2168.

④ （明）支大纶. 支华平先生集：卷11 儒学义田记 [M] // 四库全书存目丛书集部：第162册. 济南：齐鲁书社，1997：143.

⑤ （明）陈师. 禅寄笔谈：卷3 国事 [M] // 四库全书存目丛书子部：第103册. 济南：齐鲁书社，1997：606. 陈宝良. 明代儒学生员与地方社会 [M]. 北京：中国社会科学出版社，2005：212.

学规与教法。明初学校之设,并非专以备科目之选,而是通过学校立教,来教导乡里,明人伦,敦风俗,化育斯民。学校既是师儒藏修之地,亦是乡饮酒礼演习之所,生员肄业之外,还须讲习礼乐,儒学实为明廷礼乐治国的重要途径。明人田汝成云:

> 学校之储才,非专以备科目之选也。以科目之多寡为人才之盛衰,非所以探法制之本始也。盖学校之本始,将以明人伦也。虽圣人在上,势不能家喻而耳提之,故必抡其俊秀,而董以师儒,训以德艺,使之更相摩染,不见异物而纷焉。襄进其贤者,而简斥其不肖者,则既彬彬然有良士矣。由是上以事其父兄,下以谕其子弟,旁以宜其乡党,邻里亦莫不更相摩染,陶然于仁义礼乐之中,而委巷遐陬,浸以渐被,人伦明而小民睦,则学校之士为之倡导也①。

且明初荐举、学校、科举,三途并用,还曾一度罢科举十年,至洪武十七年(1384年)重新开科后,科举才日益显重,儒学教育才渐以科举为导向,科举也渐主要取隶籍学校之士应试,科举考试与儒学教育呈现一体化的趋势。

洪武二年(1369年),明廷诏天下府州县立儒学,同时颁布《皇明立学设科分教格式》,令各处学校镌于碑石上,所定设科分教之法如下:

> 选官分科教授。礼、律、书共为一科,训导二员,掌教礼、教律、教写字,于儒士有学行、通晓律令、谙习古今礼典、能书字者。乐、射、算共为一科,训导二员,掌教乐、教数、教射,于知音律、能射弓弩、算法者。……
>
> 府,教授;州,学正;县,教谕。掌明经史,务使生员知孝弟、忠信、礼义、廉耻,通晓古今,识达时务,及提调各训导教习,必期成效。……
>
> 生员习学次第:侵晨,讲明经史、学律;饭后,学书、学礼、学乐、学算,未时习射弓弩,教使器棒,举演重石。学此数件之外,果有余暇,愿学诏、诰、表、笺、疏议、碑传、记者,听从其便。

---

① (清)黄宗羲.明文海:卷365 顺昌县改作学宫记[M].北京:中华书局,1987:3751-3752.

守令每月考验生员，观其进退揖拜之节，听其言语应对之宜，背读经史，讲通大义，问难律条，试其处决。讲礼务通古今，写字不拘格式，审音详其所习之乐，观射验其膂力，又能中的，稽数明其乘除，口手相应。守令置立文簿，同教授纪载诸生所进功程。如一月某科某生学不进，则纪载于簿，至三月学不进，罚此科训导月米半月，罚多不过一月。

设学之后，子弟习学各科，限一年有成。……①

此教法不仅学经史，还学礼、学律、学书、学乐、学数、学射，还有器棒、举重石，堪称德智体美兼顾，与此后以《四书》《五经》为主要内容，以读书、讲书、作文为主要方式的教学有很大不同。不过此教法并未通行多久，重新开科之后，儒学教学渐转向以科举为重心。洪武二十五年（1392年）定儒学礼、射、书、数之法，令"朝廷颁行经史、律、诰、礼仪等书，生员务要熟读精通，以备科贡考试"，"习书依名人法帖，日五百字以上"②，之外尚须习射、数。第二年又定学官考课法，专以科举生员多寡为殿最，规定：

县学生员二十名，教谕九年任内，有举人三名又考通经者为称职，升用。举人二名，虽考通经为平常，本等用。举人不及二名，又考不通经者为不称职，黜降别用。

州学生员三十名，学正九年任内，举人六名又考通经者，升用。举人三名，虽考通经，本等用。举人不及三名，又考不通经者，黜降别用。

府学生员四十名，教授九年任内，举人九名又考通经者，升用。举人四名，虽考通经，本等用。举人不及四名，又考不通经者，黜降别用。

府、州、县学训导分教生员，九年任内，举人三名又考通经者，升用。举人二名或一名，虽考通经，本等用。举人全无又考不通经者，黜退别用。

先是，教官考满兼覈其岁贡生员之数，至是，上以岁贡为学校常例，

---

① （明）李宗元. 嘉靖沈丘县志：卷2 学校[M]//天一阁藏明代方志选刊续编：第58册. 上海：上海书店，1990：1021-1023.
② （明）申时行，等. 大明会典：卷78 学校[M]//续修四库全书：第790册. 上海：上海古籍出版社，2002：413.

故专以科举为其殿最①。

至此，儒学教育完全被规正到科举的轨道上来。之后，正统六年（1441年）始置簿记录生员日常学行②，成化三年（1467年）奏准礼部尚书姚夔所议，"（学校）仍置三等簿籍考验，其德行优、文艺赡、治事长者，列上等簿；或有德行而劣经义，有德行、经义而欠治事者，列二等簿；经义虽优，治事虽长，而德行欠缺者，列三等簿。岁课月考，验其所进，循次而升之，非上等、二等不许科贡"③。

自正统元年（1436年）始，明廷设提学风宪官，给予敕谕，俾专一提督一省学政，稍夺学官之权。提学官景泰时一度罢设，天顺五年（1461年）复设，再给敕谕，之后沿设不废，形成了儒学教育学官、地方有司官（即提调官）、提学官三重负责体系。其中地方有司官对所辖学校仅负提调之责，明初曾规定有司官朔望诣学，谒庙行香，考核生员功课，并负责生员季考，后来还负责类试中的县试或州试、府试，起送生员赴提学科考。学官、提学官乃专为儒学教育而设，学官负责该校日常教学，对生员日课月考。提学官负责一省学政，巡历全省各学，岁考以黜陟生员，登进童生，科考以选拔生员应乡闱，而且常常据提学敕谕，参考当地情况，制定一省学政，俾师生遵习，学政内容多包括生员会馔宿号、读书、作文、习字、会课等方面。正德时顾潜督学京畿，曾行《申严条约事》，其中关乎士子习举肄业者如下：

> 读书须要字字的确，句句分明，如昔人所谓心到、眼到、口到，又不厌多读，庶几其理自见而讲解易通，所记亦真而引据不谬。若含糊读过，不分句读，又只强记，遍数欠多，则随读随忘，于心无得。纵使不忘，其于语意，亦多舛错矣。自今教官各依每季书程授读，本院按历所至，掣签考验，有不能背者，师生俱责。

---

① （明）胡广，等. 明太祖实录：卷227　洪武二十六年五月丙寅，北："中央研究院"历史语言研究所，1962：3317-3318. 注：正文已据《〈明太祖实录〉校勘记》改正.

② （明）申时行，等. 大明会典：卷78　学校［M］//续修四库全书：第790册. 上海：上海古籍出版社，2002：413.

③ （明）刘吉，等. 明宪宗实录：卷40　成化三年三月甲申［M］. 台北："中央研究院"历史语言研究所，1962：815.

讲书乃学者要务，讲贯既明，体认既切，则发而为文词，有所根据，措而为事业，有所持循，是之谓有本之学。其或徒事记诵，以资为文，而于圣贤立言之意，漫不融会。甚者窃听穿凿主意，专记刊印时文，而并传注，亦有未解，则其所学何得于心，何益于用哉！自今师生，其必究心于此，先《四书》，次各经，依的定规程，每旦授讲，次日令复讲。提调官朔望诣学，必详叩之，有不能讲及讲而不明，量行惩责，能讲者赏。其岁贡、科举本院考毕，仍验其讲贯何如，若讲贯工夫未至，文词虽美，不在取列。

作文贵纯正明白，戒用尖新险怪之语。又须博学强记，《四书》《五经》之外，旁及诸子、诸史并唐韩、柳，宋欧、苏、曾、王诸家之文，庶几临文资取不穷。或用其事，或师其意，或仿其格，无不可者。若徒记诵近时刊印时文并讲义、活套等书，苟应考校，则其立志不远，取法已卑，验出必行惩责。其州县或因僻远，前项书籍艰得，提调官宜悉心访求，或翻刻，或抄写，各发该学，以便诸生，侯本院按历之日开报。

月课。教官于程内出题，已成材者及愿报科举者，每月作《四书》、经义各三篇，论、策、判语各一道，诏、诰、表内科一道；其未成材者，《四书》、经义九篇；未通经者，《四书》义九篇；未行文者，破题对句。逐季置簿，分日于斋内，训导监视，作完墨笔批改讫，送掌教官用朱笔重加批校。每季终送提调官收，侯本院按临查考，毋容在外传抄塞白，违者重治。

教官每月考试，提调官每季考试，已习举业者，《四书》、经义各一篇，论、策各一道；未习举业者，量考《四书》、经义及破对句，务在严慎公明。月考校定高下，量为惩劝，卷存本学备查。季考高下，显书揭于本学堂壁，以验次季消长，仍随其等第，赏劝戒责，庶几人知激昂，并臻成效。其无故不与考，月考三次、季考二次者，申呈本院施行。

作字须仿前人法帖，或偏州小县无帖，提调官访求，翻刻发学，未习举生员能作文者日一幅，作破义对句者日二幅，务在端楷，毋草率备数及令他人代写。训导逐日批看，月终送掌教官收封，季终送提调官收，侯稽考。已习举者免。如临考写卷，字不端楷者有责。

《春秋》《礼记》同为圣人垂世立教之书，近时学者苦其简帙浩繁，习者渐少，深惧久而愈失其传。提调官即同教官择诸生中年少质敏者，令其改习，仍访专门之士讲授之，有愿出外从师者，即与申呈定夺。社学子弟有能背诵是经、通知大义者，提调官审实，送院考验入学①。

此学政行于正德初，是时学政尚谨严有序，督责士子习举也以德业为本，如取送岁贡、科举还兼取平时学行，此后取科举、岁贡但凭文艺，而不复关及德行。上引学政基本概括了士子在学校的学习安排，即读书、讲书、作文、习字，以及各种考课。其中士子学习有"的定规程"，此学政未载，张邦奇督学湖广时所行学政载有学习工程，录于下：

生员课业，各教官限定工程，《四书》、本经，每岁务周一遍。自今年九月终起，用四个月读《论语》，次用五个月读《孟子》，次用一个月读《大学》，次用二个月读《中庸》。其本经量定工程，一岁一遍，先要熟读背诵、讲解明白，每三六九日于所读所讲去处，出题作文各一篇。每日习读经书之暇，仍兼看《性理大全》《朱子纲目》各数十页，每五日就中出题，作论一篇，各立课簿，以凭按临吊阅②。

由上可知，生员在校的学习内容、进度、考课方法提学官都有详细安排，生员的举业学习乃提学官施行学政的重心。除了对生员举业学习、考课做出安排外，提学官另有多种措施，以方便生员习举。如有的地方师资薄弱，提学官还礼聘经师，选拔各学优秀生员，群聚一所，讲学会课，以作兴人才。如弘治、正德之际，姚镆受命提督广西学政，当时广西因"裁减官员，以苏民困事例，各学教官或省其三之一，或省其四之二，视中州非惟不及，而反加略矣"③，于是商议：

欲便差人前往江西、福建等处，访请素有闻望举人，真可以启迪来学，师表后进者，每经一名，前到本省，于书院、贡院等衙门，各另居住。通

---

① （明）顾潜. 静观堂集：卷8　申严条约事［M］//四库全书存目丛书集部：第48册. 济南：齐鲁书社，1997：531-532.
② （明）张邦奇. 张文定公环碧堂集：卷17　湖广学政［M］//续修四库全书：第1337册. 上海：上海古籍出版社，2002：267.
③ （明）姚镆. 东泉文集：卷8　广西学政［M］//四库全书存目丛书集部：第46册. 济南：齐鲁书社，1997：718.

于各学选取年少力学，稍有资地生员二百五六十名，使之以经从，群聚一所，日逐分讲，以专功课，朔望会考，以励勤能。本职亲自程督，以防偷惰，岁濡月染，交修互发，或当有可观者。但师生日用，为费实多，每经师一名，或用束修银六十两，礼请银六两，供给银十两，共银七十六两。每考赏劝纸墨约用银三两，共用银六十两，通共银四百四十两，庶觳一年之费①。

并动支各学膳余银，作为经费。此议经总督府察院批允，"聘请江西等处《五经》举人朱禄等，到省开讲"，后因开支过大，乃改为"仍于各生中查取资禀尤美者一百余名，到省读书。行令桂林府学训导谈一凤，临桂县学教谕许洪宥，全州学学正苏瑶，梧州府学训导钟晓，仍前分经授讲，按期考校，间有赏劳等费，量为区处"②。

有的提学官还刊印优秀士子的习作，发予各学生员观览，便其习举。如陈儒督学浙江时，行令：

敢以浙中诸士之作，梓而行之，用以启迪后学，少寓崇雅黜浮之意云尔。其中或有未当者，尚赖贤明提调并博学教官暨我二三子相与改正，考订明白，翻刊成书。仍通行所属州县，即便动支本道纸价，赴府印刷，将在学生员人给一部，以便观览，庶文体可正，而诸士知所向方，本道亦少籍以塞责矣③。

明代提学官之设，对儒学教育的规范化，对师儒的督察作用显而易见，不过明代学政的好坏，取决于提学官的素质与是否恪尽职守。提学官初设时，明廷也重其选，多用名流，是故学政谨严有序。嘉靖以后，督学柄稍轻，任者非人，学政渐废弛，至万历时尤甚。万历二十四年（1596年）吏科给事中刘道亨

---

① （明）姚镆. 东泉文集：卷8 广西学政 [M] //四库全书存目丛书集部：第46册. 济南：齐鲁书社，1997：720-721.
② （明）姚镆. 东泉文集：卷8 广西学政 [M] //四库全书存目丛书集部：第46册. 济南：齐鲁书社，1997：727.
③ （明）陈儒. 芹山集. 卷24 学政 [M] //北京图书馆古籍珍本丛刊：第106册. 北京：北京图书馆出版社，1998：203-204.

曾奏:"两浙多士之区,六年不经岁考"①。万历四十一年(1613年)礼部亦言:"迩来学政堕窳,功令不信,有数年不经岁考,甚至有十八九年者"②。可见学政废弛的程度。明嘉靖以后,地方儒学教育衰落,学风不振,师儒因循充位,会馔宿号不举,提学官莫辞其咎。对此,傅维鳞有论:

> 明初特重督学使者之选,两畿用御史,省用按察,类皆采名流。国盛时未论,即正德末御史萧鸣凤惩恶严,虽才不贷。副使魏校敦行急,受欺不悔。至如李梦阳之伸士节、振萎习,士诵义不休。而李化龙、李尧民、左光斗之扶善类、惩凶顽,藻鉴澄序,不爽分寸,盖其尤也。
>
> 其后督学稍称轻柄,其任者非必有卓行实学压士心如异时,高者虚谈沽誉,劣者安禄养交,下者至开倖门听托不忌。又巡历或三四岁乃一至,至不过浃旬月,独品所为校试一日文而止,不复关行能,考察他道艺。即甄考德行,亦按下所申报,多势豪富厚及好交官长者,乃奖赏之,不复有案质。甚乃惮巡行劳苦,独高坐引日月,至大比,乃委府、州、县汇考而合试之,故士习刓而人骛奔趋③。

3. 学校生活与学风。在学校肄业者多为廪膳生,生活起居皆在校内。儒学多有会课之明伦堂,肄业之东西斋,用餐之会馔堂,起居之号舍,藏书之尊经阁,有文庙、有大成殿、有泮池、有射圃、有两庑、有戟门等。府学有教授,州学有学正,县学有教谕,各一人,皆有训导,府四人、州三人、县二人,以教导生员。明初规定生员须每日升堂坐斋,会馔宿号。

洪武初定儒学师生廪食月米六斗,后复令日米一升,鱼肉盐醯之类皆官给之,洪武十五年(1382年)改为廪馔月米一石。永乐三年(1405年)申明,师生每日清晨升堂,行恭揖礼毕方退,晚亦如之。生员会食肄业、毋得出外游荡。正统元年(1436年)令师生逐日会馔,有司金与膳夫,府学四名,州学三名,县学二名。天顺六年(1462年)提学敕谕规定:师生每日坐斋读书及日逐会

---

① (明)顾秉谦,等. 明神宗实录:卷298 万历二十四年六月癸丑[M]. 台北:"中央研究院"历史语言研究所,1962:5584.
② (明)顾秉谦,等. 明神宗实录:卷514 万历四十一年十一月己卯[M]. 台北:"中央研究院"历史语言研究所,1962:9709.
③ (清)傅维鳞. 明书:卷62 学校志[M]//丛书集成初编:第3940册. 1247-1248.

馔，有司仝与斋夫、膳夫。府学膳夫四名，斋夫八名。州学膳夫三名，斋夫六名。县学膳夫二名，斋夫四名。不许违误缺役。弘治之后，又令膳夫岁出柴薪银，以备会馔之用①。不过在实际施行中，有的儒学廪膳生除了领取月粮一石外，另有膳银。万历三十八年（1610年）所修《常熟县儒学志》载该学廪生廪禄数为："廪生二十名，每年每生支廪粮拾贰石，每遇闰月，各支米一壹石，每年各支膳银伍两贰钱壹分柒厘肆毫"②。

儒学多置有学田、义田，所收田租除了用于儒学修理，日常开支外，还资助贫生，而且不拘于廪增附。如嘉靖时靖江县儒学《学田规约》规定：

> 诸友贫乏不能婚丧者，师友及时堂议，量为给助。
> 诸生每人岁给灯油十斤，少助进修之用。其有操行弗端，或学无进益者，验实不与，俟其改行勤学，仍岁给之。
> 宿斋肄业、贫弗自给者，量加茶粥之助，月不过米四斗。
> 科举起送、花红酒馔之外，每名议助银二两③。

《常熟县儒学志》亦载有学田资助贫生事例，规定："其一贫不能葬，使父母暴骸。其一贫不能娶，真只身鳏苦。其余斤斤好脩而糊口无资，及暮龄县罄、果不能举火者，学师须着公廉生员，或即着掌管二生从实勘，的须及丧娶之期，方准给与"④。不过学田多委之斋夫佃户，难免日久生弊，万历时郭子章督学四川时云：

> 朝廷养士，止及廪生，增附而下，势不得周，惟有学田一节，可以优给贫士。迩来田租之弊，不可枚举。始有司置田，委之学官，学官给事者止三五斋夫，势无能迨乎佃户。佃之黠者稍饵斋夫，斋佃表里为奸，彼此

---

① （明）申时行，等. 大明会典：卷78 学校［M］//续修四库全书：第790册. 上海：上海古籍出版社，2002：413－416.

② （明）缪肇祖，等. 常熟县儒学志：卷2 廪禄数［M］//北京图书馆古籍珍本丛刊：第51册. 北京：书目文献出版社，1998：326.

③ （明）朱得之. 新修靖江县志：卷5 学校四之三［M］//稀见中国地方志汇刊：第13册. 北京：中国书店，1992：980.

④ （明）缪肇祖，等. 常熟县儒学志：卷4 附公呈条议［M］//北京图书馆古籍珍本丛刊：第51册. 353－354.

干没，而学官之令穷矣。不得已还之有司，有司政务纷挐，难兼理，复委之礼吏胥，佃之饵吏胥犹斋夫也，而有司之令穷矣。以郡县养士之资，徒以饱黠佃而饵奸徒，最可恨也①。

明前期生员在校肄业，升堂坐斋，会馔宿号，不许出外游荡。不少生员已成家，往往携家属就学，因此，有的儒学另建外号，以居生员家属。如正德元年（1506年）吴县修理儒学，越明年，又建外号成。刘恒记其事曰：

> 吴学既修，或又言吴有湖山之阻，士来就学者，未免携家属与俱，而苦无定止，类多僦民居以处，殊非进脩之道。予闻而病焉，于是复就学门之西，构屋一区以治之，名曰外号，示警别也。屋凡二十四楹，每二楹间为一户。户有明窗净室，士读女织，恬如也。繇是衿佩云集，学无虚舍。夜静灯火连房，辉暎达旦，弦诵之声，远近相闻，而泚泚乎宫墙之内外矣②。

儒学日常教学，系乎儒学教官，明初也重教职之选，多次令副榜举人、落第举人就教，岁贡生就教也得经过严格考核方准。如洪武十八年（1385年），"吏部引奏，下第举人俱授教官"③。洪武三十一年（1398年），"再试寄监下第举人，中式者四百一十五人，次其等第，除教授、教谕、训导，不中者八十七人，为州吏目"④。正统元年（1436年），"行在礼部尚书胡濙等奏：'副榜举人赵能等三百九十名，例送吏部，除授教职，不愿就者刘清等六十三名，当送监及依亲读书'。从之"⑤。正统四年（1439年），"行在礼部奏：'会试取中副榜

---

① （明）郭子章. 蠙衣生蜀草：卷9 学约［M］//四库全书存目丛书集部：第154册. 694-695.
② （明）牛若麟，等. 崇祯吴县志：卷13 刘恒吴县学增建号舍记［M］//天一阁藏明代方志选刊续编：第16册. 上海：上海书店，1990：185.
③ （明）胡广，等. 明太祖实录：卷173 洪武十八年五月丁巳［M］. 台北："中央研究院"历史语言研究所，1962：2642.
④ （明）胡广，等. 明太祖实录：卷256 洪武三十一年二月己丑［M］. 台北："中央研究院"历史语言研究所，1962：3699.
⑤ （明）孙继宗，等. 明英宗实录：卷15 正统元年三月乙亥［M］. 台北："中央研究院"历史语言研究所，1962：281.

举人有年及二十五以上者二百三十三人，请送吏部，除授教职，年未及者五十八人，例送监及依亲读书'。从之"①。天顺元年（1457年），巡按陕西监察御史钱琎奏副榜举人不愿为师者众，"乞敕该部，今年会试副榜举人精选多取，倍蓰常年之数，除三十以下并历事、坐监六年以上者，听从不就，其余悉送吏部选用"②，结果从之。成化元年（1465年），吏科都给事中沈珷等言："比来纳马、纳粟并四十以上入监者，俱以记诵旧文，滥授学正、教谕之职，遂致学校废弛，请自今学正、教谕必用副榜举人，其他止授训导，仍限年五十以下者，方听就试"③，结果从之，著为令。不过成化以后，副榜举人不愿就教的现象越来越严重，明廷开始严令一定年龄以上副榜举人不准辞教职，诸令如下：

（成化四年五月）礼部覆奏："副榜举人年二十五以上者，不听辞职。教官考满到部，惟年五十以上者，不听会试"。从之④。

（成化五年二月）礼部奏："会试副榜举人听选、历事及坐监五年以上者，准其告辞教职，坐监五年以下及年二十八岁以上者，不准告辞。其下第有愿就教职者，照例送翰林院考试，果通三场，量为除授"。从之⑤。

（成化十三年十二月）今后愿就教职岁贡监生，务在严加考选，不许滥授。副榜系坐监依亲者，稽其原报册籍，若年三十五以上，不准告免教职，愿会试者如任满到部，例行之⑥。

（成化二十三年二月）副榜举人在监三年、年三十以上者未入监，并新

---

① （明）孙继宗，等．明英宗实录：卷52 正统四年闰二月乙酉［M］．台北："中央研究院"历史语言研究所，1962：944．
② （明）孙继宗，等．明英宗实录：卷275 天顺元年二月癸卯［M］．台北："中央研究院"历史语言研究所，1962：5842．
③ （明）刘吉，等．明宪宗实录：卷22 成化元年冬十月戊寅［M］．台北："中央研究院"历史语言研究所，1962：429．
④ （明）刘吉，等．明宪宗实录：卷54 成化四年五月丙子［M］．台北："中央研究院"历史语言研究所，1962：1102．
⑤ （明）刘吉，等．明宪宗实录：卷63 成化五年二月乙未［M］．台北："中央研究院"历史语言研究所，1962：1283．
⑥ （明）刘吉，等．明宪宗实录：卷173 成化十三年二月辛亥［M］．台北："中央研究院"历史语言研究所，1962：3129．

科年二十五以上者，俱令就职。教职六年有举人者许会试，余皆如议①。

（弘治六年三月）礼部奏："今次会试所取副榜举人，凡在监五年以下并未入监及新科年岁相应者，俱令就教职，不许告免。仍遵天顺八年（1464年）诏例，署职九年考满者，方许再会试一次"。从之。仍命署职六年以上有举人者，亦许会试。时副榜举人多不愿就教职者，故礼部奏严其限②。

由上可知，随着科目日重，副榜举人、落第举人多不愿就教职，而以岁贡乃至援例监生选充教职，无疑会造成儒学师儒素质下降。申令副榜举人就教职主要是在成化、弘治年间，此时虽多有副榜举人不愿就教职，但明廷一再督责，也有所成效。再加上此时期提学官学政谨严，至正德时，地方儒学教育尚井然有序，师儒可资且恪尽职守。如《怀庆府教授马先生学政记》载正德时副榜举人马乾署教怀庆府儒学时云：

时在学生徒仅百二十人，东西两外号家室六十区，文会堂之东西内号三十余楹，其不住外号者，尽收入内号。冬春之夜，相伴读书，昼则讲书、改课无暇时。诸生日不至者考，月不至者申提调，季不至者申提学，不俟按临而黜退者十有三人，亦多取怨③。

嘉靖以后，儒学教官多以岁贡生选充，岁贡多以年老挨贡，学术纰缪，无以师范，又年老衰疲，庸碌无为，再加上提学官学政渐疏，地方儒学教育质量急剧下滑。如谭大初自订年谱载嘉靖三年（1522年）春：

龙溪林公浩以南海令左官教授，厉志作兴，先请有司修葺号舍，集诸生书画卯酉，坐斋宿号，每夜或一鼓一至，或二鼓一至。公居尊经阁下，

---

① （明）刘吉，等. 明宪宗实录：卷287，成化二十三年二月己卯，台北："中央研究院"历史语言研究所，1962：4849.

② （明）李东阳，等. 明孝宗实录：卷73 弘治六年三月癸酉［M］. 台北："中央研究院"历史语言研究所，1962：1365.

③ （明）娄枢. 娄子静文集：怀庆府教授马先生学政记［M］//四库全书存目丛书集部：第85册. 济南：齐鲁书社，1997：543.

鸡鸣而起，命斗级摇铃，逐令送火，衣冠俨然，朗诵经史，为诸生倡。时师范久弛，同寮老生俱称不便，或有怨言①。

谭为广东南雄府人，可见嘉靖初有的地方儒学教育就已衰落，坐斋宿号不举。嘉靖时人李乐亦云：

> 余少及见邑庠先生笞责诸生，无敢抗逆者，盖自嘉靖壬子（1552年）、甲寅（1554年）以后，而此风寖衰矣。浙省学使屠坪石公持正方严，访诸生行谊不委之广文，多所询察，务得其人，以行赏罚，诸生一时皆不敢失礼蹈法，自后大都务宽，遂至肆无忌惮②。

可见嘉靖以后，地方儒学大多教规松弛，教官玁其职事，提学官又多务宽简，结果诸生无人约束，学风大坏。需要说明的是，即使是在师儒可范，学政谨严的时期，地方儒学的学风也不是很好。究其原因，儒学生员出路，无非科贡二途，出贡日轻，科举日重。儒学岁贡有定额，洪武十六年（1383年）明廷"奏准天下府、州、县学，自明年为始，岁贡生员各一人"③。之后，贡额数次增损。至正统六年（1441年），"令府学一年贡一人，州学三年贡二人，县学二年贡一人"④，遂为定例。其他军民指挥司卫学、都司及土官学、宣抚司学等亦陆续准贡。科举则每省皆有定额，即使像江西、浙江、福建这样的科举大省，自景泰七年（1456年）至万历四十年（1612年）也不过是每科95、90、90名，南、北直略多，不过其名额还包含南、北监监生的名额，其他各省解额低于江

---

① （明）谭大初.谭次川自订年谱[M]//北京图书馆藏珍本年谱丛刊：第47册.北京：北京图书馆出版社，1998：265.
② （明）李乐.见闻杂纪：卷2 六十二[M]//四库全书存目丛书子部：第242册.济南：齐鲁书社，1997：206.
③ （明）申时行，等.大明会典：卷77 贡举[M]//续修四库全书：第790册.上海：上海古籍出版社，2002：393.
④ （明）申时行，等.大明会典：卷77 贡举[M]//续修四库全书：第790册.上海：上海古籍出版社，2002：393.

西、浙江、福建三省①。对于地方儒学来说，出贡有常额，科举则每三年中一二名就算名校，许多儒学多年无人中第。如来知德于嘉靖三十一年（1552年）中举人，其年谱载："时本县乏科百年"②。所以对大多数儒学生员来说，实际上是无缘于科贡之途，假使大多数人前程一片渺茫，又岂会安心读书。不读书之人多，则用心读书之人反成异类，成为冷嘲热讽的标靶。秦纮自订年谱载其正统七年（1442年）在邑庠读书云：

> 予感沈先生教爱，发奋刻苦，每日散学，同学都在大街摇摆，予□从僻巷中□书，且读且行。及到家，置书案上，口吃饭，眼看书，夜间窃学为文。未几，为同窗所觉，倡言某不识羞，学做文章。予任其讪笑，益加勉进③。

沈先生姓沈名翔，为新除教谕，每月考试同学百余人，往往取秦纮第一，"以致同学嫉妒，阳则谤言，阴则谋害"④。正统十二年（1447年）当乡试，西斋训导戴谨忌讳秦纮中举，又唆使西斋学生，想阻止他赴试。秦纮自订年谱载其事：

> 是年开科，时本学分两斋，予隶东斋。其西斋训导南通州戴瑾，险妒人也，知予必中，乃语西斋诸生云："若秦某中，我西斋不中，你回来都打一百"。以致隶西斋者皆启谋心，欲使不得赴试，无衅可指，乃诬予毁骂学官。事上兖州府，累及于父、叔、兄与隶西斋者系狱。事白，赴试，沿路隶西斋者又阴谋不善，得同斋霍时举漏言，予明行早宿，幸得达省。揭晓，

---

① 明代乡试解额研究可参考论文：郭培贵. 明代乡试录取额数的变化及举人总数考述[J]. 东岳论丛，2010（1）. 汪维真. 明代乡试解额制度研究[M]. 北京：社会科学文献出版社，2009.
② （明）古之贤，等. 太史来瞿唐先生年谱[M] //北京图书馆藏珍本年谱丛刊：第50册. 北京：北京图书馆出版社，1998：69.
③ （明）秦纮. 秦襄毅公自订年谱[M] //北京图书馆藏珍本年谱丛刊：第40册. 北京：北京图书馆出版社，1998：34-35.
④ （明）秦纮. 秦襄毅公自订年谱[M] //北京图书馆藏珍本年谱丛刊：第40册. 北京：北京图书馆出版社，1998：35.

予叨中二十三名，而西斋无一中者①。

可见明初地方儒学学风就不算好。又如成化二十年（1484年）黄畿在郡学时，"一夕，同舍生攘鸡贳酒邀之，谢不往，即束书归。曰：'是固尝举业擅场者，其行若此，吾胡可与侣哉'！乃告改邑庠，即沿养亲例以归"②。在学生员竟然偷鸡赊酒，可见生员素质鱼龙混杂，参差不齐，并非皆好学向道。一些儒学缺乏师资，士子更是"大率安于怠惰，而不复肯以勤励为心，狃于寻常，而不知以高明为业。经书无讲明之功，文字无制作之体，子史无旁通之力，故其学校虽设而人才日衰，乡书虽登而春榜恒鲜"③。至晚明，学政废弛，庠序乏师范，学风更是每况愈下，习尚近侈，人竞争利。诸生"平时则束经书为枕藉，遇试则以嘱托为捷径"④。"一经试后，即焚笔砚、阁经史，游戏谑啸，群而趋之，非蛊于声色，则诱于珍玩"⑤，混迹于茶楼酒肆，醉心于绮绣古玩。晚明儒学学风如此，虽有志于进取者，亦不宜居此。

4. 儒学与文运。儒学之设本为明人伦，风教化，非专以备科目之选，自科目盛儒学转而以科目人才多寡为兴衰，师儒之所教，生员之所习，无非举业。正统以后设提学官，俾提督学政，科考士子应乡闱，由于解额有限而应举者日众，科考渐主要取隶籍学校之士应试，而儒士、吏典等杂流受到限制，是以士子习举应科举，多先取得生员身份，而后通过提学考校应乡闱，即所谓"应科目者又以学校为阶"⑥。虽非所有生员皆在学校肄业，但多以学校为中心，定期赴校接受考较，以行黜陟，应科考、乡试亦由本学起送，故一邑生员科举多以儒学为媒介，其科第兴衰也就自然与儒学联系到一起。儒学也多建有科第坊，

---

① （明）秦纮. 秦襄毅公自订年谱［M］//北京图书馆藏珍本年谱丛刊：第40册. 北京：北京图书馆出版社，1998：36-37.
② （清）黄佛颐. 粤洲公年谱［M］//北京图书馆藏珍本年谱丛刊：第42册. 北京：北京图书馆出版社，1998：460.
③ （明）姚镆. 东泉文集：卷8 广西学政［M］//四库全书存目丛书集部：第46册. 济南：齐鲁书社，1997：720.
④ （明）顾秉谦，等. 明神宗实录：卷412，万历三十三年八月癸卯［M］. 台北："中央研究院"历史语言研究所，1962：7715.
⑤ （明）郭子章. 蠙衣生蜀草：卷9 学约［M］//四库全书存目丛书集部：第154册. 696.
⑥ （清）黄宗羲，编. 明文海：卷365 顺昌县改作学宫记［M］. 北京：中华书局，1987：3752.

科贡题名碑，以光显前贤，鼓舞后学，亦彰本学文运之盛。儒学与科第相附会主要表现在两个方面，一为儒学多建文昌祠、文昌阁，尊奉梓潼帝君，冀其佑庇生员发第；二为将儒学科第多寡与儒学地望相关联，科第乏人往往归咎于儒学风水、位置，或改作或迁徙。

儒学又称庙学，因学中皆置文庙，崇祀先师，附祀先贤，此外还多有名宦、乡贤等祠，其崇祀人物大略皆有名实可考，或道德文章足为士范，或有丰功伟绩、嘉言懿行可为后学师，至于梓潼帝君，似人似鬼，似星似神，来历不详，而徒以世传其司功名而忝祀学宫。周瑛云："今天下郡县学多建文昌祠，祀所谓梓潼帝君者"①。钱溥亦云："天下学宫悉置文昌祠，文昌非祀典也，而士游学宫者晋谒宣庙，必退礼祠下，尊信而敬畏之"②。文昌本星宫名，后与起源于巴蜀的梓潼神合而为一，梓潼帝君被尊为文昌神，司桂籍、掌爵禄。自唐宋开科取士以来，文昌之祀遂遍天下。关于明代文昌之祀，周瑛载："文昌宫正中而坐者为梓潼帝君，帝君左右二童子，曰天聋，曰地哑。相传帝君判天禄二籍，职贡举，天聋口得言而耳不得闻，地哑耳得闻而口不得言，故其事密秘"③。

明制，科目为重，而士子科举又多以学校为阶，故学宫多祀文昌，冀其佑庇士子发第。儒学中的文昌祠或因袭前代，或为新创。文昌之祀主要是为作养士气，当然，笃信其能佑庇科第者亦不乏人。如大名府新修学宫，"又于东隅建文昌祠焉"，俾二三子登堂讲业之余，"退而游焉，有所瞻望，以兴其志，此亦鼓舞之一机也"④。有的儒学原无文昌之祀，因科举不佳，乃增祀文昌，以昌文运。德州学宫即因为"比日歌鹿弗都，题雁未惬，人或咎于轴位，兼亦仵于星纬"，邑侯"乃谋于荐绅士、父老子弟阁焉，文昌居之"，其工"肇于丙申（1596年）五月十日，讫于丁酉（1597年）三月望日。是岁登录者四，一冠贤

---

① （明）周瑛. 翠渠摘稿：卷8 文昌祠说［M］//文渊阁四库全书：第1254册. 台北：台湾商务印书馆，1986：872.
② （明）顾清. 正德松江府志：卷12 学校上［M］//天一阁藏明代方志选刊续编：第5册. 上海：上海书店，1990：669.
③ （明）周瑛. 翠渠摘稿：卷8 文昌祠说［M］//文渊阁四库全书：第1254册. 台北：台湾商务印书馆，1986：872.
④ （明）钟羽正. 崇雅堂集：卷9 大名府文昌祠记［M］//四库全书存目丛书集部：第167册. 台北：台湾商务印书馆，济南：齐鲁书社，1986：781.

书"①。临朐县儒学亦因"间者科目晨星，以堪舆之说，建高阁于东门，故址为学宫左护，因以奉文昌之祀"②。若儒学文昌祠废坏，还多有修葺之举。如建昌府儒学"故有文昌祠，在戟门之东，岁久祠废，神像迁寘文庙庑下，于礼未宜"。天顺八年（1464 年），邑侯谢仲仁"乃度旧址，鸠工抡材，戒以勿亟图，惟坚好区画"③，重修文昌阁并为之记。儒学崇奉文昌神的方式并不限于祠、阁，如枝江县儒学嘉靖年间重修时，"旧有文昌祠，改为精舍，堂曰显道"④。常山县儒学新修文昌祠后，又因山筑文昌台，于是生徒"考德问业之暇，相与登台而啸"⑤。学宫既尊祀文昌，逢科试之年，多举明禋之典，以期佑庇。张卤曾于大比前代仪封邑侯作《祭文昌帝君文》曰：

> 惟神司文昌之宝箓，为文士之尊崇，祠庙相沿，虽遍及寰宇，而学宫昭事尤式重。于仪庠，每当科试之期，率举明禋之典。某自叨官兹土，尝备询于往事，知丕荷乎神休。在昔弘治、正德之间，以迄嘉靖中年之际，惟兹仪庠人士，尤真才辈出，耆硕盈朝，华路云霄，后先相望。不惟秋闱春榜联步于当时，亦且勋业文章并名于昭代。
>
> 奈自癸卯（1543 年）以后，慌秋试之无成，由己未（1559 年）而来，尚春雷之绝响，多历岁纪，渐以陵夷。盖缘人事之弗修，以致神休之莫贶。
>
> 兹者贤科载启，试期将临，人心久惕于策勉之新，地灵更翕于停畜之久。据其气机时数，会当倾否亨屯。然振起遭逢，岂直凭乎人事，而开先转泰，宜全仗于神功。伏愿大启英灵，弘垂显佑，俾今秋桂籍，多登虎榜之额名，来岁胪传，连捷龙墀之甲第。文运光复于往日，芳躅继美于前修。此固官师士子临文陈告之衷诚，非循例如期第，仍前之遵行夫故事已也。

---

① （明）邢侗. 来禽馆集：卷 11 德州学宫创建文昌阁碑 [M]//四库全书存目丛书集部：第 161 册. 济南：齐鲁书社，1997：497.

② （明）冯琦. 宗伯集：卷 15 临朐县文昌阁记 [M]//四库禁毁书丛刊集部：第 15 册. 北京：北京出版社，1998：210.

③ （明）左赞. 桂坡集后集：卷 8 建昌府儒学重脩文昌阁记 [M]//四库全书存目丛书集部：第 37 册. 济南：齐鲁书社，1997：204.

④ （明）邹守益. 东廓邹先生文集：卷 4 枝江县文昌精舍记 [M]//四库全书存目丛书集部：第 66 册. 济南：齐鲁书社，1997：30.

⑤ （明）黄汝亨. 寓林集：卷 8 常山县儒学文昌台暨頖池碑记 [M]//续修四库全书：第 1369 册. 上海：上海古籍出版社，2002：72.

刲牲既成，酹酒既清，对越仙篆，翘仰文旌，神其鉴只，来格明明，谨以兴文土地配①。

需要说明的是，弘治元年（1498年），礼科给事中张九功曾奏"文昌六星为天之六府，殊与梓潼无干，今乃合而为一，是诚附会不经"，并请"梓潼祠在天下学校者，俱令拆毁，庶足以解人心之惑"②。奏准议行，学宫文昌之祀实际上为非法之祀，不过上所引述各条，多在弘治之后，看来此令实际上并未得到认真施行。

除了文昌神崇拜外，儒学文运还往往与儒学地望、风水相附会。某学科举不佳，往往归咎于儒学地理与规制，或改作或迁徙。如虢学自弘治壬子（1492年）至嘉靖己未（1559年），诸生无发科者，于是博士清苑郭君等率诸生进言于县大夫赵侯曰："学舍面城而宫，虽有南山洛水雄胜，障蔽不克见，议者以诸生老困场屋，连不得意于有司，咎当坐此。前大夫尝欲穴城为便门，以通地气，问日者，言于法不利，县官中罢，愿侯财察"，于是赵侯"遂移文提学宪副东原朱君，令国中良家子有能力任是役、愿升为弟子员者听"③。不一月学门便修好，任瀚为之记。沛县县学也因"国朝百七十年，登科第者才八九人，又皆未沾寸禄而中殂，说者皆谓学基未善。及思前人发科，多由胄监，刘璋岁贡，周乩监生，在学不偶，出学遂第，文章岂长于国学而短于乡学耶？归罪于学，有由然矣"。恰好县治之南，有寺曰龙泉，"神人协从，亦无破坏，大殿堪为文庙，中殿堪为戟门，山门应充棂星，就将原学与寺相易，彼此两便，不必兴作"④，并具呈提学衙门批准。

不过更多的是因科第不佳而迁学，如瑞昌县学"始在县西临市，嫌□嚣隘，以弘治十六年（1503年）迁学之后而稍右，去旧址仅百步，嗣是士子举于乡者不绝，而厄于甲第，以学宫为不利。嘉靖九年（1530年）复还于旧址，而士

---

① （明）张卤. 浒东先生文集：卷11 祭文昌帝君文［M］//四库全书存目丛书集部：第132册. 济南：齐鲁书社，1997：458-459.
② （明）李东阳，等. 明孝宗实录：卷13 弘治元年四月庚戌［M］. 台北："中央研究院"历史语言研究所，1962：309.
③ （清）黄宗羲. 明文海：卷364 虢城新开学门记［M］. 北京：中华书局，1987：3737.
④ （明）王治. 嘉靖沛县志：卷2 学校［M］//天一阁藏明代方志选刊续编：第9册. 上海：上海书店，1990：59-60.

愈厄，并贤书亦寥寥，众咸病之"。后乃"以某年某月某日，移学稍北百步，堂左庙右，斋舍门庑，罔不具饬"。即将完工时，"瑞人士相庆，谓宫墙一新，文运将启，莫不踊跃奋励，毋负盛举"①。又如延平府儒学"旧在府山之巅，后迁于西郊，至万历庚子（1600年）后，复迁于府治之西麓。地形峻削，风气不完，士之游其中者更十年而无一举，相与病之"。于是"相地于紫云之图，盘纡奥衍，扆玉屏而宾九龙，千峰耸拥，双溪环绕，形家咸以为宜"。乃具其事上有司，报可。"遂卜日鸠工，宫焉、堂焉、亭焉、舍焉又阁焉，以藏经籍，祀文昌，一切视旧，加恢加饬"②。又如连城县儒学原"建在城中，便士子肄习，而科第未盛，有咎地之不利者，乃迁之城外，而士之不得志于科第犹故也。近有徐令者，乃谋复旧颡，仍居县傍"③。最有趣的是顺昌县儒学，在宋朝就因科目盛衰之故迁来迁去，到明代仍是迁徙不定。田汝成的《顺昌县改作学宫记》载该县儒学"宋元丰已前学宫凡四迁，而建于县西"，至"绍兴间迁于县东，而荐举始茂。国初因之，永乐已后，科目浸少，哄然之尤递作。正德初，乃迁于县西，科目愈少，又哄然曰：'噫！不若仍东之犹利也'"！至嘉靖十八年（1539年），"竟迁县东"④。明代迁学之例甚多，不再枚举。

儒学祠祀文昌也好，改作或迁徙也好，固然与当时人的认知水平相关，却也反映出在科目日重，科举竞争日益激烈，士子科举环境恶化背景下明人科举心态的异化。学校生员日众，而发科之人却日减，无怪乎明人汲汲以鬼神、堪舆之说为事，而冀其有助于万一。

---

① （明）叶向高. 苍霞续草：卷1 瑞昌县迁学记 [M] //四库禁毁书丛刊集部：第124册. 北京：北京出版社，1998：603.

② （明）叶向高. 苍霞续草：卷1 延平府改建儒学记 [M] //四库禁毁书丛刊集部：第124册. 北京：北京出版社，1998：604.

③ （明）黄克缵. 数马集：卷26 连城县迁学重新记 [M] //四库禁毁书丛刊集部：第180册. 北京：北京出版社，1998：317-318.

④ （清）黄宗羲. 明文海：卷365 顺昌县改作学宫记 [M]. 北京：中华书局，1987：3752.

第二节 非官方学校

一、书院

书院始于唐，兴于宋，因一些著名学者讲学其中而声名大彰，渐成为官学之外的主要教育模式，元明因之。明初书院寥寥，成化、弘治间稍稍倍蓰，正德以后方大炽，而以嘉靖为最。嘉靖、万历、天启三朝曾先后四次禁毁天下书院，乃稍杀其势，迄于明亡，并不能绝其迹。吴宣德先生曾统计明朝各朝创建、重修书院所数，笔者据其成果改绘下表：

表5 明代各朝创修书院统计表

朝代	新建（所）	重建（所）	朝代	新建（所）	重建（所）
洪武	37	15	弘治	78	18
建文	2	1	正德	153	24
永乐	21	9	嘉靖	657	37
洪熙	1	0	隆庆	75	5
宣德	6	8	万历	372	20
正统	21	12	天启	28	0
景泰	12	8	崇祯	89	2
天顺	11	9	不详	489	31
成化	70	24	合计	2122	223

（注：数据来自季啸风主编的《中国书院辞典·中国书院名录》和白新良的《中国古代书院发展史》，据吴宣德先生统计成果改绘①。）

吴氏所统计数据虽不能反映明代书院创建、重修所数全貌，但也可窥豹一斑。明初书院寥寥，一方面由于明廷令天下府州县设立儒学，将教育纳入官学系统，以加强文化控制。另一方面，明初百战之余，读书人不多，文教不昌，学术积累不厚，既无讲学之师，又乏肄业之徒，没有大量创建书院的社会需求。成化之后，随着科目日盛，文教日兴，读书习举之人日多，而地方儒学设学规模有限，无法满足更多士子的受教育需求。而且嘉靖以后，儒学教育质量下降，更使其不足以承担举业教育的重任，书院勃兴，正以补儒学之不足。沈德符载：

---

① 吴宣德. 中国教育制度通史·明代卷［M］. 济南：山东教育出版社，2000：359-360.

"书院之设，昉于宋之金山徂徕及白鹿洞，本朝旧无额设明例。自武宗朝王新建以良知之学行江浙、两广间，而罗念庵、唐荆川诸公继之，于是东南景附，书院顿盛，虽世宗力禁，而终不能止"①。明中期以后，随着文化控制的松动，科目的利禄化，士风日趋浮薄、功利化，王阳明、湛若水等为正此风，率创书院，首开讲学之风，以发明性理，绍述学统为宗，主士风之所向。流风所至，讲学蔚然成风，推动了书院的创建浪潮。至晚明，犹有顾宪林、高攀龙创东林书院，邹元标、冯从吾创首善书院，讲学之余，还讥评时政，控舆论之喉舌。是即为讲学式书院。

讲学式书院由于主者多名士大儒，故闻名当时，播誉后代。盛名之下，难免遭人谤议，给书院带来四次禁毁厄运。讲学式书院虽然传承前代书院研习理学，传承学术的优良传统，影响力广，但并非明代书院的主体。明代书院的主体，乃是由提学官、地方有司官为习举士子（多为生员）提供肄业场所而创建的书院。吴宣德先生曾统计过明代书院创建人身份及数量，结果如下表：

表6　明代书院创建者统计表

建立人身份	按察司官	兵备司官	编修等	布政司官	大学士等	典史等	都御史等	督学等	知府	知州	藩士	教谕训导等	御史等	巡抚	盐运使等	贡生等	举人、进士	士民	待考	不详	总计
书院数	24	43	3	26	143	55	40	14	81	54	109	4	13	46	17	5	4	12	71	349	245	1662
	977															87			598		
备注	1. "待考"指有建立人姓名但不知是否为官、需要再行考定者。"不详"是指建立人身份未知者。 2. 各官名按原记载名称载录，未恢复为明代官制的标准称呼并归类。																				

（注：数据来自《中国书院辞典》，转引自吴宣德的《中国教育制度通史·明代卷》②。）

由上表可知，在已知书院创建人身份中，布政司官、督学、知府、知州、

---

① （明）沈德符. 万历野获编：卷24　书院［M］//元明史料笔记丛刊. 北京：中华书局，1959：608.

② 吴宣德. 中国教育制度通史·明代卷［M］. 济南：山东教育出版社，2000：363.

知县等官员约占已知创建人身份书院总数的73%，而这些官员正是负责当地文教职责的官员，辖境内科举情况也是其政绩的一部分，笔者以为，这些书院中的大部分创建目的就是为习举士子提供肄业场地。如《顾文端公年谱》载顾宪成为诸生时，"郡守施龙冈先生建龙城书院，拔士之秀异者亲课之，公与柏潭孙公继皋迭居第一"①。紫阳书院于正德庚午（1510年）重建，祀朱子，邑侯熊世芳又"选于庠序，得若干人，以讲学其中，久之出为乡魁，为廷魁，举有其人"②，并立题名碑于书院。

官修书院虽非官学，但带有官方色彩，并受提学官提督，里面的教官、肄业士子也多来自官学。官修书院虽然是明代书院的主体，但远不及地方儒学数量多。地方儒学散布广而教学质量参差不齐，师资有限，在学生员也多有无志进取者，而官修书院专为作兴士类而设，多选士之尤者肄业其中，师资也多经刻意挑选，因此，官修书院带有精英教学色彩。如王宗沐督学广西时，曾有《作新桂林书院呈》，载其修葺书院缘由云：

> 窃照国家养士，既已群之学校矣，而又间有书院之设，选其英艾而申其振作者，无非以人材关世道治忽，教育系人材盛衰，不聚之学校则择取不广，而凡有志向者，或病于收罗之未周；不分之书院则取数太宽，而最有资禀者，或限于鼓舞之未逮。是以分群别类，申饬丁宁，士子获在兹选，皆厚自奋发。盖待之异等，则励进倍常，法美意良，非徒文具，此在中州人才之地，尚当修举，而况广西僻在粤荒，其于额外作新，尤当加意者也。
>
> 本职近当岁考，徧阅桂林府各等三学生员试卷，要皆天分聪明，而闻见寡薄，士皆因陋守旧。经义敷演，尚中縠率，而论、策、表、判殊甚空疏，细揆所由，良以学无师承，讲解博问，皆为疏略。桂林等府三学，本职督饬尚近，至于柳、庆、梧、太等府，岁一经巡历之外，与之晋接提撕之日，盖亦无几，其尤为荒废，不问可知。
>
> 本职反覆思惟，盖闻有其举之而莫敢废，不为其事，乃无其功。教化

---

① （明）顾与沐、顾枢. 顾文端公年谱 [M] //北京图书馆藏珍本年谱丛刊：第53册. 北京：北京图书馆出版社，1998：225-226.
② （明）杨廉. 杨文恪公文集：卷32 紫阳书院题名记 [M] //续修四库全书：第1332册. 上海：上海古籍出版社，2002：633.

在远方，尤为急务，而令其废弛；学术在士子，本为艺业，而令其孤陋。书院创置，念前人之劳心，而鞠为荒墟；年少质美，三学徒之利器，而令其堕落。咸非所以作新人材，副塞诏旨者也①！

可见建立新书院的目的，主要是因官学教育衰败，师资缺乏，不堪作养重任。新书院建立后，又令选拔各学生员入书院肄习：

今将桂林府学三学及本职岁考通省各府、州、县生员各有志、有质者通行取到省，聚于书院。桂林府等三学生员地近，每人日给薪烛银一分五厘，各府、州、县生员地远，除路费外，每人日给薪烛银三分，俱从本处有司查支无碍官银分给②。

并为书院聘请师资：

查本处惟《易》《书》《诗》三经习读者众，至于《春秋》《礼记》，每学多者仅十余人，其可选书院若不一二人，中间素乏师承，讲究多舛。今欲本道移关附近江西提学道，考取《易》《书》《诗》三经有学有行生员三名，仍移关江西按察司，给与脚力，聘取至省，以为书院生徒之师。动支学租银两，每生聘礼银四十两，三名共银一百二十两，《春秋》《礼记》二经内教读。其资给应聘生员，悉听本府动支学租银两供用，填注循环簿内报院。中间若有不敷，临期吊取各府、州、县存积学租银两，径解桂林府贮库，助给支销③。

正由于官修书院能集中各学优秀生员，并为聘请师儒，使书院的教学效果远胜于一般儒学。官修书院既由提学官督责，其学习方式也与儒学大同小异，

---

① （明）王宗沐. 敬所王先生文集：卷27　作新桂林书院呈 [M] //四库全书存目丛书集部：第111册. 济南：齐鲁书社，1997：587–588.
② （明）王宗沐. 敬所王先生文集：卷27　作新桂林书院呈 [M] //四库全书存目丛书集部：第111册. 济南：齐鲁书社，1997：588.
③ （明）王宗沐. 敬所王先生文集：卷27　作新桂林书院呈 [M] //四库全书存目丛书集部：第111册. 济南：齐鲁书社，1997：588–589.

张邦奇督学四川时曾有《示大益书院师生》公文,规定该书院教学、考课如下:

> 诸生中择性行老成者为友长,东西号各二人,而皆统于教官。如有谑浪放恣、违犯规条者,友长先加箴戒。不悛,告于教官,会诸生于堂上,鸣鼓攻之。不悛,申来屏黜。
>
> 教官立旌善、纪过簿各一扇,诸生得失,虽小必书,每月终送稽考。
>
> 每月三六九日作经书义一篇,朔日作论一篇,望日答策一道。凡所观诵书籍,皆照先行教条,其间出题及看书前后节次,各随诸生自便,教官但查勤惰、验生熟、考修废,侯本道至书院日,通行将所作课簿,送来稽阅。
>
> 每月初一、初五、十一、十五、二十一、二十五日,友长率各生赴教官斋内作揖,俱要严肃整齐。揖毕,分东西,相向而揖,教官查五日内课程及有无过失,量加勉励,诸生敬唯而退。
>
> 本职不时考较赏罚,然士子欲工艺业,非勇曷成。如古人用兵,破釜甑、烧庐舍,持三日粮,则气势自倍,而取胜必矣。
>
> 书院生员号一时精选,苟有过愆,指笑纷集,教官并友长当慎防。如或荒纵容隐,惩戒易置①。

可见官修书院与儒学学规大略相同,只是师儒、生员皆精选,学风较官学优,是以官修书院多有不凡科举业绩。如汝宁新建笃志书院后,"乃选汝郡属学名生敬业其中,资给廪饩,太守时临课焉,今及大比,汝郡之举者十九出书院云"②。弘治戊午(1498年),提学副使杨公建正学书院,"教士之志于远且大者,时来学者甚众,至今不坠。三历取士之科,举于乡者八十一人,举进士者十人,乡举皆得解元,而进士得状元一人"③,为纪其盛,立举人进士题名碑于书院。

---

① (明)张邦奇. 张文定公环碧堂集:卷18 示大益书院师生[M]//续修四库全书:第1337册. 上海:上海古籍出版社,2002:278-279.
② (明)吕柟. 泾野先生文集:卷18 新建笃志书院记[M]//四库全书存目丛书集部:第61册. 济南:齐鲁书社,1997:198.
③ (明)王云凤. 博趣斋藁:卷14 正学书院进士举人题名记[M]//续修四库全书:第1331册. 上海:上海古籍出版社,2002:187.

其他士民所创建书院,也多因学校设学规模不足,而为士子肄业所创建。明人娄枢云:"皇明右文,郡国之学校盈天下,治化久而士类繁,□舍有不能容,达人长者或相山川之形,或崇往哲之迹,或改佛之宫,或既苑囿之境,建置书院,以左右教养之懿"①。又如鲁川书院为谢政家居的戴先生所创建,落成后,"明年夏,凡来学之士治举业者,与子会文于前堂及东西两亭,习童子业者与孙授读于后堂及左右两斋"②。即使是讲学式书院,也不排斥士子习举,王阳明曾有"举业不妨圣学论",湛若水有"举业、德业合一论",皆是勉励士子习举不忘德行。又如程文德二十四岁下第时,就曾聚同志之友肄业于距其家不远的五峰书院,二十六岁时则"构松豁书院于所居之傍近,聚朋友同志者以昕夕讲肄乎其中",他见有人"攻举子业而急于进取,因忽略于躬行者"③,乃题辞书院壁上规诫之,曰:

今人率以登取科第为成立,此殊不然。科第,富贵也。成立,道德也。道德不足,虽位至三公,犹未成也,谓之富贵人可也。充于道德,虽贫且贱,不可谓不成也,必曰道德之士也。道德既充,富贵自至,斯常理也。举业其阶梯也,由之不害也,志则不可以不辨也。肄斯院者其勖之④。

不论是官修,私修,还是因袭前代各书院,举业化是普遍趋势,天启《白鹿洞书院志》之序云:"天下之学宫有科举而无证修,天下之书院名证修而实科举"⑤。该志还载该书院拥有提学官考送乡闱的科考名额,见志中《主洞推官李应升申议洞学科举详文》,节于下:

---

① (明)娄枢.娄子静文集:卷3《鲁川书院记[M]//四库全书存目丛书集部:第85册.济南:齐鲁书社,1997:539-540.
② (明)娄枢.娄子静文集:卷3 鲁川书院记[M]//四库全书存目丛书集部:第85册.济南:齐鲁书社,1997:540.
③ (明)姜宝.松豁程先生年谱[M]//北京图书馆藏珍本年谱丛刊:第46册.北京:北京图书馆出版社,1998:30.
④ (明)程文德.程文恭公遗稿:卷22 题书院右壁[M]//四库全书存目丛书集部:第90册.济南:齐鲁书社,1997:303.
⑤ (明)李应升.白鹿洞书院志:卷首 白鹿书院志序[M]//白鹿洞书院古志五种[M].北京:中华书局,1995:775.

窃惟白鹿洞肇自李渤,尚止友麋鹿之群;兴于紫阳,遂广开桃李之化。故宫墙特峻,庙貌是虔,教著洞规,名垂国学。历稽昭代,文宗若邵二泉、李崆峒诸先生,嘉与修明,借光俎豆。但科举未经另设,而遗才犹有专收,前道洪、胡,尚仍其二,至前道黄,遂扩为五。虽云分附各学,特典实垂不刊。尔时洞士尚鹜其名也。及本府袁知府再辟荆榛,条画经制,先申聘南昌舒宦以开其先;继申委职以承其乏。职即未闻道,不敢负人,两年未力守先进之□,勉竭书生之吻。月必二会,会必手披风雨,夜坐于山斋,丹铅尽磨其铁砚,于是里粮而至者,千里同心,四方接踵。夫青衿满眼,几人寒谷长哦?书院纷门,何地群材受范。三年之取舍,固自同途;一日之短长,岂宜并较!查吉安白鹭书院,科举四十二人,衡其实,恐不让才;循其名,何绝相远!在远方经岁而去,捷径何心?而郡中好学者多,孤飞无力。幸蒙本道合先贤,望高山斗。怜才念热,只字为之三思;握鉴冰清,片长初无一漏。凡兹洞中英俊,既已群入品题,第脱颖分曹,止属文章之司契;而遗珠可拾。窃叹旧额之太悭,例亦何拘时则已?可使先贤而复起,必盛典之弘开。伏乞俯将鹿洞遗才,照白鹭书院事例,先期另考,额为拾名,则贤关大辟,不过斟酌调剂之权;而化雨弘施,亦生宫墙钟鼓之色矣。蒙本道魏批:"允洞生科举捌名,仍先遗才另考,定为永例"①。

由该文可知,天启时白鹿洞书院拥有八名科考名额,而吉安白鹭书院则更多,科考名额四十二人,书院完全成为科举士子备考之地。

明代书院虽难以统计其确数,教学规模也不一,但书院覆盖率远比不上地方儒学覆盖率,总体设学规模也应该小于儒学教学规模,再加上明代曾四次禁毁天下书院,在书院中肄业的科举士子亦有限。

二、其他

在学校设学规模有限,书院收罗亦有数的情况下,科举士子备考场地呈现多样化的格局。或从师于私学,或与友会课,或独自肄习,不拘场地,因地制宜,凡寺、祠、庵、观、僧舍、精舍、社学、村、镇、家中等地,皆可肄业,

---

① (明)李应升.白鹿洞书院志:卷4 主洞推官李应升申议洞学科举详文[M]//白鹿洞书院古志五种.北京:中华书局,1995:824.

不过也有共通之处，士子习举，多远离市井繁华之所，而择僻静清幽之地，多在乡野，与今日学生多聚城镇不同。兹将士子在学校、书院之外的习举场所略述如下：

首先，作为公共信仰空间的寺、庵、祠、观等，倍受习举士子钟爱，尤其是佛寺，士子往往肄业其中。如宣德十年（1435年）章纶乡试不第，"归，读书于净光塔院及天宁寺，同门生多从焉"①。正德十六年（1521年）谭大初十八岁时，其父"遣从郡庠廪生王仁山先生之门，即仁寿寺授《诗经》"②。第二年他发愤读书，则"就居左觉真寺僧舍，服膺陈师之训，常静坐温习经书，觉得胸次开豁，有进步处"③。又如万历十七年（1589年）庄起元三十一岁，"同里中有志如王元晋、薛介甫、蒋克和等藏习千峰寺，梵宇寂荒，绝无喧扰，刻有《九文篇》，坊间赝名陶石篑，人争售之"④。万历四十七年（1619年），陈子龙"读书舍旁佛寺中，始专治举子业，兼通《三礼》《史》《汉》诸书"⑤，等等，所在多有。士子肄业于佛寺，一方面，明代佛寺较多，散布广，环境清幽，空间也较大，能容纳一定量士子肄业其中。另一方面，佛寺自有僧人，有比较完善的生活起居系统，士子可能支付一定的费用，就可清心读书，免去诸多俗务。于是士子读书，僧人念佛，倒也相处融洽。有些佛寺因读书人多，甚至还建有文昌阁，以助文运。如黄汝亨曾为高丽寺僧募建文昌阁题写缘疏，云：

> 文昌出道家，与佛寺不同旨，而为世所奉有三权：一资武、一祈男、而一掌桂籍，显天下文章之士。然世人莫不愿生男，生男莫不愿能文章，奋迹科名。故山川灵秀之区，与诸隽秀摛文之士所聚，必以建文昌阁为首功，而吴山两峰间，所在而是。予今年读书玉岑山，文士斯集，于是高丽

---

① （明）章玄应. 章恭毅公年谱［M］//北京图书馆藏珍本年谱丛刊：第39册. 北京：北京图书馆出版社，1998：76.
② （明）谭大初. 谭次川自订年谱［M］//北京图书馆藏珍本年谱丛刊：第47册. 北京：北京图书馆出版社，1998：260.
③ （明）谭大初. 谭次川自订年谱［M］//北京图书馆藏珍本年谱丛刊：第47册. 北京：北京图书馆出版社，1998：262-263.
④ （清）庄鼎铉. 先考通议大夫全楚大方伯年谱略［M］//北京图书馆藏珍本年谱丛刊：第54册. 北京：北京图书馆出版社，1998：307.
⑤ （明）陈子龙. 陈忠裕公自著年谱［M］//北京图书馆藏珍本年谱丛刊：第63册. 北京：北京图书馆出版社，1998：511.

寺僧玄澄感发兴起，请为建文昌阁于寺之右方……①。

从上疏可知，文士所聚之处多建文昌阁，"而吴山两峰间，所在而是"，看来聚于吴山读书者不少，该寺只是其一。

除了佛寺外，其他一些带有宗教色彩的公共空间如庵、观、祠等，亦是士子习举的钟情之所。如万历四十六年（1618年）秋，庄恒"偕春侯弟以遗才赴试，侬父署中，时会课神乐观，惟徐雷门兄得售"②。天启丁卯（1627年）查继佐乡试下第，与友"肄业菩提庵，除夕不归"③。崇祯辛未（1631年）则因友邀，"旋赴三茅观，山静无人，常中夜起，垂殿上悬灯，泛滥典籍"④。嘉靖己未（1559年）郭子章十七岁时，"读书祠宇，同表伯曾一中、友人王兆魁、汤瑞寀、杨以菽、伍文光每月九会，每会必五篇，日相切劘，五鼓弗倦"⑤。万历十四年（1586年）庄起元二十八岁时，与友"结社于镇湖庵"，"每论心评艺，后登第三人，贡一人"⑥，二十七年（1599年）四十一岁时，则"结诗大社于关圣祠，计三十六人，分为六队，朔望面相印正，前后出身者居其大半"⑦。

其次，风景清幽的园圃、山谷等地也是士子习举的热门场所。如郑晓年谱载正德壬申年（1512年），"封君始教作举业文字，读书百可园，园之名，言人能咬得菜根，百事可做也"⑧。万历二十八年（1600年）魏大中二十六岁时，

---

① （明）黄汝亨. 寓林集：卷32 题玉岑山文昌阁缘疏［M］//续修四库全书：第1369册. 上海：上海古籍出版社，2002：561.

② （清）庄恒. 声鹤公年谱［M］//北京图书馆藏珍本年谱丛刊：第66册. 北京：北京图书馆出版社，1998：196.

③ （清）沈起. 查东山先生年谱［M］//北京图书馆藏珍本年谱丛刊：第67册. 北京：北京图书馆出版社，1998：175.

④ （清）沈起. 查东山先生年谱［M］//北京图书馆藏珍本年谱丛刊：第67册. 北京：北京图书馆出版社，1998：183.

⑤ （明）郭孔延. 资德大夫兵部尚书郭公青螺年谱［M］//北京图书馆藏珍本年谱丛刊：第52册. 北京：北京图书馆出版社，1998：501.

⑥ （明）庄起元. 鹤坡公年谱［M］//北京图书馆藏珍本年谱丛刊：第54册. 北京：北京图书馆出版社，1998：306.

⑦ （明）庄起元. 鹤坡公年谱［M］//北京图书馆藏珍本年谱丛刊：第54册. 北京：北京图书馆出版社，1998：308.

⑧ （明）郑履淳. 郑端简公年谱［M］//四库全书存目丛书史部：第83册. 济南：齐鲁书社，1997：507.

"馆于许，春读书皋亭山，夏读书西湖之陈庄，秋试不售，归"①。三十四年（1606年）则与友"读书于南城沈园，录科，乡试不售"②。崇祯八年（1635年）春，陈子龙"偕闇公读书陆氏之南园，创为时艺，闳肆奇逸，一时靡然向风"③。嘉靖十一年（1532年）严讷二十二岁，"读书湖泾之别墅"。第二年则"读书谷中，攻苦之余，好临古名迹，时复弹琴咏歌"④。嘉靖十八年（1539年），归有光"读书邓尉山中，游虎山西崦上下诸山，观太湖七十二峰之胜"⑤。崇祯八年（1635年）庄恒忧居，"处礼席习旧业，屏居山塘园，时造虎邱、石湖、天平、光福，洒然有自得之趣"⑥。士子习举于风景绝佳处，读书之余，则游目骋怀，倒也乐在其中。

许多士子还专门为了习举而特筑房室，以肄习其中。如谭大初父亲在其生墓（生前为死后预造之墓）之西筑书舍，命他肄业其间，名曰"次致山房"⑦。嘉靖己亥（1539年），杨继盛本来在县寺僧房教其二侄，因其侄思家，且供给不便，"乃筑草團瓢于西园，肄业其中"⑧。万历二十六年（1598年）刘文澄会试不第归，"就舍旁筑土室以居，足不踰户限，益加淬厉，穷日夜不休"⑨。万历四十七年（1619年），吴甘来父亲构柏友山房，为其兄弟肄业，山房落成，吴甘来"键西窗，始图复理旧业，科首编摩，绝远时趋，即亲故过晤亦

---

① （明）魏大中. 魏廓园先生自谱［M］//北京图书馆藏珍本年谱丛刊：第56册. 北京：北京图书馆出版社，1998：437-438.
② （明）魏大中. 魏廓园先生自谱［M］//北京图书馆藏珍本年谱丛刊：第56册. 北京：北京图书馆出版社，1998：445.
③ （明）陈子龙. 陈忠裕公自著年谱［M］//北京图书馆藏珍本年谱丛刊：第63册. 北京：北京图书馆出版社，1998：538.
④ （清）严炳，严燮. 严文靖公年谱［M］//北京图书馆藏珍本年谱丛刊：第49册. 北京：北京图书馆出版社，1998：188-189.
⑤ （明）孙岱. 归震川先生年谱［M］//北京图书馆藏珍本年谱丛刊：第49册. 北京：北京图书馆出版社，1998：52.
⑥ （清）庄恒. 声鹤公年谱［M］//北京图书馆藏珍本年谱丛刊：第66册. 北京：北京图书馆出版社，1998：200.
⑦ （明）谭大初. 谭次川自订年谱［M］//北京图书馆藏珍本年谱丛刊：第47册. 北京：北京图书馆出版社，1998：273.
⑧ （明）杨继盛. 椒山先生自著年谱［M］//北京图书馆藏珍本年谱丛刊：第49册. 北京：北京图书馆出版社，1998：462.
⑨ （清）刘颖. 刘职方公年谱［M］//北京图书馆藏珍本年谱丛刊：第57册. 北京：北京图书馆出版社，1998：519.

不一面"①。天启三年（1623年），其父葬于本都之羊眠山，吴甘来兄弟忧居，仍不废习举，"筑庐山楸，朝夕课诵其间"②。又如崇祯元年（1628年）申佳胤会试下第后，"以连举进士不第，奋志下帷，筑室于滏南韩家屯，屏绝人事"③。

之外，则习举场所多彩多样。如弘治十年（1497年）张文麟"家居治业，读礼要完，然未习学策论"④。弘治辛酉（1501年）毛伯温二十岁，"与友人郭君楫读书桥坑，遇宗主试，入县庠。继为郡守张君淳所奇，起送督学，首选应试，下第归，处乡之桐坑"⑤。之后二年，一直在桐坑肄习。嘉靖十四年（1535年），耿定向"师从叔父宗进于严冲塝馆，始习时艺"。十六年（1537年）转师汪先生于其家，秋则"仍从汪先生馆于七里冈"。后又转学数师。二十五年（1546年）春，"偕彭公甫肄业于三角山麓僧舍"。二十七年（1548年）"同公甫肄业于高笋塘市"。二十九年（1550年）始志于学，同公甫"肄业于慎独楼"⑥。嘉靖癸巳（1533年）杨继盛获充郡学生员，归仍从阴师学。至十月，则"与同庠王讳世雄、号奕山约，共力亲爨，读书于社学。所居房三间，前后无门，又乏炭柴坑席，尝起卧冰霜，而寒苦极矣"⑦。万历十三年（1585年），袁宏道"从兄伯修读书于荷叶山房，每辰各试《书》秋一首，月余俱臻妙境"⑧。万历四十一年（1613年），庄恒"师徐瀛台先生，讳有恒，读书于早科坊别业，

---

① （清）漆嘉祉. 庄介吴公苇庵先生年谱［M］//北京图书馆藏珍本年谱丛刊：第62册. 北京：北京图书馆出版社，1998：222.
② （清）漆嘉祉. 庄介吴公苇庵先生年谱［M］//北京图书馆藏珍本年谱丛刊：第62册. 北京：北京图书馆出版社，1998：225.
③ （清）申涵光. 申端愍公年谱［M］//北京图书馆藏珍本年谱丛刊：第63册. 北京图书馆出版社，1998：149.
④ （明）张文麟. 端岩公年谱［M］//北京图书馆藏珍本年谱丛刊：第44册. 北京：北京图书馆出版社，1998：488.
⑤ （明）毛栋. 吉水毛襄懋先生年谱［M］//北京图书馆藏珍本年谱丛刊：第44册. 北京图书馆出版社，1998：427-428.
⑥ （明）耿定向. 观生记［M］//北京图书馆藏珍本年谱丛刊：第50册. 北京：北京图书馆出版社，1998：15-22.
⑦ （明）杨继盛. 椒山先生自著年谱［M］//北京图书馆藏珍本年谱丛刊：第49册. 北京：北京图书馆出版社，1998：458.
⑧ 袁中郎年谱［M］//北京图书馆藏珍本年谱丛刊：第55册. 北京：北京图书馆出版社，1998：648.

弟兄自相切磨，会文时在东坡书院"①。等等，不胜枚举。

明代习举士子群体庞大，身份繁杂，习举场所亦多种多样，难以枚举，亦无此必要。本文所要揭示的是，士子习举多散处乡野，或萃聚山林，并非偶然，而是在明代正规教育不敷举业培训背景下，不得不如此。尤其是在明中后期，习举人数剧增，而国学、地方儒学教育却日益衰退，于是士子或从师于私学，或会课相师友，或独自肄习，学无常师，居无定所，所凭借者，不过讲义时文，所从事者，不过会课作文。既乏师儒提携，又无群书资益，孤陋寡闻，识见浅薄，甚或居道观僧舍，泛览道藏佛典，以佛老谐语入时文。晚明举业日敝，良有以也！

第三节　明代科举中的学校地位反思

关于明代学校与科举的关系，影响最广的莫过于《明史·选举志》所云："明制，科目为盛，卿相皆由此出，学校则储才以应科目也"；又云："科举必由学校，而学校起家可不由科举"②。据此描述，则科举皆出自学校，是学校教育的成果。此论也并非无本之木，无源之流，在明代就多有"学校为科目之阶"之论。嘉靖间沛县县学曾具呈提学衙门《为易学以振文风事》云："恭惟朝廷科目取人，作养于学，诸生科目自待肄业于学，学校寔藏修之地，发轫之阶也"③。田汝成亦云："乃今六七十年，缙绅之族率以科目为重，而应科目者又以学校为阶"④。迨至当代，学者们亦多以为明代学校教育与科举紧密相关。如黄明光《明代科举制度研究》专设一章探讨明代科举制度与学校教育的关系，认为"明代学校是为科举考试准备人才的重要场所"⑤。王凯旋《明代科举制度

---

① （清）庄恒.声鹤公年谱［M］//北京图书馆藏珍本年谱丛刊：第66册.北京：北京图书馆出版社，1998：195.

② （清）张廷玉，等.明史：卷69　选举一［M］.北京：中华书局，1974：1675.

③ （明）王治.嘉靖沛县志：卷2　学校［M］//天一阁藏明代方志选刊续编：第9册.上海：上海书店，1990：59.

④ （清）黄宗羲，编.明文海：卷365　顺昌县改作学宫记［M］.北京：中华书局，1987：3752.

⑤ 黄明光.明代科举制度研究［D］.杭州：浙江大学，2005：114.

考论》亦设专章讨论"纳入科举轨道的学校教育"和"科举为核心的学校教育"①。廖鸿裕博士论文《明代科举研究》第三章"科举与学校制度",以为"明代教育可说是围绕着科举来运转,考试与教育二者合而为一,使学校科举化,科举学校化"②。郭培贵《明代科举的坚实基础——官学教育的发展特点及其经验教训》一文,以为明代官办教育是科举的坚实基础③。吴宣德《明代地方教育建设与进士的地理分布》从地方儒学、书院的分布与覆盖率来探讨学校教育与科举的关系,以为"科举成就不一定与地方的教育发展水平成正比,但与地区的科举竞争力相关"④,等等。学者们大致以为明代学校教育与科举关系密切,并在科举培训中扮演重要角色。

前人多推重学校教育在科举中的作用,乃至得出"科举必由学校"之论,给人一种科举皆出身学校,学校教育涵盖科举的印象。揆诸明代,也确有学校、科举一体化的趋势,至少有两点足以使人得出上述印象。一是自洪武十七年(1384年)年重新开科取士之后,科举日重,学校教育渐被规正到举业培训的轨道上来,师儒之所教,生员之所学,无非举业,教官亦以科举人数多寡为殿最,儒学多祠文昌,多立科贡题名碑,率以科目多少为兴衰,甚至因科举不佳而改作、迁徙儒学,儒学成为举业教育的重镇。二是自正统元年(1436年)设提学官,俾提督学政,还负责大比前科考士子应乡闱。随着学校、科举一体化,生员日众,提学官主要考送儒学生员应乡闱,而他途应试者受到限制。正统十二年(1447年)直隶凤阳府知府杨瓒曾言:

> 我朝天开景运,文教聿兴,内建太学,以储天下之英贤,外设府、州、县儒学,以育民间之俊秀。府学额设廪、增生员八十名,州学六十名,县学四十名。此外,聪明之士不得与者入学寄名,以俟补增广之缺。寄名者既众,遇开科之际,欲报增广,则增广名数已足,欲报儒士,则有司多方

---

① 王凯旋. 明代科举制度考论[M]. 沈阳:沈阳出版社,2005:36-75.
② 廖鸿裕. 明代科举研究[D]. 台北:中国文化大学,2008:72.
③ 郭培贵. 明代科举的坚实基础——官学教育的发展特点及其经验教训[J]. 中国文化研究,2009(夏之卷).
④ 吴宣德. 明代地方教育建设与进士的地理分布[J]. 教育学报,2005(1).

沮抑，以此无路出身，未免沧海遗珠之叹①！

可见在正统时，有的地方就已限制他途应试。嘉靖二十二年（1543年），耿定向童试见录，但补生员还需具贽拜师，其父艰于具贽，意欲不补，其仲世父谓："近制，非入痒序则进取无阶"②，于是向势家借贷，其母鬻女奴佐之，乃补生员。可见明中后期，一般士子只有先取得生员身份才能应科举，即所谓科举以学校为阶。二者相叠加，一方面，学校所教所学，无非科举之业，另一方面，科举所试所取，多为学校之士，给人一种科举、学校一体化的表象。迨至"科举必由学校"之论出，更被辗转征引，误导众多学人。过高估计科举、学校的一体化，抬高学校教育在科举中的地位，无疑忽视了以下两点：首先，并非所有生员皆是在校肄习，生员发科并非皆是学校教育的成果；其次，生员只是习举士子中的一小部分，生员之外，尚有更为庞大的儒童群体。纵观有明一代举业教育，笔者以为，明代学校、科举一体化有名无实，学校教育对于科举的奠基作用非常有限。试论如下：

首先，并非所有生员皆在校肄业，生员发第也并非皆是学校教育的成果。明代生员之设，两京有监生，地方儒学有廪膳生、增广生、附学生，廪膳、增广皆有定额，附学则不拘额数。卫学、都司学等儒学则是优等生、次等生、附学生，称谓稍异，其实类似。两京国子监生最多时曾达近二万人，当然，这些人并不一定在监肄业，景泰间，北监因存省京储，止留监生千人坐监，余皆遣回。此后，国学教育每况愈下，监规废弛，供给不周，成化以后，两监实际在监者多不过二三千人，在整个举业教育格局中实无足轻重。明代地方儒学生员数，按顾炎武的算法，"合天下之生员，县以三百计，不下五十万人"③，则明末生员有五十万之多。又按前文所征引隆庆时续修《保定府志·学政志》所载该府生员数，笔者统计其中各县平均生员数为155人，若以此平均数为准，照

---

① （明）孙继宗，等．明英宗实录：卷151，正统十二年三月癸酉 [M]．台北："中央研究院"历史语言研究所，1962：2959－2960．

② （明）耿定向．观生记 [M] //北京图书馆藏珍本年谱丛刊：第50册．北京：北京图书馆出版社，1998：19．

③ （清）顾炎武．亭林文集：卷1 生员论上．顾亭林诗文集 [M] //中国古典文学基本丛书．北京：中华书局，1983：21．陈宝良先生也曾探讨过明代生员额数，认为明末生员有60万或更多，见：陈宝良．明代儒学生员与地方社会 [M]．北京：中国社会科学出版社，2005：215．

顾氏之法推算，万历时生员总数也有二十五六万之多，而儒学设学规模是以廪膳生员为准，"坐斋会馔，止及廪膳"①。明代廪膳生总额明初约三万名，正德后约三万五千余名，可推知明代儒学整体设学规模约在三四万人之间。当然，也不排除儒学教育鼎盛期有部分增广、附学生在校肄习，实际在学人数会略多，但一般情况下，增广、附学生除了定期赴学考校外，并不在学肄业。三四万人的设学规模，与明中后期二三十万乃至五十万的生员总数，无疑是杯水车薪。另外，明嘉靖以后，地方学政废弛，儒学教育衰退，师儒衰老庸疲，无以师范，学风不振，生员多不在校肄习。嘉万时人陆容载："况今学舍屡修，而生徒无复在学肄业，入其庭，不见其人，如废寺然，深可叹息"②。晚明傅维鳞亦载："弟子员各以其意，散处书院若寺观相师友，独月朔一诣学，后竟不至，而讲课寂然无闻"③。明代学校本来就设学规模有限，明中后期又学政废弛，生员多不在学肄业。若生员多不在学肄业，又岂能将生员的科举成就皆归于学校教育！

其次，生员只是习举士子的一部分，生员之外，尚有更为庞大的儒童群体。明初荐举、学校、科举三途并用，儒士既可由荐举入仕，又可应科举，并无资格限制。如景泰时江西吉安府"儒士报科举者，往往一县至有二三百人"④，远远超过一县廪膳生员数，可见在明初，一些文风昌盛的地区，民间举业教育更盛于官学举业教育。自荐举渐废，科举又渐专取生员应试，士子乃先入学而后应科举。士子未入学者有儒士、有童生，泛称儒童。士子入学须就提学官试，即童试。童试出题与科举同，只是题量少。如弘治十三年（1500年）张文麟参加童试时，"命题四篇。《四书》：下焉者起，至蚕有誉于天下者也；论：世儒不知王政之本；经与策题今忘"⑤。万历三年（1575年）所颁提学敕谕则规定：

---

① （明）宋仪望.华阳馆文集：续刻卷2　学政第二［M］//四库全书存目丛书集部：第116册.济南：齐鲁书社，1997：488.

② （明）陆容.菽园杂记.卷13　明代笔记小说大观［M］.上海：上海古籍出版社，2005：501.

③ （清）傅维鳞.明书：卷62　学校志［M］//丛书集成初编：第3940册.上海：商务印书馆，1936：1248.

④ （明）孙继宗，等.明英宗实录：卷268　景泰七年秋七月丙申［M］.台北："中央研究院"历史语言研究所，1962：5690-5691.

⑤ （明）张文麟.端岩公年谱［M］//北京图书馆藏珍本年谱丛刊：第44册.北京：北京图书馆出版社，1998：493.

"童生必择三场俱通者,始收入学"①。可见儒童已受过举业教育,并具有一定举业功底。明代儒童人数较生员人数更大。如万历时江西巡按御史徐元正言:"西江(即江西)士子几九十学,不啻数万计,儒童之多,又不啻十数万计"②。堵胤锡天启二年(1622年)参加童试,"何府尊于正考外特加收考,约非七艺不录,试于江阴之学宫,与试者二千人,录三十四人"③。可见晚明儒童之多,至少在生员二倍以上,若生员有五十万之多,儒童当在百万以上。百万习举大军,而学校之所教,曾不能十一。故笔者以为,在明中后期的举业教育格局中,学校教育作用十分有限。

明代科举教育格局,若从学校入手,则学校无非习举之地,若从整个习举士子群体着眼,则会发现,肄业于学校之士非常有限。诚然,在明前期,学校教育对举业的普及曾发挥过重大作用,尤其是对于偏远省份,如"广西视中州特远,所谓师友之资,非负笈千万里外不可得,顾恃以为业者,惟学校之师而已"④,学校对当地举业的奠基之功显而易见。随着举业的普及,各地师资、教育资源的积累,民间举业教育日趋活跃,而学校教育却走向衰疲。官办书院带有精英教学色彩,集中当地优秀生源、师资,往往取得较好的科举成就,不过书院总体设学规模不及儒学,又先后四次罹禁毁之厄,影响力亦有限,也不能完全算作官学。笔者以为,明代举业教育格局,前期以学校为中心,民间为辅,学在官学,中期以后,随着官学的衰落,转而以私学、结社会课、自学为主体,学在民间。所谓的科举多由学校的现象,不过是科举多取生员应试,是体制上的,而非实质上的。也正因为官学的失职,使得明中后期的举业教育多在民间,多各自为政,明廷无法掌控、规正士子的习举行为,坐视士子或骋奇骛险,或记诵时文,或泛览佛老杂书,投机取巧,博取科第,明代举业,也就日趋于敝。

---

① (明)申时行,等.大明会典:卷78 学校[M]//续修四库全书:第790册.上海:上海古籍出版社,2002:419.
② (明)顾秉谦,等.明神宗实录:卷412,万历三十三年八月癸卯[M].台北:"中央研究院"历史语言研究所,1962:7715.
③ (明)堵胤锡.堵忠肃公年谱[M]//北京图书馆藏珍本年谱丛刊:第62册.北京:北京图书馆出版社,1998:386.
④ (明)姚镆.东泉文集:卷8 广西学政[M]//四库全书存目丛书集部:第46册.济南:齐鲁书社,1997:718.

第四章

备考生活

士子业举备考，往往是漫长的生涯，少则数年，多则数十年，在这段时期内，习举备考是其生活的主轴，并由此展开日立课程、攻读时文、拜师、立会结社等一系列活动。此外，家庭与地域对士子习举的影响、士子备考期间的生计亦是其备考生活的重要方面，本文将就这些方面略做论述。

第一节　备考内容

一、日立课程

明代科举考试糊名易书，一以三场文决去取，士子能否发科，系于三场文成败。但明代科举无论在内容还是在操作上，都无法保证绝对公正，加上应试者日多，竞争日益激烈，评卷的主观臆断种种因素，更使得士子科场命运波谲云诡，变幻莫测。虽有种种偶然因素，对于应试士子来说，临场发挥固然重要，平日积淀则是基础。士子要在科场中脱颖而出，胜过侪辈，往往离不开平日过人的勤奋。如宣德六年（1431年）章纶丁忧时，仍发愤苦读，"处小楼，手不停披、口不停诵。夜或无油，乃拾干竹，截长数寸，以瓦藉之，傍置茶罐，燃竹继晷，煮茶饮渴"①。嘉靖九年（1530年）严讷尚未补生员时，"匿居田舍

---

① （明）章玄应．章恭毅公年谱［M］//北京图书馆藏珍本年谱丛刊：第39册．北京：北京图书馆出版社，1998：75.

中，每邻人旦起，荷锄过，见一灯荧荧，诵声不辍，其勤如此"①。清人吴蕃昌为其父吴麟征所撰年谱中，载其伯父万历四十二年（1614年）发愤攻读，"经年永夜，不废吟诵，同舍生或耽饮宴，穴牖吹灭其灯，伯父尝就榻闇坐，申诵已习书，声达于曙"②。天启时刘锡玄回忆其习举备考生涯云：

> 本道生长江南，而资才寔不越中人，为诸生十三年，求一廪食而不可得，而偶得之两闱，则拙勤之效也。本道自十二岁为文章，即读书彻夜，十八尚未得为青衿，益苦读，至呕血骨立。老父尽收其帖刮，令就医药，乃私置子史，用大豁其胸怀，生死全置度外。日览秦、汉、《庄》《骚》等书，乃至禅、玄二藏，手录至千余纸，而病除，而后得为弟子员。遂屏迹穷山，以晨昏二时，闭目枯坐，觉胸中空洞，了无一尘，不复如童时之躁急，而研泳经书，未尝一刻去手，日作一文，数日必构七义③。

可见士子习举，平日勤学是基础。士子有志于科目，不仅要勤奋，对于许多出身贫寒者，条件艰苦，更需坚忍不拔的毅力。嘉靖癸巳（1533年）杨继盛十八岁时，与同庠生约，"共力亲爨，读书于社学。所居房三间，前后无门，又乏炭柴坑席，尝起卧冰霜，而寒苦极矣"。第二年，则居僧人房，杨继盛无僮仆，僧无徒弟。僧念经于外，杨继盛自操井灶之劳，"秫秆五根，剖开可以熟食。冬自汲水，手与筒冻住，至房，口呵化开，始作饭。夜尝缺油，每读书月下。夜无衾，腿肚常冻，转起而绕屋疾走，其苦盖难言万一矣"④。条件艰苦，可想而知，仍读书不辍。又如耿定向，嘉靖十八年（1539年）16岁时，师从兄于经馆，"凿壁为牖，拾藁代膏，即筠簟不具，与同业从昆共寝稿桔中。解裳为

---

① （清）严炳、严燮. 严文靖公年谱［M］//北京图书馆藏珍本年谱丛刊：第49册. 北京：北京图书馆出版社，1998：187.

② （清）吴蕃昌. 先忠节公年谱略［M］//北京图书馆藏珍本年谱丛刊：第61册. 北京：北京图书馆出版社，1998：23.

③ （明）刘锡玄. 黔牍偶存·黔南学政［M］//北京图书馆古籍珍本丛刊：第80册. 北京：北京图书馆出版社，1998：994.

④ （明）杨继盛. 椒山先生自著年谱［M］//北京图书馆藏珍本年谱丛刊：第49册. 北京：北京图书馆出版社，1998：458-459.

席，联衣为衾而已"①。嘉靖二十四年（1545年）岁荒，与友结文会时，"朝夕止饘粥，且约口缩腹，推以给同事友，日常至不能举火云"②。又如堵胤锡11岁后，成为孤儿，依岳父母家，19岁时设塾训蒙以自赡，1岁所获仅四金而已。"夏则悬被为帐，入而汗蒸，出则蚊□肤，竟夕不寐。冬则破襦为袴，代絮以麻，累累若绶之欲脱，露肘决踵，踏歌风雪中"。条件如此艰苦，仍不废读书，"或遇良月夜静，则欹坐右桥湖畔，背诵经史，徘徊达曙，日以为常，闻者嗤笑，共目为痴"③。堵后中崇祯十年（1637年）进士。可见士子处穷，若仍志于科目，更须常人所不及的坚忍毅力。

勤奋与坚韧是士子能习举有成的两个重要条件，方法亦重要，纵观明代士子习举，前期多读书、作文并重，博通群书。如程文德正德六年（1511年）习举业时，从适斋朱日与先生讲经，"自本经《尚书》外，尤深于《易》。十峰公（其父）取《十三经注疏》《批点史记》《汉书》及《通鉴纲目》，令先生博习焉，并令读左氏与韩、柳、欧、苏诸名家"④，并不专事举业词章。正德辛未（1511年）郑晓习举时，其父"令读程文、论、表、策及《大学衍义补》"，第二年始教其作举业文字。丙子（1516年）乡试不第后，其父"令读左、班、马、韩、柳、欧、苏七家文"。丁丑（1517年）"令阅《十三经注疏》《批点史记》《两汉书》《三国志》《五代史》、司马公《通鉴》兼《朱子纲目》"。乙卯（1519年）秋试回，又"令看《汉文选》《唐文粹》《宋文鉴》《元文类》《皇明文衡》及本朝诸公文集奏议"。庚辰（1520年）"令作时务策百二十首"⑤。可见至正德时，士子习举尚能博览群书，并不专注于时文讲义，自后士子习举渐偏重于时文训练，读书范围渐狭隘。如万历四十八年（1620年）倪元璐因屡试不第，"作读諠自警，又立之法，多拟场题，分笺列壁。笺各七题，日抽一笺，

---

① （明）耿定向. 观生记 [M] //北京图书馆藏珍本年谱丛刊：第50册. 北京：北京图书馆出版社，1998：16.

② （明）耿定向. 观生记 [M] //北京图书馆藏珍本年谱丛刊：第50册. 北京：北京图书馆出版社，1998：20.

③ （明）堵胤锡. 堵忠肃公年谱 [M] //北京图书馆藏珍本年谱丛刊：第62册. 北京：北京图书馆出版社，1998：380-381.

④ （明）姜宝. 松豀程先生年谱 [M] //北京图书馆藏珍本年谱丛刊：第46册. 北京：北京图书馆出版社，1998：15.

⑤ （明）郑履淳. 郑端简公年谱 [M] //四库全书存目丛书史部：第83册. 济南：齐鲁书社，1997：507.

伏而思之，义句皆备则焚笺引，满不形笔墨。于是岁月之间，胸蘽累累，果以获隽"①。艾南英亦曾七试七挫，制艺风格因而一变再变，"始则为秦汉子史之文，而闱中目之为野，改而从震泽、毗陵、成弘先正之体，而闱中又目之为老。近则虽以《公》《谷》《孝经》、韩、欧、苏、曾大家之句，而房司亦不知其为何语"，"制艺自鹤滩、守溪下，至弘、正、嘉、隆大家，无所不究"②。晚明士子习举，更加侧重时文训练，亦是在科考竞争日益激烈，试文技巧日益讲究的情势下，不得不然。

有的士子习举，还能悉心规划，严立课程，不至因时日漫漫而懈怠。高攀龙习举时，即"读书严立课程，自卧榻至每日经行之处，壁间悉粘一圈，期于触目警心，无至此心放逸"③。尤其是临试前的一段时间，更是士子茹苦攻读的关键时期。如嘉靖十六年（1537年）当乡试，谭大初"日坐山房，取试录五十册，每日信手抬一册。初一初二头场，初三二场，四五复头场，初六三场，周而复始。始觉生疏，后觉顺畅，不俟秉烛，七篇五策完矣"④。万历己酉（1609年）冬，庄廷臣将赴会试，"昧爽起读，逾子夜方止，忽一夕晕去，少苏复起读"。家仆劝其早点休息，他答曰："吾不能为吏部乞恩人"⑤，攻读如故。有的士子习举还能注意自我调节，劳逸结合。如嘉靖十二年（1533年）严讷"读书谷中，攻苦之余，好临古名迹，时复弹琴咏歌"⑥。崇祯三年（1630年）当乡试，陈子龙偕友至南都，"寓谢公墩佛舍，专治举子业，暇则游城中名胜及近郊山林陵园，坛壝、观阁、台榭，靡不历焉"⑦。

---

① （清）倪会鼎. 倪文正公年谱 [M]//北京图书馆藏珍本年谱丛刊：第61册. 北京：北京图书馆出版社，1998：283.

② （明）艾南英. 艾千子先生全稿：卷首 历试卷自叙 [M]//四库禁毁书丛刊经部第7册. 北京：北京出版社，1998：235.

③ （明）华允诚. 高忠宪公年谱 [M]//北京图书馆藏珍本年谱丛刊：第54册. 北京：北京图书馆出版社，1998：495.

④ （明）谭大初. 谭次川自订年谱 [M]//北京图书馆藏珍本年谱丛刊：第47册. 北京：北京图书馆出版社，1998：287-288.

⑤ （清）庄鼎铉. 先考通议大夫全楚大方伯年谱略 [M]//北京图书馆藏珍本年谱丛刊：第54册. 北京：北京图书馆出版社，1998：325.

⑥ （清）严炳，严燮. 严文靖公年谱 [M]//北京图书馆藏珍本年谱丛刊：第49册. 北京：北京图书馆出版社，1998：189.

⑦ （明）陈子龙. 陈忠裕公自著年谱 [M]//北京图书馆藏珍本年谱丛刊：第63册. 北京：北京图书馆出版社，1998：530.

明代虽然科场宿命说、风水堪舆说、阴德说、神鬼说层出不穷，但士子习举，尤其是励志进取者，并非日事鬼神，听天由命，而多刻苦攻读，诸多科举附会之说，不过是士子克尽人事后，不能如愿，聊以自解的方式而已。

二、时文

在明代，时文指科场之文，尤指首场之文，因其文体随时而变，故称之，与古文相对。时文又有时义、时艺、制义、制艺、帖刮、举子业等称谓。明代科举以三场文取士，学作科场之文便成士子习举的必修课。明廷立法本意，欲使士子熟习《四书》《五经》等儒家经典，从中体悟圣人之道，又博通历代史事，洞悉治道得失，兼习本朝律法，典制，旁及各种公文写作，具备一定实政素养，是故士子当先饱读圣贤经传、子史、当朝典制、律诰诸书，而后发为文章，即"读书——作文"习举模式。对于习举士子来说，"读书——作文"模式费时耗力，且不易掌握，而作文，尤其是科场之文，其内容、作法都有一定规律可循，观摩前人所作科场之文无疑是便捷而有效的途径，于是士子习举转而攻习时文，然后自己作时文，甚至弃经史诸书不读，而专以时文为事，乃至记诵时文以侥取科第，时文渐成为士子习举的中心。明代科举士子攻读时文的现象近年来也得到学界的关注，如赵克生、安娜从阅读史的角度展开讨论。①

明代习举士子研读时文，乃至窃记旧文以博科名之风由来已久，早在洪熙时，就多有士子记诵成文应试。洪熙元年（1425年），郑府长史司审理所审理正俞廷辅言："臣窃以为，进贤之路，莫重于科举，近年宾兴之士，率记诵虚文，为出身之阶，求其实才，十无二三。"② 可见早在仁宗时，士子窃记旧文应试已是非常普遍的现象。之后，宣德六年（1431年），巡抚侍郎赵新又言："学校储养贤俊，以资任用，近教官多非其人，生徒因而懈怠，惟记诵程文，以备科贡"③。正统元年（1436年），少保兼户部尚书黄福亦言："近年以来，各处

---

① 赵克生. 时文熟 榜头立——明代士子的时文阅读实践［J］. 史学月刊，2017（11）. 安娜. 明代科举士子时文阅读初探［J］. 古代文明，2017（1）. 安娜. 明代时文阅读研究［D］. 长春：东北师范大学，2017.

② （明）张辅，等. 明仁宗实录：卷9 洪熙元年四月庚戌［M］. 台北："中央研究院"历史语言研究所，1962：289–290.

③ （明）杨士奇，等. 明宣宗实录：卷76 宣德六年二月庚申［M］. 台北："中央研究院"历史语言研究所，1962：1776.

儒学生员不肯熟读《四书》、经史，讲明义理，惟记诵旧文，待开科入试，以图幸中"①。天顺六年（1462年）所颁提学敕谕亦载："习举业亦穷理之事，果能精通《四书》、本经，便会行文，有等生徒，无实工夫，惟记诵旧文，意图侥幸出身，今宜痛革此弊"②。从这些记载来看，攻习、记诵时文之风自明初就很盛，至中后期，更是愈演愈烈。如嘉靖元年（1522年）当乡试，唐枢本来喜欢研习数学，"第试期近矣，舍帖括不能致身而抒所负，遂作文百余首，竟中式"③。万历三十六年（1608年），庄起元"城居必展玩程墨，系心场屋，不忘须臾"④。崇祯四年（1631年），庄恒"习静于含章阁之耐斋，徧取坊刻经义，改辑五百余首，遂觉题无不熟，机无不洽"⑤。而且窃记时文以博科第之风更盛。嘉靖时人何良俊云：

　　夫用"传注"以剿取科第，此犹三十年前事也。今时学者，但要读过经书，更读旧文字千篇，则取青紫如俯拾地芥矣。夫读千篇旧文，即取青紫，便可荣身显亲，扬名当世。而体认圣经之人，穷年白首，饥冻老死，迄无所成。人何不为其易且乐，而独为其难且苦者哉！人人皆读旧文，皆不体认"经传"，则《五经》《四书》可尽废矣。呜呼！有天下之责者，可不痛加之意哉！⑥

沈德符亦云："至嘉靖末年，时文冗滥，千篇一律，记诵稍多，即掇第如

---

① （明）孙继宗，等.明英宗实录：卷17　正统元年五月壬辰［M］.台北："中央研究院"历史语言研究所，1962：343. 按：引文已据《〈明英宗实录〉校勘记》改正。
② （明）孙继宗，等.明英宗实录：卷336　天顺六年春正月己酉［M］.台北："中央研究院"历史语言研究所，1962：6865-6866.
③ （清）许正绶.唐一庵先生年谱［M］//北京图书馆藏珍本年谱丛刊：第46册.济南：齐鲁书社，1997：115.
④ （明）庄起元.鹤坡公年谱［M］//北京图书馆藏珍本年谱丛刊：第54册.北京：北京图书馆出版社，1998：310.
⑤ （清）庄恒.声鹤公年谱［M］//北京图书馆藏珍本年谱丛刊：第66册.北京：北京图书馆出版社，1998：198-199.
⑥ （明）何良俊.四友斋丛说：卷3　经三［M］//明代笔记小说大观.上海：上海古籍出版社，2005：883-884.

寄，而无赖孝廉久弃贴括者，尽抄录小本，挟以入试"①。明末顾炎武亦云："夫昔之所谓三场，非下帷十年，读书千卷，不能有此三场也。今则务于捷得，不过于《四书》一经之中拟题一二百道，窃取他人之文记之，入场之日，抄誊一过，便可侥幸中式，而本经之全文有不读者矣"②。

工欲善其事，必先利其器。时文为士子登科利器，士子肆力于此，亦无可厚非。明代各科乡、会、殿试后所刻《乡试录》《会试录》《登科录》，皆附有取中士子所作程墨③，除为彰显文事、人才之盛外，亦寓示范后学之意。万历十五年（1587年），明廷还"命礼部会同翰林院，取定开国至嘉靖初年中式文字一百十余篇，刊布学宫，以为准则"④。程墨又可分为程文与墨卷，明初本以中式士子所作程文刻行，后因士子科场之文少佳作，多有主司代作，"遂又分士子所作之文，别谓之'墨卷'"⑤。程墨由于是取中士子的考卷，最具参考价值，历来受习举士子青睐。程墨之中，又以两京会试、乡试程墨最受欢迎，原因很简单，士子习举，无不以中进士为鹄的，两京乡、会试程墨最能反映京师主考官的文风取向。张邦奇督学湖广时，其所行学政即规定："作文之法本之《五经》《四书》，参之左氏、公、谷、先秦、两汉、《文章正宗》、韩、柳、欧、苏集，及取近年会试、两畿程文之佳者为法"⑥。王廷相督学四川时亦规定生员作

---

① （明）沈德符. 万历野获编：卷16 会场搜检［M］//元明史料笔记丛刊. 北京：中华书局，1959：413.

② （清）顾炎武. 日知录集释：卷16 三场［M］//清代学术名著丛刊. 黄汝成，集释. 上海：上海古籍出版社，2006：944.

③ 按《皇明贡举考》载"洪武二十一年二月，会试录初刻举人程文。丘濬曰：'十八年会试止录士子姓名、乡贯，而未刻程文，录文自二十一年始也'。小录所刻之文，谓之程文，特录出为士子程式也，非用是以献上也。文有可为程式者则刻，无则否，或多或寡，不必齐同"。见：皇明贡举考：卷1 举人程文［M］//四库全书存目丛书史部：第269册. 济南：齐鲁书社，1997：481.）又载："洪武二十一年，登科录初刻进士对策（《登科考》）。按对策例刻一甲进士三篇，惟永乐二年、四年、嘉靖十四年兼刻二甲进士对策。若正德三年，取二甲、三甲各第一名对策刻之，则逆瑾之行私也"。见：皇明贡举考：卷1 进士对策［M］//四库全书存目丛书史部：第269册. 济南：齐鲁书社，1997：482.

④ （明）顾秉谦，等. 明神宗实录：卷189，万历十五年八月丁卯［M］. 台北："中央研究院"历史语言研究所，1962：3548.

⑤ （清）顾炎武. 日知录集释：卷16 程文［M］//清代学术名著丛刊. 黄汝成，集释. 上海：上海古籍出版社，2006：953.

⑥ （明）张邦奇. 张文定公环碧堂集：卷17 湖广学政［M］//续修四库全书：第1337册. 上海：上海古籍出版社，2002：262.

文,"文字要本近年会试及两京乡试程文,务求体格高古,辞气典雅,以为式归"①。陆深家书中教其子习举亦云:"汝要礼部墨卷,春暖时当为处置。吾意近时举业,俱不如三五十年以前有理致,可看近作,虽不经目,亦可只看五魁卷,有多少疵杂处,余可知矣"②。从这几则史料亦可看出时文因时而变的特点,愈往后愈然。明末顾炎武亦云:"时文之出,每科一变,五尺童子能诵数十篇,而小变其文,即可以取功名,而钝者至白首而不得遇"③。

虽然习举士子研习时文之风甚早,但明初流行的时文却不多,种类亦少,除历科所刻程墨外,最先流行的多是备时文参考所用之书,如讲义、题意、活套等书。正嘉时人郎瑛云:"成化以前,世无刻本时文,吾杭通判沈澄刊《京华日抄》一册,甚获重利,后闽省效之,渐至各省刊提学考卷也"④。《京华日抄》当是资时文取材所用的类书性质的文钞,并非当时时文汇编。《京华日抄》之外,据弘治十二年(1499年)吏科给事中许天锡所奏,备时文参考用书还有"《论范》《论草》《策略》《策海》《文衡》《文髓》《主意》《讲章》之类"⑤,多是南宋科举用书,本朝时文除了乡、会、殿试所刻程墨外,尚少见其他文本。直至嘉靖前,民间所流行时文并不多。钱谦益云:"嘉靖以前,士习淳厚,房稿坊刻绝无,仅有许选程墨行于世者,敖清江、项瓯东也"⑥。嘉万时人李诩亦云:"余少时学举子业,并无刊本窗稿。……今满目皆坊刻矣,亦世风华实之一验也"⑦。究其缘由,一方面,此时期当朝时文积淀不深,佳作不多,稿源亦少。明天顺以前经义之文,多只是敷衍传注,成化以后,才开始形成八股文,

---

① (明)王廷相. 浚川公移集:卷3 督学四川条约[M]//王廷相集. 北京:中华书局,1989:1171.

② (明)陆深. 俨山集:卷99 京中家书二十四首[M]//文渊阁四库全书:第1268册. 台北:台湾商务印书馆,1986:640.

③ (清)顾炎武. 亭林文集:卷1 生员论中. 顾亭林诗文集[M]//中国古典文学基本丛书. 北京:中华书局,1983:23.

④ (明)郎瑛. 七修类稿:卷24 时文石刻图书起[M]. 上海:上海书店出版社,2001:259.

⑤ (明)李东阳,等. 明孝宗实录:卷157 弘治十二年十二月乙巳[M]. 台北:"中央研究院"历史语言研究所,1962:2826.

⑥ (清)钱谦益. 牧斋有学集:卷45 家塾论举业杂说[M]//续修四库全书:第1391册. 上海:上海古籍出版社,2002:445.

⑦ (明)李诩. 戒庵老人漫笔:卷8 时艺坊刻[M]//元明史料笔记丛刊. 北京:中华书局,1982:334.

制义才稍有可观之文,并在一股"复古主义"文风影响下,达到时文创作的高峰,以致后世论文,多推崇弘治前后之文,以为醇正典雅。如嘉靖二十三年(1544年)礼部题请"正文体"时即言:"至于成化、弘治年间科举之文,号称极盛,凡会试及两京乡试所刻文字,深醇典正,蔚然炳然,诚所谓治世之文"①。骆问礼亦云:"科举之文自宏正以来日盛,至嘉靖年间辞理灿然,隆庆中未改也,至今万历,日趋于敝"②。另一方面,对于成化之后涌现出的时文用书及时文范本的流传,官方采取了禁毁政策。正德十年(1514年)南京礼科给事中徐文溥题奏:"近时时文流布四方,书肆资之以贾利,士子假此以侥幸,宜加痛革。凡场屋文字句语雷同,即系窃盗,不许誊录。其书坊刊刻一应时文,悉宜烧毁,不得鬻贩。各处提学官尤当禁革,如或私藏,诵习不悛者,即行黜退"③。疏入,下所司知之。正德时张邦奇督学湖广时亦行令:"近时书坊所刻题意、讲语之类,破碎大义,斩丧文体,莫甚于此,有畜此者须一切焚毁,少滞心目,为误终身"④。正由于这两个方面的原因,使得嘉靖以前民间流行时文较少。

嘉靖以后,民间流行的时文才逐渐多起来,首先于程墨之外壮大时文稿来源的是郎瑛所提到的提学考卷,即提学官岁考、科考之试牍。如嘉靖时陈儒督学浙江,即曾行令"浙中诸士之作,梓而行之,用以启迪后学,少寓崇雅黜浮之意云尔",令提调官同教官考订、翻刊成书,"将在学生员人给一部,以便观览"⑤。《顾文端公年谱》亦载顾宪成"自为诸生,即以文名世,坊间所刻诸论,皆其历试冠军之作也"⑥。魏大中自撰年谱亦载万历二十二年(1594年),"一

---

① (明)俞汝楫,等.礼部志稿:卷70 责成正文体[M]//文渊阁四库全书:第598册.台北:台湾商务印书馆,1986:194.
② (明)骆问礼.万一楼集:卷55 科举文[M]//四库禁毁书丛刊集部:第174册.北京:北京出版社,1998:661.
③ (明)费宏,等.明武宗实录:卷132,正德十年十二月乙亥[M].台北:"中央研究院"历史语言研究所,1962:2631.
④ (明)张邦奇.张文定公环碧堂集:卷17 湖广学政[M]//续修四库全书:第1337册.上海:上海古籍出版社,2002:262.
⑤ (明)陈儒.芹山集:卷24 学政[M]//北京图书馆古籍珍本丛刊:第106册.北京:北京图书馆出版社,1998:203-204.
⑥ (明)顾与沐,顾枢.顾文端公年谱[M]//北京图书馆藏珍本年谱丛刊:第53册.北京:北京图书馆出版社,1998:225.

日，书贾挟四府考卷来售"①。可见至万万时已有书贾贩卖提学考卷以谋利，时文刊及提学考卷，必然极大地壮大时文稿的来源。

提学考卷之外，又渐刊及习举士子平日所作制义，包括立会结社所作之文。如万历十七年（1589年）庄起元"同里中有志如王元晋、薛介甫、蒋克和等藏习千峰寺，梵宇寂荒，绝无喧扰，刻有《九文篇》，坊间赝名陶石篑，人争售之"②。万历庚戌（1610年）方震孺二十六岁时，"始下帷刻苦为时义，有《梦蕊亭稿》行于时"③。崇祯三年（1630年）郑敷教中乡试后，"刻窗稿曰《瞻岵草》，不胫不翼，纸贵都门"④。自万历丁丑（1577年）始，又有进士房稿之选。沈德符载：

> 南宫放榜后，从无所谓房稿。丁丑（1577年）冯祭酒为榜首，与先人俱《尚书》首卷，且同邑同社。两人为政，集籍中名士文，汇刻二百许篇，名《艺海元珠》，一时谓盛事，亦创事。至癸未（1583年）冯为房考，始刻书《一房得士录》，于是房有专刻，嗣是渐盛。然壬辰（1592年）尚少三房，乙未（1595年）少一房，俱京刻无选本。至戊戌（1598年）则十八房俱全，而娄江王房仲有《阅艺随录》之选。至辛丑（1601年）遂有数家。今则甲乙可否，入主出奴，纷纷聚讼，且半系捉刀，谩不足重轻矣⑤。

明代科举分房阅卷，明初会试仅设八房，至晚明渐增至十八房左右，概称十八房。会试所刻程墨，不过是每题选刻一二篇佳作，万历后出现专门的房稿，并愈演愈盛，评选亦有多家，说明晚明时文市场的强大的需求，尤其是取中进士之房稿，可以反映京闱文风，更是倍受习举士子青睐。至此，晚明所流行时

---

① （明）魏大中. 魏廓园先生自谱［M］//北京图书馆藏珍本年谱丛刊：第56册. 北京：北京图书馆出版社，1998：431.
② （明）庄起元. 鹤坡公年谱［M］//北京图书馆藏珍本年谱丛刊：第54册. 北京：北京图书馆出版社，1998：307.
③ （明）方震孺. 方孩未年谱［M］//北京图书馆藏珍本年谱丛刊：第59册. 北京：北京图书馆出版社，1998：8.
④ 郑桐庵先生年谱［M］//北京图书馆藏珍本年谱丛刊：第66册. 北京：北京图书馆出版社，1998：522.
⑤ （明）沈德符. 万历野获编：卷16 进士房稿［M］//元明史料笔记丛刊. 北京：中华书局，1959：416.

文大致可分为四种："曰程墨，则三场主司及士子之文；曰房稿，则十八房进士之作；曰行卷，则举人之作；曰社稿，则诸生会课之作"①。至明末习举，时文极多，上自累科名士大家，下迄近时无名之士，皆有坊刻制义行于世，汗牛充栋，蔚为壮观，俨然一道时文长廊，明末钱谦益曾将有明一代诸名家时文归纳为举子之时文、才子之时文、理学之时文，从中或可窥明代时文之一斑。其论时文曰：

何谓举子之时文？本经术、通训故。析理必程朱，遣词必欧苏。规矩绳尺，不失尺寸。开辟起伏，浑然天成。自王守溪以迄于顾东江、汪青湖、唐荆川、许石城、瞿昆湖，如谱宗派，如授衣钵，神圣工巧，斯为极则。隆万之间，刘定宇、冯开之、萧汉冲、李九我、袁石浦、陶石篑诸公，坛宇相继，谓之元脉。江河之流，不绝如线。久而渐失其真，汤霍林开串合之门，顾升伯谈倒插之法，因风接响，奉为金科玉条。莠苗稗榖，似是而非，而先民之矩度与其神理澌灭，不可复问矣。此举子之文之伪体也。

何谓才子之时文？心地空明，才调富有，风樯阵马，一息千里，不知其所至，而能者顾诎焉。钱鹤滩、茅鹿门、归震川、胡思泉、顾泾阳、汤若士之流，其最著者。虞澹然、王荆石、袁小修，其流亚也。莽荡如郝仲舆，杂乱如王遂东，窃衔窃辔，泛驾自喜，可与龙文虎春并称天马乎？此才子之文之伪体也。

何谓理学之时文？季彭山，姚江之别支也。杨复所，近溪之嫡孙也。赵梦白，洛闽之耳孙也。李卓吾，紫柏之分身也。称心信理，现量发挥，可以使人开拓心胸，发明眼目。既而缙绅先生罢问讲学，点缀咕哔，招摇门徒，以灯窗腐烂之辞，为扣门乞食之计，风斯下矣，文亦如之。此理学之文之伪体也②。

晚明时文稿来源既广，刊刻复多，时文评选活动遂应时而出，又称选政。

---

① （清）顾炎武. 日知录集释：卷16 十八房［M］//清代学术名著丛刊. 黄汝成，集释. 上海：上海古籍出版社，2006：936.
② （清）钱谦益. 牧斋有学集：卷45 家塾论举业杂说［M］//续修四库全书：第1391册. 上海：上海古籍出版社，2002：445.

时文评选活动大约出现在万历以后,侯峒曾之子为其所撰《侯忠节公年谱》载侯峒曾为诸生时,与其弟颇负人望,万历四十七年(1619年)侯峒曾赴京会试时,"四方之士慕府君名者填踵而至,竞以文章为缟纻焉"。是时其弟里居,有贾人数以选事为请,其弟不得已应之。侯峒曾会试归,"乃尽出四方所投之文,共较其甲乙选。既成,不踁而走,帖括之家咸以为文章绝盛"①。该年谱又载:"自万历戊己(戊午1618年,己未1619年)以前,评月旦者不啻数十家,戊己以后,府君兄弟与梁谿马谕德文忠公世奇共执牛耳,三吴之士,非数家之选不读也。如是者数年,至天启、崇祯之际,吴门解元杨维斗先生廷枢、娄东翰林张西铭先生溥、华亭吏部夏瑗公先生允彝、黄门陈轶符先生子龙同时并起,坛坫最盛,咸以府君兄弟为宗"②。崇祯十二年(1639年)徐孚远亦有《秉文》之选,其年谱载:"时吴下惟艾千子有《艾选》,陈百史有《五十大家之刻》,他房、行、社稿、试牍悉统于《秉文》选中,先生之教由是大昌"③。时文评选多邀请名士,多属商业操作,多采取圈点评注的方式,以便士子领悟所选时文精妙处,亦多有冒名名士评选的情况。时文选家则借选政以行其教,品评高下,分别门户,各尚文风,乃至分帮立派,意气相争,互不相让,成为晚明文化界一大显著现象。对此,钱谦益亦曾有论:

> 万历之中,娄江王逸季始下操月旦之评,然用以别流品,峻门户而已,未及乎植交。万历之末,武林闻子将始建立坫墠之帜,然用以振朋侪,广声气而已,未及乎牟利。祯启之间,风气益变,盟坛社墠,奔走号跳,苴茞竿牍与行卷交驰,除目底报与文评杂出,訞言横议遂与国运相终始,以选文一事征之,亦当代得失之林也④!

---

① (清)侯元泩. 侯忠节公年谱[M]//北京图书馆藏珍本年谱丛刊:第60册. 北京:北京图书馆出版社,1998:619.
② (清)侯元泩. 侯忠节公年谱[M]//北京图书馆藏珍本年谱丛刊:第60册. 北京:北京图书馆出版社,1998:619-620.
③ 陈乃乾,陈洙. 徐闇公先生年谱[M]//北京图书馆藏珍本年谱丛刊:第67册. 北京:北京图书馆出版社,1998:26-27.
④ (清)钱谦益. 牧斋有学集:卷45 家塾论举业杂说[M]//续修四库全书:第1391册. 上海:上海古籍出版社,2002:445-446.

第二节 备考方式

一、拜师

士子习举，尤其是初学者，不太可能无师自通，多需师傅指点，引领门径，只有具有一定举业基础后，才可能自学或与友会课。士子所拜之师，主要有蒙师、经师二种，蒙师为识字启蒙之师，与举业关系不大，教授士子习举的主要是经师，又称五经师。明代科举专经取士，《五经》是举业中最专门的学问，士子须先择一经而后发为举业，经师亦多专经教授，其分布极具地域特色，如"莆田之《书》，常熟之《诗》，安福之《春秋》，余姚之《礼记》，皆著称天下者"①。士子择经受其影响，亦极富地域色彩，"如麻城、安福诸邑，习《春秋》者十有八九，子弟通经甚易。或一邑无一人习是经，闻有全记《春秋》经文，不及《胡传》者，有通本全记，并音注无遗者"②。亦可见有无师傅引领，差别甚巨。经师自汉代就有，"作训诂以传一家之业"，自科举以经义取士后，《五经》成为干禄的媒介，经师向举业师转化，授经率以科举为式，经学呈现制义化的倾向。何景明云："今之师，举业之师也！执经授书，分章截句，属题比类，纂摘略简，剽窃程序，传之口耳，安察心臆，叛圣弃古，以会有司。是故今之师，速化苟就之术，干荣要利之媒也"③。经师的主体是正在或曾经习举之士，有生员、有举人、有进士、学官、有官僚等。士子拜师，一方面可以学习老师的习举方法、门径，另一方面，还可接受老师督课，不至疏散，荒废时日。明末杨继盛曾训其子习举业云："切记不可一日无师傅，无师傅则无严惮，无稽考，虽十分用功，终是疏散，以自在故也。又必须择好师，如一师不惬意，即

---

① （明）吴宽. 家藏集：卷34 三辰堂记［M］//文渊阁四库全书：第1255册. 台北：台湾商务印书馆，1986：285.

② （明）梅之熉. 春秋因是：卷首 春秋因是发凡［M］//四库全书存目丛书经部：第128册. 杭州：浙江古籍出版社，1986：18.

③ （明）何景明. 大复集：卷33 师问［M］//文渊阁四库全书：第1267册. 台北：台湾商务印书馆，1986：297-298.

辞了另寻，不可因循迁延，致误学业"①。

士子就师，若未习经，则随师之经而习，若已习经，多择与所业经相同之经师。士子拜师主要有两种方式。一为延师教习，多为殷实之家，所延多名师，待师亦优渥。朱国桢云："自制义盛行，凡大家，必延名士为师友教子弟，即圣人复起，亦不可废。居常谭文课艺，一遇考试，同坐商量，职也，亦情也，势也"②。庄廷臣年谱载："南畿开府少司马赵公可怀延训子，公极重文士，坐上朝夕如吴会元默、吴解元化辈，皆名宿也"。并于万历庚寅（1590年）延庄廷臣训其子，"每年具脩脯二百四十金，别具彩缎二、银花二，令本地府县登门延请"，馆幕府三年，训其二子，后次子中式③。万历三十七年（1609年），金声之舅厚礼币延名宿龙云中先生入帐，课金声读书，自发未燥至弱冠，未尝更师。"龙公感主人意，又乐得教育，无寒暑宵昼耳提之"④。一为就师受业。士子并非皆家境殷实，可以延师课业，多就师设馆处受业。若师馆于他家，士子往学，称为附学。如成化九年（1473年），举人陈伦设馆于历山张谦家，陈雍往师之，"讲解经书，以平日所得师傅尽折中焉，研究奥旨，大有裨益"⑤。张文麟自撰年谱亦载弘治八年（1495年），"时先公至友陈企周尚古，其子应春，先予一日而生，延师陈子身先生于家，邀予附学"⑥。有的家馆附学人数不少，如晚明赵维寰的父亲于万历乙亥（1575年）延谢宇春先生于家，"时受业者，止余兄弟及附学三四人，已渐盛至三四十许"⑦。经师并不皆馆于士子家，有的设馆于自己家，或寺、祠、僧舍等地。如正德十六年（1521年）谭大初因其父遣，"从

---

① （明）杨继盛. 杨忠愍公传家宝训［M］//丛书集成续编：第60册. 台北：新文丰出版公司，1989：538.

② （明）朱国桢. 涌幢小品：卷7 断么绝六［M］//明代笔记小说大观. 上海：上海古籍出版社，2005：3274.

③ （清）庄鼎铉. 先考通议大夫全楚大方伯年谱略［M］//北京图书馆藏珍本年谱丛刊：第54册. 北京：北京图书馆出版社，1998：322-323.

④ 金正希先生年谱［M］//北京图书馆藏珍本年谱丛刊：第62册. 北京：北京图书馆出版社，1998：5.

⑤ （明）陈垲. 明南京工部尚书进阶荣禄大夫简庵陈公年谱［M］//北京图书馆藏珍本年谱丛刊：第41册. 北京：北京图书馆出版社，1998：668.

⑥ （明）张文麟. 端岩公年谱［M］//北京图书馆藏珍本年谱丛刊：第44册. 北京：北京图书馆出版社，1998：485.

⑦ （明）赵维寰. 雪庐焚余稿：卷10 严师［M］//四库禁毁书丛刊集部：第88册. 北京：北京出版社，1998：570.

郡庠廪生王仁山先生之门,即仁寿寺授诗经"①。万历三年(1575年),庄起元"就学于邑庠生陈师养虚,讳达,设帐钟楼寺周僧官房"②。设学于公共空间的经馆,设学规模一般较家馆大。如万历四十八年(1620年),郑鄤"开馆于郡城之先贤祠,每月三试,品其高下,既而改为两试,既又改为一试,以卷多,阅不给也。登门入籍者一千七百余人,凡首取者,至今多科第矣"③。崇祯十四年(1641年),庄恒"率诸子肄业,因设帐于星聚堂,郡邑之有志能文者凡数百人执礼门下,薄为授餐,后先发志去,科第联翩,如是者盖三载"④。晚明私学之盛,由此可见一斑,与官学衰落形成鲜明对比。

明代科目独盛,习举之士日多,拜师之风盛行。士子从师往往不辞辛苦,甚至千里从师。如弘治十一年(1498年)当大比,常熟张文麟参加县试,知县问他何以读《礼记》,告以先公旧经,知县又问何不往余姚从讲,对以力不能从,知县曰:"我那里从师讲书,一双草鞋,背三斗米就去了,何难"⑤。于是知县默然留意,次年送他从余姚诸用晦习《礼》。诸用晦是苏州府学教官。第二年,张文麟父亲凑些盘费,并求苏庠旧友,觅得苏庠附近开元寺僧舍小房一间以居。张文麟"每日晨谒先生,求讲至端午"。经讲过一遍后,诸先生回余姚一趟,张亦归见知县,知县为出束修五金。一周后再上苏时,"僧舍已居他人,求府教授李先生烜,与居嘉会亭厢房。先生顾我,许辟连舍为爨"⑥。可见从师条件艰苦。庄恒自撰年谱亦载万历三十七年(1609年)春,庄恒随父读书游塘庙时,"武义徐雷门、讳有威,不远千里,从吾父游"⑦。泰昌元年(1620年)郑

---

① (明)谭大初.谭次川自订年谱[M]//北京图书馆藏珍本年谱丛刊:第47册.北京:北京图书馆出版社,1998:260.
② (明)庄起元.鹤坡公年谱[M]//北京图书馆藏珍本年谱丛刊:第54册.北京:北京图书馆出版社,1998:304.
③ (明)郑鄤.天山自叙年谱[M]//北京图书馆藏珍本年谱丛刊:第61册.北京:北京图书馆出版社,1998:231-232.
④ (清)庄恒.声鹤公年谱[M]//北京图书馆藏珍本年谱丛刊:第66册.北京:北京图书馆出版社,1998:210.
⑤ (明)张文麟.端岩公年谱[M]//北京图书馆藏珍本年谱丛刊:第44册.北京:北京图书馆出版社,1998:489.
⑥ (明)张文麟.端岩公年谱[M]//北京图书馆藏珍本年谱丛刊:第44册.北京:北京图书馆出版社,1998:492.
⑦ (清)庄恒.声鹤公年谱[M]//北京图书馆藏珍本年谱丛刊:第66册.北京:北京图书馆出版社,1998:195.

敷教设馆时,"弟子日进,堂下横经奉手请问者,恒以百计,远方负笈者,不惮千里百里"①。

私学之师,教法人殊,一般多以读书、背书、讲书、作文、考课为主,有的老师甚至仿科举法,糊名考试定殿最。谭大初曾因大礼议而与其师陈良贵论及宋濮王事,陈师因背诵程、吕、司马诸儒奏疏甚悉,谭问何以如此熟,陈师曰:"若经书、《性》《鉴》一年一周,则今冬腊月然而无有乎尔,明冬腊月然而无有乎尔,十年才得十周,如何得熟。汝辈初学,先须两年一周,次一年一周,又一年两周,一年三周,一年四周,到得一年五六周,又得严师益友常常启发,庶可熟耳"②。时为正德十六年(1520年),此时举业尚读书、作文并重,之后士子习举,多重时文训练,师傅教习,亦以出题考课为主,而且讲究时文技法。如万历三十七年(1609年)金声之师教其作文,"尝命一题,至六七作犹不易",金声告以才竭,师则出坊刻中佳者示之,金声怃然,退而复作。"如是反覆,至三十作始易题"③。又如刘宗周,先是随其外大父习举,"读先辈程墨,积至数百篇,故行文有绳矩而少变化"。万历二十二年(1594年)又随念彬鲁公习举,念彬鲁公试其文,以为"年少而文如老生,非应举之宜也",于是"进之以机法,改授新制艺。读之,又授读《左传》、先秦诸书"。刘宗周潜心揣摩三月,出其文呈师,师喜,以为善变。又呈其外大父,则大怒,立命易之,易之则师又怒,结果刘宗周只好每试必四艺,二艺呈师,二艺呈其外大父④。万历三十二年(1604年)华允诚受业澄江周银河先生门下时,"课艺必糊名定殿最,不以成见为后先"⑤。晚明人赵维寰在其《雪庐焚余稿》中详载其严师谢宇春先生举业教法,从中可以一窥晚明私学举业教学概况。其教法如是:

---

① 郑桐庵先生年谱[M]//北京图书馆藏珍本年谱丛刊:第66册.北京:北京图书馆出版社,1998:520.

② (明)谭大初.谭次川自订年谱[M]//北京图书馆藏珍本年谱丛刊:第47册.北京:北京图书馆出版社,1998:262.

③ 金正希先生年谱[M]//北京图书馆藏珍本年谱丛刊:第62册.北京:北京图书馆出版社,1998:5-6.

④ (清)刘汋.刘子年谱[M]//北京图书馆藏珍本年谱丛刊:第57-58册.北京:北京图书馆出版社,1998:601.

⑤ (清)华衷黄.奉直大夫吏部员外郎豫如府君年谱[M]//北京图书馆藏珍本年谱丛刊:第60册.北京:北京图书馆出版社,1998:245.

一日之内，自背书而讲书，而覆讲，而看《性》《鉴》，而选阅艺文，而温诵经、子、程墨，无一事不精晰。如温诵不熟，覆讲不明，抽问《性》《鉴》不能响答如流，衡艺文瑕瑜不当者必面斥，甚则罚跪，或加责，此寻常课书工夫也。

其课文必三六九，六九日每课三篇，限灯前脱稿，即评阅。逢三则大会，大会日，诸生必五鼓起，命五题，大小题间出。出题后，诸生不得交一语。每桌下各置溺器一，不得出恭，交卷以灯下为度。厥明，先生阅诸卷评次之，虽五六生，必分等。列下等者，轻则跪，重必责。应责者，虽已冠婚，断不贷也。评文必随其平日力量，如平日力量本劣，而是日忽有数佳语，即优拔之。如平日力量本优，而是日平平，无大长进，必置下等。以故诸生虽拙劣甚，无不勉自刻励。

是日发落毕，日将出矣。既午饭，即率诸生，徧历田野间。或闻有庙宇丘墓，可供眺览，即远二三里，或五六里，必责主人具舟楫往。及暮返，主人肃具以待，则宾主师生，□去形迹，陆博投壶，唱酬和答，延及更余，兴尽而止。及旦，斩然习业如初。大约十日内，以九日习业，一日陶情。当习业日，自朝至中戺，无晷刻瑕也①。

可见晚明私学举业教学，以背书、讲书、作文为主，尤重考课。业举之余，亦重陶冶身心，劳逸结合。当然，并非所有经师教学皆严厉刻板，师道凛然，亦有不乏幽默风趣者。天启乙丑（1625年），查继佐设馆与门人讲学时，"恐其昏愦失听，取优俳所用一撮须，置之座右，讲未半，见有昏愦者，即挂须齿颊间，作俯仰视，顷刻变易，愦者咸笑起，为之惺然。于是听讲诸子耳目开明，无不受益而去"②。

明代私学虽盛，士子从师并不困难，却多不稳定，往往转学多师。如嘉靖十四年（1535年）耿定向十二岁时，"师从叔父宗进于严冲塝馆，始习时艺"，十四岁时"先大夫与诸父谋请于王父，遣师汪先生"。十六岁时"师从兄少韩于

---

① （明）赵维寰. 雪庐焚余稿：卷10 严师 [M] //四库禁毁书丛刊集部：第88册. 北京：北京出版社，1998：570.

② （清）沈起. 查东山先生年谱 [M] //北京图书馆藏珍本年谱丛刊：第67册. 北京：北京图书馆出版社，1998：174-175.

严冲塝馆"。是年冬,又"师鄢先生楷于烟墩罗氏馆旬余"。十七岁"复师少韩于腊术塘馆"。十八岁"师谢先生寅和于大安寺"。二十岁"师刘先生炎于旧邑"①。之后或与友肄业,或自学,或设馆,未再从师,直至登第。又如庄恒,万历二十九年(1601年)十三岁时,"师讱铭大兄学文"。十五岁"师程先生号仪明"。十六岁"师大伯鹤澜公于家塾"。十九岁"师事高恕行先生"。二十二岁时与父兄执弟子礼于武林黄贞父先生。二十五岁"师徐瀛台先生、讳有恒,读书于早科坊别业"。二十九岁与年伯邹衣翁有师谊焉②。士子主要是习举前期拜师,经过一段时间,便可自学,或与友会课,甚至设馆教学,从习举者转变成经师。

明代习举之士众多,从师成风,师生关系却十分淡薄。士子习举拜师,不过借以发科仕进,经师处馆,亦多为馆谷治生。更为重要的是,师生之间,并无重大利益,经师亦多寒素,在士子科举生涯中,虽有授业之实,在各种考试中,却难助一臂之力,士子所急者,是举主、主司、座主,这些士子科举生涯中各级考试的主考官,直接能在各级考试中给士子关键影响的人。谢肇淛云:

> 训蒙受业之师,真师也,其恩深,其义重,在三之制与君父等。至于主司之考校,一日之遭遇耳,无造就之素也;当道之荐扬,甄别之故事耳,无陶铸之功也。今人之所最急者举主,次殷勤者主司,而少时受业之师,富贵之日,非但忘其恩,并且忘其人矣③。

举主、主司、座主等,于士子并无造就之实,为国抡才,本其职事,士子偶然为所甄拔,遂感恩戴德,念念不忘。艾南英回忆其科考生涯云:

> 予年十有七,以童子试受知于平湖李养白先生,其明年春为万历庚子(1600年),始籍东乡县学,迄万历己未(1619年),为诸生者二十年,试

---

① (明)耿定向. 观生记[M]//北京图书馆藏珍本年谱丛刊:第50册. 北京:北京图书馆出版社,1998:15-18.
② (清)庄恒. 声鹤公年谱[M]//北京图书馆藏珍本年谱丛刊:第66册. 北京:北京图书馆出版社,1998:194-196.
③ (明)谢肇淛. 五杂组:卷14 事部二[M]//明代笔记小说大观. 上海:上海古籍出版社,2005:1802.

于乡闱者七年,饩于二十人中者十有四年。所受知邑令长凡二人,所受知郡太守凡三人,所受知督学使者凡六人①。

赵维寰回忆科考生涯亦云:

余昔童子试,则受知刘抑亭、方初庵二师,入学则受知刘晋川师,帮补则受知苏紫溪师,录科则受知李晴原、萧慕渠师,里选受知伍临凡、王敬轩二师,乡举则受知韦玄斗、杨荆岩、顾开雍三师,而开雍师知余尤深,期许尤厚,加恩更独渥。顾余于诸师,并不能有尺寸酬也。展念悽然,托笔楮以识负恩之罪,脱吾后子孙,有能成吾志以释吾罪者,地下之目,或可瞑与!②

感涕之情,溢于言表,并以不能为报为憾。士子推试官为座主,座主亦乐收罗士子为门生,为日后田舍子孙计。王世贞云:"庠序行而世之以利莅诸生者,科举行而世之以利进诸生者,皆偃然而居师"③。晚明甚至有人说"得一举人门生是生一女,得一进士门生是生一男"④。科举本国家宾兴大典,而各级试官却"私天子之公法而身之,私天子之公人而弟子之"⑤。制科盛典,遂成私恩纽带。晚明无论是何种师生名分,师生关系都充斥着世俗的利益因素,非复古之师道。黄宗羲云:"自科举之学兴,而师道亡矣。今老师门生之名徧于天下,岂无师哉?由于为师之易,而弟子之所以事其师者,非复古人之万一矣,犹可谓之师哉"⑥?又云:"流俗有句读之师,有举业之师,有主考之师,有分房之

---

① (明)艾南英.艾千子先生全稿:卷首 历试卷自叙[M]//四库禁毁书丛刊经部第7册.北京:北京出版社,1998:230.
② (明)赵维寰.雪庐焚余稿:卷10 座主[M]//四库禁毁书丛刊集部:第88册.北京:北京出版社,1998:563.
③ (明)王世贞.弇州四部稿:卷一百十一 师说下[M]//文渊阁四库全书:第1280册.台北:台湾商务印书馆,1986:752.
④ (明)赵维寰.雪庐焚余稿:卷10 儿女门生[M]//四库禁毁书丛刊集部:第88册.北京:北京出版社,1998:563.
⑤ (明)王世贞.弇州四部稿:卷一百十一 师说下[M]//文渊阁四库全书:第1280册.台北:台湾商务印书馆,1986:752.
⑥ (清)黄宗羲.南雷文定:三集卷2 广师说[M]//续修四库全书:第1397册.上海:上海古籍出版社,2002:505.

师，有荐举之师，有投拜之师，师道多端，向背攸分。乘时则朽木青黄，失势则田何粪土，固其宜也"①！

晚明士子拜师既不礼，而师之师道亦日以陵夷。顾起元载：

> 数十年前，士人多能持师道以训弟子，如李翰峰、焦镜川、董侣渔、赵高峰、黄龙冈诸先生，皆方严端正，不为苟合。课艺勉德，彬彬有条，经书《性》《鉴》，岁必一周，优劣劝惩，肃如朝典。以故士游其门，文行皆有可观。主人尊敬之如神明，少不合辄拂衣去。其弟子亦敬而爱之，即既贵显老大，悛悛执礼惟谨，毋敢慢也。
>
> 后或富实之家，才有延师之意，求托者已麇集其门，始进既不以正矣。既入馆，则一意阿附主人之意，甘处亵渎而不辞。甚且市欢于弟子，恐其间我于父兄，一切课督视为戏具矣。又有一种黠者，诱其弟子，结纳显贵，买鬻声名，夤缘考试，以蛊其主人。呜呼！师法之不严至此极矣②

二、立会结社

古人有"以文会友，以友辅仁"的传统，士子习举，贵有师友资益，师傅以引领，朋友相切磋。师傅引领多在习举初期，而朋友切磋则往往伴随整个习举生涯。明末杨继盛曾训其子习举云："又必择好朋友，日日会讲切磋，则举业不患不成矣"③。可见朋友对习举士子的重要性。朋友相聚习举，最常见的方式是会讲、会课、会文，久之，乃结成文会、文社。文会、文社由来已久，亦多种多样，如讲学会，诗文社等，并非创自习举士子，亦非专为举业而备。明嘉靖以后，习举士子日众，又多散处于乡野山林，乏学校之教，于是同志者相率立会结社，相互砥砺，攻习举业。

习举之会与社皆由士子相聚肄业而来，只是名称上的差异而已，并无本质

---

① （清）黄宗羲. 南雷文定：三集卷2 广师说［M］//续修四库全书：第1397册. 上海：上海古籍出版社，2002：505.

② （明）顾起元. 客座赘语：卷9 师法［M］//明代笔记小说大观. 上海：上海古籍出版社，2005：1416-1417页.

③ （明）杨继盛. 杨忠愍公传家宝训［M］//丛书集成续编：第60册. 台北：新文丰出版公司，1989：538.

区别。习举会社的出现，主要是由于习举者日多，而又乏学校之教。罗万藻曾云："文之有社，士所自为政之地也。教养道诎，学宫广厉之具阙然，豪杰之士高视远蹠，见其具亦复非哄。三岁一比，士往往不足服其所为，故相怜相引，连而为社。然则为社之情一，而立难以自赴，其致志齐力邨，亦未易言矣"①。习举文会出现较早，成化时就初现端倪，嘉靖以后大兴，并在学校教育日趋衰退的情况下，为官方所接受，许多提学官亦采取立会的方式，俾生员各自为会，攻习举业，互相资益。习举文社多见于嘉靖之后，并愈演愈烈，在特定时局影响下，终酿成明末声势浩大的党社运动，大名鼎鼎的复社就是众多习举文社的联合体。

早在成化初，就有习举文会。吴宽《家藏集》中《抱璞南归诗序》载：

> 左谕德四明杨君惟立，初以成化乙酉（1465年）浙省冠乡解，再试礼部不偶，居都下，日与四方名士讲业，号丽泽会，期必取进士乃已，众亦推让君，以为惟立岂久在人后者。及壬辰（1472年）之试，所得多丽泽之士，而君顾复不偶，众皆愧焉，余不在榜中者，亦藉君以自解②。

杨惟立参加该会大约在成化五年（1469年）之后，从壬辰会试所取多丽泽之士来看，参与者当多为落第举人，明代有落第举人入监之例，会试后落第举人群聚都下也不足为奇，且此时国学教育日趋衰落，监规废弛，是以落第举人不在监肄习，转而相与立会习举。虽然此时都下已有丽泽会，但民间习举士子立会却不常见。民间习举士子立会成风必须具备两个条件：一是民间散布一定数量习举士子，能三五成群；二是这些士子乏学校、书院之教，才会与朋友相聚肄习，互为师友。由于明代地方儒学教育至正德时尚良好，加上书院的兴起，散处民间的习举士子尚星星点点，虽不时有会课、会讲之举，却并未立会成风。如成化十年（1474年），陈雍与"与徐德辉公、张抚宇民、韩守清假馆于建初

---

① （明）罗万藻. 此观堂集：卷5　持社序［M］//四库全书存目丛书集部：第192册. 408.
② （明）吴宽. 家藏集：卷42　抱璞南归诗序［M］//文渊阁四库全书：第1255册. 台北：台湾商务印书馆，1986：375.

寺会课，时诸暨骆垅、冯珏来师，汪公锐亦馆寺中，相与讨论"①。直至成化十九年（1483年）中举，第二年中进士，陈雍一直与人会课习举。弘治甲子（1504年），毛伯温"与萧君帷聪、郭君楣、胡君□、周君凤等会讲仙槎寺，历试郡邑督学所，皆居前列，补增广生"②。可见此阶段已有会课、会讲之实，而无立会之名，嘉靖以后，民间习举士子日多，相聚肄业的情形日益普遍，习举会社也就应运而生。相对于士子会课，会社在肄习内容上并无本质区别，不过会社参加者、场所、日期较会课固定，人数也一般较会课多，少则三五人，多则十余人不等，文会一般有会长主持。杨继盛自著年谱载其嘉靖丙申（1536年）与友立会肄习情形曰：

  是夏，与庠友李鹤峰九皋及奕山会文与宁国寺上房，阴云樵养晦等，会文于午方村关王庙。七月间，提学湖广朱公雨崖取岁考，予遂以优等补廪。是秋，会文散，阴云樵会长，博学能文，且性刚介，予慕其与己同也。乃自运薪米，往会于渠乡，即寄食于家，日夜共肄业于野园，而学大进焉③。

习举士子立会结社，场所不拘，一般选择较为僻静，且有一定活动空间之地，如寺、祠、庵、书院等地，并在一段时期内较为固定。《严文靖公年谱》亦载嘉靖十六年（1537年）严讷与人结社习举情形云：

  与同志瞿文懿、邵文远诸名士角艺于三元堂，联十杰社，文行相资，六科中十人，俱隽。按公《募建三星祠疏》云："嘉靖丁酉（1537年），余辈数人相与订会，校文于三元堂，每朔望为时艺七篇。道士蕴山肖文昌像，便余辈瞻礼，议春秋祭之，乃约曰："发科则捐赀若干，登第则捐赀若干，集置祭田，敛其租入充牲币焉"。

---

① （明）陈垲. 明南京工部尚书进阶荣禄大夫简庵陈公年谱［M］//北京图书馆藏珍本年谱丛刊：第41册. 北京：北京图书馆出版社，1998：668.
② （明）毛栋. 吉水毛襄懋先生年谱［M］//北京图书馆藏珍本年谱丛刊：第44册. 北京：北京图书馆出版社，1998：429.
③ （明）杨继盛. 椒山先生自著年谱［M］//北京图书馆藏珍本年谱丛刊：第49册. 北京：北京图书馆出版社，1998：460.

  是秋，余与三吴张君文光、北原金君汝砺即中乡试。其庚子（1540年）科则发沈氏昆季、巫涧君应元、钩玄君应魁，癸卯（1543年）科则发瞿君景淳，丙午（1546年）科则发百川孙君楼，己酉（1549年）科则发北虞邵君圭洁，壬子（1552年）科则发蒙山刘君泉若。登第则辛丑（1541年）科有余，甲辰（1544年）科有瞿君，癸丑（1553年）科有刘君，人以为果神之听之也。于是会文之士相与祠文昌者殆遍一邑，盖谓余辈肇发其祥，而思以踵之尔"①。

  按此记载，有的士子结社习举还供奉文昌神，而且习举效果不错，发第者相踵，结果会文之士祠文昌殆遍一邑，亦可看出嘉靖时士子立会结社习举非常普遍。何出图自注年谱亦载："（隆庆元年）三月，督学达公案许昌类考，余同社五人往赴之，皆取居一等，而余又独前。一时文会之盛，人争羡之"②。习举士子立会结社一般规模不大，但也有联小会为大会者。如王弘海所作《龙冈社会引》载：

  社以龙冈名，志会所也，与会凡若干人，悉吾琼誉髦之彦，来游于兹，重丽泽也。来者人各携徒授业，为数小会，中推文行老成为众所翕服者，联数小会为一大会，萃其涣乐其聚也。会有讲诵、有课业，自为程期，逊志时敏惜寸阴也。月有文会，会用朔望之日，先期请题，至日会毕，类为一帙，就有道正焉，从先进也③。

  值得注意的是，晚明士子立会习举，率以社名，结果社事大兴，天启之后，在时局影响下，终酿成声势浩大的党社运动。《郑桐庵先生年谱》载天启三年（1623年），"时社事渐盛，吾地有辅仁社、鼎社、鸾晖社、观成社，而杨维斗所立羽朋社则名士咸集，文章风气为之一开。郡博刘公民悦、刘公一霖立道山

---

  ① （清）严炳，严燨.严文靖公年谱[M]//北京图书馆藏珍本年谱丛刊：第49册.北京：北京图书馆出版社，1998：190-192.
  ② （明）何出图.何伯子自注年谱[M]//北京图书馆藏珍本年谱丛刊：第52册.北京：北京图书馆出版社，1998：364.
  ③ （明）王弘海.太子少保王忠铭先生文集天池草重编：卷13 龙冈社会引[M]//四库全书存目丛书集部：第138册.237-238.

亭社，盛世师生，并以文事相知，前此则有吴公廷云、冯公世脩也"①。朱彝尊亦谈及复社肇举时，"云间有几社，浙西有闻社，江北有南社，江西有则社，又有历亭席社，昆阳云簪社，而吴门别有羽社、匡社，武林有读书社，山左有朋大社，佥会于吴，统合于复社"②。可见晚明社事之盛，其中很多文社就是为举业而设，如其中的几社，缘自杜麟征、夏允彝二人久困场屋，乃相与谋曰："我两人老困公车，不得一二时髦新采，共为熏陶，恐举业无动人处"③。于是敦请文会，又得周立勋、徐孚远、彭燕、陈子龙四人，立为六人社，攻习时文，并有几社六子会义之刻。

嘉靖以后，随着儒学教育的衰弱，立会习举这种方式还为提学官所采用，藉以督责诸生课业。嘉靖二十九年（1550年），薛应旂为浙江按察司副使，提调学校，所行学政即规定：

> 今诸生务须严择师友，各为立会，不但读书作文，期有成效，必善则相师，过则相规，日刮月摩，同归于道，庶几于朋友之伦为不负，而真可以为人伦之纲纪矣。除所会课业、讲章、疑义侯按临呈送检阅外，该学先具每会姓名，开报提调官处，送道查考④。

不过笔者所见学政中关于立会的规定，多在隆庆以后，隆庆五年（1571年）北直督学察院所颁《申饬学政事略》即规定：

> 自今教官率令诸生照旧择便立会，或取同志，或取同经，不拘人数多寡。每会择学行老成者一人为会长，务在德业相劝，过失相规，毋是己而非人，毋面谀而背訾，交相切磋，惟求实益。仍每月定以日期，经书、论、

---

① 郑桐庵先生年谱［M］//北京图书馆藏珍本年谱丛刊：第66册. 北京：北京图书馆出版社，1998：520-521.
② （清）吴伟业. 复社记事：卷末 附朱彝尊静居诗话［M］//中国野史集成：第27册. 北京：北京图书馆出版社，1998：628-629.
③ （清）杜登春. 社事始末［M］//中国野史集成：第27册. 成都：巴蜀书社，1993：633.（明）陈子龙. 陈忠裕公自著年谱［M］//北京图书馆藏珍本年谱丛刊：第63册. 成都：巴蜀书社，1993：16.
④ （明）薛应旂. 方山薛先生全集：卷47 行各属教条［M］//续修四库全书：第1343册. 上海：上海古籍出版社，2002：501.

策、表、判间作。会长用墨笔,公同会友,悉心品评。月终送各斋教官,用靛笔批点。类送掌印教官,用朱笔批点,通侯按临日送验。其有游学、给假等项生员,亦要附名某会之末备查。文到一月内,各学先将会名、会所册报。按临之日,仍类造文册送查①。

提学官立会宗旨倒不尽在于举业,还须"德业相劝,过失相规",习举则是立会的重要内容,会文后须送教官评阅,并侯按临时稽查。大约与此同时,宋仪望督学福建,其所行学政亦有生儒立会的规定:

> 古者以文会友,以友辅仁。近来海内生儒专攻举业,各自为会,订期试艺,未尝惰废,至于身心所关,漫不谈及,此于会文辅仁之旨,甚相谬戾矣。
>
> 今与师儒约,凡各生立会,每会或十人,二十人,不拘人数,但以地里相近,意气相同者,择相应宽闲书院、寺观等处,查照条规,立为一会。中间以年齿稍长,文学行谊为众推服者,或三四人立为会长、会副。每月三六九会文之日,黎明齐赴会所,升堂序定,唱班作揖毕,仍以齿分坐。共相讲论日用功夫课程,身心体验,有何疑难,互相长发,然后布坐制题。作文务要发明书旨,吐抉胸臆。夏日五篇,冬日四篇,每九日作论,或策或表共二篇。克期脱稿,付会长类收,看详批点,侯下次会日,各相领阅商榷。体裁务得古人作文之意。此等人品学问,将来出为时用,便与拘拘袭俗套、剿陈言者,其规模气象,自是不同。
>
> 案验到日,限一月以里,该学掌印官将诸生立会规条造册申报,以凭查核。如遇按临考试,通将会文送查,如敢违误,究吏不恕②。

从此规定来看,虽然立会并不必须在学校,而立会场景好似儒学升堂坐斋,唱班作揖,并注重身心体验,切于实用,并不专为举业而发,可以看出宋仪望

---

① (明)冯惟敏纂修,王国桢续修,王政熙续纂.保定府志:卷17 学政志[M]//日本藏中国罕见地方志丛刊.北京:书目文献出版社,1991:405.

② (明)宋仪望.华阳馆文集:续刻卷2 学政第三[M]//四库全书存目丛书集部:第116册.济南:齐鲁书社,1997:493.

试图将士子立会习举纳入掌控，导之于德业、举业并重之途。

一方面，明中期以后，习举者日多，学校不能容，多散处乡野。独学而无友，则孤陋而寡闻，士子采取立会结社这种互助性的习举模式，无疑是很好的选择，郭子章督学于蜀时亦云："士业举子，不群萃州处，而燕僻废学，只立寡闻，安能出与海内士人角乎，故欲精举业，在先立会"①。提学官对士子立会习举采取了认同的态度，并试图将其规范化。另一方面，儒学教育衰退，原定教法多不行，即使是在校师生，也多采取立会的方法。如晚明王在晋所行学政规定：

> 今后各府、州、县提调官，通将在学生员，选青年美质及绩学有志者，设立会簿，开注名姓，印发该学。每月三会，每会四篇，论、策、表、判相间命题。先期一日，教官诣提学官领题，侵晨齐集诸生，严加督课。提调官量为设处供应，或于学租，或于堪动钱粮内销算。其有生徒人众，供应不支，或乡居不便往来者，分择学行老成一人为会长，各从便处会课。藁用竹纸，会长类钉，送教官批详。转送提调官覆阅，分别等第，填入印簿。季终提调官将优卷酌量解道，以凭查阅。每会务完后场一篇，毋徒以经书塞责。不完不到者，一次登记，二次教官将本生戒责，三次报道听处②。

从此学政来看，在学生员也完全采取立会的方式习举，并量给经费，只有生徒人众时，或乡居不便者才择便会课。如此看来，晚明学校内、学校外，士子习举多采取立会会课的方式，其中立会为官方所认同，士子私自会艺则好结成文社。立会结社之风，同样传到国学，参见"备考场所"中的"国子监"节。

随着习举士子日多，立会习举风行，一些讲学家所立的讲学会、讲学社受其影响，亦有举业化的倾向。晚明吕维祺所立芝泉会、丰芑会、伊洛社等，其

---

① （明）郭子章. 蠙衣生蜀草：卷9 学约［M］//四库全书存目丛书集部：第154册. 济南：齐鲁书社，1997：700.
② （明）王在晋. 越镌：卷17 勤会课［M］//四库禁毁书丛刊集部：第104册. 北京：北京出版社，1998：449-450.

会约、社约即多有习举的规定，如其中芝泉会的《芝泉会约》中关于习举的规定，节录于下：

> 文会以初三、十八日寅刻至会所，侯题至，静坐沉思，不宜喧哗聚谈，彼此易位及更往别所，违者会长、监会规正，不听者罚，再不听则纪过。每会以二三篇为率，或间会七篇及二三场。每季一试，第其文之高下，劝惩有差。
>
> 每会看《四书》若干页，本经、《通鉴》若干页，《孝经》《孟先生要语》各一二条，另有书程。
>
> 凡看书须要将白文熟念二三遍，掩卷沉思，自有得处。若于书旨契悟，即不必更看《主意》，若《主意》有透悟，一见豁然，即不必更看庞杂《主意》，致乱心灵。若被新旧诸说眩惑及屡看不解者，另录一手折，侯师友问证，不可草草放过。
>
> ……
>
> 每日所读书不可专尚时文，须将经史古文择取熟读，其中字眼句法有不能晓然者，不可囫囵吞枣，须为一小折，专书疑字疑句。……
>
> 作文须细心思题意若何，再看文章义若何，更想此题格调大段若何。如盖房屋，根基已定，规架已熟，我心先有成屋，而后下笔。须要会意题中，游神题外，得力题前，运思题后，一心作去，不管他人闲话闲行。大率涵养到时，不费苦索，自然机趣活泼，若取之左右逢其原。万不可抄录陈腐时文，即有偶记，亦不必全录，句句字字皆从心得，方成名笔。虽一时未必如此，亦要从此造去。若幼学，心尚在通塞之间，更须审量下笔，不可潦草了事，亦须薄暮通完，若潦草，或至晚不完者罚。
>
> ……
>
> 远方学者有意斯文，俱照此约立会，各相切磋，即为同德一心之友，不必觌面一堂，然后为同会也。然理学、举业，本非两事，善乎冯少墟先生之言曰："国朝以《四书》《五经》取士，虽曰为科第阶，倒是驱人于理学路上"。如今若讲佛经、道经倒难晓，只讲《四书》《五经》，谁不晓得？

今之为理学，真是容易，何人之轻放过乎①。

此会设于芝泉书院，置会簿，设会长、会副、监会，会众并不限于习举士子，还置有迁善改过簿，立会"原以立身修德为主，因以正人心、善风气"②，可见并不同于一般的举业士子所立举业文会，是讲学会无疑，其中关于习举的规定，则是为会中习举士子量身制订的。其所定《伊洛社约》亦规定："每季以孟月三日为季试，盖以课其学问之殿最云尔。或三义，或五义，或间出论、表、策、判、诗、歌、说，辨其文，以一二三等衡之。每月以十七日为月会，以二义为率，或三之，或间出后场，其余逢七，愿另在外照约联会者听"③。

除此之外，随着举业风行，考试文化的积累，万历时还出现专门的举业文会，犹如举业名师讲座。郑鄤自叙年谱载万历三十五年（1607年），"时万历之盛，缙绅多暇，有讲易谈禅、分题作诗、批二十一史之会，而谈举业者则昆山顾开雍、湘潭李湘洲、宣城汤霍林数先生为宗。府君常携予听教，并及诸大老之会，予皆得有闻焉"④。万历时由于神宗怠政，深宫幽居，官僚多闲暇，相与立会，而讲举业之会只是其中一种。

第三节　备考影响因素

一、家庭

士子习举应试，虽一身承之，但背后却离不开其亲人、家庭的默默支持和无言付出，尤其是在科举竞争日益激烈，士子备考生涯普遍延长的情势下，更是如此。士子亲人、家庭，人各不同，有父母、有昆季、有妻子等，但在士子

---

① （明）吕维祺. 明德先生文集：卷21　芝泉会约二 [M] //四库全书存目丛书集部：第185册. 济南：齐鲁书社，1997：320-322.
② （明）吕维祺. 明德先生文集：卷21　芝泉会约一 [M] //四库全书存目丛书集部：第185册. 济南：齐鲁书社，1997：318，320-322.
③ （明）吕维祺. 明德先生文集：卷22　伊洛社约二 [M] //四库全书存目丛书集部：第185册. 济南：齐鲁书社，1997：320-322，331.
④ （明）郑鄤. 天山自叙年谱 [M] //北京图书馆藏珍本年谱丛刊：第61册. 北京：北京图书馆出版社，1998：222.

备考生活中，多能给克尽厥职，倾力相助。在学业上，督责工课，延聘师儒，为士子习举营造良好学习环境；在日常事务上，操持家事，致力生产，为士子提供经济支撑；在精神上，给予士子鼓励、慰藉，使其在漫漫习举生涯中，不因挫折而一蹶不振，半途而废。

首先，学业方面。士子习举，尤其是习举初期，多能得到长辈的督课。如谭大初自订年谱载其十五岁时，"生母辟纑，夜以继日，每篝灯，辄命予就矮几，借光朗诵，稍懈则以引纑之竹杖而警之"①。于孔兼亦从小就受到祖父中丞公的督课，其祖父致仕还里后，惟以课孙为事，延师入家塾教授，并亲自督课于孔兼兄弟四人，"每讲读至夜分，私行核工课，寒暑不少假借。盛暑中，日疲于立听，夜倦于构文，间隐几昏睡，辄以荆挞背至头，荆屡断，不能堪"。冬夜散塾，四兄弟仍入侍，先遍举白天所讲习内容，然后"举家国大典及大兴废，及史中政事治乱之关，人品邪正之辨，下逮理财赢缩之数，闺闼房帷之事，无不提诲"②。又如缪昌期才八岁时，其父惕庵公就对他严格督责，"计日修短，为立程限"③。十一岁后，他从夏茂卿先生习举业，其父督课愈严，其年谱载："日则就傅，暮归，惕庵公篝灯亲课读书，至先儒身心格要之言，必为公庄诵之，公端肃拜受，更阑始寝。东方初曙，即唤公起，虽暑夏隆冬，课程弗辍"④。华允诚尚十岁时，其父督课读书极严，"早晚必亲纠考，一不当，辄与夏楚"⑤。十六岁时，其父去世，其母申戒曰："若知为孤子，视凡为子者，其难百倍乎。往者虑课责太严，今安可得矣。汝其夙夜匪懈，厚自砥砺，庶无负尔父责成苦心。若或不震不悚，甘自沦废，便贻我未亡人忧，念之哉"！乃命其二兄兼课之，自己也不忘严厉督责，"日侍緦帷读，晨夕必再三提命"⑥。倪元

---

① （明）谭大初.谭次川自订年谱［M］//北京图书馆藏珍本年谱丛刊：第47册.北京：北京图书馆出版社，1998：255.
② （明）于孔兼.景素公自叙年谱［M］//北京图书馆藏珍本年谱丛刊：第52册.北京：北京图书馆出版社，1998：307-308.
③ （清）缪之镕.文贞公年谱［M］//北京图书馆藏珍本年谱丛刊：第55册.北京：北京图书馆出版社，1998：3.
④ （清）缪之镕.文贞公年谱［M］//北京图书馆藏珍本年谱丛刊：第55册.北京：北京图书馆出版社，1998：4.
⑤ （清）华衷黄.奉直大夫吏部员外郎豫如府君年谱［M］//北京图书馆藏珍本年谱丛刊：第60册.北京：北京图书馆出版社，1998：241.
⑥ （清）华衷黄.奉直大夫吏部员外郎豫如府君年谱［M］//北京图书馆藏珍本年谱丛刊：第60册.北京：北京图书馆出版社，1998：244.

璐十五岁时,其父补琼州知府,就道时还特意留下训示,嘱咐其兄弟习举事宜,其训曰:

> 示璐瓒两儿:两儿举业正当成毁之间,工夫不可一日错过,吾今各延一师,分塾而课之,宜时体吾心,时忆吾言。凡所立日程,毋得卤莽作辍,自堕恶趣,为不肖之子。且年幼礼度未娴,性愚世情不谙,毋得轻事交游,致取罪愆。
>
> 如亲友泛然见顾者,俱不必相见。或蒙赐帖,只称遵奉吾言,概不敢领。如有以德行文艺训诲吾儿者,宜洗心受教,顿首谢赐,别时亦称遵奉吾言,一概不敢造谢。凡亲友乞念区区万里之外,拳拳于两儿,一日回肠,何曾九次,宜导吾儿,使为善士,非礼之事勿使见,非理之言勿使闻,非系正事,勿入此堂。如或谑浪笑傲,道世情淫靡,说他人长短,又或以杯酒冶游,牵拉师傅,致妨吾儿之功者,皆非端人,吾儿宜谨绝之。凡任长善救失之责者,宜省于斯①。

对于家中有亲人习举或发第的士子,其习举更是得天独厚,占尽天时地利,事半功倍,或者耳提面命,或者共同肄业。如庄恒之家,其父科第出身,二兄亦攻举业,他十三岁时师大兄为文,十四岁时"随父及长兄原鹤、仲兄二鹤读书于府学尊经阁"。之后,兄弟常相伴读书。二十二岁时,"偕长兄、仲兄习静东坡书院"。当年春,其父中进士,六月南归,兄弟迎候京口舟中,"谈文讲艺,懽然为天伦之乐事"。其父谒选后,庄恒兄弟常随任相伴习举,其父亦间指点一二。其自撰年谱载其三十一岁时,"父任淮关,予兄弟读书署中,文甫侄在焉,每作文暇,吾父亲为较正,指摘瑕瑜外,师不及也"。等到庄恒儿子一辈也开始习举时,其父仍总摄其事,三代齐聚一堂,会文课业,蔚为可观。其年谱载其四十一岁时:"吾父率子若孙会课于大楼中,细加评覈,历试互有长短,两尊人之注望于我辈者,年愈老而心愈笃也"②。可谓是科举世家。茅坤为明代举业大

---

① (清)倪会鼎.倪文正公年谱[M]//北京图书馆藏珍本年谱丛刊:第61册.北京:北京图书馆出版社,1998:279.
② (清)庄恒.声鹤公年谱[M]//北京图书馆藏珍本年谱丛刊:第66册.北京:北京图书馆出版社,1998:198.

家，为指导儿辈习举，他将自己习举作文心得归纳为五条，令儿辈书于壁上，每夜诵读三五过。其文诀五条如下：

一曰认题。题须从一章本旨处识得真种子，因而一句一字，以求其隽永之深。我尝谓孔子所见□群弟子，颜、曾而下，迥有不同，即如子贡、季路、子张、子游、子夏辈，种种见解，种种话头。至于《孟子》，又自一番光景矣。今之举业家绝不知考究，甚且窃《庄》《老》《左传》《战国策》之言，以搀入之，诚所谓侠邪优伶，而诵佛经道录也。有识者览之，拊掌一笑耳。题旨既得，然后布势，调格鍊辞，凝神以下，一一俱解。世之善为文者，犹时时有之，至于认题则罕矣。

二曰布势。势者，一篇之起伏呼应，虚实开阖。大段处，势欲其轻以扬，无令重滞；欲其疏以乌，无令窘涩；欲其雄以伟，无令单弱；欲其婉以逾，无令粗厉。令人读之，如云之出岫，泉之下峡，而飘飘乎群仙之凌波以过，斯则文之善也。

三曰调格。格者，譬则风骨也。吾为举业，往往以古调行今文，汝辈不能知，恐亦不能遽学。个中风味，须于《六经》及先秦、两汉书疏与韩、苏诸大家之文，涵濡磅礴于胸中，将吾所为文打得一片凑泊处，则格自高古典雅。即如不能高古，至于典雅二字，决不可少。如不能透入此关，却须手王守溪、唐荆川、伦白山、张龙湖、汪青湖辈诸大家文，一一咀嚼之，久久当有得。切不可如近日少年所为，轧扎荆棘，诙谐浮薄，与一切繁芜掇拾之言，而自以为文也。纵及中第，不免鄙俚尖酸，戒之戒之。

四曰鍊辞。辞则譬之美女之膏发画眉，朱唇皓齿，饰之以翡翠明珠，衣之以冰纨文绮也。学者往往不裁不剪，填塞满纸，虽多何为。

五曰凝神。神者，文章中渊然之光，窅然之思，一唱三叹，余音嫋娜。即之不可得，而味之又无穷者也。入此一步则《庄子》之《秋水》《马蹄》，《离骚》之《卜居》《渔父》诸什，下如苏子瞻前、后《赤壁赋》，并吾神助也。吾尝夜半披衣而坐，长啸而歌，久之露零沾衣，不觉银河半落，明星在掌，已而下笔，风神倍发也①。

---

① （明）茅坤. 玉芝山房稿：卷16 文诀五条训缙儿辈 [M]//四库全书存目丛书集部：第106册. 136-137.

其次，日常事务方面。士子习举备考，常是漫长的岁月，其间多娶妻生子，成家立业。成为独立的经济单位的同时，日常家务与经济来源也就成为习举士子绕不过去的二大难题。在整个备考期间，除了少数家境殷实者，大多数士子生活清贫，拮据度日，而士子要专心习举，除了可以设馆授徒，取得一定经济收益外，势难兼顾日常家庭琐务，此时，家事重任常落在士子家人身上，如士子母亲、妻子等，尤其是士子的妻子，贫贱之中，患难与共，相濡以沫，实际承担起士子备考期间日常家务的重担，为士子习举撑起了一方宁静的时空。如陈琛二十四岁时娶王氏，四十一岁方成进士，其年谱载其妻王氏嫁给陈琛后，"斥奁具，拮据营办，以给朝夕，先生处穷处达而无内顾忧者，安人相之也"①。严讷十九岁娶吴氏，三十一岁中进士，其自撰年谱亦盛称其妻云："夫人敏慧贤淑，达识大体，自余读书，以至历官，多相助余，余罕所内顾，而其待妾媵也尤厚，葛覃樛木之德，夫人咸有之"②。又如归有光二十三岁娶魏孺人，"孺人生长富贵，及来归，甘淡薄，亲自操作，事舅及继姑甚孝，闺门内外无不得其欢"。还曾鼓励归有光说："吾日观君，殆非今世人，丈夫当自立，何忧目前贫困乎"③。魏孺人在归有光二十八岁时卒，二年后，归有光再纳王孺人。王氏较魏氏更为贤惠，嘉靖二十四年（1545年）时，"连岁苦旱，王孺人治田四十亩，督僮奴垦荒莱，用牛挽车，昼夜灌水，颇以得谷，四方来学者馆饩无弗给"④。嘉靖二十九年（1550年）归有光下第归，至家时芍药花盛开，王孺人具酒问劳，归有光问："得无所有恨耶"！孺人答："方共采药鹿门，何恨也"⑤！第二年王孺人卒，归有光感伤不已。其年谱载有王孺人事迹，略云：

---

① （明）陈敦豫，陈复. 陈紫峰先生年谱［M］//北京图书馆藏珍本年谱丛刊：第44册. 北京：北京图书馆出版社，1998：355.
② （清）严炳，严燮. 严文靖公年谱［M］//北京图书馆藏珍本年谱丛刊：第49册. 北京：北京图书馆出版社，1998：187.
③ （明）孙岱. 归震川先生年谱［M］//北京图书馆藏珍本年谱丛刊：第49册. 北京：北京图书馆出版社，1998：47.
④ （明）孙岱. 归震川先生年谱［M］//北京图书馆藏珍本年谱丛刊：第49册. 北京：北京图书馆出版社，1998：66.
⑤ （明）孙岱. 归震川先生年谱［M］//北京图书馆藏珍本年谱丛刊：第49册. 北京：北京图书馆出版社，1998：71.

……年十八来归,同艰难者十有七年,知书史,尝治《毛诗》,问大义于先生,语之辄能了了。抚前子爱甚己子,前子死时哭之悲,病遂亟,其聪明慈爱盖天性也。先生于家事未尝訾省,孺人终不以有无告。勤于课耕,岁苦旱而独收。每稻熟,先以为舅姑酒醴,乃敢尝酒。获二麦,必奉舅姑羞酱,乃烹饪、祭祀、宾客、婚姻、赠遗无所失。姊妹之无依者悉来归,四方来学者,供亿莫不得所。以先生好书故,家有零落篇牍,辄令里媪访求,遂置书无虑数千卷。既殁,先生哀念之不能忘……①。

又如庄廷臣妻子,其子为其所撰年谱载:"(龚)淑人适府君十年,厄于试,艰于贫,遭大父丧。淑人止一婢,卖之始能殓,黾勉操作,不以家事撄府君心。(府君)得潜心经史,昼夜无间,志不少懈,后日学力之充,亦多由此"②。

士子习举期间,多生活清贫,而拜师、入学、赴试等,往往需要一笔不小的费用,其家人多能倾力相助。如天顺三年(1459年)刘大夏中解元,恰好当年大灾,遂不往有司讨要路费,"母严夫人虑其乏资,解金耳镮佐之"③。嘉靖十九年(1540年)耿定向"师谢先生寅和于大安寺,先淑人(其母)辍膳给饷"④。二十二年(1543年)时他补庠生,需具脩金贽见庠师,而他父亲乏资,遍贷姻家又无人相应,于是向势家仆贷十金,他母亲身边"止一女奴,命鬻之佐贽费,无重负"⑤。

第三,在漫长的备考生涯中,士子家人还能给予精神上的鼓舞与慰藉,坚定士子习举决心。如庄恒回忆其父亲时云:"追随膝下四十余年,居常每云:'吾有五子,可发者三'。盖指予及长兄、四弟也。长兄、四弟得发于吾父生前,予尚滞迹明经,当弥留日,犹张目祝予曰:'勉之哉,汝决非以明经终其身者,

---

① (明)孙岱. 归震川先生年谱[M]//北京图书馆藏珍本年谱丛刊:第49册. 北京:北京图书馆出版社,1998:71-72.
② (清)庄鼎铉. 先考通议大夫全楚大方伯年谱略[M]//北京图书馆藏珍本年谱丛刊:第54册. 北京:北京图书馆出版社,1998:321-322.
③ (明)刘世节. 刘忠宣公年谱[M]//北京图书馆藏珍本年谱丛刊:第41册. 北京:北京图书馆出版社,1998:11.
④ (明)耿定向. 观生记[M]//北京图书馆藏珍本年谱丛刊:第50册. 北京:北京图书馆出版社,1998:17.
⑤ (明)耿定向. 观生记[M]//北京图书馆藏珍本年谱丛刊:第50册. 北京:北京图书馆出版社,1998:19.

虽在九泉,当有以报之'。言犹在耳,痛何可道"①。又如沈颐贞年少时,其父再上公车时以病亡,其母夙夜拮据,抚之四十年如一日,鼓励其以父志为志,每次他赴考不第归来,其母总是迎慰之曰:"穷达故有时,毋戚戚也,是穮是蓘,必有丰年,忧在苦倦耳"②。正是家人殷切的期待与鼓励,才是士子习举的原动力。

尤其是士子赴试,其家人更是关心,甚至陪同赴考,既为照料士子起居,又为鼓舞士气。弘治十七年(1504年)张文麟赴乡试时,其父陪同赴考,其年谱载"初首场出,日尚二三竿,先公一见,问何如,对以有些意思。先公急市牛酒充饥,以待炊饭"③。第二年其父又"不舍独子三千里外",携仆陪同赴会试,"三场俱先公送入"④。谭大初自撰年谱载嘉靖十六年(1537年)他赴会试时,"时无纪纲之仆,岩山先兄念予独行,伴送至京,途中出纳调度,兄皆以一身劳之,予作闲人耳"⑤。嘉靖二十五年(1546年)耿定向赴乡试,其母亦陪同赴考,其自撰年谱载:"比秋试日,霖雨且寒甚,先淑人露立墀中,自试不耐,念之终夕不瞬,余场中潦草成篇,停午即出"⑥。茅坤侄子将赴会试时,茅坤赋诗一首,并赠路费金三两,为其壮行,其诗曰:

问君何日抵燕京,千里关河马首迎。
剑入凤池知脱颖,身留雁塔共题名。
况闻东徼频传熢,须向中朝奋请缨。

---

① (清)庄恒. 声鹤公年谱[M]//北京图书馆藏珍本年谱丛刊:第66册. 北京:北京图书馆出版社,1998:199.
② (明)王世贞. 弇州续稿:卷71 沈母孝节传[M]//文渊阁四库全书:第1283册. 台北:台湾商务印书馆,1986:56.
③ (明)张文麟. 端岩公年谱[M]//北京图书馆藏珍本年谱丛刊:第44册. 北京:北京图书馆出版社,1998:498-499.
④ (明)张文麟. 端岩公年谱[M]//北京图书馆藏珍本年谱丛刊:第44册. 北京:北京图书馆出版社,1998:501.
⑤ (明)谭大初. 谭次川自订年谱[M]//北京图书馆藏珍本年谱丛刊:第47册. 北京:北京图书馆出版社,1998:292.
⑥ (明)耿定向. 观生记[M]//北京图书馆藏珍本年谱丛刊:第50册. 北京:北京图书馆出版社,1998:21.

寄语阿咸同努力，一门累世继家声①。

又贻之手书，指点其场中作文，其书曰：

侄之北上会试，业已赋七言近体诗一首，并路费金三两，颇使奉上。然以侄之行年五十，于举子业可谓苦心矣。举业而入苦心之路，其于名理虽或精研，而于风调不免沉着。

尝闻先辈举业三字符曰：典、浅、显。予独更之曰：轻、清、精。然精之一字，亦不易得，但能轻、清，而稍加之以秀逸疏爽，则百试百中矣。尝谓头场七篇，最为吃紧，须如行云之出岫，巧燕之穿帘，荷叶之擎露，柳絮之飘风。万无过思深构，过思深构，必致重滞艰涩。于二三场以后，并听侄之踸踔驰骤，出经入史。古所谓千金之骏，绝尘而奔，亦无不可者。先辈举业之最，如王守溪之浑雄台阁，唐荆川之精醇典雅，汪清湖之豪爽，薛方山之奋跃，并所不易得者。独闻韩昌黎有云：如驾轻车而就熟路，以此携之为举业诀，可谓最便法门。

近日纪儿寄北京乡试七篇，侄尝夸之，当为举业中赤帜。予独疑其太横，喜之者什之五，而惊且辟易，从而厌之者亦什之五，而缙儿亦读之而曰："大较当掇一第，但恐落老学官之手，当为覆瓿矣"。今已垂翅，传闻果被以高年校文者，仅于首篇加数点，后并不及览。何则彼且视之以为么麽，不复考睹矣。吾侄之才，亦已奇崛魁梧，独恐其一入沉著，便令校文者涩眼缩首，千万放令轻清，而加之以秀逸疏爽，斯则侄之老马长涂，而姑从康庄以策辔而弛，亦所以慰我衰飒悬悬之望，万惟留神焉②！

二、地域

家庭之外，地域因素对士子习举亦影响甚巨。首先，各地文风盛衰不一，文教资源分布不平衡，使得士子业举难度不一。明代以南直隶、江西、浙江、

---

① （明）茅坤．耄年录：卷6　送三侄赴京会试并寄瑞征侄孙［M］//四库全书存目丛书集部：第106册．济南：齐鲁书社，1997：335.
② （明）茅坤．耄年录：卷6　与三侄举人桂［M］//四库全书存目丛书集部：第106册．济南：齐鲁书社，1997：335.

福建文风最盛，习举之人最多。如南直隶，归有光曾云："吴为人材渊薮，文字之盛，甲于天下。其人耻为他业，自髫龀以上，皆能诵习举子应主司之试。居庠校中，有白首不自己者。江以南，其俗尽然"①。又如江西吉安，王时槐曾载："吾吉人文自宋天圣以来始浸起，至我朝洪、永之间，号为甚盛。如庚辰（1400年）、甲申（1404年）两榜及第三人，皆出吾郡，至三人中得二，则迄于成、弘之际犹然。正、嘉以后时得其一，特不数数然耳。盖自国初抵今二百余年，及第第一人十有一，第二、三人各十有一，会试第一人九，进士八百四十五，官至内阁者十，乡试第一人四十有二，可谓盛矣"②。这些省份文风昌盛，习举者众，文教资源充沛，士子习举相对容易。如上文提到的地域性的经师资源，"莆田（福建）之《书》，常熟（江苏）之《诗》，安福（江西）之《春秋》，余姚（浙江）之《礼记》"，皆在上述四省。姚镆亦云："盖文风素著中州，所谓师友之资，常得之家庭里巷之间，其于学也，事易而功倍，故或以一邑之小，而辄称礼乐之乡"③。而对于偏僻省份或区域的士子，习举难度则较上述区域大。如"广西视中州特远，所谓师友之资，非负笈千万里外，则不可得。顾恃以为业者，惟学校之师而已。其于学也，事倍而功难"④。又如甘肃庆阳西北环县，陆容曾载："居数日，校官率举业弟子五六人执经请益，咸谨朴。使之析义理，皆颇能之，与谈古今及他文事，类莫能知。尝与索韵书，遍城中不可得。盖其地僻陋，无贤师友，校官来师者，各以所通经授弟子。或不久去，则贸贸焉无能成其终者，无惑乎人才之难也"⑤。随着时间的推移，科举的兴盛，举业的普及，上述情况有所好转。当然，万事有利必有弊。洪武间"南北榜案"后，明廷鉴于各地文教水平不一，为兼顾各方利益，扩大政权的支持度，自洪熙、宣德之后，乡试实施解额取士制度，各省规定取中举人数，会试实施南、

---

① （明）归有光. 震川先生集：卷9 送王汝康会试序 [M]. 上海：上海古籍出版社，1981；济南：齐鲁书社，1997：191.

② （明）王时槐. 塘南王先生友庆堂合稿：卷3 文昌塔记 [M]//四库全书存目丛书集部：第114册. 济南：齐鲁书社，1997：238.

③ （明）姚镆. 东泉文集：卷8 广西学政 [M]//四库全书存目丛书集部：第46册. 济南：齐鲁书社，1997：718.

④ （明）姚镆. 东泉文集：卷8 广西学政 [M]//四库全书存目丛书集部：第46册. 济南：齐鲁书社，1997：718.

⑤ （明）陆容. 菽园杂记：卷1 明代笔记小说大观 [M]. 上海：上海古籍出版社，2005：371-372.

北、中卷制度，将全国各省举子按南、北、中三个区域，分开考试。因此，对于江南文风昌盛的省份，由于习举者多而解额有限，实际上科举竞争更为激烈。

地域对士子习举的影响还表现在地方官对当地科举士子的作兴上。明代学政为提学官、地方有司官、儒学教官三重负责制，一方科第兴衰亦是地方官政绩的重要方面，因此，明代地方有司官多有以作兴士类为己任者。如谭次川自撰年谱载嘉靖六年（1527年）广东南雄地方官伍箕作兴士类事迹：

先是，伍公念雄士久乏师训，请于宗主欧公，欧公命书师黄卷，易师陈方来雄授徒。予从陈师于府学文会堂，及门五十余人，日讲经书，夜讲《性》《鉴》，三八当堂会课。伍公常视之，待以宾礼，馆穀甚厚。又揭韩文《师说》于座隅，盖惧诸生不知尊师也。及散馆，各谢以公费五十两，生徒随家丰俭。其加意学校如此①。

《陈忠洁年谱》亦载万历四十一年（1613年），陈纯德二十岁时，"郡守华阳进士王景，雅意作育，每招郡人士分季考课，数拔公冠其曹。公亦感奋，隐然以古人自命"②。二年后当乡试，王郡守又贻书陈纯德，嘱其备考应试事宜，其书略云：

人事应酬，强半碌碌，自非一意谢绝，恐涵养不得力也。应试文须自性灵中发出一段精光机局，自足出色。口耳家数，终落时套，以记问胜，非长策也！常记先辈语不佞云："混是大家混，跳是各人跳"。言虽浅近，读之惕然，贤友勉之③！

晚明赵维寰的《雪庐焚余稿》中亦有《真造士》一文，记载万历时平湖地方官作养科举士子情状甚详：

---

① （明）谭大初．谭次川自订年谱［M］//北京图书馆藏珍本年谱丛刊：第47册．北京：北京图书馆出版社，1998：269．
② （清）陈才伟．陈忠洁公年谱［M］//北京图书馆藏珍本年谱丛刊：第61册．北京：北京图书馆出版社，1998：469．
③ （清）陈才伟．陈忠洁公年谱［M］//北京图书馆藏珍本年谱丛刊：第61册．北京：北京图书馆出版社，1998：470-471．

邑宰政务固烦，然总其大要，无出牧民造士，而觭重民者十九，间称好士，亦不过初到一季考，已立月课，课艺间加品题，循故事塞责已耳。惟抑亭刘侯之造湖士，则若其亲子弟然。初至不两月，即群生童季试之。嗣后则有月课、有日课。月课立于儒学，每朔望次日，必命题到学。申酉刻堂事毕，即携盒酒自来，列长桌于堂，列肴于桌，诸士豪饮者听，而自与三师饮堂上。诸士以文请质，即与面评，久之束卷回。至下课之前二日，必发案。所评卷必发学，无一沉阁者。至后堂日课，则侯所创设。每日将出堂，先于衙内疏生童之佳者，多则四五名，少则二三名，属役召集后堂。一出即命题，题多寡惟意。既命题，即出堂理事。事毕退堂，径入衙，听诸生构思，不为扰。须臾内出供具，必精腆。至晚堂出，或文已完，则先阅卷而后听事。或文未完，则先听事而后阅卷。或外邑有生童至，必留入后堂，召本邑生童与校。若本邑胜，则喜动颜色。大约十日内，后堂之有课者必五六日，或以事冗停课，必命题于家而征其文。总之无年不季试，无月无月课，无日无日课。每岁中秋左右，又为七篇大课。其造就之真笃，批评之精细，即父师教子弟，不是过也。

侯才高，当试时，每自为程艺以式士。其折狱审语，千言立就，凿凿无能增减一字云。侯造士甫二年，而己卯（1579年）秋闱得隽者九人。此吾邑从来所未有，亦其作人之效矣。

侯名士瑗，丁丑（1577年）进士，江西之安福人，以病羸夭，仕终兵部主政①。

虽然地方官之职以民政为主，但亦不乏着意作兴士类者，尤其是在嘉靖以后，提学官学政渐弛，儒学教官又多为年老岁贡，庸老衰疲，地方官能留意作养本地科举士子，对于当地科举，意义尤为重大。

三、生计

士子备考，常是漫长的生涯，其间多已成家，日常生计便成为业举士子的

---

① （明）赵维寰. 雪庐焚余稿：卷10 真造士［M］//四库禁毁书丛刊集部：第88册. 北京：北京出版社，1998：567-568.

必要支撑。除了廪膳生员外,绝大多数业举士子并无固定经济来源。即便是廪膳生员,每月廪粮亦仅一石,有的儒学另有膳银。如万历时常熟县儒学廪膳生,"每年各支膳银伍两贰钱壹分柒厘肆毫"①。以上月粮膳银支持士子个人或许尚可,要维系一家生计未免拮据。何况有的地方廪膳生空有其名,并无廪饩。成化二年（1466年）四月,巡抚甘肃右佥都御史徐廷章奏:"陕西行都司及山丹、凉州、庄浪、西宁各卫俱有儒学,选官军俊秀子弟以充生员,而卫学之设,止许科举,不得食廪充贡。乞如府、州、县学例,定拟廪膳生员,月给廪米五斗,科举外,挨次岁贡出身"②。五月,少保吏部尚书兼华盖殿大学士李贤亦言:"天下卫学军生俱无粮廪,限以科举出身,以此不得效用。宜令巡按御史考其才学优等者视县学例,以次岁贡,不堪者黜之"③。可见成化前,卫学军生皆无廪食。又按《大明会典》载:"嘉靖二十一年（1542年）题准,直隶金山卫学照福建平海卫学例,添设廪膳二十名,应给廪米华亭、上海二县出办。又题准贵州、普定等十二卫,各设廪膳生员二十名,各该衙门通融,处给廪米"④。可见嘉靖后许多卫学已陆续有廪食。不过在实际执行中,仍有很多卫学廪膳生空有其名,并无廪饩。如镇海"卫学建于嘉靖,迄万历初年,廪生徒存空名,未有实饩"⑤。万历时李维桢督学陕西亦云:"余承乏督学关西,时宁夏诸生无廪食,徒用优次虚名。邑诸生食廪二十人,关南以久不岁试,裁其半不征,后进高等生无所得食。余创议宁夏生优者予廪如内郡,而关南廪征如额"⑥。

对于习举士子来说,来自家庭（主要是父母）的经济支持是显而易见的,尤其是在习举初期。这种经济支持可能维持多年,至士子成家,乃至中进士。但对所有习举士子来说,来自家庭的支持并不足以支撑其整个习举期间的生计。

---

① （明）缪肇祖,等. 常熟县儒学志:卷2 廪禄数[M]//北京图书馆古籍珍本丛刊:第51册. 北京:书目文献出版社,1998:326.

② （明）刘吉,等. 明宪宗实录:卷29 成化二年夏四月戊辰[M]. 台北:"中央研究院"历史语言研究所,1962:582-583.

③ （明）刘吉,等. 明宪宗实录:卷30 成化二年五月癸未[M]. 台北:"中央研究院"历史语言研究所,1962:598.

④ （明）申时行,等. 大明会典:卷78 学校[M]//续修四库全书:第790册. 上海:上海古籍出版社,2002:410-411.

⑤ （明）梁兆阳. 海澄县志:卷2 学校[M]//稀见中国地方志汇刊:第33册. 北京:中国书店,1992:453.

⑥ （明）李维桢. 大泌山房集:卷53 关中书院置田记[M]//四库全书存目丛书集部:第151册. 济南:齐鲁书社,1997:627.

一方面，并非所有士子皆家境殷实，有经济能力支持其习举。如明人吴鹏自为诸生后，其父"履庵公不问生产，家四壁立矣"，他只得为经师，"岁以执贽佐色养焉"①。缪昌期二十岁时补廪生，其父病瘘，四处求医无效，其父手书命之曰："吾年及知命，患此沉疴，真阴耗失，岂药石所能强起，惟有息机断缘，差延岁月耳。自今以后，阃内事汝母为政，阃外事汝为政"，缪昌期"再拜受命，退而窃叹曰：'吾何以治生哉'！乃谋授徒为治生计"②。另一方面，士子父母可能年寿不永，在士子登第前即辞世，而不能再给予士子经济支持。明代进士登科录中有关于所中进士父母、祖父母存亡情况的记载，"祖父母、父母俱存曰'重庆下'，父母俱存曰'具庆下'，父存母故曰'严侍下'，父故母存曰'慈侍下'，父母俱故'永感下'"③。兹以《万历八年（1580 年）进士登科录》为例，笔者统计该科登第进士祖父母、父母存亡情况如下表：

表7　明代登第进士祖父母、父母存亡统计表

	重庆下	具庆下	严侍下	慈侍下	永感下	总数
人数（人）	28	123	26	81	44	302
比重（%）	9.27	40.73	8.61	26.82	14.57	100

（注：数据来自《万历八年进士登科录》④)

从上表可知，该科登第进士约有一半父母俱存，其中 9.27% 的进士祖父母亦健在，父母双亡者占 14.57%，父存母故与母存父故各占 8.61% 和 26.82%。考虑到中国古代家庭为男主外，女主内的经济模式，士子仅有母亲存世，未必能给士子多大经济支持，本文假定士子父亲健在即可给予士子一定经济支持，仍有 40% 强的士子在登第前父亲殁世，不能予与经济支持。这种假定可能不尽科学，但可以肯定的是，至少有近半数的业举士子在备考期间面临生计的重大

---

① （明）吴惟贞. 吴太宰公年谱［M］//北京图书馆藏珍本年谱丛刊：第46 册. 北京：北京图书馆出版社，1998：247.
② （清）缪之镕. 文贞公年谱［M］//北京图书馆藏珍本年谱丛刊：第55 册. 北京：北京图书馆出版社，1998：8 - 9.
③ （明）陆容. 菽园杂记：卷1　明代笔记小说大观［M］. 上海：上海古籍出版社，2005：367. 注：原书标点错误，已改正.
④ （明）潘晟. 万历八年进士登科录［M］//明代登科录汇编：第19 册. 台北：台湾学生书局，1969.

压力。

关于士子生计，已有相关研究。陈宝良《明代儒学生员与地方社会》第六章"生员层的社会职业流动"，论述了儒学生员训蒙处馆、游幕天下、儒而医、弃儒就贾、包揽词讼、弃巾六种谋生手段①。刘晓东《明代士人生存状态研究》第一章"明代士人治生之道"，论述了明代士人教授自给、游幕资生、卖文博食、耕读传家、医、卜杂艺资生、工、贾自食六种谋生手段②。儒学生员是科举士子的主体，明代士人与科举士子亦有很大交集。二群体谋生情况详见二书，不再赘述。

在此，仅着重介绍一下士子设馆授徒。笔者以为，士子若要专心业举，势难旁兼他业，设馆授徒实为习举士子最佳，亦是最常见的谋生手段之一，尤其是在晚明，习举之人日多，不下百万之众，一方面加剧了科举考试竞争的激烈程度，另一方面也形成了馆塾的庞大需求，为众多业举士子设馆授徒以自赡提供了可能。明代习举士子处馆谋生之例比比而是，如郭子章年谱载："公（郭子章）弱冠时以经义称，第贫甚，游桃江求馆，携《五经》及《左》《国》《史》《汉》诸书皆成诵，刻意摹为举子业，雄峭辨博，声称籍甚。桃江士人悉遣子弟诣公受经"③。泰昌元年（1620年），查继佐二十岁时，亦因"家贫应聘童子师"④。天启三年（1623年），叶绍袁三十五岁时，仍为诸生，"馆于烂溪周家，君谟、仲烈二惠竞爽其下，二季从焉"。其友亦馆附近，"相去可十里，越数日必一相过从，论文考业，共赏奇以析疑，辄披襟而解颐也"⑤。

士子设馆有经馆、蒙馆之分，经馆专授一经，实为授举业，可教学相长。蒙馆为启蒙识字，与举业关系不大，生徒过多反而有碍习举。万历二十年（1592年）时，魏大中十八岁，其父去世，其父生前设蒙馆资生，遗下众多学生，于是魏大中"一意为蒙师"，教授其父所遗学生，"课蒙之暇，间为时文、

---

① 陈宝良. 明代儒学生员与地方社会［M］. 北京：中国社会科学出版社，2005：296-357.
② 刘晓东. 明代士人生存状态研究［M］. 长春：吉林文史出版社，2002：15-47.
③ （明）郭孔延. 资德大夫兵部尚书郭公青螺年谱［M］//北京图书馆藏珍本年谱丛刊：第52册. 北京：北京图书馆出版社，1998：502.
④ （清）沈起. 查东山先生年谱［M］//北京图书馆藏珍本年谱丛刊：第67册. 北京：北京图书馆出版社，1998：173.
⑤ （明）叶绍袁. 叶天寥自撰年谱［M］//北京图书馆藏珍本年谱丛刊：第60册. 北京：北京图书馆出版社，1998：410.

古文、诗歌,俱弗专"。第二年,"李君全吾以生徒过多,恐废业,延以训其子婿,并拉唐、张二三生。李实贫,弗能为馆谷,主其意良厚"①。

士子设馆,一方面可以取得一定收益,以维系家计。魏大中自撰年谱载万历二十六年(1598年)时,"仍馆于凌。是时馆资时十金而赢,奉先孺人。先孺人岁可费六七金,余金则买书读之。孺人出父母骄稚之中,春汲爨漱纺织咸习,室靡间言,门无俗务,雏儿新慧,囊有余钱,长读浩歌,乐莫乐于尔时矣"②。有些富贵之家待师颇为优渥。庄廷臣年谱载万历庚寅(1590年),南畿开府少司马赵公可怀延其训子时,"每年具脩脯二百四十金,别具彩缎二,银花二"。癸巳年(1593年),两淮盐商李鹤亭聘其设馆时,"每日必送一简版,备列珍错",任其自点,"遇讲书,必送参两许"③。另一方面,士子若设馆于主人家,还可得到一个安静的习举场所。魏大中自撰年谱载万历三十年(1602年),"吴江陈氏及新开湖二金生合而延予。主人既不文,三生亦不韵,复荒僻无门外之交,予乃得一意于举子业。悉陈先正时流所为文,一一比勘,分雅分俗,分正分偏,分古分今,如合诸券,伪者不能欺予目,亦无一字得干予之肺腑矣"④。由此,明代不少士子一边游馆治生,一边习举。如明人庄起元二十三岁时开始处馆,馆于黄土岸沈宅。二十七岁时馆于乡金上舍号仰明家。二十八岁馆荆溪。三十二岁馆于六宝园。三十三岁馆九溇村。三十四岁应丹阳贺廉宪长公勉吾聘,训其三子。三十七岁率子应德馆于贺廉宪五公云谷,训其子。三十九岁时里中金公念园延训其子。四十六岁时应溧阳吕氏之聘,携长儿馆洙泗村之宗祠⑤。在中第前,一直游馆为生。

虽然士子可以通过处馆等手段取得一定收益,但在整个习举期间,许多士子仍生活清贫,并不充裕。如魏大中自撰年谱载万历三十二年(1604年)时:"仍馆于陈,高先生来吊,得见数岁馆谷所入,亦微有赢者,而孺人刻苦自将抚

---

① (明)魏大中. 魏廓园先生自谱[M]//北京图书馆藏珍本年谱丛刊:第56册. 北京:北京图书馆出版社,1998:430.

② (明)魏大中. 魏廓园先生自谱[M]//北京图书馆藏珍本年谱丛刊:第56册. 北京:北京图书馆出版社,1998:436-437.

③ (清)庄鼎铉. 先考通议大夫全楚大方伯年谱略[M]//北京图书馆藏珍本年谱丛刊:第54册. 北京:北京图书馆出版社,1998:323.

④ (明)魏大中. 魏廓园先生自谱[M]//北京图书馆藏珍本年谱丛刊:第56册. 北京:北京图书馆出版社,1998:439.

⑤ (明)庄起元. 鹤坡公年谱[M]//北京图书馆藏珍本年谱丛刊:第54册. 305-309.

二稚，虽菜腐不时食"①。又如堵胤锡十二岁之后，父母双亡，十九岁时开始设塾训蒙资生，仍生计窘迫，常贫至不能举火。其自记年谱载其习举期间生活甚详，如天启元年（1621年）自记："时予既生计依人，妻父复饔飧不继，合卺之夕，谋一新布衣不可得。乃煮醅涂敝缊，以充孔嘉之色，妇亦泰然自居，无歉沮意，颇得梁孟遗风"②。天启六年（1626年）自记："自四年大水，五年大旱，斗米二百钱。内子针纺佐食，冻疮裂甚，十指如悬槌，日得一炊便相庆。率予入室，值内子私泪，虑予之觉之也，强为笑容，予心然，亦弗敢诘也"③。崇祯元年（1628年）自记："予以塾况为岁之丰凶。是年耕而不获，复困甚，以一簪质米于里中富家，幸见许矣。比明倩力往，内子汲水热釜以待，予出入俟望者久，归则犹空囊也。釜水沸不可已，予笑曰：'尔时且浴，未暇为炊'"④。在漫漫习举生涯里，士子既要专心业举，又不得不迫于生计，如此艰苦的环境下，非有大志向大毅力者不能坚持下去。正如支大纶所云："诸生自中产而下，手握铅椠弗克，躬兼耒耜，而俯仰、婚葬、膏兰、楮颖之费，靡一可捐，亦靡一不交谪于其躬，苟非豪杰，其不堕志而他徙业，弃名教而汩没蝇营之利者眇矣"⑤。

---

① （明）魏大中. 魏廓园先生自谱［M］//北京图书馆藏珍本年谱丛刊：第56册. 北京：北京图书馆出版社，1998：441-442.
② （明）堵胤锡. 堵忠肃公年谱［M］//北京图书馆藏珍本年谱丛刊：第62册. 北京：北京图书馆出版社，1998：385.
③ （明）堵胤锡. 堵忠肃公年谱［M］//北京图书馆藏珍本年谱丛刊：第62册. 北京：北京图书馆出版社，1998：389.
④ （明）堵胤锡. 堵忠肃公年谱［M］//北京图书馆藏珍本年谱丛刊：第62册. 北京：北京图书馆出版社，1998：391.
⑤ （明）支大纶. 支华平先生集：卷11 儒学义田记［M］//四库全书存目丛书集部：第162册. 143-144.

第五章

备考赴试

明代科举三年一举,备考千日,终须一试,赴试是关系士子科举成败关键环节。本文将就士子赴试程序、赴试行程、临场前后的诸多活动试作论述。另外,明代科举竞争极为激烈,只有极少数士子能中第,更多士子则要饱尝落第的失落与辛酸。对于士子落第后是继续备考还是断然弃举,本文亦试作论述。

第一节 赴试

一、赴试程序

士子赴试,并非径自去考场,而须先经过特定程序,得到官方认证许可,持有官方所印试卷,方准入场。洪武三年(1370年)所颁《科举条格诏》规定:

> 各省自行乡试,其直隶府、州赴京乡试。凡举,各具籍贯、年甲、三代、本姓,乡里举保,州、县申行省,印卷乡试。中者行省咨解中书省,判送礼部,印卷会试①。

此规定中士子赴乡试须"各具籍贯、年甲、三代、本姓",由乡里举保,州、县申行省,印卷乡试。士子赴行省印卷乡试可能还须持本地起送公文,否

---

① (明)王世贞. 弇山堂别集:卷81 科试考一[M]. 北京:中华书局,1985:1541.

则何由辨认身份。取中举人由"行省咨解中书省",即持布政司所开公据,赴礼部印卷会试。此规定虽未披露过多细节,但赴试程序脉络大致清晰。此规定通行未久,明廷即停科举取士达十年之久,至洪武十七年(1384年)重新开科取士,所颁《科举成式》规定:

> 其举人则国子学生及府、州、县学生员之学成者、儒士之未仕者、官之未入流者,皆由有司申举性资敦厚、文行可称者应之。其学校训导,专教生徒,及罢闲官吏、倡优之家与居父母丧者,并不许入试。其中式者,官给廪传,送礼部会试。……举人试卷自备,每场草卷、正卷各用纸十二幅,首书三代、姓名及其籍贯、年甲、所习经书,在内赴应天府,在外赴布政司印卷。会试、殿试赴礼部印卷①。

《弇山堂别集》中的《科试考》与《礼部志稿》中的《科试备考》所载此令内容与此相同,正德《明会典》所载与此文字稍异,唯万历《大明会典》所载士子赴试情况独详,录于下:

> 应试。国子学生、府、州、县学生员之学成者、儒士之未仕者、官之未入流而无钱粮等项黏带者,皆由有司保举性资敦厚、文行可称者,各具年甲、籍贯、三代、本经,县、州申府,府申布政司乡试。其学官及罢闲官吏、倡优之家、隶卒之徒与居父母之丧者,并不许应试②。
>
> 其中式举人,出给公据,官为应付廪给脚力,赴礼部印卷会试。就将乡试文字,咨缴本部照验。……举人试卷及笔、墨、砚自备。每场草卷、正卷各纸十二幅,首书姓名、年甲、籍贯、三代、本经(会试、殿试并同)。前期在内赴应天府,在外赴布政司印卷。置簿附写,于缝上用印钤记。仍将印卷官姓名置长条印记,用于卷尾,各还举人③。

---

① 明太祖实录:卷160,洪武十七年三月戊戌[M].台北:"中央研究院"历史语言研究所,1962:2467-2469.
② (明)申时行,等.大明会典:卷77 贡举[M]//续修四库全书:第790册.上海:上海古籍出版社,2002:404-405.注:此条与正德《明会典》所载相同。
③ (明)申时行,等.大明会典:卷77 贡举[M]//续修四库全书:第790册.上海:上海古籍出版社,2002:398.注:此条唯此处记载最详,当为续修时新增了内容。

《明太祖实录》中所载当为《科举成式》原文，万历《大明会典》乃据开科实情，增入部分内容。据上述记载，结合其他史料，本文试对明代科举士子赴试流程做全面还原。重新开科后，士子赴试程序与洪武三年初开科所定大致相同。士子乡试仍由当地有司保举，可能还有身份核查的过程，然后士子持当地衙门公文，自备"每场草卷、正卷各纸十二幅"，三场则纸七十二幅，试卷上书"姓名、年甲、籍贯、三代、本经"，赴布政司印卷，南直赴应天府，北直（永乐后）赴顺天府。所谓印卷，实际上是在士子自备的填好考生信息的试卷上盖上官方公印，赋予其法律效力，士子即以此为凭证，持入考场。另外，印卷官置簿登记考生印卷信息，可能据此编次考场座位。

　　正统以后，明廷设提学官，俾提督一省学政。随着科目日盛与考试日益正规化，士子赴乡试不再由当地有司保举，而由提学官科考入场，并发展出科考、遗才、大收三项考试，详见第二章第二节"乡试资格考试"。士子赴乡试须通过提学官考选，并核实身份、籍贯，提学官给予批文，以为凭证。如谭大初自订年谱载嘉靖七年（1528年）当乡试，提学官"照案取入试生儒之数，各给书册一本，足写三场试卷，用府印盖缝，又每学多置三四卷，待续考者预给，领批生儒命场毕录文呈道"①。庄廷臣年谱亦载万历癸卯（1603年）"自府、县、院、录科暨各宪观风，有司季考、月课，共取领批十七次"②。可见士子参加各种考试，若合格皆可领批，最后赴乡试则持提学官所给批文。明中后期科考流行类考③，县考送府，府考送提学，提学送乡闱，则士子赴乡试须通过县试，持知县批文赴府，通过府试，持知府批文待提学按临院试，通过院试，持提学批文赴行省，印卷乡试。

　　随着科目日盛，地方上视科举为宾兴大典，乡里荣耀，即使士子科考领批，取得乡试的资格，亦格外看重，既资助盘缠、卷资银，又张鼓设乐、置宴起送，十分风光。明人叶春及载隆庆前后福建惠安县赋税条目，其一云："科举三年一次，应试生儒六十一名，每名盘缠银二两，共一百二十二两，年该四十两六钱

---

① （明）谭大初. 谭次川自订年谱 [M] //北京图书馆藏珍本年谱丛刊：第47册. 北京：北京图书馆出版社，1998：271.
② （清）庄鼎铉. 先考通议大夫全楚大方伯年谱略 [M] //北京图书馆藏珍本年谱丛刊：第54册. 北京：北京图书馆出版社，1998：324.
③ 类考参见第二章第二节"乡试资格考试"。

六分六厘七毫"①。嘉靖《徽州府志》亦载该府岁用开支中有"应试生员盘缠，每名银三两"②。泰昌元年（1620年）刊本《徽州府赋役全书》记载该府及属县应试生员盘缠、卷资银尤详，仅以徽州府为例：

> 本府应试生员盘缠、卷资、酒席共银肆百叁拾壹两陆钱，叁年带征，每年银壹百肆拾叁两捌钱陆分陆厘柒毫（每科约捌拾名，每名盘缠银肆两，共银叁百贰拾两。每名卷资银伍钱，共银肆拾两。公宴起送酒席约共银壹拾壹两。红纱绒花约共银壹拾两伍钱伍分。……)③。
>
> 酌议加派正、散遗才每年带征银壹百柒拾叁两叁钱叁分叁厘叁毫肆丝（每科共壹百叁拾名，每名盘缠银肆两，共银伍百贰拾两。叁年带征，各县征支)④。

从这三例可知，各地资助应试生儒银两及名目并不相同，与各地财政及科举情况相关，即使是同一地方，不同时间亦有变化。如徽州府，嘉靖时生儒赴乡试每名盘缠三两，万历末则增至四两。除资助银两外，有的地方还设宴起送生儒应乡试，为其壮行。吴应箕曾载万历戊午（1618年）其赴乡试时，当地有司起送情景：

> 六月二十四，余至郡。故事，应试者皆诣府起送。设宴张乐，郡守为云南金公，县令为石首王公，与诸公饮极酣。故事，酒罢仍以壶榼祖之郭外。金命移之齐山，鼓吹迎导甚盛，自旧隄登山，从新隄登舟，身自醮祝，亦前此未有者。金先是视士颇倨，此出意外云⑤。

---

① （明）叶春及．石洞集：卷4 版籍考 [M]//文渊阁四库全书：第1286册．台北：台湾商务印书馆，1986：316．

② （明）汪尚宁，洪垣，等．嘉靖徽州府志：卷8 岁用 [M]//北京图书馆古籍珍本丛刊：第29册．北京：书目文献出版社，1998：195．

③ （明）田生金．徽州府赋役全书：徽州府总数 [M]//明代史籍汇刊．台北：台湾学生书局，1970：87-88．

④ （明）田生金．徽州府赋役全书：徽州府总数 [M]//明代史籍汇刊．台北：台湾学生书局，1970：109．

⑤ （明）吴应箕．南都应试记 [M]//丛书集成续编．第12册．台北：新文丰出版公司，1989：411．

相对于乡试，取中举人赴会试则复杂、困难许多。洪武十七年（1384年）定中式举人由布政司"出给公据，官为应付廪给脚力，赴礼部印卷会试。就将乡试文字，咨缴本部照验"。即举人必须携带布政司所给公据和乡试中式文字，以为凭证。明隆庆二年（1568年）刻本《珰溪金氏族谱：卷之十二载有永乐时举子乡试公据一则，其文曰：

> 应天府为科举事，今将取到乡试中式举人文字抄录粘连，出给公据，付本人收照，至永乐二年（1404年）正月以里，前赴礼部会试。公据须出给者
> 第九十五名金辉，系直隶徽州府休宁县儒学生。
> 右付举人金辉。准此。
> 永乐元年（1403年）九月初一日，令史彭本中承。
> 公据官押（官押官押）①

由此可知，乡试中试文字并非原卷，而是抄录本，将其与所给公据粘连，并盖官押，以为士子赴会试的凭证。士子赴会试除了持官给公据与乡试文字外，另须携带路引。弘治十二年（1499年）黄佐北上会试，值病作，不克终试，返家后，"焚其路引，有终焉之志"。十四年其母督劝不已，乃束装北上。第二年"至京，以失引，例不入试，礼部尚书毛公澄、侍郎王公瓒皆闻公名，许预试"②。嘉靖四十一年（1562年）来知德三十八岁时，会试落第，恰好家书至云："父风疾发，母目疾重"。遂题诗路引，决定弃举，"因焚其引，焚后数十会友至有泣下者曰：'本朝以科目为重，若焚引，别无路矣'"③。从这二例可知，路引亦为举子赴会试必持凭证，路引若丢失不再给。

在很长一段时间内，举人赴会试须持有布政司公据、乡试文字、路引，嘉靖以后，又有所变动。首先是关于旧科举人会试所持文据改动的规定：

---

① （明）金瑶. 珰溪金氏族谱：卷12 明仁四府君乡试公据［M］. 隆庆二年刻本.
② （清）黄佛颐. 文裕公年谱［M］//北京图书馆藏珍本年谱丛刊：第45册. 北京：北京图书馆出版社，1998：671.
③ （明）古之贤，等. 太史来瞿唐先生年谱［M］//北京图书馆藏珍本年谱丛刊：第50册. 北京：北京图书馆出版社，1998：74.

嘉靖十年（1531年）题准，会试除新科举人赍执公据外，凡依亲等项复班举人，有不由本布政司倒文到部者，照例送问，各该承行官吏查参。其止赍原给文引者，不拘日期远近，一切不准入试。

万历三年（1575年）题准，两京、各省举人有未经入监及监事未毕、告回原籍者，俱限三个月内，起送到部，发监肄业。其原入南监者，仍赴该监，依期起文会试。若未经入监，虽有原籍起送公文，不准入场。以后每科会试毕日，凡举人下第及中副榜不愿就教者，查照前例，尽数分送两监肄业。并不许假借告病、依亲等项名色，告给引回籍①。

由上可知，嘉靖十年令"依亲等项复班举人"还须持有"本布政司倒文"，方准入会试。万历三年则令举人中未入监及监事未毕者入监，由该监起文会试，须持该监起送文书。二令皆是针对落第举人不愿坐监，而以告病、依亲等理由回籍，造成国学空虚。举人须坐监方许会试参见第二章第一节中的"入试限制"。

二是路引曾一度裁革不用。嘉靖时曾一度裁革关文，《明世宗实录》载：

云南抚按官以近例裁革关文，请给本省会试举人及乡试考官勘合。兵部言："各省新科举人，例应起关，仍照会典遵行。其聘取考官，亦系公务，宜如顺天府事例，一体应付"。从之②。

关文即路引，为举人赴会试通关所用，据上述记载可知，嘉靖四十年（1561年）以前关文曾一度裁革，不过之后又恢复了。

第三，隆庆元年（1567年）之后，新科举人赴会试不用再录乡试文字，止用文书。万历《大明会典》载：

---

① （明）申时行，等.大明会典：卷77 贡举［M］//续修四库全书：第790册.上海：上海古籍出版社，2002：407.
② （明）张居正，等.明世宗实录：卷497 嘉靖四十年闰五月癸卯［M］.台北："中央研究院"历史语言研究所，1962：8235.

隆庆元年（1567年）奏准，揭晓之日，提调官即将中式举人朱、墨卷发出，提学道查验墨卷字迹与先前考取科举原卷，如果出自一手，即令本生于朱、墨二卷上亲供脚色，提学官用印钤封。两京送京府，各省送布政司，差人星驰解部。如试录先到，而解卷到迟者，将提调官参究治罪。若验系誊过文卷，而提调官辄为印钤者，一并参治。其各生赴部，止用文书，不必再录原卷①。

据此令，乡试后，提调官将中式举人朱、墨原卷发给提学官，由提学官查验字迹是否与科考试卷字迹相同，若相同则由该举人签字，提学官用印钤封，转由布政司，两京由京府解部。新科举人赴会试则不再录原卷。此举意在防止举人所录乡试文字与朱、墨原卷不同之弊。

各种文书准备妥当，举人就该上路了。同样，举人赴会试，各地方上亦有资助银两与起送酒宴。叶春及载隆庆前后福建惠安县，"新举人约以四名为率，每名旗、扁、贺礼等项银八两，共三十二两"，"旧科举人约以二十名为率，每名盘缠银三十两，酒席五钱，共六百一十两"②。嘉靖《徽州府志》载："新进士、举人牌坊，每名银一百两。新进士、举人捷报酒席，每名银五两"，"旧举人会试盘缠，每名一十五两"③。对此，泰昌元年（1620年）刊本《徽州府赋役全书》有更详细的记载：

> 旧举人会试盘缠、起送酒席共银贰千陆百叁拾玖两叁钱，每年带征该银捌百柒拾玖两陆钱陆分陆厘陆毫（每科多寡不一，难以按定名数，止每名例给盘缠银叁拾两，每名红纱壹端，彩旗壹对，皮金花壹对，共给价银贰钱伍分。宴席每名该银伍钱。新举人无盘缠，例有公宴，每名该酒席银伍钱。……）④。

---

① （明）申时行，等.大明会典：卷77 贡举［M］//续修四库全书：第790册.上海：上海古籍出版社，2002：398.
② （明）叶春及.石洞集：卷4 版籍考［M］//文渊阁四库全书：第1286册.台北：台湾商务印书馆，1986：316.
③ （明）汪尚宁，洪垣等.嘉靖徽州府志：卷8 岁用［M］//北京图书馆古籍珍本丛刊：第29册.北京：书目文献出版社，1998：195.
④ （明）田生金.徽州府赋役全书：徽州府总数［M］//明代史籍汇刊.台北：台湾学生书局，1970：88－89.

酌议加派中式举人每年带征银伍百壹拾伍两陆钱陆分陆厘陆毫陆丝（每科约壹拾三名，每名牌坊贺礼银壹百零柒两，共该银壹千叁百玖拾壹两。每名又加坐班银壹拾贰两，共该银壹百伍拾陆两，共银壹千伍百肆拾柒两，叁年带征各县征支）①。

各地方资助银两数不同，同一地方不同时间亦不同。徽州府嘉靖时旧举人会试给盘缠银十五两，万历末则增至三十两，而大约同时期福建惠安县旧举人会试盘缠银亦是三十两，不过惠安较徽州距北京远，实际上所给盘缠不如后者充裕。新科举人无盘缠银，因为新中举人是官给廪给脚力。耿定向在其自传年谱中载："初与计偕，例得乘传"②。即新科举人沿途在官方驿站乘坐交通工具，并有廪食之供。地方上资助新旧举人赴会试是在明中后期才形成常例，前期并不正规。如正统十二年（1447年）秦纮中举，其自订年谱载："是年十二月赴京，往年举人先赂县官，然后乃得厚馈。时县丞沧州吕熊因予无赂，又阴听戴瑾主使，宾兴盘缠比往年十不及一，予自知命合受贫，不为干托"③。景泰元年（1450年）他赴会试，则是"自备及称贷盘缠，止得银七两"④。

士子持上述文引至京后，考前须先去鸿胪寺投批报名，之后朝见，之后赴礼部印卷。如嘉靖十七年（1538年）谭大初赴会试，二月初至京，僦居举场前，"初三鸿胪寺投批报名，初四朝见，遂赴礼部，投文投卷"⑤。会试印卷与乡试同，亦是举人自备试卷，唯一不同的是，嘉靖四十四年（1565年），明廷奏准御史李邦珍等所请"举人试卷礼部印钤既完，送提调官收领，临期举人入场，至大门外验票给领，以防洗改脚色及彼此交换之弊"⑥。举人印完卷后，试

---

① （明）田生金. 徽州府赋役全书：徽州府总数［M］//明代史籍汇刊. 台北：台湾学生书局，1970：108.
② （明）耿定向. 观生记［M］//北京图书馆藏珍本年谱丛刊：第50册. 北京：北京图书馆出版社，1998：24.
③ （明）秦纮. 秦襄毅公自订年谱［M］//北京图书馆藏珍本年谱丛刊：第40册. 北京：北京图书馆出版社，1998：37.
④ （明）秦纮. 秦襄毅公自订年谱［M］//北京图书馆藏珍本年谱丛刊：第40册. 北京：北京图书馆出版社，1998：38.
⑤ （明）谭大初. 谭次川自订年谱［M］//北京图书馆藏珍本年谱丛刊：第47册. 北京：北京图书馆出版社，1998：293.
⑥ （明）张居正，等. 明世宗实录：卷542，嘉靖四十四年正月丁巳［M］. 台北："中央研究院"历史语言研究所，1962：8765.

卷改由提调官收掌，不再发还举人，而待举人入场时发还。晚明举人赴会试，考前投批、朝见、投文等程序多不亲力亲为，而嘱人代劳。如天启二年（1622年）郑鄤当会试，其自叙年谱载："前是，岁内以会试文书附同袍投部，至是，起程至京，适临场矣"①。晚明李廷机亦曾言："会试举人多不朝见，但以公文就鸿胪寺乞朝见讫印子，而投文又多不赴部，托司属代送"②。

二、赴试

明代乡试，各省在省会，两京在京府，会试、殿试明初在南京，永乐迁都后改在北京，对于绝大多数士子，须长途跋涉赴试。赴乡试距离稍近，多在一省范围之内，不过也有例外者。如嘉靖十年（1531年）之前，辽东生儒附山东乡试，赴试不便。该年有辽东生儒奏欲改顺天乡试，礼部因题："辽东都司卫学应试生员先附山东，多系缘海道之便，今海道既塞，陆路辽远，往返正有六千余里，贫生寒士，裹粮挟策，奔走长途，动经数月，委于人情不便"③。之后才改顺天府乡试。嘉靖十四年（1535年）前，贵州附云南乡试，"两省隔越，山菁险阻，赴试之时，瘴暑瘴厉正甚，往者隐处，居者积虑，构病遭劫，亡财丧身，历历可数"④。之后贵州才单独设科。海南琼州府孤悬海外，科举属广东，其生员赴试需渡过琼州海峡，尤其凶险艰苦。王弘诲曾有《拟改海南兵备道为提学道疏》，述及海南生儒赴试艰辛状，疏略云：

> 奏为边海儒生疾苦，比例恳乞天恩议处，以弘治化事。臣窃惟，今天下称边远而苦多事者，则广东是已。而广东所属最远而苦者，尤莫如琼州。琼州去京师，水陆计将万里，上官大吏终岁不至其地。中间吏情民隐，蔽而不获上闻者，常十而九，职姑不暇具述。独儒生之苦，乃职生于斯，自少所稔闻而身历者，感激一念，积有岁年，幸今叨蒙国恩，备员史馆，复

---

① （明）郑鄤. 天山自叙年谱 [M] //北京图书馆藏珍本年谱丛刊：第61册. 北京：北京图书馆出版社，1998：233.
② （明）李廷机. 李文节集：仕迹 [M] //四库禁毁书丛刊史部：第44册. 北京：北京出版社，1998：697.
③ （明）俞汝楫，等. 礼部志稿：卷71 就近乡试 [M] //文渊阁四库全书：第598册. 台北：台湾商务印书馆，1986：203.
④ （明）俞汝楫，等. 礼部志稿：卷72 贵州设科解额 [M] //文渊阁四库全书：第598册. 台北：台湾商务印书馆，1986：220.

际圣化雍熙四海，章缝辈举，蒸然仰见德化之成，而职海邦儒生，苦切至情，远望天门，无自由达，故不敢避斧钺，披沥为皇上陈之。

该琼州府所辖地方，为州者三，为县者十，环海而周，为里者凡三千有奇，青衿学子每岁集督学就试者，不下数千计。然远涉鲸波之险，督学宪臣常不一至。每大比年，惟驻节雷州，行文吊考。自琼抵雷，航海而北，近者如琼山、定安、文昌、澄迈、临高、会同、乐会七县，或二三百里，或四五百里。远者如儋、崖、万三州，陵木、感恩、昌化三县，多至七八百里，或千余里。贫寒士子担簦之苦，已不待言，及其渡海，率皆蜑航贾舶，帆樯不饬，楼橹不坚，卒遇风涛，全舟而没者，往往有之。异时地方宁靖，所虑者特风波耳。迩来加以海寇出没，岁无宁时。每大比年，扬扬海上，儒生半渡，尽被其掳。贫者殒首而无还，富者倾家而取赎，其幸无事者，皆出一生于万死耳。言之可为痛心。至于督学宪臣，多不知其苦，祗执常格，严程限试，诸儒生迫于期会，不惮危险，所伤者甚多。如嘉靖三十六年（1557年），覆没者数百人，临高知县杨址与焉，并失县印，可为往鉴闻。间有一二提学能体悉，亦不过行文该府截考，夤缘作弊，黜陟不举，考察不行，教化废弛，士习厌怠①。

此疏虽为科考而发，但该地士子赴乡试、会试亦须渡海赴试，其难度更甚于科考。会试则天下举人齐聚京师，近者百十里，远者成千上万里，士子赴试，往往头年秋冬就启程，历经数月。一些偏远省份因为路程遥远，交通不便，新科举人无法赶上第二年会试，只得于下科入试。而且在宣德、正统前后，曾有举人误会试罚充吏之制，此制后革。沈德符载：

先是正统三年（1438年），四川马湖府举人王有学，以生员得荐，因病不能会试，过期始到，例罚充吏。于是有学原籍长官司遣通事贡马，乞宥其罪。上以夷人能读书登科目，固已可嘉，特免充吏，许会试。是时三杨同在内阁，知国家大体，故有此处分，贤于嘉靖间诸公远矣。马湖今已改流官，统长官司。但举人误试事，何至遽降为掾吏？此例不知始于何时，

---

① （明）王弘诲. 太子少保王忠铭先生文集天池草重编：卷2 拟改海南兵备道为提学道疏［M］//四库全书存目丛书集部：第138册. 济南：齐鲁书社，1997：56-57.

革于何时？

今云贵二省新第者，俱以路远难到，必至次科方入京会试，若以有学律之，不充吏者鲜矣。宣德七年（1432年）三月，大通关提举司吏文中自陈，儋州昌化学生中永乐二十一年（1423年）乡试，以病未试，继丁母忧，宣德六年（1431年）至，部以违限充吏，海外之人伏望轸念。上命试其文可取，命复举人，候会试。其事与正统同①。

明代交通不发达，士子赴试需提前启程，尤其是会试，一般会在会试头年秋冬季节动身，第二年初方能抵京。士子赴试，多水陆二途，水行乘舟、船，陆行乘马、驴、车、轿等，甚至步行，行程较慢。谭大初自订年谱载其嘉靖十七年（1538年）赴会试时，"正月初二舟发常州，过仪真坝登赣船，同舟会试者十余人。十一日，予自宿迁雇驴陆行，岩山兄及家人由水路至，三月中旬始至京。予陆行五日，每日三易驴，抵徐州，二十一日登车，途次宿食，良苦不便"②。陆深之子将赴南闱，陆深贻书嘱之曰：

若往南京，只与姚子明同船甚好，馆穀薪水费，当一力助之，其余量力，各为帮助，亦是汝报其师之意也。须往丹阳上陆路，顾一女轿，多备一二夫力抬之。行李盘用江行载入城，顾一阔头船，甚为方便，不可于此等处惜费③。

天启四年（1624年）十二月，侯峒曾赴会试，"与华亭夏吏部及兵曹杜仁趾先生麟征并马而北，日抵掌世事如戊己（戊午1618年、己未1619年）间之于文姚二公也"④。崇祯十年（1637年）郑敷教赴会试，与柯亭、赵涣之同行，郑敷教每云："驴背风日，晨星夜月，往往徒步二三十里，惟柯亭与余安而行

---

① （明）沈德符. 万历野获编：卷16 土舍科目［M］//元明史料笔记丛刊［M］. 北京：中华书局，1959：410-411.
② （明）谭大初. 谭次川自订年谱［M］//北京图书馆藏珍本年谱丛刊：第47册. 北京：北京图书馆出版社，1998：293.
③ （明）陆深. 俨山集：卷96 江西家书十一首［M］//文渊阁四库全书：第1268册. 台北：台湾商务印书馆，1986：621.
④ （清）侯元瀞. 侯忠节公年谱［M］//北京图书馆藏珍本年谱丛刊：第60册. 北京：北京图书馆出版社，1998：623-624.

之,浼之则勉强而行之"①。

士子赴会试多在冬春之际,除夕亦只能在旅途中度过。嘉靖十六年(1537年)谭大初赴会试时,"十一月朔发南安,历玉山,泝浙抵苏省,外父母时妻父梧冈陈公任长洲治农丞,居三日即行,至常州度岁"②。嘉靖三十一年(1552年)耿定向赴会试时,"除岁日行抵淇县"③。天启四年(1624年)叶天寥赴会试时,"十一月二十五日同季若北发,至清江浦登陆……除夕始抵任丘,时黄昏矣。客舍已满,止坊下一家仅空,遂入就宿"④。除夕夜本是家人大团聚的节日,而赴试举人只能满身疲惫,栖身逆旅,寒夜寂寂,青灯黄卷,遥想家人与来年不可预知的会试。

士子赴试,尤其是会试,路程遥远,时日漫漫,而且旅途并不安全,若有同道中人相伴而行则再好不过,一来可相互照应,再则可交谈解闷。正德十一年(1516年)冬,陈琛上公车,"同行曾渐溪,日间舟次,酒一壶,浅说一部。渐溪涓滴不入口,侍谈竟夕无惰容"⑤。万历四十七年(1619年)侯峒曾二十九岁赴会试,"时同郡文相国文肃公震孟、姚学士文毅公希孟俱未第",相伴而行,"日夕抵掌言天下事,亹亹不倦,尤精于当世人材、忠佞是非之辨"⑥。对于新中举人,其家人更是不放心,必有人同行。于孔兼自叙年谱载万历七年(1579年),"秋,姜婿仲文举于乡,予已倦游,凤阿公来言,以仲文年少得隽,必欲予携之行,乃治装与偕"⑦。不过也有人不喜与人同行,有所拘束,而好独行,逍遥自在。归有光即是如此,他在《己未(1559年)会试杂记》中云:"予每

---

① 郑桐庵先生年谱[M]//北京图书馆藏珍本年谱丛刊:第66册.北京:北京图书馆出版社,1998:524.
② (明)谭大初.谭次川自订年谱[M]//北京图书馆藏珍本年谱丛刊:第47册.北京:北京图书馆出版社,1998:292.
③ (明)耿定向.观生记[M]//北京图书馆藏珍本年谱丛刊:第50册.北京:北京图书馆出版社,1998:24.
④ (明)叶绍袁.叶天寥自撰年谱[M]//北京图书馆藏珍本年谱丛刊:第60册.北京:北京图书馆出版社,1998:413-414.
⑤ (明)陈敦豫,陈复.陈紫峰先生年谱[M]//北京图书馆藏珍本年谱丛刊:第44册.北京:北京图书馆出版社,1998:374.
⑥ (清)侯元瀞.侯忠节公年谱[M]//北京图书馆藏珍本年谱丛刊:第60册.北京:北京图书馆出版社,1998:619.
⑦ (明)于孔兼.景素公自叙年谱[M]//北京图书馆藏珍本年谱丛刊:第52册.北京:北京图书馆出版社,1998:321.

北上，常翛然独往来。一与人同，未免屈意以狥之，殊非其性。杜子美诗：'眼前无俗物，多病也身轻'。子美真可语也"①。

士子即使在赴试途中，亦心系场屋。有的士子在赴试途中练习时文。万历三十七年（1609年）魏大中录科后，"六月赴省，自肄舟中，即时拈'谁能出不由户'题，而机轴枯涩，时复置之，思纵其笔之所如，而恐不售，急模先正之最尊者，而袭取为难。于是降心于卑卑不及格之文，而可以凑手、可以入时者。至八月初，始汩汩如有所凑泊，勉成'由户'一义，更成二义"②。有的士子则在途中猜测考官与试题。李乐的《见闻杂记》载："嘉靖壬戌（1562年）会试，余同年祁君鲸北上，途遇同年二陈公，俱四明人。谓祁曰：'春中主考定是吾乡元峰袁先生，《论语》题定是事君能致其身。年兄须先着意，务要做得好'。吾乡钱、钟二公同舟，同作同中榜，二陈亦同榜，祁竟下第"③。

士子赴试时间，乡试正值酷暑，会试正值腊寒，而又长途跋涉，条件艰苦，对赴试士子及陪同人员是极大的考验，甚至有人生病而亡。弘治十八年（1505年）张文麟赴会试，其父与仆偕行，"口行二村，仆不谙煤锅煮爨，每食粗硬。初八日则一仆病，二场先一日，病者死矣"④。嘉靖三十一年（1552年）冬，耿定向赴公车，第二年正月至京师，"仆二皆病，其一死"⑤。李乐的《见闻杂记》载："潞河有李五者，曾出入董宗伯门下。越二岁，宗伯子懋德偕严壻及余往京赴试，严道病卒"⑥。赴试之劳苦，由此可见一斑。明人孙楼回首其赴试生涯亦云："余也留滞三十年之久，往复八千里之遥，杭南人之柔骨，冒北汉之刚风，驱车峻坂则覆辙是虞，挽舟坚冰则沉船几殆，寇盗丛中，鲸鲵波上，艰难险阻，

---

① （明）归有光.震川先生集：别集卷6 己未会试杂记[M].上海：上海古籍出版社，1981：850.
② （明）魏大中.魏廓园先生自谱[M]//北京图书馆藏珍本年谱丛刊：第56册.北京：北京图书馆出版社，1998：446-447.
③ （明）李乐.见闻杂记：卷8 四十八[M]//四库全书存目丛书子部：第242册.济南：齐鲁书社，1997：333.
④ （明）张文麟.端岩公年谱[M]//北京图书馆藏珍本年谱丛刊：第44册.北京：北京图书馆出版社，1998：500-501.
⑤ （明）耿定向.观生记[M]//北京图书馆藏珍本年谱丛刊：第50册.北京：北京图书馆出版社，1998：24.
⑥ （明）李乐.见闻杂纪：卷5 三十九[M]//四库全书存目丛书子部：第242册.济南：齐鲁书社，1997：268.

备尝之矣"①。

归有光文集中收有其会试纪行文章《己未会试杂记》《壬戌（1562年）纪行上》《壬戌纪行下》三篇，兹择《壬戌纪行上》录于下，以略窥士子赴试行程之一斑：

> 廿四日，行。夜，泊平乐。明日，午，至阊门。廿七日，行。二子还。夜，至新安。明日，晨，至无锡。是日，至白家桥。雨。晚穿城，宿毗陵驿下。廿九日，夜，泊丹阳。三十日，午，过丹徒。得叶子寅江船，与周孺亨待潮。因三人步观留侯庙，游海会寺，还饮舟中。夜，潮来，夺港以出。是夕，宿于江中。元旦，登焦山。微风渡江，得小船即行。夜，至江都。明日，与孺亨联舟行，宿盂城。初三日，宝应湖大风。夜，至平河桥，宿，去淮四十里。明日，雨，宿里河。明日，入淮船，船尤小。夜卧长淮，风浪之声达旦。初六日，至桃源。夜，雨。初七日，雪，西北风急，仅至崔镇。明日，过宿迁。夜二鼓，至直河。时独与孺亨两舟行，岸上有骑者，挟弓矢，叱挽人令之下，皆跟跄入舟。寻见有人聚立，颇疑其盗，然竟无他。初九日，至新安。自是始有闽、广人同行。初十日，午，过吕梁。夜宿，未至彭城二十里。十一日，巳，过洪。舟几落洪去，力挽以出。彭城大雪，舟停一日。
>
> 十二日，自宝应来阴寒，雨雪间作，是日始见日，尤寒。刺舟者须眉皆冰。黄河凌下，船刺刺有声。至境山，宿。明日，船犯凌，舟几覆。观溜口。黄河自西来，从此出，故河冰推排而下，常年经此沟中，有水汩汩流，故云溜。今成大河也。夜，至沽头。明日，孺亨小恙，便欲还，强之入闸。夜，与四明王饮上海曹子见舟中。止八里湾南，月明，雾四塞，霜下如雪，岸柳皆凝白。十五日，待冰，亭午，始过闸。以连日寒，冰雪乍凝，非复壮冰，特船人畏怯，时止。夜，将及南阳。又止，复行，近枣林，又止。闻岸上鸡鸣矣。十六日，止仲家浅。十七日，过济宁。夜，止南旺第一闸。与王、曹二君饮。
>
> 十八日，午，至南旺。汶水流出，冰雪壅河，同行船更相挽破冰而前。

---

① （明）孙楼.刻孙百川先生文集：卷3　纪黜［M］//四库全书存目丛书集部：第112册.济南：齐鲁书社，1997：631.

近远老口,月出。九船顺风张帆,皆挂灯如列星,迤行柳树间。明日,早饭后,逼张秋,饮王君舟中。还,待月聊城,二鼓行。二十日,未午,至清凉。舟聚者三四百。明日,午,始入漳河。天微雨,止宿渡口。月出,复行。至晓,过武城。日映,风。止郑家口。月出,行。廿三日,过故城,至老君堂。廿四日,止新口。廿五日,大风,未,至沧州。廿六日,过兴济。行五六里,以冰阻。先后来者皆聚,几及千艘。半天下之士在此矣。始见同县诸友。夜,饮子敬舟中。廿九日,早过静海,宿独流。初一日,大风,止大王庄。饮起仁舟中。至刘指挥庄,雇肩舆小车,庄人皆来叩头。与曹子见小饮,登舟。

初二日,移舟杨柳青。陆行至韩家树,渡滹沱河。风极冽厉,有河冰,待久之,乃渡。道会泉南诸友。饭桃花口,宿杨村。明日行,至华黎庄。步观神庙前石刻,云:"开泰六年(1017年)建塔,藏舍利于娄河西。咸雍四年(1068年)七月十四日,雷火,塔毁。寿昌二年(1096年)五月中,常有光怪现,握得舍利百余颗。乾统五年(1105年)建木塔"。列题诸僧名。后书荣禄大夫监察御史武骑尉张轸,下有砖承之。回书佛号,后题荣禄大夫检校国子监祭酒兼监察御史武骑尉石恕。

初,予局蹐小舟中,少所见,独记所止处而已。陆行观此石,字画楷劲,而年号官名皆辽时,故记之。自石晋以十六州畀契丹,此地没于北者五百年,予每入北界,未尝不叹宋人不能至此也。幸生二百年一统全盛之世,夫岂易得哉!饮武清,至灵谷屯,宿。初四日,行,过马驹桥。申刻,至京。自兴济冰阻,千艘相聚,行数里,辄相呼击冰,如是数里,又行。舟止时,如鸦将栖,且止复飞,回翔不定,前此未见也。闻白河冰尚腹坚,遂皆陆行。予自丙申(1536年)计偕,后七试南宫,往来程路及此行,计七万里矣①。

士子赴试,前程难料,士子及其家人未免心存疑虑,忐忑不安,多有求神告庙之举,或卜其预征,或冀其佑庇。正统九年(1444年)商辂将赴会试,"心以两科落第,不胜惆怅,稔闻邑西贺公菩萨极有灵应,乃先期沐浴斋戒,特

---

① (明)归有光. 震川先生集:别集卷6 壬戌纪行上[M]. 上海:上海古籍出版社,1981:851-853.

诣求诗一律"①。天启五年（1625年）元旦，叶天寥赴会试，"初四日入都门，上元日斋沐，至关帝祠焚香祈签"②。嘉靖甲午（1534年），孙承恩的儿子及从孙将赴秋闱，孙承恩为文祭告于祠堂，冀其祖父佑庇扶持，其文曰：

> 呜呼！所贵乎世家者，非前贤无以遗，非后贤无以继也。祖宗有余休矣，其心孰不欲承传之无替也。其有弗能绵延乎世泽者，固其后人之弗类也。惟我孙氏积善而为仕族，盖有年矣。近复发于吾祖抑斋，再发于吾考雪岑，而以德以位食之者，尚未既也。惟孤早年寡学浅知，然一战而遂捷秋闱，因悉登第，以叨禄仕。匪孤之能，固吾祖吾父遗爱之所存，抑且为阴佑而默启也。筮仕以来，慎守道义，不敢过求宠荣者，亦欲留有余不尽，以为我子孙凭藉之地。只今早衰多病，老境駸駸，山林兴长，将返初服，箕裘之绍，欲于后人，而是畀也。时俗迫隘，匪克列于衣冠，其何以自立，而不及于颠踬也。世德显晦之所由，门祚盛衰之所系，此某之所以深忧而豫计也。
>
> 二子幸已长成，知其寡学未堪，而私心冀望。今兹大比之行，寔愿其侥幸万分之一二也。惟我祖父有灵，其尚扶持诱掖于冥冥，或庶几乎克济也。区区勤恳之私，固不惮辞之谆复，缅思音容，忽不觉夫潸然而陨涕也③

万历甲午（1594年），茅坤儿子赴乡试，入场前一日茅坤在家祷文昌神，为之遥祝祈福。并赋诗云：

> 名香一炷祷文昌，绛节朱旂闪尚方。
> 五采云霞扶日月，九天星斗焕文章。
> 恍闻笙吹空中度，疑扈仙灵花外扬。

---

① （明）商振伦. 明三元太傅商文毅公年谱［M］//北京图书馆藏珍本年谱丛刊：第39册. 北京：北京图书馆出版社，1998：177.

② （明）叶绍袁. 叶天寥自撰年谱［M］//北京图书馆藏珍本年谱丛刊：第60册. 北京：北京图书馆出版社，1998：415.

③ （明）孙承恩. 文简集：卷48 甲午秋克绍男与友仁从孙赴试告祠堂文［M］//文渊阁四库全书：第1271册. 台北：台湾商务印书馆，1986：573.

愿佐儿曹两兄弟，翩翩轶辙共翱翔①。

次日又赋：

> 儿辈腰间宝剑悬，双龙紫气竞连翩。
> 望中日月虹霓薄，掌上鲸鲵凫雁制。
> 司马上林给笔札，杨云羽猎奏甘泉。
> 文昌此日知神助，赋草凌云万里传②。

上举四例，士子及其家人所祈祷之神一为贺公菩萨，一为关帝，一为先祖，一为文昌神。其中文昌神为自唐宋科举取士以来，而日渐兴盛的专门司桂籍、掌文运之神，不过从以上记载看，明人的科举信仰并未因此而专奉文昌，仍呈现出多神信仰的格局。在现实中，因科场竞争的日益激烈，士子科场命运趋于多变、无常，士子及其家人由此而产生种种焦虑不安的情绪，无法排遣，于是求诸各路神灵。只要能给予士子及其家人一定精神慰藉或寄托，即予祷告，至于是何方神圣，倒是不遑顾虑。

第二节　临场

一、安顿住宿

士子既至试所，首先寻觅栖身之所。有二类寓所倍受赴试士子青睐，一是傍近贡院的房舍，因距考场近，便于入试，不过赁金亦不菲。嘉靖十七年（1538年）谭大初赴会试时，"二月初二到京，僦居举场前"。不过"三场后，

---

① （明）茅坤. 耄年录：卷1　甲午八月八日早祷文昌［M］//四库全书存目丛书集部：第106册. 济南：齐鲁书社，1997：226.

② （明）茅坤. 耄年录：卷1　次日再赋［M］//四库全书存目丛书集部：第106册. 济南：齐鲁书社，1997：226-227.

移居打磨厂张文家，因乡前辈刘一泉先生主于其家也"①。谭于考完后改变寓所，一方面可能由于乡前辈主于其家，另一方面可能出于经济方面考虑，考场附近房舍紧俏，赁金不菲，而谭囊中羞涩，在京应试期间，处处捉襟见肘。其自订年谱载："公私旁午，独予跨一蹇驴代步，市人皆笑。予念行囊有限，称贷难偿，不遑恤也"②。南京贡院在秦淮河边，"府学之东地，广十余亩"③，每逢大比之年，因科举士子赴试之故，秦淮河两岸河房竞相租赁，以牟厚利。吴应箕在《留都见闻录》中载："过学宫则两岸河房鳞次相竞，其房遇科举年，则益为涂饰，以取举子厚赁，最著者有瓜洲余家。河房不过亭台宽敞耳，庭前有白木槿可观，后亦残废"④。其言河房在学宫附近，而贡院在府学之东地，显然河房所以逢科举之年倍受举子青睐，在于其距考场近。万历四十年（1612年）叶天寥赴南闱，即是租赁河房。其自撰年谱载："正月二日，即往昆山侯发案，名在二等。六月，入南都。季若往句曲就遗才试，亦至都下，共居河房"⑤。一是环境清幽的寓所，如寺、庙等。因为环境幽雅，既适于场前复习，又能不受打扰，养精蓄锐，尤受提前赴试士子的欢迎。如嘉靖四年（1525年）程文德赴会试，"正月，如京师。抵都门，寓于柏林寺，聚诸同志辨证其学术，间相与泛事举子业，然终不以此妨讲学功"⑥。嘉靖三十八年（1559年）王祖嫡赴会试，"寓忠愍寺，同寓者为真阳陈思俞，不第，归"⑦。嘉靖四十一年（1562年）时，他"服阙赴都，仍寓愍忠寺，再试春闱不第"⑧。之后二赴春闱，皆寓忠愍

---

① （明）谭大初. 谭次川自订年谱［M］//北京图书馆藏珍本年谱丛刊：第47册. 北京：北京图书馆出版社，1998：293-294.

② （明）谭大初. 谭次川自订年谱［M］//北京图书馆藏珍本年谱丛刊：第47册. 北京：北京图书馆出版社，1998：294.

③ （明）程嗣功，王一化. 应天府志：卷18 学校［M］//四库全书存目丛书史部：第203册. 济南：齐鲁书社，1997：512.

④ （明）吴应箕. 留都见闻录：卷下 河房［M］//丛书集成续编：第12册. 台北：新文丰出版公司，1989：404.

⑤ （明）叶绍袁. 叶天寥自撰年谱［M］//北京图书馆藏珍本年谱丛刊：第60册. 北京：北京图书馆出版社，1998：400.

⑥ （明）姜宝. 松谿程先生年谱［M］//北京图书馆藏珍本年谱丛刊：第46册. 北京：北京图书馆出版社，1998：33-34.

⑦ 刘海涵. 王师竹先生年谱［M］//北京图书馆藏珍本年谱丛刊：第51册. 北京：北京图书馆出版社，1998：668-669.

⑧ 刘海涵. 王师竹先生年谱［M］//北京图书馆藏珍本年谱丛刊：第51册. 北京：北京图书馆出版社，1998：670.

寺。嘉靖三十七年（1558年）秋七月，何出图"宾兴入省应乡试，寓相国寺"①。天启四年（1624年）庄恒赴试南闱时，"同吕海日寓天界寺，仍未售"②。等等。

二、冲刺与调适

既已安顿下来，临场尚有一段光阴，可作最后复习冲刺用。万历三十八年（1610年）庄起元"再上公车，寓于举厂东邹挥使家。每清晨枕上构思，起床操笔，一挥而就"③。郑鄤自叙年谱里亦载其万历四十六年（1618年）赴会试时：

> 九月即戒行，至京寓善果寺，得拟题三百。每日午过则和衣卧，近晚而起，篝镫拈二题，随意更拈一小题。中夜而饭，至竟夜，主僧起作课，鸣钟鼓，则三稿完矣。始解衣卧，逾辰而起，日以为常。从者四人，日誊三稿者，顾中也。日给饮食者，张京谢仁也。供役于镫火笔砚，终夜不休者，张明也。乡试本房林老师方任工部，每朔望携课谒之，师大欣赏④。

不过士子临场，并不宜过于紧张，劳形积虑，更应安居静养，端正心态，调整作息，饮食有节，养精蓄锐，以迎接即将到来的考试。弘治丁卯（1507年），王阳明曾告诫徐曰仁临场入试事宜，曰：

> 君子穷达，一听于天，但既业举子，便须入场，亦人事宜尔。若期在必得，以自窘辱，则大惑矣。入场之日，切勿以得失横在胸中，令人气馁志分，非徒无益，而又害之。场中作文，先须大开心目，见得题意大概了了，即放胆下笔，纵昧出处，词气亦条畅。今人入场，有志气局促不舒展

---

① （明）何出图. 何伯子自注年谱［M］//北京图书馆藏珍本年谱丛刊：第52册. 北京：北京图书馆出版社，1998：353-354.
② （清）庄恒. 声鹤公年谱［M］//北京图书馆藏珍本年谱丛刊：第66册. 北京：北京图书馆出版社，1998.
③ （明）庄起元. 鹤坡公年谱［M］//北京图书馆藏珍本年谱丛刊：第54册. 北京：北京图书馆出版社，1998：310.
④ （明）郑鄤. 天山自叙年谱［M］//北京图书馆藏珍本年谱丛刊：第61册. 北京：北京图书馆出版社，1998：230-231.

者,是得失之念为之病也。夫心无二用,一念在得,一念在失,一念在文字,是三用矣,所事宁有成耶?只此便是执事不敬,便是人事有未尽处,虽或幸成,君子有所不贵也。

将进场十日前,便须练习调养。盖寻常不曾起早得惯,忽然当之,其日必精神恍惚,作文岂有佳思。须每日鸡初鸣,即起盥栉,整衣端坐,抖薮精神,勿使昏惰。日日习之,临期不自觉辛苦矣。今之调养者,多是厚食浓味,剧酣谑浪,或竟日偃卧。如此是挠气昏神,长傲而召疾也,岂摄养精神之谓哉!务须节饮食,薄滋味,则气自清;寡思虑,屏嗜欲,则精自明;定心气,少眠睡,则神自澄。君子未有不如此,而能致力于学问者。兹特以科场一事而言之耳。每日或倦甚思休,少偃即起,勿使昏睡。既晚即睡,勿使久坐。

进场前两日,即不得翻阅书史,杂乱心目。每日只可看文字一篇以自娱,若心劳气耗,莫如勿看。务在怡神适趣,忽充然滚滚。若有所得,勿便气轻意满,益加含蓄酝酿,若江河之浸,泓衍泛滥,骤然决之,一泻千里矣。每日闲坐时,众方嚣然,我独渊默,中心融融,自有真乐。盖出乎尘垢之外,而与造物者游。非吾子概尝闻之,宜未足以与此也①。

陆深儿子将赴南闱,陆深亦贻书嘱之曰:

入城须借一僻静下处,可请问顾五叔,必得佳所。至嘱!至嘱!落下处后,宜杜门静养,令精神强足,则文采自彰。无益之事,料汝决不肯为,但人事奔走,与往来交际,礼不可阙者,亦思撙节之。至嘱!至嘱!最宜择交,若浮华轻薄之士,致敬而远之②。

不过并非所有赴试士子皆能安居静养,起居有节,以待考试。考试期间,各路士子齐聚贡院周围,热闹非凡,亦不乏呼朋结友,醉酒欢歌者。何出图自

---

① (明)王守仁. 王阳明先生全集:卷7 示徐曰仁应试 [M] //四库全书存目丛书集部:第50册. 济南:齐鲁书社,1997:477-478.
② (明)陆深. 俨山集:卷96 江西家书十一首 [M] //文渊阁四库全书:第1268册. 台北:台湾商务印书馆,1986:621.

注年谱载其万历十一年（1583年）携弟同赴会试时，"多士云集，为余弟同榜人争过访识长兄面。是时，余且温习旧业，再决一战，乃余弟则日游，于酒醉歌长安市。比入试，似不经意，而所作更闲适，反觉意得"①。结果何出图落第，其弟反而得隽。晚明士风迨荡，赴试者中不乏富家子弟，往往鲜衣怒马，震耀街衢，举酒呼徒，征歌选妓。吴应箕曾载晚明南闱场期间应试士子情状：

  南京故都会也，每年秋试，则十四郡科举士及诸藩省隶国学者咸在焉。衣冠阗骈，震耀衢街。豪举者挟资来，举酒呼徒，征歌选妓，岁有之矣。而号为有志气、能文章者耻之，键户若无闻，遇则逡巡，从道傍避去。数十年来，求胜游之可传，高会之足纪者盖眇耳。自崇祯庚午（1630年）秋，吾党士始合十百人为雅集，其集也，自其素所期向者遴之，称名考实，相聚以类，亦自然之理也②。

吴应箕所谓的雅集，是晚明习举士子结社成风背景下，社人相聚之会。科举士子藉科举考试之机，大举社事雅集，又为晚明士子场期间一显著现象。李乐的《见闻杂记》则载万历己卯（1579年）秋闱，"闽诸生在会省者，率不衣不冠行于市"。李乐怪之，归后语子侄辈，对曰："不足为异也，吾浙二十年来已然矣"③。诸生本来有生员衣巾可穿，以示异于平民，晚明福建生员竟然因天热而光着膀子招摇过市，士风之浇薄，由此亦可见一斑。

三、拟题与请谒

考试在即，士子周寓贡院附近，相识者难免过访，相与猜测考试题目，以便预先构文，或者请人压题，以做最后一搏。赵维寰在《雪庐焚余稿》中载万历甲辰（1604年）他赴会试时：

---

① （明）何出图. 何伯子自注年谱［M］//北京图书馆藏珍本年谱丛刊：第52册. 北京：北京图书馆出版社，1998：383-384.
② （明）吴应箕. 楼山堂集：卷17 国门广业序［M］//续修四库全书：第1388册. 上海：上海古籍出版社，2002：558.
③ （明）李乐. 见闻杂纪：卷3 一百五十五［M］//四库全书存目丛书子部：第242册. 济南：齐鲁书社，1997：227.

是科遇尔韬，以除夕入国门，寓余寓。寻问余近有何佳题，余曰："'极高明而道中庸'最佳"。尔韬即属稿。又一日，刘献之柬余曰："贵座师必有秘题相示，可与闻一二否"？余恶其言，漫答之曰："秘题果有"。即随笔拈十题给之，而不知命则所拈第一题也。献之亦属稿，复以质余。余意不甚赏。已放榜，献之、尔韬皆第。余心知二题佳，而为病所苦，不属笔，且首题旧有刻稿。是科录余稿取第者颇多，而余一语不能自忆，岂非天乎①！

朱国桢的《涌幢小品》亦载："黄学士葵阳洪宪，未试前，拟科场题，十中七八，不知何灵至此"②。拟题之弊既是由科举考试出题范围有限，出题高度程式化，使得题目易雷同的局限所致，又是应试文化、技巧积累的产物。拟题也并不仅存于试前，晚明士子习举，平日就多有拟题之举，而于经传诸书，不再寓目，试前拟题只不过是最后一搏，以图侥幸。关于拟题之弊，顾炎武曾云："夫昔之所谓三场，非下帷十年，读书千卷，不能有此三场也。今则务于捷得，不过于《四书》、一经之中拟题一二百道，窃取他人之文记之，入场之日，抄誊一过，便可侥幸中式，而本经之全文有不读者矣。率天下而为欲速成之童子，学问由此而衰，心术由此而坏"③。又曰："今日科场之病，莫甚乎拟题。且以经文言之，初场试所习本经义四道，而本经之中，场屋可出之题不过数十。富家巨族延请名士馆于家塾，将此数十题各撰一篇，计篇酬价，令其子弟及僮奴之俊慧者记诵熟习。入场命题，十符八九，即以所记之文抄誊上卷，较之风檐结构，难易迥殊，《四书》亦然。发榜之后，此曹便为贵人，年少貌美者多得馆选，天下之士，靡然从风，而本经亦可以不读矣"④。

拟题之外，请谒关节之风亦盛行。应试士子探得入帘官员消息后，投刺及门，以通声气，纳关节。《玉堂丛语》载："侣钟监秋试场，黜举子之私以贿请

---

① （明）赵维寰．雪庐焚余稿：卷10 拟题［M］//四库禁毁书丛刊集部：第88册．北京：北京出版社，1998：560-561.
② （明）朱国桢．涌幢小品：卷7 拟题决文［M］//明代笔记小说大观．上海：上海古籍出版社，2005：3272.
③ （清）顾炎武．日知录集释：卷16 三场［M］//清代学术名著丛刊．黄汝成，集释．上海：上海古籍出版社，2006：944.
④ （清）顾炎武．日知录集释：卷16 拟题［M］//清代学术名著丛刊．黄汝成，集释．上海：上海古籍出版社，2006：945.

者，而不暴其名，曰：'毋以一人玷我宾兴盛典'"①。又载："柯潜考应天乡试，舟维淮扬，有举子暮夜投公，公叱之，彼固以请，以所赂遗置公前。公怒，命执付有司，治以法。是秋场屋肃然，比揭晓，咸称得人"②。赵维寰《雪庐焚余稿》载其万历庚戌（1610年）赴会试时经历：

> 余己酉（1609年）春已入都，时汤霍林先生望籍甚，诸士以得一晋接为荣。余若不知也。余与陆元斋同寓。先生与陆善，一日遇陆，谭次问同寓何人，陆道余姓名。先生诧曰："此君乃在是耶！吾欲一见，为投余一帖去"。及余往谒，则急索文，谭甚惬，且云："贵座师与我莫逆，慎勿作客气"。厥明，即招饮，不设严席，坐中止二三家人。促膝抵掌，时露接引意。顾余素性迂僻，席散后，一帖致谢而已，不复以文请质。他日偶晤先生于劳比部所，先生词色微不怿，余乃益自远。是科先生领房，犹于闱中举名下十人，属各房慎评阅，毋失士，而《尚书》则首举余。及折卷，至十六名，犹妄意为余卷也③。

至下科会试，赵维寰本又可以拜谒房考，但其时科场议论正嚣，遂"以中不中自有司命，卒不往"④。当然，像赵维寰这样以才情自矜，名节自高，不肯屈身交通的士子毕竟是少数。正因为请谒关节之风盛行，晚明朝廷才对此尤为忌讳，严密防范，连一般的拜访也是瓜田李下，嫌疑重重。谢肇淛云："迨夫近日，则投刺及门，皆为请谒；知名识面，尽成罪案；上之防士，如防夷虏。而旁观之伺主司，如伺寇盗。举荡平正直之朝，化为羊肠荆棘之路；以登贤吁俊之典，变为防奸明刑之狱。虽士习之渐靡，有以致然，而刻核太过，于拔茅连

---

① （明）焦竑. 玉堂丛语：卷6 科试 [M] //元明史料笔记丛刊 [M]. 北京：中华书局，1981：210.
② （明）焦竑. 玉堂丛语：卷6 科试 [M] //元明史料笔记丛刊 [M]. 北京：中华书局，1981：211.
③ （明）赵维寰. 雪庐焚余稿：卷10 庚戌试 [M] //四库禁毁书丛刊集部：第88册. 北京：北京出版社，1998：561.
④ （明）赵维寰. 雪庐焚余稿：卷10 癸丑试 [M] //四库禁毁书丛刊集部：第88册. 北京：北京出版社，1998：561.

茹之初心，亦稍悖矣"①。相比较而言，会试于天子脚下举行，众目昭彰，风声鹤唳，请谒易为人摭拾，各地乡试则较松懈，更易请谒关节。如晚明南京乡试，吴应箕曾载："南场之通关节，相传有年，而下四府为甚……又先度推官、知县资俸必入帘者，预为结纳，否则代营入帘，取于相报，种种弊窦不可枚举，虽以严察之监场，精明之京兆，亦不能革"②。

四、入试准备

考试在即，士子还有一些准备工作要做。考前须去贡院外看考场座次图，准备好入试所用物品，试之日，提前来到贡院外，等待搜检入场。陆深家书中叮嘱其子入试前事宜云：

> 未入场之先，且须与子明或陈子充与唐门亲戚旧科举、吾乡老成质朴者，去投卷看班图，先了公事，虽出口行路，亦须逊避谦恭。若见达官长者，尤宜寡默恂恂。汝早有令名，古人以为不幸，须防造物忌之。至嘱！至嘱！其余事宜，汝当随事省察，存心为上，酷暑冗中，不能一一。
>
> 卷面并三代、脚色，务要如式，亲书为上，若倩人惯熟者写之亦可。须要一字一字对校点画偏傍，所系甚重也。每场各宜安放，临时仔细看详，须缝一洗旧青布袋，仅取容卷，从颈中悬挂胸前，防众中不测。袋须旧青布者，恐靛色易污卷面也。入场我有旧青三梭直身，是曾入会试场者，汝可与母亲检寻来服之，且留与同孙作传衣也。裤子亦须要缀襻颈带。今年八月近寒，须防风信，场中过暖不妨耳。要带好水、梨、蜜、姜，用笔须试过称手者乃济事，多亦无益也③。

关于考场座次，洪武十七年（1384年）规定："试前二日，图画东西行席

---

① （明）谢肇淛. 五杂组：卷14 事部二 [M] // 明代笔记小说大观. 上海：上海古籍出版社，2005：1800.
② （明）吴应箕. 留都见闻录：卷上 科举 [M] // 丛书集成续编：第12册. 台北：新文丰出版公司，1989：402.
③ （明）陆深. 俨山集：卷96 江西家书十一首 [M] // 文渊阁四库全书：第1268册. 621-622.

舍间数，编排开写某行间系某处举人某人坐，又于间内贴其姓名，出榜晓示"①。至于入试所允许携带物品，洪武十七年（1384年）规定："举人试卷及笔、墨、砚自备"②。只提到笔、墨、砚及试卷，而且皆是自备。其中会试试卷在嘉靖四十四年（1565年）之后，由赴试举子自备，赴礼部印完后，改由提调官收领，待入场时始发给举子，以防洗改脚色及彼此交换之弊。嘉靖十年（1531年）会试又允许携带《洪武正韵》入场，该年所题准《会试条例》规定："凡遇每场举人入院，把门官军一一搜检，除印过试卷、《洪武正韵》、笔、墨、砚外，其余不得将带片纸只字"③。不过从陆深家书中可知，士子入场还可携带食品水、梨、蜜、姜等，可能用来防暑解渴之用。洪武十七年（1384年）的《科举成式》中有"凡供用笔札、饮食之属，皆官给之"④的规定。此规定指向不明，不知笔札、饮食之属是提供给入院考官，还是应举士子。成化二年（1466年）礼部奏会试禁约，亦提及贡院饮食之事，云："供给饭食，顺天府官多有造作不精，供给失节，士子嗟怨，合无本部另差官一员，专一提督供给"⑤。从此记载看，则明初入试士子有官给饮食之例，不过多造作不精。另外，明中期以后，科举减场不行⑥，士子须全场题皆作，势必延长考试时间。加上入试人员日多，又须提前入场。因此，晚明会试入场通常在考试前一天下午，完场则延续到考试第二天下午，士子可能在贡院里呆两天两夜，自然须持食物入场。李廷机的《李文机集》载会试举人"进场戴唐巾，手持大筐酒殽、炉铫，无所不有"⑦。因此，他奏请："士入闱必冠儒冠，各不得携酒食筐

---

① （明）申时行，等. 大明会典：卷77 贡举 [M] //续修四库全书：第790册. 上海：上海古籍出版社，2002：398.
② （明）申时行，等. 大明会典：卷77 贡举 [M] //续修四库全书：第790册. 上海：上海古籍出版社，2002：398.
③ （明）俞汝楫，等. 礼部志稿：卷71 题行会试条约 [M] //文渊阁四库全书：第598册. 台北：台湾商务印书馆，1986：210.
④ 明太祖实录：卷160，洪武十七年三月戊戌 [M]. 台北："中央研究院"历史语言研究所，1962：2468.
⑤ （明）俞汝楫，等. 礼部志稿：卷71 题行会试条约 [M] //文渊阁四库全书：第598册. 台北：台湾商务印书馆，1986：209.
⑥ 参见第一章"明代举业"。
⑦ （明）李廷机. 李文节集：仕迹 [M] //四库禁毁书丛刊史部：第44册. 北京：北京出版社，1998：697.

裹"①。万历四十三年（1615年）礼部申饬会场事宜，申禁携带筐裹器具，但允许手持少量食物入场。云："试日只许肉菓少许，皆手执，以便搜简，如仍前携筐挟具者，不准入场"②。《崇祯庚辰（1640年）会试外监场告示》则规定："其诸生随身衣服，止许照常。况今适逢闰正，入闱之侯，已近暮春。风日融和，春衣可试，不必过带毡袭，亦不许穿用浅色，并携挈大篮纸封食物等项，各务遵守，勿自贻悔"③。亦不允许携带大篮纸封食物。明廷禁止士子携带食物筐入场，主要是出于防怀挟夹带等弊考虑。据该告示，会试由于在春天举行，若是天气寒冷，入场士子还可携带毡袭以御寒。明中后期，士子入闱还须自备烛炬。明初曾是官给烛炬。洪武十七年（1384年）所颁《科举成式》中规定："试之日，黎明举人入场，每人用军一人守之，禁讲问代冒，至晚纳卷，未毕者给烛三枝"④。成化二年（1466年）则改为"（士子）申时初稿不完者，扶出。若至黄昏，有誊真一篇或篇半未毕者，给与烛一枝"⑤。嘉靖十年（1531年）礼部题准《会试条例》又重申："申时初刻稿不完者，扶出。其誊写正卷至黄昏，如有一篇、半篇未毕者，给与烛一枝，再不多与"⑥。可见至嘉靖时仍是官给烛炬。至晚明时，则在很长一段时期内改为士子自备烛炬。明末吴应箕载："故事，入场士子自备烛研水注。上科府尹为嘉兴黄公，捐公费为办给，多士诵之至今，遂为例。初时炬皆精坚，彻夜不能尽一枝，后此皆恶滥充数，士之敏捷先交卷者，虽半枝一寸犹夺去"⑦。可见晚明很长一段时间内，士子入试，须自备烛研水注。至于严禁携带之物主要是文字、夹带，弘治十三年（1500年）还

---

① （明）顾秉谦，等. 明神宗实录：卷428 万历三十四年十二月丙午，台北："中央研究院"历史语言研究所，1962：8068.
② （明）顾秉谦，等. 明神宗实录：卷540 万历四十三年戊辰，台北："中央研究院"历史语言研究所，1962：10278.
③ （明）陈龙正. 几亭全书：卷29 崇祯庚辰会试外监场告示［M］//四库禁毁书丛刊集部：第12册. 北京：北京出版社，1998：239-240.
④ 明太祖实录：卷160 洪武十七年三月戊戌［M］. 台北："中央研究院"历史语言研究所，1962：2469.
⑤ （明）刘吉，等. 明宪宗实录：卷25 成化二年春正月丁卯，台北："中央研究院"历史语言研究所，1962：503. 注：原文据《〈明宪宗实录〉校勘记》改正.
⑥ （明）俞汝楫，等. 礼部志稿：卷71 题行会试条约［M］//文渊阁四库全书：第598册. 台北：台湾商务印书馆，1986：209-210.
⑦ （明）吴应箕. 留都见闻录：卷上 科举［M］//丛书集成续编：第12册. 台北：新文丰出版公司，1989：402.

禁止携带银两，规定"应试生儒、举人、监生，但有怀挟文字、银两，并越舍与人换写文字者，俱问发充吏，三考满日为民。若系官吏，就发为民"①。明廷禁止入试士子携带银两，主要是防士子以银买通看守军人或其他士子作弊。明中后期士子入试，除印过试卷、笔、墨、砚、烛、《洪武正韵》外，还可携带御寒衣物，各种食物等，东西既多，则易夹带舞弊，是以明廷多有严格控制、审查士子入试携带物品之举。万历初年林景旸曾奏："近年场中如搜检之严，席舍之革，衣服有禁，糗糒有禁，以致烛砚等类，莫不先输而后给焉。其所以待士者，防之可谓密，而驭之亦厉也"②。

士子看好座次，准备好应试物品，待试之日提前至贡院外，等候搜检入场。关于士子入试时间，洪武十七年（1384年）所颁《科举成式》中规定："试之日，黎明举人入场"③。士子黎明前须赶到贡院外。后来由于入试人数日多，减场不行等因素，士子入场时间不断提前，尤以会试为最。成化二年（1466年），会试因礼部奏："今士子比昔倍蓰，中间多有故意延至暮夜。请烛之时，钞写换易，或有弃烛于席舍中而他出，因而误事者，最为可虑。宜于四更时搜入，黎明散题"④。于是会试举子改为四更搜入，士子赴会试当四更前赶到场外等候。至晚明，会试入场之人尤多，举子在考试前一天未时（下午1点至3点）即开始入场搜检，而且天启时，曾有因贡院门闭，至入场时方启，导致发生举子踩踏伤亡事件。陈龙正的《崇祯辛未（1631年）会试京省举子公呈》载其事甚详，兹录于下：

> 为恳祈体恤士情，修复旧规，以免颠越，以速领卷，以便命题事。壬戌（1622年）以前，大开方门，上下相安。乙丑（1625年）戊辰（1628年），增栅严闭，竞相踩躏，至有碎首陨命者，上人闻此，宁不痛心！又因填挤，不得鱼贯而入，发卷唱名，大半不到，踰时自前，呼名求卷，错综

---

① （明）申时行，等. 大明会典：卷77 贡举［M］//续修四库全书：第790册. 上海：上海古籍出版社，2002：401.
② （明）林景旸. 玉恩堂集：卷1 条陈科场事宜疏［M］//四库全书存目丛书集部：第148册. 470.
③ 明太祖实录：卷160，洪武十七年三月戊戌［M］. 台北："中央研究院"历史语言研究所，1962：2469.
④ （明）刘吉，等. 明宪宗实录：卷25 成化二年春正月丁卯，台北："中央研究院"历史语言研究所，1962：503. 注：原文据《〈明宪宗实录〉校勘记》改正。

> 第五章 备考赴试

简付,晷刻耽延。辰巳犹不闭门,日中方得题纸。士子固为挫气,当事亦觉疲神。法穷则通,时极而转。

窃谓一宜复照旧规,勿闭方门,听举子随时径入。既无拦阻,各自心安,苟非将点之期,何苦妄自捴越?二宜严缉闲人。栅内空地,除正门、甬道外,左长二十六七丈,深十一二丈,右长三十一二丈,深十二三丈,约共容四千余人。除军皂各役站立,并中出水路外,尚可容二三千人,听举子坐立有余,听僮仆纷纭不足。令举子进栅时,亲自持篮,不许一人随入。倘有假戴儒巾者,面目意思及周身衣饰自然可辨,预立禁约,一入之后,不许复出。点名既毕,此系何人,三尺森然,不寒而栗。又各官跟随员役,先期派定,出示某官随从几名,各给腰牌照验,以杜送考者假冒官员之弊,则闲杂人莫敢混入,而士子亦必奉法自爱矣。三宜于空闲日期,差官看守栅内,不许缘墙一毫垢污,使士子临入之夜,苦于坐立无地,犯者重惩。三法并行,填挤必免,人无惶怖,官有余清。虽曰一事之处分,实为救时之经济,慈祥遍乎士类,体恤彻于海隅,圣主时闻,天颜必喜。

约同袍帖曰:壬戌(1622年)以前,不闭方门,计偕诸贤,从无意外之患。丑辰(乙丑1625年、戊辰1628年)二试,乃或陨身,吾辈身在惊惧之中,岂因幸免,遂忘商略。大抵近来新设门禁,本无他意,祇因初次唱名,理宜高声答应,而诸贤谓无关系,或径入领卷,有妨宪体,故特紧闭,稍示尊严。今拟合词上请,求复壬戌(1622年)以前旧规,但欲上行宽仁,必先自守礼法,务于外监试唱名时,次序应声,片晷从容,较经时填挤,安危之数,岂不云泥。所拟呈词,大都克己,诚能动物,道合如斯。某日,恳于外监试门首,各具公服投递,众人皆安,我身与焉。

或疑门开,则人入者众,挤将益甚。解之曰:凡挤否之故,因通塞,不因多少。关津行舟,每有明验。一舟前阻,万艘不行。比其通也,无竟日拥塞者。人之活,万倍于舟,岂有往来自如,反增填挤者乎?况设法禁止闲人,则人益少,地益宽,纵令不能,犹贤于闭。

呈入,上台具如议行,而西监试水公,尤加意体恤,先期出示慰安,方门竟日不闭。江右诸省士子从西入者,□如也。东方门于初场屡启屡闭,浙士以未申进,得无恙。而河南、湖广,限在更余,士子及群仆,拥门骈哄。俄而门倾,河南同袍一人齑粉焉。余众陨命复数人,而折肱破额,或割去其一耳者,又不可胜计也。疑者始信闭门之断断乎不如大开。次场三场，则东门并辟，遂无一人及于难。

东监试袁公，因见初场点名掣签，士子力弱者不能升阶，喘汗号呼，殊可悯恻，而签终不能偏发，则体仍不尊。次场遂停掣签，但依序唱名，应声者即加朱点，听入领卷。士子悠然从阶下应声而过，莫敢不至，宽之弥悦，简之弥遵，斯亦善通其所穷，可为永久师式者也（辟门解）①。

据该公呈可知，晚明会试因人多，入场在考试前一天下午1点左右即已开始，举子分批搜检入场，贡院方门彻夜不闭。举子入场有唱名应答，领签入场领卷的程序。举子赴试时，多有送考人陪同，更加剧了入场的拥挤程度。天启时曾因士子唱名未答到，因而关闭方门，直入场前方启，结果导致踩踏事件。踩踏事件之后，明廷又恢复旧制，而且举子唱名应答后，不领签即可入场领卷，以有的举子体弱，不能挤上前领签，并申禁送考人等。之后，《崇祯庚辰（1640年）会试外监场告示》申令：

今本院于未申时，即令大启方门，彻夜不闭，听士子自度应点时候，安心依序而进。则在上致挤之弊，已洞然彻去矣。惟士子送考一项，或亲友、或僮仆、或班役，一人辄带数人，是自求挤也。今为严立约，三场每前一日，自第二层栅栏之内，俱不许闲杂一人擅进。但有犯者，重责枷号，至三场毕日释放。令在必行，誓不姑息②。

可见崇祯辛未之后，士子入场基本按辛未举子公呈所奏施行，不过不旋踵而明亡。

---

① （明）陈龙正. 几亭全书：卷29 崇祯辛未会试京省举子公呈 [M] //四库禁毁书丛刊集部：第12册. 北京：北京出版社，1998：238-239.
② （明）陈龙正. 几亭全书：卷29 崇祯庚辰会试外监场告示 [M] //四库禁毁书丛刊集部：第12册. 北京：北京出版社，1998：240.

第三节 落第与弃举

一、落第

士子试毕,就只剩焦急地翘首跂望揭晓。明代乡、会试发榜约在考试结束后半个月左右。《味水轩日记》载万历己酉(1609年)浙江乡试,至八月二十九日才揭晓①。严嵩正德十二年(1517年)典礼闱,亦至二月二十七日傍晚始成榜,发榜则在二十八日②。在这段时间内,有的士子不胜忐忑跂盼,试毕即将试文重新默写,请人决文,预料能否取中。《刘子年谱》载刘宗周万历二十五年(1597年)应乡试,"方试毕,南洲公(刘宗周外大父)将随任仲子有粤西之行,舟泊江干,先生驰初场呈公,公阅卷击节曰:'甥必举矣,予何为事万里行'。遂辞仲子还"③。万历癸卯(1603年)赵维寰应北闱,在临场前就曾梓八义,请人预决,试毕又录文请人决文,其《雪庐焚余稿》载其事甚详:

> 已临场,余梓八义,虞郊故以呈宗伯。宗伯读未既曰:"此等秀才,学道不袚黜,乃选贡耶"?盖宗伯与余艺,又绝不相知矣。三试既竣,余拟归,谢别同乡诸先达,因录三书义请正。时首造贺道星,次造钟乩所、沈玄海。三先生读余卷,皆勉作誉语,曰决中,曰决魁,曰决刻程,而心实不许,贺词色尤峻。最后造岳石梁先生。先生阅至再谓曰:"兄文沈著高古,得之苦心,但主司须于此道中用一番苦功过者才能识,不则未可知也"。余深感佩其语。若陈孟尝先生则以目疾,须人读卷,无所瑕瑜。尔时贺方负文望,而少宗伯复摄堂篆,提衡诸举子④。

---

① (明)李日华. 味水轩日记[M]//北京图书馆古籍珍本丛刊:第20册. 北京:书目文献出版社,1998:38.

② (明)严嵩. 钤山堂集:卷27 南省志[M]//四库全书存目丛书集部:第56册. 济南:齐鲁书社,1997:238.

③ (清)刘汋. 刘子年谱[M]//北京图书馆藏珍本年谱丛刊:第57册. 北京:北京图书馆出版社,1998:606.

④ (明)赵维寰. 雪庐焚余稿:卷10 墨议[M]//四库禁毁书丛刊集部:第88册. 北京:北京出版社,1998:559.

结果赵维寰当年中顺天乡试榜首。第二年会试考完，他又请人决文，《雪庐焚余稿》中载其事：

> 甲辰（1604年）会试，三场既竣，余以十七日送卷荆岩师，适杨崑阜亦以送卷至。坐定，师首阅杨卷，颇咨嗟，谓曰："吾望子中甚切，此卷未见得意，奈何"！已，接余卷，每读一义辄称赏，读毕谓曰："子必头卷矣"。杨因起谓师曰："某此番不中，决就选，请问老师，犹可不绝望否"？师笑谓曰："子勿忧，里边看文字与外边不同，安知我所瑕瑜，主司不倒置也"。至廿六日，余以放榜期迫，豫往谒别师，师迎谓曰："若决头卷无疑矣，两榜门生，送卷共百余，我止取六卷，属奴子一手录出，不书名，送吴因之评次，因之仍置若卷第一，子殆无疑矣"。厥明放榜，则杨为榜首，而余竟下第。余亟柬师，求杨公原卷，师封发示，犹然昨艺也。始信里外阅卷信不同云①。

从上述记载看，士子考完请人决文者不少，而场外所评并不一定就与场内评阅结果相同，不过也有人决文命中率极高，与正榜相差不远。《涌幢小品》载："冯宗伯琢吾琦看时艺最精，壬辰（1592年）会试，门下士持卷来谒者，决其中否，皆验，并名次亦不甚远，人以为神。又三年乙未（1595年），来谒者亦如之，所决无一验。一人耳，时又不远，何夐异至此？岂看文亦时有利有不利耶"②？同一人决文，前科验而后科不验，可见科场评文主观性极强，若看文之人与考官所持评价标准迥异，则评阅结果相差悬殊，亦不足为奇。

等到科举榜开，中第士子及其家人固然欢欣雀跃，心旷神怡，或至于喜极而泣。万历二十五年（1597年）刘宗周乡试中第，捷音传至，其祖父"兼峰公在山庄闻之，剧病霍然已"③。叶绍袁自撰年谱载其天启四年（1624年）闻知中

---

① （明）赵维寰.雪庐焚余稿：卷10 内外异评［M］//四库禁毁书丛刊集部：第88册.北京：北京出版社，1998：560.
② （明）朱国祯.涌幢小品：卷7 拟题决文［M］//明代笔记小说大观.上海：上海古籍出版社，2005：3272.
③ （清）刘汋.刘子年谱［M］//北京图书馆藏珍本年谱丛刊：第57册.北京：北京图书馆出版社，1998：606.

乡试时,"一椽之敝庐,无踦语焉。余瞠目默坐,内人泪潸潸不可止矣。顾视妇泪,益切伤怀"①。中第者只是少数,更多的士子则要饱尝落第的辛酸与失落。明人丁养浩曾下第赋诗述怀:

四八年余志未酬,功名肯叹此生休。
五更归梦三千里,一日回肠九万周。
愁绾柳丝漫不遣,泪溅春水只分流。
谁知一种凌天恨,白昼清霜满敝裘②。

谢肇淛亦曾落第赋诗云:

燕台挟策苦风尘,又向都亭问去津。
海国迢遥千里道,天涯流落一归人。
风高塞上鸿皆断,雨泣吴门柳不春。
裘敝黑貂金已尽,看云空有泪沾巾③。

其苦闷惆怅之情,自不待言。对于落第士子,除了饱尝落第的辛酸与失落外,还要面临何去何从的抉择。是要继续科举备考,进入下个应试的循环,还是断然弃举,放弃科举之途,也放弃理想和希望,从此放浪形骸,心与草木同朽。

对于大多数习举士子,业举多年方一试场屋,决不可能因一两次落第就弃举,特别是在明中后期,习举应试之人日多,而取中额数有限,即使是满腹才情、深自期许之士,也难以一考即中,落第也就成为习举士子的普遍遭遇。落第士子经历过失败的痛苦,重新备考多能更加刻苦。万历十九年(1591年)刘

---

① (明)叶绍袁. 叶天寥自撰年谱[M]//北京图书馆藏珍本年谱丛刊:第60册. 北京:北京图书馆出版社,1998:412.
② (明)丁养浩. 西轩效唐集录:卷7 甲辰下第述怀[M]//四库全书存目丛书集部:第44册. 济南:齐鲁书社,1997:587.
③ (明)谢肇淛. 小草斋集:卷18 落第[M]//四库全书存目丛书集部:第175册. 济南:齐鲁书社,1997:343.

文澄十六岁，赴应天乡试，"被落，益攻苦，刺削经书稿至千余首"①。万历四十三年（1615年），吴麟征二十三岁，"应省试不遇，归益深匿，发求未读书。尝冬月单襦，雪覆床案，以手温膝，绕室周走，而披诵不休"②。陈子龙自著年谱载其崇祯七年（1634年）再举会试不第时云："予既再不得志于春官，不能无少悒悒，归则杜门，谢宾客，寡宴饮，专意于学矣"③。

有的落第士子还能根据上次场屋得失，有针对性的备考。万历二十二年（1594年）鹿善继应乡试，"因场中题未得解，归而旁搜诸家注义，其有采辑王文成《传习录》中语者，每阅之辄心动"④。万历四十四年（1616年）郑鄤赴会试，"场中卷颇得意，及下第觅落卷，批云：'无甚意味'。盖摹拟先辈而近于枯淡也"。至四十六年（1618年），他又当北上会试，"忆无意味之批，以为更当通俗，因复购三科房稿详点之，点完而北"⑤。

亦有士子因落第而忧心忡忡，留下心理阴影。隆庆二年（1568年）何出图应礼闱，因"私忧过计，若宦途有险阻，故草草取败"，结果"此心一放，便难收拾，遂迟一第，于二十年之后，坐是焉耳"⑥。他回家后，仍不能平静，无法专心习举，其自注年谱载："时鼠忧未释，故常怠于进修，或至纵饮放达。先公病之，召琴士授以琴，不就。又教以诗，复不就。犹赖三益友夹持，堇能不废本业耳"⑦。

二、弃举

当然，士子如果屡试不第，备考的循环并不能无限延续下去。一方面，士

---

① （清）刘颖. 刘职方公年谱［M］//北京图书馆藏珍本年谱丛刊：第57册. 北京：北京图书馆出版社，1998：517.
② （清）吴蕃昌. 先忠节公年谱略［M］//北京图书馆藏珍本年谱丛刊：第61册. 北京：北京图书馆出版社，1998：24.
③ （明）陈子龙. 陈忠裕公自著年谱［M］//北京图书馆藏珍本年谱丛刊：第63册. 北京：北京图书馆出版社，1998：538.
④ （明）陈鋐. 鹿忠节公年谱［M］//北京图书馆藏珍本年谱丛刊：第57册. 北京：北京图书馆出版社，1998：20-21.
⑤ （明）郑鄤. 天山自叙年谱［M］//北京图书馆藏珍本年谱丛刊：第61册. 北京：北京图书馆出版社，1998：230.
⑥ （明）何出图. 何伯子自注年谱［M］//北京图书馆藏珍本年谱丛刊：第52册. 北京：北京图书馆出版社，1998：366.
⑦ （明）何出图. 何伯子自注年谱［M］//北京图书馆藏珍本年谱丛刊：第52册. 北京：北京图书馆出版社，1998：367.

子年齿日增，进取之心日减；另一方面，士子双亲日老，家日贫，无法再支持其习举。加上在晚明科举竞争日益激烈的情势下，实际上绝大多数习举士子无缘于科第，于是最后弃举就成为落第士子无奈而又不得不作出的选择。嘉靖四十一年（1562年）来知德三十八岁，第四次会试落第，适逢家书至云："父风疾发，母目疾重"。遂题诗路引云：

> 莫遣红尘客子知，殷勤谢尔夜题诗。
> 两行黑字催人老，一幅乌丝觉我痴。
> 万里鹏程何足论，双亲鹤发已多垂。
> 此中有路寻尧舜，东海宣尼是引师①。

断然焚引弃举而归。二年后又当会试，有司催他赴公车，来知德书联于堂云："彩服堂前幸喜双亲今八袠，红尘路上不将一日换三公"②。拒不北上。嘉靖三十二年（1553年），海瑞四十一岁，"再上春官不第，遂毅然自决曰：'士君子由科目奋迹，皆得行志，奚必制科'！闰三月谒选，授福建南平县教谕"③。隆庆戊辰（1568年）孙楼七应会试不第，相识皆劝："盍归乎，世有如此才而竟不第者乎"？他应以"母氏则老矣，犬马齿长矣"④！遂谒选，不复应举。

晚明选官资格日拘，由举人入仕，犹可选为教官、州县佐贰官等低职，对于连举人也未获得的习举士子，一方面，经过无数次的落第，获隽之望日益渺茫，进取之心日益灰冷，继续业举成为不能承受之重；另一方面，没有选官资格，弃举也难以改变困窘的生活状态，并不能成为一种解脱，只不过是一再失望，极度心灰意冷下的无奈抗争。弃举也就是放弃理想，放弃希望，从此碌碌无为，了此残生。明人谈一贯经过多次落第后，独自栖身逆旅，听着外面新中举子的热闹声响，心中极度失落，回忆多年贫寒备考生涯，不禁百感交集，悲

---

① （明）古之贤，等. 太史来瞿唐先生年谱［M］//北京图书馆藏珍本年谱丛刊：第50册. 北京：北京图书馆出版社，1998：74.
② （明）古之贤，等. 太史来瞿唐先生年谱［M］//北京图书馆藏珍本年谱丛刊：第50册. 北京：北京图书馆出版社，1998：76.
③ （清）王国宪. 海忠介公年谱［M］//北京图书馆藏珍本年谱丛刊：第49册. 北京：北京图书馆出版社，1998：309-310.
④ （明）孙楼. 刻孙百川先生文集：卷3 纪黜［M］//四库全书存目丛书集部：第112册. 济南：齐鲁书社，1997：631.

从中来，遂决定弃巾弃举，作《别儒巾文》云：

> 维岁在大比之期，时当揭晓之候，诉我心事，告汝头巾："为你青云利器望荣身，谁知今日白发盈头恋故人。嗟夫！忆我初带头巾，青青子襟，承汝枉顾，昂昂气忻。既不许我年少早发，又不许我久屈待伸。上无公卿大夫之职，下非农工商贾之民。年年居白屋，日日走黉门。宗师案临，胆寒心震；上司迎接，东走西奔。思量为你一世惊惊赫赫，受了若干辛苦；算来一年四季，零零碎碎，被人赖了多少束修银。告状肋贫，分谷五斗；祭丁领票，支肉半斤。官府见了，不觉起怒；皂快通称，尽道广文。南京路上，陪人几次。东斋学霸，惟吾独尊。你看我两只皂靴穿到底，一领蓝衫剩布筋。埋头有年，说不尽艰难恓楚。出身何日空虚过，冷淡酸辛，赚尽英雄。一生不得文章力，未沾恩命，数载犹怀霄汉心。嗟乎！哀哉！哀此头巾，看他形状，其实可矜。后□□横，你是毒物。七穿八洞，直是祸根。呜呼！冲霄鸟□未垂翅，化龙鱼兮已失鳞。岂不闻久不飞兮，一飞登云；久不鸣兮，一鸣惊人。早求你脱胎换骨，非是我弃旧怜新。斯文名器，想是通神，从兹长别，方感洪恩，短词薄奠，庶其来歆，礼极数穷，不胜具恳，就此拜别，早早请行"①。

又作《祭文房四宝文》，以抒心中愤懑之情，其文云：

> 维建极之岁，夹钟之辰，生以揭晓下第。愤惋不平，乃修明灯清水，信口祝文，拜辞于文房四宝、翰苑群神、蓝袍赤舄、黄卷青灯、累年师范、昭代文人，而为之言曰："呜呼！吾自蚤岁，笃志儒林。贯串百家诸子，钻研《七志》《六经》。上下三皇历代，出入两汉先秦。绘句缔章，不让王、杨、韩、柳；通今邈古，窃比孔、孟、颜、曾。焚膏而手不停披，染翰而言不绝诵。数撤牙签，半世芸窗勤万卷；磨穿铁砚，十年茅屋惜分阴。因此上定省疏违双白首，致恁得风流虚度一青春。几从午夜闻鸡唱，端拟朝阳起凤鸣。自信乔才堪倚马，何妨平步跨长鲸。谁想龙门频点额，岂知雁

---

① （明）胡文焕. 游览粹编：卷1 别儒巾文：胡氏粹编［M］//北京图书馆古籍珍本丛刊：第80册. 北京：书目文献出版社，1998：204-205.

塔不题名。辜负了博洽精详五道策,湮没着新奇雅畅七篇文。天街簇拥闹烘烘,争看中魁新进士;旅邸凄凉愁默默,可怜下第老书生。半世辛苦,付之流水;两字功名,等之浮云。讳经纶从今来高阁,旧衣冠自兹付煨烬。芸窗任此生青草,雪案恁他起绿尘。从教上国春风动,不听西堂夜雨声。从此一荡天涯海,深思及于此如割焚。三杯薄奠,万斛哀情。神乎洋洋,来格来歆。若得顷刻佳音捷报,须臾牲帛再伸。呜呼!伤心哉!伤心哉"①!

辞虽戏谑,难掩其胸中多年悲情,备考至此,孰能不戚戚于心。

---

① (明)胡文焕.游览粹编:卷1 祭文房四宝文:胡氏粹编[M]//北京图书馆古籍珍本丛刊:第80册.北京:书目文献出版社,1998:205.

结　语

明代开科取士共二百余年，科目日重，选官资格日拘，应举士子日众，士子备考亦相应呈现出种种变化。本书以明代科举制的承担者——科举应试士子为研究对象，以其习举应试为主线，一方面关注科举与学校等制度对士子备考的影响，另一方面关注士子备考生活的方方面面，以窥明代科举制对明代政治、社会、文化、士人心理等方面的深层次影响。

科举制不仅是明廷选拔人才的途径，也是明廷引导应举士子成为明廷所希望的人才的重要方式，这种引导主要通过对考试内容的设定来实现。明代科举考试内容即士子备考所习内容，即明人所谓举业、举子业。明代科举考试内容以洪武十七年（1384年）所颁《科举成式》所定为主，首场以《四书》义、《五经》义，次场以论、诏、诰、表、判，三场以策。不过在漫长开科过程中，随着考试的规范化，竞争的激烈化，士子业举的功利化，举业内容与明初立法所定出现一定偏离。首先，初场日重，还形成了专门的应试文体——八股文，不过明代的八股文尚处于发展中，并不如清朝八股文那样完备、固定。其次，文体日变，士子多以奇诡艰深的文风以侥科第，而且试文还有烦琐、冗长化的趋势，减场不行，士子率以长策取胜。为此，明廷一再申令"正文体"，并行限字之令。再次，考试出题有章可循，士子试文有法可依。科场出题高度程式化，士子往往有针对性的备考，甚至出现拟题之弊，而试文格式却日渐烦琐。到晚明，科场之文除了应避皇帝、亲王名讳，不得泄露自家身份信息外，连试文涂抹，顺序颠倒，未完稿，书写不合规范等细枝末节皆在失格之列，科举考试由偏重内容转向偏重形式。士子习举亦相应由读书、作文并重，学行兼修转而专攻时文程墨，投机取巧，急功近利。结果，明廷以科举所取之士，与立法时所望之士，不啻背道而驰，相去万里。

举业内容出现的这种偏差，为明廷立法之初始料所不及，亦无力扭转。这种偏差的出现与士子的习举环境和习举动机息息相关。首先，明廷既对习举士子责以德业，督其学行并重，同时又大力提升科举的社会地位，给予获得科举考试中各级功名的士子以优渥的现实利益和烜赫的世俗名声，也于无形中倡导了一种功利主义的举业观，吸引大批射利之徒加入习举者的行列，士子的习举环境日益浮薄、功利化。其次，士子的习举动机与明廷制定科举的抡材思路有一定偏差。士子习举动机中既有世俗的习举环境影响，又有家庭、家族的影响，还有个人谋生和实现自我价值的内在需求。无论何种动机，殊途同归，最后都聚焦到中第上，在竞争日益激烈，急功近利的习举环境下，士子苟能发第，无所不用其极，而于立德修身鲜有措意，举业之风日敝，也引发了有识之士关于举业的讥评、反思。王阳明有"举业不妨圣学论"，湛若水有"举业德业合一论"，湛若水和蒋信皆有"举业义利之辨"。虽然他们阐发的无非是传统的儒家道德学说，亦无力矫举业衰颓之风的有效对策，多流于空洞说教，却也体现了这些理学家以治道人心为己任，为往圣续绝学的道德使命感。

在制度上，明代科举制相对开放，基本上广大齐民皆可应试。生员、儒士、吏典是明代科举应试士子的主体，其他如军职、武职、土官子弟、军、匠、军余、舍余、匠余、舍人、四夷馆译字官、译字生、医士、医生及其子弟、中书舍人、恩荫中书、尚宝、教官、宗室等，在晚明皆可入试，所不许入试者唯有罢闲官吏、倡优、隶卒、天文生和阴阳人（弘治五年之后禁止入试）等少数人。

至于入试限制，影响最大、历时最久的当属冒籍之禁。冒籍之禁大致兴起于宣德、正统之后，是为保证乡试解额制度与会试南北中卷制度顺利实施的重要举措。嘉靖以后，为充实国学，又有下第举人必须坐监方许会试之令，并在一定时间、范围内得到执行。应试回避则多少维护了大多数考生的利益，带有一定的公平性。其他如罚科、罚停会试多为惩罚性手段，影响范围较小。丁忧则有一定时期性。总体而言，明代科举考试并无特别苛刻的入试限制，加上入试者身份的广泛性，明代科举基本上为广大齐民构筑了一个相对公平、规范、开放的竞争平台，既是国家抡才大典，也是个人登进之阶，使国家利益与个人发展紧密结合。

乡试资格考试制度是明代开始出现、发展并成熟，迥异于前代的重要制度创新，历来学者知之不详。乡试资格考试滥觞于正统初年提学官之设，最初仅有科考一项，正德前后出现遗才试，万历之后又有大收。乡试资格考试主要由提学官主持，亦有他官带考的情况。嘉靖以后，乡试资格考试多采取县考送府，府考送提学，提学考送乡闱的类考方式，并承担起控制乡试入试人数的职能，先是定额考送，后来改为"举人一名，取科举三十名"。并负责核实士子学行、身份、籍贯，确保入试者素质，杜止冒籍，晚明还兼具岁考的职能。明朝首创的乡试资格考试后来为清所继承，成为影响明清两代科举考试近五百年的重要制度举措。

明代科举士子备考并不像现在学子，多聚之学校，明代学校教育较之前代虽有较长足的发展，却远跟不上日益膨胀的举业教育需求。明代官方学校中央有国子学，地方上有儒学。明初国子监曾盛极一时，尤其是为地方儒学输送了大批师资人才，实际上充当了"师范大学"的角色，对明初教育复兴实有奠基之功。但正统以后却日益衰弱，监规废弛，学风不振，会馔不行，供给不周，监生多不乐坐监，实际在监肄业人数多不过二三千，与科举的兴盛形成强烈对比，在明中后期的举业教育格局中，实无足轻重。

地方儒学也类似，洪武十七年（1384年）重新开科之后，地方儒学教育完全被规正到科举的轨道上来，师儒之所教，生员之所学，无非举业，教官亦以科举人数多寡为殿最，儒学里多祠文昌，多立科贡题名碑，率以科目多少为兴衰，甚至因科举不佳而改作、迁徙儒学。正统元年（1436年），明廷还设立提学官，俾专督一省学政，提学官多据所奉提学敕谕，参考当地情况，制定一省学政，俾师生遵习，学政内容多包括生员会馔宿号、读书、作文、习字、会课等方面。不过儒学设学规模有限，一般只有廪膳生在学肄业，整个设学规模大约在三四万人间，实际上能在学肄习人数十分有限。嘉靖以后，提学官学政渐驰，儒学教官又多以年老岁贡选充，衰老庸疲，无以师范，儒学教育衰退，学风不振，以致"弟子员各以其意散处书院若寺观相师友，独月朔一诣学，后竟不至，而讲课寂然无闻"。儒学在科举中的举业教育作用亦十分有限。

正因为官学设学规模有限，教育质量又日益下降，更使其不足以承担举业教育的重任，书院勃兴，正以补儒学之不足。明代书院的主体是由布政司官、督学、知府、知州、知县等官创建的官修书院。官修书院虽非官学，但带有官方色彩，并受提学官提督，里面的教官、肄业士子也多来自官学。官修书院专为作兴士类而设，多选士之尤者肄业其中，师资也多经刻意挑选，因此，官修书院带有精英教学色彩。在科目日盛的背景下，无论是官修、私修，还是因袭前代各书院，举业化是普遍趋势，以至于天启《白鹿洞书院志》之序云："天下之学宫有科举而无证修，天下之书院名证修而实科举"。不过明代书院覆盖率远比不上地方儒学覆盖率，总体设学规模也小于儒学教学规模，再加上明代曾四次禁毁天下书院，在书院中肄业的科举士子亦有限，书院的举业教育能力亦有限。

在学校设学规模有限，书院收罗亦有数的情况下，明代科举士子习举备考呈现出多样化的格局，凡寺、祠、庵、观、僧舍、精舍、社学、村、镇、家中等地，皆可肄业，不过也有共通之处，士子习举，多远离市井繁华之所，而择僻静清幽之地，多在乡野，与今日学生多聚城镇不同。也正因为大多数习举士子缺乏正规的举业教育，或从师于私学，或会课相师友，或独自肄习，学无常师，居无定所，所凭借者，不过讲义时文，所从事者，不过会课作文。既乏师儒提携，又无群书资益，孤陋寡闻，识见浅薄，甚或居道观僧舍，泛览道藏佛典，以佛老谐语入时文。这也是明代举业之风日敝的一个重要原因。

综观有明一代科举士子习举概况，笔者以为，明代举业教育格局，前期以学校为中心，民间为辅，学在官学，中期以后，随着官学的衰落，转而以私学、结社会课、自学为主体，学在民间。所谓的科举多由学校的现象，不过是科举多取生员应试，是体制上的，而非实质上的。

士子备考生活的核心是习举，明代虽然科场宿命说、风水堪舆说、阴德说、神鬼说层出不穷，但士子习举，尤其是励志进取者，并非日事鬼神，听天由命，而多刻苦攻读，诸多科举附会之说，不过是士子克尽人事后，不能如愿，聊以自解的方式而已。纵观明代士子习举，前期多读书、作文并重，博通群书。中后期则渐偏重于时文训练，读书范围渐狭隘。时文是明中后期士子习举的主要读物，明初流行的时文不多，种类亦少，除历科所刻程墨外，最先流行的多是备时文参考所用之书，如讲义、题意、活套等书。嘉靖以后，民间流行的时文才逐渐多起来，首先于程墨之外壮大时文稿来源的是提学考卷，之后，又渐刊及习举士子平日所作制义，包括立会结社所作之文。至明末习举，时文极多，上自累科名士大家，下迄近时无名之士，皆有坊刻制义行于世，汗牛充栋，蔚为壮观，俨然一道时文长廊。

士子习举的主要方式是拜师和立会结社。明代科目独盛，习举之士日多，拜师之风盛行。士子从师往往不辞辛苦，甚至千里从师。明代私学之师，教法人殊，一般多以读书、背书、讲书、作文、考课为主，有的老师甚至仿科举法，糊名考试定殿最。明代私学虽盛，士子从师并不困难，却多不稳定，往往转学多师，而且师生关系淡薄，士子所急者，是举主、主司、座主，这些士子科举生涯中各级考试的主考官，能直接在各级考试中给士子关键影响的人。士子拜师主要在习举初期，举业有一定基础后，士子往往与同志者相聚会讲、会课、会文，久之，乃结成文会、文社。习举文会出现较早，成化时就初现端倪，嘉靖以后大兴，并在学校教育日趋衰退的情况下，为官方所接受，许多提学官亦采取立会的方式，俾生员各自为会，攻习举业，互相资益。习举文社多见于嘉靖之后，并愈演愈烈，在特定时局影响下，终酿成明末声势浩大的党社运动，大名鼎鼎的复社就是众多习举文社的联合体。晚明科举士子立会结社之风盛行，受其影响，一些讲学家所立的讲学会、讲学社亦有举业化的倾向。万历时还出现专门的举业文会，犹如举业名师讲座。

士子习举备考，离不开其亲人、家庭的默默支持和无言付出。士子亲人、家庭，人各不同，但在士子备考生活中，多能给克尽厥职，倾力相助。在学业上，督责工课，延聘师儒，为士子习举营造良好学习环境；在日常事务上，操持家事，致力生产，为士子提供经济支撑；在精神上，给予士子鼓励、慰藉，使其在漫漫习举生涯中，不因挫折而一蹶不振，半途而废。地域因素对士子习举亦影响甚巨，首先，各地文风盛衰不一，文教资源分布不平衡，使得士子业举难度不一。其次，一方科第兴衰亦是当地有司官政绩的重要方面，因此，明代地方有司官多有以作兴士类为己任者。士子备考期间的生计亦是士子不容回避的严峻现实，明代至少有近半数的业举士子在备考期间面临生计的重大压力。设馆授徒是习举士子最佳，亦是最常见的谋生手段之一。

赴试是士子科举成败的关键一环，明代乡试、会试皆有一定程序，士子须自备试卷，先期赴相关衙门印卷，方准入试。士子乡试在正统之后还须先经提学官考选，持有提学批文。赴会试则须持布政司起送公文和路引，隆庆前还须抄录乡试文字。士子赴试往往要长途跋涉，多水陆二途，水行乘舟、船，陆行乘马、驴、车、轿等，甚至步行，行程较慢。士子赴试，前程难料，士子及其家人未免心存疑虑，忐忑不安，多有求神告庙之举，或卜其预征，或冀其佑庇。士子既至试所，首先寻觅栖身之所。有二类寓所倍受赴试士子青睐，一是傍近贡院的房舍，便于入试。一是环境清幽的寓所，既适于场前复习，又能不受打扰，养精蓄锐。既已安顿下来，临场尚有一段光阴，可作最后复习冲刺用，有的士子还有拟题与请谒之举。考前士子须去贡院外看考场座次图，准备好入试所用物品，试之日，提前来到贡院外，等待搜检入场。士子试毕，就只剩焦急地翘首歧望揭晓。在这段时间内,有的士子不胜忐忑歧盼,试毕即将试文重新默写,请人决文,预料能否取中。等到科举榜开,中第士子及其家人固然欢欣雀跃,心旷神怡,或至于喜极而泣。更多的士子则要饱尝落第的辛酸与失落,面临何去何从的抉择,是要继续科举备考,进入下个应试的循环,还是断然弃举,放弃科举之途,也放弃理想和希望,从此放浪形骸,心与草木同朽。

通过对明代科举士子备考的研究,笔者以为,对今天以高考、研究生入学考试、公务员考试等为代表的名目繁多的考试,仍有诸多借鉴意义。我们要借鉴的除了开放、规范、公平的考试理念外,其一,要使应试人数与所取人数不过于失衡,以免恶性竞争,反而不利于人才选拔。其二,以何种考试内容为标准,并确保其在运行过程中不被程式化、异化。其三,建立与考试相应的教育体制,使考试有教育的坚实依托。其四,倡导多元的价值取向,不使众多考生挤在一途虚耗多年,使人才合理分流,同时拓展其他吸收人才的途径。

参考文献

一、古籍

1. （明）艾南英. 艾千子先生全稿 [M] //四库禁毁书丛刊经部：第7册. 北京：北京出版社，1998.

2. （清）张廷玉，等. 明史 [M]. 北京：中华书局，1974.

3. （明）胡广，等. 明太祖实录 [M]. 台北："中央研究院"历史语言研究所，1962.

4. （明）张辅，等. 明太宗实录 [M]. 台北："中央研究院"历史语言研究所，1962.

5. （明）张辅，等. 明仁宗实录 [M]. 台北："中央研究院"历史语言研究所，1962.

6. （明）杨士奇，等. 明宣宗实录 [M]. 台北："中央研究院"历史语言研究所，1962.

7. （明）孙继宗，等. 明英宗实录 [M]. 台北："中央研究院"历史语言研究所，1962.

8. （明）刘吉，等. 明宪宗实录 [M]. 台北："中央研究院"历史语言研究所，1962.

9. （明）李东阳，等. 明孝宗实录 [M]. 台北："中央研究院"历史语言研究所，1962.

10. （明）费宏，等. 明武宗实录 [M]. 台北："中央研究院"历史语言研究所，1962.

11. （明）张居正，等. 明世宗实录 [M]. 台北："中央研究院"历史语言研究所，1962.

12. （明）张居正，等. 明穆宗实录［M］. 台北："中央研究院"历史语言研究所，1962.

13. （明）顾秉谦，等. 明神宗实录［M］. 台北："中央研究院"历史语言研究所，1962.

14. （明）顾秉谦，等. 明光宗实录［M］. 台北："中央研究院"历史语言研究所，1962.

15. （明）温体仁，等. 明熹宗实录［M］. 台北："中央研究院"历史语言研究所，1962.

16. （明）王世贞. 弇山堂别集［M］. 北京：中华书局，1985.

17. （清）傅维鳞. 明书［M］//丛书集成初编：第3929－3958册. 上海：商务印书馆，1936.

18. （清）万斯同. 明史［M］//续修四库全书：第324－331册. 上海：上海古籍出版社，2002.

19. （明）朱国桢. 皇明史概·皇明大事记［M］//续修四库全书：第430－431册. 上海：上海古籍出版社，2002.

20. （清）查继佐. 罪惟录［M］. 杭州：浙江古籍出版社，1986.

21. （清）谷应泰. 明史纪事本末［M］. 北京：中华书局，1977.

22. （清）吴伟业. 复社记事［M］//中国野史集成第27册. 成都：巴蜀书社，1993.

23. （清）杜登春. 社事始末［M］//中国野史集成第27册. 成都：巴蜀书社，1993.

24. （明）李廷机. 李文节集［M］//四库禁毁书丛刊史部：第44册. 北京：北京出版社，1998.

25. （明）陈子壮. 礼部存稿［M］//丛书集成续编：第58册. 台北：新文丰出版公司，1989.

26. （明）王翔. 芳洲先生年谱［M］//北京图书馆藏珍本年谱丛刊：第38册. 北京：北京图书馆出版社，1998.

27. （明）章玄应. 章恭毅公年谱［M］//北京图书馆藏珍本年谱丛刊：第39册. 北京：北京图书馆出版社，1998.

28. （明）商振伦. 明三元太傅商文毅公年谱［M］//北京图书馆藏珍本年谱丛刊：第39册. 北京：北京图书馆出版社，1998.

29. （明）彭泽. 段容思先生年谱纪略［M］//北京图书馆藏珍本年谱丛刊：第 39 册. 北京：北京图书馆出版社，1998.

30. （清）王国栋. 邱文庄公年谱［M］//北京图书馆藏珍本年谱丛刊：第 39 册. 北京：北京图书馆出版社，1998.

31. （清）黄佛颐. 双槐公年谱［M］//北京图书馆藏珍本年谱丛刊：第 40 册. 北京：北京图书馆出版社，1998.

32. （明）秦纮. 秦襄毅公自订年谱［M］//北京图书馆藏珍本年谱丛刊：第 40 册. 北京：北京图书馆出版社，1998.

33. （明）刘世节. 刘忠宣公年谱［M］//北京图书馆藏珍本年谱丛刊：第 41 册. 北京：北京图书馆出版社，1998.

34. （明）倪宗正. 文正谢公年谱［M］//北京图书馆藏珍本年谱丛刊：第 41 册. 北京：北京图书馆出版社，1998.

35. （明）陈垲. 明南京工部尚书进阶荣禄大夫简庵陈公年谱［M］//北京图书馆藏珍本年谱丛刊：第 41 册. 北京：北京图书馆出版社，1998.

36. （明）邵熷，吴道成. 邵文庄公年谱［M］//北京图书馆藏珍本年谱丛刊：第 42 册. 北京：北京图书馆出版社，1998.

37. （清）黄佛颐. 粤洲公年谱［M］//北京图书馆藏珍本年谱丛刊：第 42 册. 北京：北京图书馆出版社，1998.

38. （明）陈敦豫，陈复. 陈紫峰先生年谱［M］//北京图书馆藏珍本年谱丛刊：第 44 册. 北京：北京图书馆出版社，1998.

39. （明）毛栋. 吉水毛襄懋先生年谱［M］//北京图书馆藏珍本年谱丛刊：第 44 册. 北京：北京图书馆出版社，1998.

40. （明）张文麟. 端岩公年谱［M］//北京图书馆藏珍本年谱丛刊：第 44 册. 北京：北京图书馆出版社，1998.

41. （清）黄佛颐. 文裕公年谱［M］//北京图书馆藏珍本年谱丛刊：第 45 册. 北京：北京图书馆出版社，1998.

42. （明）郭子章. 王父云塘先生年谱［M］//北京图书馆藏珍本年谱丛刊：第 45 册. 北京：北京图书馆出版社，1998.

43. （明）姜宝. 松豁程先生年谱［M］//北京图书馆藏珍本年谱丛刊：第 46 册. 北京：北京图书馆出版社，1998.

44. （清）许正绶. 唐一庵先生年谱［M］//北京图书馆藏珍本年谱丛刊：

第46册. 北京：北京图书馆出版社，1998.

45.（明）吴惟贞. 吴太宰公年谱[M]//北京图书馆藏珍本年谱丛刊：第46册. 北京：北京图书馆出版社，1998.

46.（清）钱泰吉. 太常公年谱[M]//北京图书馆藏珍本年谱丛刊：第46册. 北京：北京图书馆出版社，1998.

47.（明）谭大初. 谭次川自订年谱[M]//北京图书馆藏珍本年谱丛刊：第47册. 北京：北京图书馆出版社，1998.

48. 唐鼎元. 明唐荆川先生年谱[M]//北京图书馆藏珍本年谱丛刊：第47册. 北京：北京图书馆出版社，1998.

49.（明）孙岱. 归震川先生年谱[M]//北京图书馆藏珍本年谱丛刊：第49册. 北京：北京图书馆出版社，1998.

50.（清）严炳，严燮. 严文靖公年谱[M]//北京图书馆藏珍本年谱丛刊：第49册. 北京：北京图书馆出版社，1998.

51.（明）殷迈. 幻迹自警[M]//北京图书馆藏珍本年谱丛刊：第49册. 北京：北京图书馆出版社，1998.

52.（清）王国宪. 海忠介公年谱[M]//北京图书馆藏珍本年谱丛刊：第49册. 北京：北京图书馆出版社，1998.

53.（明）杨继盛. 椒山先生自著年谱[M]//北京图书馆藏珍本年谱丛刊：第49册. 北京：北京图书馆出版社，1998.

54.（明）耿定向. 观生记[M]//北京图书馆藏珍本年谱丛刊：第50册. 北京：北京图书馆出版社，1998.

55.（明）古之贤，等. 太史来瞿唐先生年谱[M]//北京图书馆藏珍本年谱丛刊：第50册. 北京：北京图书馆出版社，1998.

56. 刘海涵. 王师竹先生年谱[M]//北京图书馆藏珍本年谱丛刊：第51册. 北京：北京图书馆出版社，1998.

57.（明）朱麇. 茶史[M]//北京图书馆藏珍本年谱丛刊：第52册. 北京：北京图书馆出版社，1998.

58.（明）于孔兼. 景素公自叙年谱[M]//北京图书馆藏珍本年谱丛刊：第52册. 北京：北京图书馆出版社，1998.

59.（明）何出图. 何伯子自注年谱[M]//北京图书馆藏珍本年谱丛刊：第52册. 北京：北京图书馆出版社，1998.

60. （明）郭孔延. 资德大夫兵部尚书郭公青螺年谱［M］//北京图书馆藏珍本年谱丛刊：第52册. 北京：北京图书馆出版社，1998.

61. （明）顾与沐，顾枢. 顾文端公年谱［M］//北京图书馆藏珍本年谱丛刊：第53册. 北京：北京图书馆出版社，1998.

62. （明）叶向高. 蘧编［M］//北京图书馆藏珍本年谱丛刊：第53-54册. 北京：北京图书馆出版社，1998.

63. （明）庄起元. 鹤坡公年谱［M］//北京图书馆藏珍本年谱丛刊：第54册. 北京：北京图书馆出版社，1998.

64. （清）庄鼎铉. 先考通议大夫全楚大方伯年谱略［M］//北京图书馆藏珍本年谱丛刊：第54册. 北京：北京图书馆出版社，1998.

65. （明）华允诚. 高忠宪公年谱［M］//北京图书馆藏珍本年谱丛刊：第54册. 北京：北京图书馆出版社，1998.

66. （明）冯奋庸. 理学张抱初先生年谱［M］//北京图书馆藏珍本年谱丛刊：第54册. 北京：北京图书馆出版社，1998.

67. （清）缪之镕. 文贞公年谱［M］//北京图书馆藏珍本年谱丛刊：第55册. 北京：北京图书馆出版社，1998.

68. （明）孙铨. 高阳太傅孙文正公年谱［M］//北京图书馆藏珍本年谱丛刊：第55册. 北京：北京图书馆出版社，1998.

69. （清）安绍杰. 安我素先生年谱［M］//北京图书馆藏珍本年谱丛刊：第55册. 北京：北京图书馆出版社，1998.

70. 袁中郎年谱［M］//北京图书馆藏珍本年谱丛刊：第55册. 北京：北京图书馆出版社，1998.

71. （清）杨徽午. 杨忠烈公年谱［M］//北京图书馆藏珍本年谱丛刊：第56册. 北京：北京图书馆出版社，1998.

72. （明）胡博文. 毕司徒东郊先生年谱［M］//北京图书馆藏珍本年谱丛刊：第56册. 北京：北京图书馆出版社，1998.

73. （明）周起元. 海澄周忠惠公自叙年谱［M］//北京图书馆藏珍本年谱丛刊：第56册. 北京：北京图书馆出版社，1998.

74. （明）魏大中. 魏廓园先生自谱［M］//北京图书馆藏珍本年谱丛刊：第56册. 北京：北京图书馆出版社，1998.

75. （清）左宰. 左忠毅公年谱［M］//北京图书馆藏珍本年谱丛刊：第56

册. 北京：北京图书馆出版社, 1998.

76. （明）陈镒. 鹿忠节公年谱 [M] //北京图书馆藏珍本年谱丛刊：第 57 册. 北京：北京图书馆出版社, 1998.

77. （清）张有誉. 真隐先生年谱 [M] //北京图书馆藏珍本年谱丛刊：第 57 册. 北京：北京图书馆出版社, 1998.

78. （清）刘颖. 刘职方公年谱 [M] //北京图书馆藏珍本年谱丛刊：第 57 册. 北京：北京图书馆出版社, 1998.

79. （清）刘汋. 刘子年谱 [M] //北京图书馆藏珍本年谱丛刊：第 57 - 58 册. 北京：北京图书馆出版社, 1998.

80. （明）殷献臣. 周吏部年谱 [M] //北京图书馆藏珍本年谱丛刊：第 58 册. 北京：北京图书馆出版社, 1998.

81. （明）方震孺. 方孩未年谱 [M] //北京图书馆藏珍本年谱丛刊：第 59 册. 北京：北京图书馆出版社, 1998.

82. （清）施化远. 吕明德先生年谱 [M] //北京图书馆藏珍本年谱丛刊：第 59 - 60 册. 北京：北京图书馆出版社, 1998.

83. （清）华衮黄. 奉直大夫吏部员外郎豫如府君年谱 [M] //北京图书馆藏珍本年谱丛刊：第 60 册. 北京：北京图书馆出版社, 1998.

84. （明）叶绍袁. 叶天寥自撰年谱 [M] //北京图书馆藏珍本年谱丛刊：第 60 册. 北京：北京图书馆出版社, 1998.

85. （清）侯元泩. 侯忠节公年谱 [M] //北京图书馆藏珍本年谱丛刊：第 60 册. 北京：北京图书馆出版社, 1998.

86. （清）吴蕃昌. 先忠节公年谱略 [M] //北京图书馆藏珍本年谱丛刊：第 61 册. 北京：北京图书馆出版社, 1998.

87. （明）郑鄤. 天山自叙年谱 [M] //北京图书馆藏珍本年谱丛刊：第 61 册. 北京：北京图书馆出版社, 1998.

88. （清）倪会鼎. 倪文正公年谱 [M] //北京图书馆藏珍本年谱丛刊：第 61 册. 北京：北京图书馆出版社, 1998.

89. （清）陈才伟. 陈忠洁公年谱 [M] //北京图书馆藏珍本年谱丛刊：第 61 册. 北京：北京图书馆出版社, 1998.

90. （清）夏燮. 忠节吴次尾先生年谱 [M] //北京图书馆藏珍本年谱丛刊：第 61 册. 北京：北京图书馆出版社, 1998.

91. 金正希先生年谱 [M] //北京图书馆藏珍本年谱丛刊：第62册. 北京：北京图书馆出版社，1998.

92. （清）漆嘉祉. 庄介吴公苇庵先生年谱 [M] //北京图书馆藏珍本年谱丛刊：第62册. 北京：北京图书馆出版社，1998.

93. （清）卢安节. 明大司马卢公年谱 [M] //北京图书馆藏珍本年谱丛刊：第62册. 北京：北京图书馆出版社，1998.

94. （明）堵胤锡自记. 堵忠肃公年谱 [M] //北京图书馆藏珍本年谱丛刊：第62册. 北京：北京图书馆出版社，1998.

95. （清）申涵光. 申端愍公年谱 [M] //北京图书馆藏珍本年谱丛刊：第63册. 北京：北京图书馆出版社，1998.

96. （清）葛暾，葛暐. 葛中翰年谱 [M] //北京图书馆藏珍本年谱丛刊：第63册. 北京：北京图书馆出版社，1998.

97. （清）陈树德. 陶庵先生年谱 [M] //北京图书馆藏珍本年谱丛刊：第63册. 北京：北京图书馆出版社，1998.

98. （明）陈子龙. 陈忠裕公自著年谱 [M] //北京图书馆藏珍本年谱丛刊：第63册. 北京：北京图书馆出版社，1998.

99. （清）李庆来. 武舟公年谱 [M] //北京图书馆藏珍本年谱丛刊：第64册. 北京：北京图书馆出版社，1998.

100. （清）张杞. 向若水公年谱 [M] //北京图书馆藏珍本年谱丛刊：第64册. 北京：北京图书馆出版社，1998.

101. （清）庄恒. 声鹤公年谱 [M] //北京图书馆藏珍本年谱丛刊：第66册. 北京：北京图书馆出版社，1998.

102. 郑桐庵先生年谱 [M] //北京图书馆藏珍本年谱丛刊：第66册. 北京：北京图书馆出版社，1998.

103. 陈乃乾，陈洙. 徐闇公先生年谱 [M] //北京图书馆藏珍本年谱丛刊：第67册. 北京：北京图书馆出版社，1998.

104. （清）沈起. 查东山先生年谱 [M] //北京图书馆藏珍本年谱丛刊：第67册. 北京：北京图书馆出版社，1998.

105. （清）王崇简. 王崇简年谱 [M] //北京图书馆藏珍本年谱丛刊：第67册. 北京：北京图书馆出版社，1998.

106. （清）李世熊. 李寒支先生岁纪 [M] //北京图书馆藏珍本年谱丛刊：

第 67 册. 北京：北京图书馆出版社，1998.

107. （明）郑履淳. 郑端简公年谱［M］//四库全书存目丛书史部：第 83 册. 济南：齐鲁书社，1997.

108. （明）李日华. 味水轩日记［M］//北京图书馆古籍珍本丛刊：第 20 册. 北京：书目文献出版社，1998.

109. （明）张弘道，张凝道. 皇明三元考［M］//北京图书馆古籍珍本丛刊：第 21 册. 北京：书目文献出版社，1998.

110. （明）张弘道，张凝道. 科名盛事录［M］//北京图书馆古籍珍本丛刊：第 21 册. 北京：书目文献出版社，1998.

111. （明）陈鎏. 皇明历科状元录［M］//北京图书馆古籍珍本丛刊：第 21 册. 北京：书目文献出版社，1998.

112. （明）顾祖训. 明状元图考［M］. 汉阳叶氏平安馆藏本.

113. （明）吴应箕. 留都见闻录［M］//丛书集成续编：第 12 册. 台北：新文丰出版公司，1989.

114. （明）吴应箕. 南都应试记［M］//丛书集成续编：第 12 册. 台北：新文丰出版公司，1989.

115. （明）金瑶. 珰溪金氏族谱［M］. 隆庆二年（1568）刻本.

116. （明）李贤，等. 明一统志［M］//文渊阁四库全书：第 472－473 册. 台北：台湾商务印书馆，1986.

117. （明）程嗣功，王一化. 应天府志［M］//四库全书存目丛书史部：第 203 册. 济南：齐鲁书社，1997.

118. （明）何乔远. 闽书［M］//四库全书存目丛书史部：第 204－207 册. 济南：齐鲁书社，1997.

119. （明）李安仁，等. 石鼓书院志［M］//四库全书存目丛书史部：第 243 册. 济南：齐鲁书社，1997.

120. （明）李应升. 白鹿洞书院志［M］//白鹿洞书院古志五种. 北京：中华书局，1995.

121. （明）汪尚宁，洪垣，等. 嘉靖徽州府志［M］//北京图书馆古籍珍本丛刊：第 29 册. 北京：书目文献出版社，1998.

122. （明）缪肇祖，等. 常熟县儒学志［M］//北京图书馆古籍珍本丛刊：第 51 册. 北京：书目文献出版社，1998.

123. (明) 朱得之. 新修靖江县志 [M] //稀见中国地方志汇刊第 13 册. 北京: 中国书店, 1992.

124. (明) 冯惟敏纂修, 王国桢续修, 王政熙续纂. 保定府志 [M] //日本藏中国罕见地方志丛刊. 北京: 书目文献出版社, 1991.

125. (明) 梁兆阳. 海澄县志 [M] //稀见中国地方志汇刊第 33 册. 北京: 中国书店, 1992.

126. (明) 顾清. 正德松江府志 [M] //天一阁藏明代方志选刊续编第 5 - 6 册. 上海: 上海书店, 1990.

127. (明) 王治. 嘉靖沛县志 [M] //天一阁藏明代方志选刊续编第 9 册. 上海: 上海书店, 1990.

128. (明) 牛若麟, 等. 崇祯吴县志 [M] //天一阁藏明代方志选刊续编第 15 - 19 册. 上海: 上海书店, 1990.

129. (明) 李宗元. 嘉靖沈丘县志 [M] //天一阁藏明代方志选刊续编第 58 册. 上海: 上海书店, 1990.

130. (明) 张元忭. 万历会稽县志 [M] //中国方志丛书华中地方第 550 号. 台北: 成文出版社, 中华民国 72 年 (1983).

131. (明) 俞汝楫, 等. 礼部志稿 [M] //文渊阁四库全书: 第 597 - 598 册. 台北: 台湾商务印书馆, 1986.

132. (明) 李东阳, 等. 明会典 [M] //文渊阁四库全书: 第 617 - 618 册. 台北: 台湾商务印书馆, 1986.

133. (清) 允祹, 等. 钦定大清会典 [M] //文渊阁四库全书: 第 619 册. 台北: 台湾商务印书馆, 1986.

134. (清) 官修. 钦定大清会典则例 [M] //文渊阁四库全书: 第 620 - 625 册. 台北: 台湾商务印书馆, 1986.

135. (明) 黄佐. 南雍志 [M] //四库全书存目丛书史部: 第 257 册. 济南: 齐鲁书社, 1997.

136. (明) 徐学聚. 国朝典汇 [M] //四库全书存目丛书史部: 第 264 - 266 册. 济南: 齐鲁书社, 1997.

137. (明) 张朝瑞. 皇明举贡考 [M] //四库全书存目丛书史部: 第 269 册. 济南: 齐鲁书社, 1997.

138. (明) 朱勤美. 王国典礼 [M] //四库全书存目丛书史部: 第 270 册.

济南：齐鲁书社，1997.

139. （明）吕坤. 实政录［M］//续修四库全书：第753册. 上海：上海古籍出版社，2002.

140. （明）王圻. 续文献通考［M］//续修四库全书：第761-767册. 上海：上海古籍出版社，2002.

141. （明）申时行，等. 大明会典［M］//续修四库全书：第789-792册. 上海：上海古籍出版社，2002.

142. （明）劳堪. 宪章类编［M］//北京图书馆古籍珍本丛刊：第46册. 北京：书目文献出版社，1998.

143. （明）邓球. 皇明泳化类编［M］//北京图书馆古籍珍本丛刊：第49-50册. 北京：书目文献出版社，1998.

144. （明）俞宪. 皇明进士登科考［M］. 台北：台湾学生书局，1986.

145. （明）田生金. 徽州府赋役全书［M］//明代史籍汇刊［M］. 台北：台湾学生书局，1970.

146. （明）佚名. 江西赋役全书［M］//明代史籍汇刊［M］. 台北：台湾学生书局，1970.

147. （明）陈迪. 建文二年殿试登科录［M］//明代登科录汇编：第1册. 台北：台湾学生书局，1969.

148. （明）陈迪. 建文二年会试录［M］//明代登科录汇编：第1册. 台北：台湾学生书局，1969.

149. （明）吕震. 永乐十年进士登科录［M］//明代登科录汇编：第1册. 台北：台湾学生书局，1969.

150. （明）钱习礼. 正统十年会试录［M］//明代登科录汇编：第1册. 台北：台湾学生书局，1969.

151. （明）王翱. 天顺元年进士登科录［M］//明代登科录汇编：第2册. 台北：台湾学生书局，1969.

152. （明）吴启. 成化元年山东乡试录［M］//明代登科录汇编：第2册. 台北：台湾学生书局，1969.

153. （明）姚夔. 成化五年进士登科录［M］//明代登科录汇编：第2册. 台北：台湾学生书局，1969.

154. （明）单嵩. 成化七年广西乡试录［M］//明代登科录汇编：第3册.

155. （明）邹干. 成化八年进士登科录 [M] //明代登科录汇编：第3册. 台北：台湾学生书局, 1969.

156. （明）凌枢. 弘治二年山东乡试录 [M] //明代登科录汇编：第3册. 台北：台湾学生书局, 1969.

157. （明）林光. 弘治二年湖广乡试录 [M] //明代登科录汇编：第3册. 台北：台湾学生书局, 1969.

158. （明）王鏊. 弘治五年应天府乡试录 [M] //明代登科录汇编：第4册. 台北：台湾学生书局, 1969.

159. （明）倪岳. 弘治九年进士登科录 [M] //明代登科录汇编：第4册. 台北：台湾学生书局, 1969.

160. （明）王华. 弘治十四年应天府乡试录 [M] //明代登科录汇编：第4册. 台北：台湾学生书局, 1969.

161. （明）吴宽. 弘治十五年会试录 [M] //明代登科录汇编：第5册. 台北：台湾学生书局, 1969.

162. （明）刘健. 弘治十八年进士登科录 [M] //明代登科录汇编：第5册. 台北：台湾学生书局, 1969.

163. （明）彭泲. 正德十一年浙江乡试录 [M] //明代登科录汇编：第5册. 台北：台湾学生书局, 1969.

164. （明）胡希铨. 正德十四年山东乡试录 [M] //明代登科录汇编：第6册. 台北：台湾学生书局, 1969.

165. （明）佚名. 正德十六年进士登科录 [M] //明代登科录汇编：第6册. 台北：台湾学生书局, 1969.

166. （明）董玘. 嘉靖元年应天府乡试录 [M] //明代登科录汇编：第6册. 台北：台湾学生书局, 1969.

167. （明）陆粲. 嘉靖七年浙江乡试录 [M] //明代登科录汇编：第7册. 台北：台湾学生书局, 1969.

168. （明）吴惠. 嘉靖十年顺天府乡试录 [M] //明代登科录汇编：第7册. 台北：台湾学生书局, 1969.

169. （明）庄一俊. 嘉靖十年山西乡试录 [M] //明代登科录汇编：第7册. 台北：台湾学生书局, 1969.

170. （明）焦维章. 嘉靖十年云贵乡试录［M］//明代登科录汇编：第8册. 台北：台湾学生书局，1969.

171. （明）徐勋. 嘉靖十六年贵州乡试录［M］//明代登科录汇编：第8册. 台北：台湾学生书局，1969.

172. （明）严嵩，等. 嘉靖十七年进士登科录［M］//明代登科录汇编：第9册. 台北：台湾学生书局，1969.

173. （明）张治. 嘉靖十九年应天府乡试录［M］//明代登科录汇编：第9册. 台北：台湾学生书局，1969.

174. （明）温仁和. 嘉靖二十年会试录［M］//明代登科录汇编：第10册. 台北：台湾学生书局，1969.

175. （明）佚名. 嘉靖二十三年进士登科录［M］//明代登科录汇编：第10册. 台北：台湾学生书局，1969.

176. （明）敖铣. 嘉靖二十八年应天府乡试录［M］//明代登科录汇编：第11册. 台北：台湾学生书局，1969.

177. （明）彭辂. 嘉靖三十一年山东乡试录［M］//明代登科录汇编：第11册. 台北：台湾学生书局，1969.

178. （明）朱文. 嘉靖三十一年福建乡试录［M］//明代登科录汇编：第12册. 台北：台湾学生书局，1969.

179. （明）郑元韶. 嘉靖三十七年江西乡试录［M］//明代登科录汇编：第13册. 台北：台湾学生书局，1969.

180. （明）施显卿. 嘉靖三十七年广东乡试录［M］//明代登科录汇编：第14册. 台北：台湾学生书局，1969.

181. （明）李玑. 嘉靖三十八年会试录［M］//明代登科录汇编：第14册. 台北：台湾学生书局，1969.

182. （明）袁炜. 嘉靖四十一年会试录［M］//明代登科录汇编：第15册. 台北：台湾学生书局，1969.

183. （明）郑孔道. 嘉靖四十三年四川乡试录［M］//明代登科录汇编：第16册. 台北：台湾学生书局，1969.

184. （明）袁邦彦. 隆庆元年陕西乡试录［M］//明代登科录汇编：第16册. 台北：台湾学生书局，1969.

185. （明）高仪. 隆庆二年进士登科录［M］//明代登科录汇编：第17

186. （明）李春芳. 隆庆二年会试录 [M] //明代登科录汇编：第17册. 台北：台湾学生书局，1969.

187. （明）陈大训. 万历元年云南乡试录 [M] //明代登科录汇编：第17册. 台北：台湾学生书局，1969.

188. （明）周保. 万历元年贵州乡试录 [M] //明代登科录汇编：第18册. 台北：台湾学生书局，1969.

189. （明）陈玺. 万历七年河南乡试录 [M] //明代登科录汇编：第18册. 台北：台湾学生书局，1969.

190. （明）李时馨. 万历七年云南乡试录 [M] //明代登科录汇编：第18册. 台北：台湾学生书局，1969.

191. （明）潘晟. 万历八年进士登科录 [M] //明代登科录汇编：第19册. 台北：台湾学生书局，1969.

192. （明）周溥. 万历十年浙江乡试录 [M] //明代登科录汇编：第19册. 台北：台湾学生书局，1969.

193. （明）王三余. 万历十三年山东乡试录 [M] //明代登科录汇编：第20册. 台北：台湾学生书局，1969.

194. （明）王锡爵. 万历十四年会试录 [M] //明代登科录汇编：第20册. 台北：台湾学生书局，1969.

195. （明）王登才. 万历二十二年山东乡试录 [M] //明代登科录汇编：第21册. 台北：台湾学生书局，1969.

196. （明）冯琦. 万历辛丑会试录 [M] //明代登科录汇编：第21册. 台北：台湾学生书局，1969.

197. （明）史继偕. 万历己未会试录 [M] //明代登科录汇编：第22册. 台北：台湾学生书局，1969.

198. （明）倪元璐. 天启七年江西乡试录 [M] //明代登科录汇编：第22册. 台北：台湾学生书局，1969.

199. （明）佚名. 崇祯十二年陕西乡试录 [M] //明代登科录汇编：第22册. 台北：台湾学生书局，1969.

200. 成化十一年会试录 [M] //北京图书馆古籍珍本丛刊：第116册. 北京：书目文献出版社，1998.

201. （明）晁瑮. 晁氏宝文堂书目［M］//四库全书存目丛书史部：第277册. 济南：齐鲁书社，1997.

202. （明）陈师. 禅寄笔谈［M］//四库全书存目丛书子部：第103册. 济南：齐鲁书社，1997.

203. （明）谈迁. 枣林杂俎［M］//四库全书存目丛书子部：第113册. 济南：齐鲁书社，1997.

204. （明）李栻. 困学纂言［M］//四库全书存目丛书子部：第127册. 济南：齐鲁书社，1997.

205. （清）盛子邺. 类姓登科考［M］//四库全书存目丛书子部：第226册. 济南：齐鲁书社，1997.

206. （明）李乐. 见闻杂纪［M］//四库全书存目丛书子部：第242册. 济南：齐鲁书社，1997.

207. （明）都穆. 都公谭纂［M］//四库全书存目丛书子部：第246册. 济南：齐鲁书社，1997.

208. （明）陈龙正. 几亭外书［M］//续修四库全书：第1133册. 上海：上海古籍出版社，2002.

209. （明）胡文焕. 胡氏粹编·游览粹编［M］//北京图书馆古籍珍本丛刊：第80册. 北京：书目文献出版社，1998.

210. （明）刘锡玄. 黔牍偶存·黔南学政［M］//北京图书馆古籍珍本丛刊：第80册. 北京：书目文献出版社，1998.

211. （明）袁黄. 了凡杂著·宝坻政书［M］//北京图书馆古籍珍本丛刊：第80册. 北京：书目文献出版社，1998.

212. （清）李调元. 制义科琐记［M］//丛书集成初编第897册. 上海：商务印书馆，1936.

213. （明）杨继盛. 杨忠愍公传家宝训［M］//丛书集成续编：第60册. 台北：新文丰出版公司，1989.

214. （明）王世贞. 觚不觚录［M］//丛书集成新编第85册. 台北：新文丰出版公司，1985.

215. （明）徐咸. 西园杂记［M］//丛书集成新编第88册. 台北：新文丰出版公司，1985.

216. （明）沈德符. 万历野获编［M］//元明史料笔记丛刊. 北京：中华

书局, 1959.

217. （明）焦竑. 玉堂丛语 [M] //元明史料笔记丛刊. 北京：中华书局, 1981.

218. （明）李诩. 戒庵老人漫笔 [M] //元明史料笔记丛刊. 北京：中华书局, 1982.

219. （明）郎瑛. 七修类稿 [M]. 上海：上海书店出版社, 2001.

220. （明）黄瑜. 双槐岁钞 [M] //明代笔记小说大观. 上海：上海古籍出版社, 2005.

221. （明）陆容. 菽园杂记 [M] //明代笔记小说大观. 上海：上海古籍出版社, 2005.

222. （明）何良俊. 四友斋丛说 [M] //明代笔记小说大观. 上海：上海古籍出版社, 2005.

223. （明）顾起元. 客座赘语 [M] //明代笔记小说大观. 上海：上海古籍出版社, 2005.

224. （明）谢肇淛. 五杂组 [M] //明代笔记小说大观. 上海：上海古籍出版社, 2005.

225. （明）朱国祯. 涌幢小品 [M] //明代笔记小说大观. 上海：上海古籍出版社, 2005.

226. （清）顾炎武著, 黄汝成集释. 日知录集释 [M] //清代学术名著丛刊. 上海：上海古籍出版社, 2006.

227. （明）王祎. 王忠文集 [M] //文渊阁四库全书：第1226册. 台北：台湾商务印书馆, 1986.

228. （明）徐一夔. 始丰稿 [M] //文渊阁四库全书：第1229册. 台北：台湾商务印书馆, 1986.

229. （明）李时勉. 古廉文集 [M] //文渊阁四库全书：第1242册. 台北：台湾商务印书馆, 1986.

230. （明）刘球. 两谿文集 [M] //文渊阁四库全书：第1243册. 台北：台湾商务印书馆, 1986.

231. （明）周瑛. 翠渠摘稿 [M] //文渊阁四库全书：第1254册. 台北：台湾商务印书馆, 1986.

232. （明）吴宽. 家藏集 [M] //文渊阁四库全书：第1255册. 台北：台

湾商务印书馆，1986.

233．（明）祝允明．怀星堂集［M］//文渊阁四库全书：第1260册．台北：台湾商务印书馆，1986.

234．（明）王守仁．王文成全书［M］//文渊阁四库全书：第1265-1266册．台北：台湾商务印书馆，1986.

235．（明）何景明．大复集［M］//文渊阁四库全书：第1267册．台北：台湾商务印书馆，1986.

236．（明）魏校．庄渠遗书［M］//文渊阁四库全书：第1267册．台北：台湾商务印书馆，1986.

237．（明）陆深．俨山集［M］//文渊阁四库全书：第1268册．台北：台湾商务印书馆，1986.

238．（明）孙承恩．文简集［M］//文渊阁四库全书：第1271册．台北：台湾商务印书馆，1986.

239．（明）王世贞．弇州四部稿［M］//文渊阁四库全书：第1279-1281册．台北：台湾商务印书馆，1986.

240．（明）王世贞．弇州续稿［M］//文渊阁四库全书：第1282-1284册．台北：台湾商务印书馆，1986.

241．（明）叶春及．石洞集［M］//文渊阁四库全书：第1286册．台北：台湾商务印书馆，1986.

242．（明）胡直．衡庐精舍藏稿［M］//文渊阁四库全书：第1287册．台北：台湾商务印书馆，1986.

243．（明）冯从吾．少墟集［M］//文渊阁四库全书：第1293册．台北：台湾商务印书馆，1986.

244．（明）曹于汴．仰节堂集［M］//文渊阁四库全书：第1293册．台北：台湾商务印书馆，1986.

245．（明）吴节．吴竹坡先生文集［M］//四库全书存目丛书集部：第33册．济南：齐鲁书社，1997.

246．（明）左赞．桂坡集后集［M］//四库全书存目丛书集部：第37册．济南：齐鲁书社，1997.

247．（明）丁养浩．西轩效唐集录［M］//四库全书存目丛书集部：第44册．济南：齐鲁书社，1997.

248. （明）夏鍭. 明夏赤城先生文集 [M] //四库全书存目丛书集部：第 45 册. 济南：齐鲁书社，1997.

249. （明）姚镆. 东泉文集 [M] //四库全书存目丛书集部：第 46 册. 济南：齐鲁书社，1997.

250. （明）顾潜. 静观堂集 [M] //四库全书存目丛书集部：第 48 册. 济南：齐鲁书社，1997.

251. （明）王守仁. 王阳明先生全集 [M] //四库全书存目丛书集部：第 50－51 册. 济南：齐鲁书社，1997.

252. （明）严嵩. 钤山堂集 [M] //四库全书存目丛书集部：第 56 册. 济南：齐鲁书社，1997.

253. （明）湛若水. 湛甘泉先生文集 [M] //四库全书存目丛书集部：第 56 册. 济南：齐鲁书社，1997.

254. （明）吕柟. 泾野先生文集 [M] //四库全书存目丛书集部：第 61 册. 济南：齐鲁书社，1997.

255. （明）邹守益. 东廓邹先生文集 [M] //四库全书存目丛书集部：第 65－66 册. 济南：齐鲁书社，1997.

256. （明）张治. 张龙湖先生文集 [M] //四库全书存目丛书集部：第 76 册. 济南：齐鲁书社，1997.

257. （明）娄枢. 娄子静文集 [M] //四库全书存目丛书集部：第 85 册. 济南：齐鲁书社，1997.

258. （明）程文德. 程文恭公遗稿 [M] //四库全书存目丛书集部：第 90 册. 济南：齐鲁书社，1997.

259. （明）蒋信. 蒋道林先生文粹 [M] //四库全书存目丛书集部：第 96 册. 济南：齐鲁书社，1997.

260. （明）吕本. 期斋吕先生集 [M] //四库全书存目丛书集部：第 99 册. 济南：齐鲁书社，1997.

261. （明）薛应旂. 方山先生文录 [M] //四库全书存目丛书集部：第 102 册. 济南：齐鲁书社，1997.

262. （明）王维桢. 王氏存笥稿 [M] //四库全书存目丛书集部：第 103 册. 济南：齐鲁书社，1997.

263. （明）茅坤. 玉芝山房稿 [M] //四库全书存目丛书集部：第 106 册.

济南：齐鲁书社，1997.

264．（明）茅坤．耄年录［M］//四库全书存目丛书集部：第106册．济南：齐鲁书社，1997.

265．（明）高拱．高文襄公集［M］//四库全书存目丛书集部：第108册．济南：齐鲁书社，1997.

266．（明）王宗沐．敬所王先生文集［M］//四库全书存目丛书集部：第111册．济南：齐鲁书社，1997.

267．（明）孙楼．刻孙百川先生文集［M］//四库全书存目丛书集部：第112册．济南：齐鲁书社，1997.

268．（明）王时槐．塘南王先生友庆堂合稿［M］//四库全书存目丛书集部：第114册．济南：齐鲁书社，1997.

269．（明）宋仪望．华阳馆文集［M］//四库全书存目丛书集部：第116册．济南：齐鲁书社，1997.

270．（明）张卤．浒东先生文集［M］//四库全书存目丛书集部：第132册．济南：齐鲁书社，1997.

271．（明）王锡爵．王文肃公文草［M］//四库全书存目丛书集部：第136册．济南：齐鲁书社，1997.

272．（明）王弘诲．太子少保王忠铭先生文集天池草重编［M］//四库全书存目丛书集部：第138册．济南：齐鲁书社，1997.

273．（明）于慎行．榖城山馆文集［M］//四库全书存目丛书集部：第147册．济南：齐鲁书社，1997.

274．（明）林景旸．玉恩堂集［M］//四库全书存目丛书集部：第148册．济南：齐鲁书社，1997.

275．（明）朱赓．朱文懿公文集［M］//四库全书存目丛书集部：第149册．济南：齐鲁书社，1997.

276．（明）李维桢．大泌山房集［M］//四库全书存目丛书集部：第150-153册．济南：齐鲁书社，1997.

277．（明）郭子章．蠙衣生蜀草［M］//四库全书存目丛书集部：第154册．济南：齐鲁书社，1997.

278．（明）邢侗．来禽馆集［M］//四库全书存目丛书集部：第161册．济南：齐鲁书社，1997.

279. （明）支大纶. 支华平先生集［M］//四库全书存目丛书集部：第162册. 济南：齐鲁书社，1997.

280. （明）钟羽正. 崇雅堂集［M］//四库全书存目丛书集部：第167册. 济南：齐鲁书社，1997.

281. （明）谢肇淛. 小草斋集［M］//四库全书存目丛书集部：第175册. 济南：齐鲁书社，1997.

282. （明）刘永澄. 刘练江先生集［M］//四库全书存目丛书集部：第179册. 济南：齐鲁书社，1997.

283. （明）薛三省. 薛文介公文集［M］//四库全书存目丛书集部：第182册. 济南：齐鲁书社，1997.

284. （明）吕维祺. 明德先生文集［M］//四库全书存目丛书集部：第185册. 济南：齐鲁书社，1997.

285. （明）罗万藻. 此观堂集［M］//四库全书存目丛书集部：第192册. 济南：齐鲁书社，1997.

286. （明）王云凤. 博趣斋藁［M］//续修四库全书：第1331册. 上海：上海古籍出版社，2002.

287. （明）张邦奇. 张文定公环碧堂集［M］//续修四库全书：第1337册. 上海：上海古籍出版社，2002.

288. （明）薛应旂. 方山薛先生全集［M］//续修四库全书：第1343册. 上海：上海古籍出版社，2002.

289. （明）黄汝亨. 寓林集［M］//续修四库全书：第1368－1369册. 上海：上海古籍出版社，2002.

290. （明）朱之瑜. 舜水先生文集［M］//续修四库全书：第1385册. 上海：上海古籍出版社，2002.

291. （明）吴应箕. 楼山堂集［M］//续修四库全书：第1388册. 上海：上海古籍出版社，2002.

292. （明）吴应箕. 楼山堂遗文［M］//续修四库全书：第1389册. 上海：上海古籍出版社，2002.

293. （清）钱谦益. 牧斋有学集［M］//续修四库全书：第1391册. 上海：上海古籍出版社，2002.

294. （清）黄宗羲. 南雷文定［M］//续修四库全书：第1397册. 上海：

上海古籍出版社，2002.

295.（明）陈龙正. 几亭全书［M］//四库禁毁书丛刊集部：第12册. 北京：北京出版社，1998.

296.（明）冯琦. 宗伯集［M］//四库禁毁书丛刊集部：第15-16册. 北京：北京出版社，1998.

297.（明）吴道南. 吴文恪公文集［M］//四库禁毁书丛刊集部：第31册. 北京：北京出版社，1998.

298.（明）赵维寰. 雪庐焚余稿［M］//四库禁毁书丛刊集部：第88册. 北京：北京出版社，1998.

299.（明）赵维寰. 焚余续草［M］//四库禁毁书丛刊集部：第88册. 北京：北京出版社，1998.

300.（明）王在晋. 越镌［M］//四库禁毁书丛刊集部：第104册. 北京：北京出版社，1998.

301.（明）姚舜牧. 来恩堂草［M］//四库禁毁书丛刊集部：第107册. 北京：北京出版社，1998.

302.（明）叶向高. 苍霞续草［M］//四库禁毁书丛刊集部：第124-125册. 北京：北京出版社，1998.

303.（明）骆问礼. 万一楼集［M］//四库禁毁书丛刊集部：第174册. 北京：北京出版社，1998.

304.（明）姚希孟. 响玉集［M］//四库禁毁书丛刊集部：第178册. 北京：北京出版社，1998.

305.（明）黄克缵. 数马集［M］//四库禁毁书丛刊集部：第180册. 北京：北京出版社，1998.

306.（明）陈儒. 芹山集［M］//北京图书馆古籍珍本丛刊：第106册. 北京：书目文献出版社，1998.

307.（明）海瑞. 海瑞集［M］. 北京：中华书局，1962.

308.（明）李廷机. 李文节集［M］. 台北：文海出版社，1970.

309.（明）归有光. 震川先生集［M］. 上海：上海古籍出版社，1981.

310.（明）王廷相. 王廷相集［M］. 北京：中华书局，1989.

311.（清）顾炎武. 顾亭林诗文集［M］//中国古典文学基本丛书. 北京：中华书局，1983.

312. （清）梁章钜. 制义丛话 [M] //续修四库全书：第1718册. 上海：上海古籍出版社，2002.

313. （明）贺复征. 文章辨体汇选 [M] //文渊阁四库全书：第1402－1410册. 台北：台湾商务印书馆，1986.

314. （清）黄宗羲. 明文海 [M]. 北京：中华书局1987.

315. （清）李周望. 国朝历科题名碑录初集 [M] //北京图书馆古籍珍本丛刊：第116册. 北京：书目文献出版社，1998.

316. （清）永瑢，纪昀. 四库全书总目提要 [M]. 海口：海南出版社，1999.

二、明代举业用书

1. （明）胡广，等. 周易传义大全 [M] //文渊阁四库全书：第28册. 台北：台湾商务印书馆，1986.

2. （明）胡广，等. 书经大全 [M] //文渊阁四库全书：第63册. 台北：台湾商务印书馆，1986.

3. （明）胡广，等. 诗传大全 [M] //文渊阁四库全书：第78册. 台北：台湾商务印书馆，1986.

4. （明）胡广，等. 礼记大全 [M] //文渊阁四库全书：第122册. 台北：台湾商务印书馆，1986.

5. （明）胡广，等. 春秋大全 [M] //文渊阁四库全书：第166册. 台北：台湾商务印书馆，1986.

6. （明）胡广，等. 四书大全 [M] //文渊阁四库全书：第205册. 台北：台湾商务印书馆，1986.

7. （明）蔡清，庄煦编. 四书蒙引 [M] //文渊阁四库全书：第206册. 台北：台湾商务印书馆，1986.

8. （明）王肯堂. 尚书要旨 [M] //四库全书存目丛书经部：第51－52册. 济南：齐鲁书社，1997.

9. （明）许天赠. 诗经正义 [M] //四库全书存目丛书经部：第61册. 济南：齐鲁书社，1997.

10. （明）凌濛初. 诗逆 [M] //四库全书存目丛书经部：第66册. 济南：齐鲁书社，1997.

11. （明）马时敏. 礼记中说［M］//四库全书存目丛书经部：第90册. 济南：齐鲁书社，1997.

12. （明）杨鼎熙. 礼记敬业［M］//四库全书存目丛书经部：第95册. 济南：齐鲁书社，1997.

13. （明）赵恒. 春秋录疑［M］//四库全书存目丛书经部：第119册. 济南：齐鲁书社，1997.

14. （明）邹德溥. 春秋匡解［M］//四库全书存目丛书经部：第120册. 济南：齐鲁书社，1997.

15. （明）张杞. 新刻麟经统一编［M］//四库全书存目丛书经部：第121册. 济南：齐鲁书社，1997.

16. （明）冯梦龙. 春秋衡库［M］//四库全书存目丛书经部：第123册. 济南：齐鲁书社，1997.

17. （明）郑来鸾. 春秋实录［M］//四库全书存目丛书经部：第124册. 济南：齐鲁书社，1997.

18. （明）陈于鼎. 麟旨定［M］//四库全书存目丛书经部：第124册. 济南：齐鲁书社，1997.

19. （明）顾懋樊. 桂林春秋义［M］//四库全书存目丛书经部：第125册. 济南：齐鲁书社，1997.

20. （明）梅之熉. 春秋因是［M］//四库全书存目丛书经部：第128册. 济南：齐鲁书社，1997.

21. （明）冯梦龙. 麟经指月［M］//四库未收书辑刊2辑10册. 北京：北京出版社，1998.

22. （明）冯梦龙. 春秋定旨参新［M］//冯梦龙全集［M］. 南京：江苏古籍出版社，1993.

23. （明）乐韶凤，宋濂，等. 洪武正韵［M］//文渊阁四库全书：第239册. 台北：台湾商务印书馆，1986.

24. （明）郭大有. 新刻官板大字评史心见［M］//四库全书存目丛书史部：第288册. 济南：齐鲁书社，1997.

25. （明）冯梦龙. 纲鉴统一［M］//冯梦龙全集［M］. 上海：上海古籍出版社，1993.

26. （明）胡广，等. 性理大全书［M］//文渊阁四库全书：第710－711

册. 台北：台湾商务印书馆，1986.

27. （明）詹淮. 性理标题综要[M]//四库全书存目丛书子部：第16册. 济南：齐鲁书社，1997.

28. （明）王世懋. 新选古今类腴[M]//四库全书存目丛书子部：第181册. 济南：齐鲁书社，1997.

29. （明）樊王家. 左氏春秋内外传类选[M]//四库全书存目丛书子部：第199册. 济南：齐鲁书社，1997.

30. （明）杜泾. 对制谈经[M]//四库全书存目丛书子部：第201册. 济南：齐鲁书社，1997.

31. （明）江旭奇. 朱翼[M]//四库全书存目丛书子部：第206册. 济南：齐鲁书社，1997.

32. （明）胡松. 唐宋元名表[M]//文渊阁四库全书：第1382册. 台北：台湾商务印书馆，1986.

33. （明）茅坤. 唐宋八大家文钞[M]//文渊阁四库全书：第1383-1384册. 台北：台湾商务印书馆，1986.

34. （明）王志坚. 四六法海[M]//文渊阁四库全书：第1394册. 台北：台湾商务印书馆，1986.

35. （明）张文炎. 国朝名公经济文钞[M]//四库全书存目丛书集部：第347册. 济南：齐鲁书社，1997.

36. （明）顾祖武. 集古文英[M]//四库全书存目丛书集部：第381册. 济南：齐鲁书社，1997.

37. （明）陈垲. 名家表选[M]//四库全书存目丛书补编：第13册. 济南：齐鲁书社，2001.

38. （明）林德谋. 古今议论参[M]//四库禁毁书丛刊集部：第20-21册. 北京：北京出版社，1998.

39. （明）张以忠. 陈明卿先生评选古今文统[M]//四库禁毁书丛刊集部：第134册. 北京：北京出版社，1998.

40. （明）茅维. 皇明策衡[M]//四库禁毁书丛刊集部：第151-152册. 北京：北京出版社，1998.

41. （明）袁黄. 游艺塾文规[M]//续修四库全书：第1718册. 上海：上海古籍出版社，2002.

42. （明）袁黄. 游艺塾续文规 [M] //续修四库全书：第1718册. 上海：上海古籍出版社，2002.

三、著作

1. 林丽月. 明代的国子监生 [M]. 台北：东吴大学中国学术著作奖助委员会，1978.

2. 金诤. 科举制度与中国文化 [M]. 上海：上海人民出版社，1990.

3. 吴智和. 明代的儒学教官 [M]. 台北：台湾学生书局，1991.

4. 王凯符. 八股文概说 [M]. 北京：中国和平出版社，1991.

5. 启功，张中行，金克木. 说八股 [M]. 北京：中华书局，2000.

6. 蔡春，等. 历代教育笔记资料·明代部分 [M]. 北京：中国劳动出版社，1992.

7. 吴柏森，等. 明实录类纂·文教科技卷 [M]. 武汉：武汉出版社，1992.

8. 周腊生. 明代状元奇谈·明代状元谱 [M]. 北京：紫禁城出版社，1993.

9. 尹选波. 中国明代教育史 [M]. 北京：人民出版社，1994.

10. 陈宝良. 中国的社与会 [M]. 杭州：浙江人民出版社，1996.

11. 陈谷嘉，邓洪波. 中国书院史资料 [M]. 杭州：浙江教育出版社，1998.

12. 王兴亚. 明代行政管理制度 [M]. 郑州：中州古籍出版社，1999.

13. 吴宣德. 中国教育制度通史·明代卷 [M]. 济南：山东教育出版社，2000.

14. 刘晓东. 明代士人生存状态研究 [M]. 长春：吉林文史出版社，2002.

15. 王天有，等. 中国考试史文献集成·明代卷 [M]. 北京：高等教育出版社，2003.

16. 张显清，林金树. 明代政治史 [M]. 桂林：广西师范大学出版社，2003.

17. 刘海峰. 中国科举史 [M]. 上海：东方出版中心，2004.

18. 钱茂伟. 国家，科举与社会 [M]. 北京：北京图书馆出版社，2004.

19. 邓洪波. 中国书院史 [M]. 上海：东方出版中心，2004.

20. 商衍鎏. 清代科举考试述录 [M]. 天津：百花文艺出版社，2004.

21. 多洛肯. 明代福建进士研究 [M]. 上海：上海辞书出版社，2004.

22. 王凯旋. 明代科举制度考论 [M]. 沈阳：沈阳出版社，2005.

23. 陈宝良. 明代儒学生员与地方社会 [M]. 北京：中国社会科学出版社，2005.

24. 刘海峰. 科举学导论 [M]. 武汉：华中师范大学出版社，2005.

25. 李世愉. 中国历代科举生活掠影 [M]. 沈阳：沈阳出版社，2005.

26. 李兵. 书院与科举关系研究 [M]. 武汉：华中师范大学出版社，2005.

27. 龚笃清. 明代八股文史探 [M]. 长沙：湖南人民出版社，2006.

28. 郭培贵. 明史选举志考论 [M]. 北京：中华书局，2006.

29. 刘海峰. 科举制的终结与科举学的兴起 [M]. 武汉：华中师范大学出版社，2006.

30. 龚笃清. 明代科举图鉴 [M]. 长沙：岳麓书社，2007.

31. 赵子富. 明代学校与科举制度研究 [M]. 北京：燕山出版社，2008.

32. 郭培贵. 明代科举史事编年考证 [M]. 北京：科学出版社，2008.

33. 陈长文. 明代科举文献研究 [M]. 济南：山东大学出版社，2008.

34. 王戎笙，王天有，李世愉. 中国考试通史·明清卷 [M]. 北京：首都师范大学出版社，2008.

35. 方志远. 明代国家权力结构及运行机制 [M]. 北京：科学出版社，2008.

36. 叶楚炎. 明代科举与明中期至清初通俗小说研究 [M]. 南昌：百花洲文艺出版社，2009.

37. 汪维真. 明代乡试解额制度研究 [M]. 北京：社会科学文献出版社，2009.

38. 郭皓政. 明代状元与文学 [M]. 济南：齐鲁书社，2010.

39. 郭培贵. 中国科举制度通史（明代卷）[M]. 上海：上海人民出版社，2015.

40. 〔美〕本杰明·艾尔曼（Benjamin Elman）. 经学·科举·文化史 [M]. 北京：中华书局，2010.

41. 〔美〕PING – TI HO（何炳棣）. The Ladder of Success in Imperial China：Aspects of Social Mobility, 1368 – 1911（明清社会史论）, New York：Columbia University Press, 1964.

42. 〔美〕BENJAMIN A. ELMAN（艾尔曼）. A Cultural History of Civil Examinations in Late Imperial China（帝制晚期中国科举考试的文化史）, New York：Columbia University Press, 2000.

43. 明人传记资料索引［M］. 台北：文史哲出版社, 1978.

44. 朱保炯, 谢沛霖. 明清进士题名碑录索引［M］. 上海：上海古籍出版社, 1980.

45. 杨殿珣. 中国历代年谱总录（增订本）［M］. 北京：书目文献出版社, 1996.

46. 陈时龙. 明代的科举与经学［M］. 北京：中国社会科学出版社, 2018.

四、论文

1. 林丽月. 科场竞争与天下之"公"：明代科举区域配额问题的一些考察［M］//台湾学者中国史研究论丛·社会变迁. 北京：中国大百科全书出版社, 2005.

2. 王兴亚. 关于明代科举制度研究中的几个问题［J］. 中州学刊, 1990（4）.

3. 王兴亚. 明代选官制度述略［J］. 黄淮学刊（社会科学版）, 1990年（4）.

4. 王兴亚. 明代考试舞弊的防范及其查处［J］. 黄河科技大学学报, 2002（3）.

5. 王兴亚. 明代殿试管理制度及其作用［J］. 黄河科技大学学报, 2004（1）.

6. 王兴亚. 明代李梦阳的籍里与两地乡试［J］. 黄河科技大学学报, 2008（3）.

7. 赵子富. 明代的学校及其考试制度［J］. 清华大学学报（哲学社会科学版）, 1992（2）.

8. 赵广华. 明代河南科举与人才的消长［J］. 河南大学学报（社会科学

版),1992(1).

9. 颜广文. 明代观政进士制度考略[J]. 华南师范大学学报(社会科学版),1992(2).

10. 颜广文. 明代庶吉士制度考评[J]. 华南师范大学学报(社会科学版),1993(4).

11. 〔美〕艾尔曼. 晚明儒学科举策问中的"自然之学"[J]. 中国文化,1996(1).

12. 刘祥光. 时文稿:科举时代的考生必读[J]. 近代中国史研究通讯,1996(22).

13. 郭培贵.《明代外国官生在华留学及科考》质疑[J]. 历史研究,1997(5).

14. 郭培贵. 论明代科举制的发展及其消极影响[J]. 内蒙古社会科学(汉文版),2003(5).

15. 郭培贵. 明代科举的发展特征与启示[J]. 清华大学学报(哲学社会科学版),2006(6).

16. 郭培贵. 明代科举各级考试的规模及其录取率[J]. 史学月刊,2006(12).

17. 郭培贵. 二十世纪以来明代科举研究述评[J]. 中国文化研究,2007(秋之卷).

18. 郭培贵. 明代东莞地区的科举群体及其历史贡献[J]. 暨南学报(哲学社会科学版),2008(6).

19. 郭培贵. 关于明代科举研究中几个流行观点的商榷[J]. 清华大学学报(哲学社会科学版),2009(6).

20. 郭培贵. 明代科举的坚实基础——官学教育的发展特点及其经验教训[J]. 中国文化研究,2009(夏之卷).

21. 郭培贵. 明代乡试录取额数的变化及举人总数考述[J]. 东岳论丛,2010(1).

22. 郭培贵,赵丽美. 明代广西进士人数及其地理分布考述[J]. 教育与考试,2010(4).

23. 陈国生. 明代四川进士的地域分布及其规律[J]. 西南师范大学学报(哲学社会科学版),1996(3).

24. 范金民. 明清江南进士数量, 地域分布及其特色分析 [J]. 南京大学学报 (哲学人文社会科学), 1997 (2).

25. 范金民. 明代江南进士事功述论 [M] //第七届明史国际学术讨论会论文集. 长春: 东北师范大学出版社, 1999.

26. 邹长清. 明代庶吉士制度探微 [J]. 广西师范大学学报 (哲学社会科学版), 1998 (2).

27. 沈登苗. 明清全国进士与人才的时空分布及其相互关系 [J]. 中国文化研究, 1999 (冬之卷).

28. 曹国庆. 明代江西科第世家的崛起及其在地方上的作用——以铅山费氏为例 [J]. 中国文化研究, 1999 (冬之卷).

29. 田澍. 嘉靖前期科举制度的改革及其现代启示 [J]. 西北师大学报 (社会科学版), 2000 (6).

30. 田澍. 明代八股文文体述论 [J]. 西北师大学报 (社会科学版), 2004 (6).

31. 高寿仙. 明代制义风格的嬗变 [M] //明清论丛第二辑. 北京: 紫禁城出版社, 2001.

32. 刘晓东. 科举危机与晚明士人社会的分化 [J]. 山东大学学报 (人文社会科学版), 2002 (2).

33. 刘晓东. 晚明科场风变与士人科举心态的演变 [J]. 求是学刊, 2007 (5).

34. 邓洪波, 蒋建国. 明代湖南科举述评 [J]. 湖南大学学报 (社会科学版), 2001, (1).

35. 邓洪波. 明代书院的科举之会与科举之学 [J]. 河北师范大学学报 (教育科学版), 2009 (7).

36. 王燕. 明代嘉靖至万历年间的科考弊端及其纷争 [J]. 苏州大学学报 (哲学社会科学版), 2002 (3).

37. 王振芳, 吴海丽. 明代山西进士的地域分布特点及其成因 [J]. 沧桑, 2002 (5).

38. 王建. 试论以选文为中心的明代科举与文学的关系 [J]. 中国文学研究, 2003 (4).

39. 黄明光. 明代科举鼎甲研究 [J]. 南京理工大学学报 (社会科学版),

2004 (4).

40. 龚笃清. 试述明代前期八股文对文学的影响 [J]. 中国文学研究, 2005 (1).

41. 吴宣德. 明代地方教育建设与进士的地理分布 [J]. 教育学报, 2005 (1).

42. 宗韵, 吴宣德. 科举与社会分层之相互关系——以明代为中心的考察 [J]. 人文杂志, 2007 (6).

43. 吴宣德, 王红春. 明代会试试经考略 [J]. 教育学报, 2011 (1).

44. 周腊生. 明代状元的年龄魁龄与魁后生存时间分析 [J]. 湖北职业技术学院学报, 2005 (1).

45. 伍贤达. 明代科举制度对理学之影响浅探 [J]. 文史博览, 2006 (4).

46. 张连银. 明代科场评卷方式考——以乡, 会试为考察对象 [J]. 安徽史学, 2006 (4).

47. 龚延明, 邱进春. 明代登科进士总数考 [J]. 浙江大学学报 (人文社会科学版), 2006 (3).

48. 应方淦. 明代书院举业化探析 [J]. 晋阳学刊, 2006 (4).

49. 沈登苗. 也谈明代前期科举社会的流动率——对何炳棣研究结论的思考 [J]. 社会科学论坛, 2006 (9).

50. 王尊旺. 明代庶吉士考论 [J]. 史学月刊, 2006 (8).

51. 汪维真. 明建文二年殿试举行时间与参试人数考辨 [J]. 史学月刊, 2006 (11).

52. 汪维真. 事有定数: 明人对科举功名的认识 [J]. 史学集刊, 2006 (2).

53. 汪维真, 牛建强. 明弘治初限科会试令立废原委考释 [J]. 历史研究, 2008 (1).

54. [日] 鹤成久章. 论明代科举中试《四书义》之出题 [M] //科举制的终结与科举学的兴起. 陈翀, 译. 武汉: 华中师范大学出版社, 2006.

55. [日] 鹤成久章. 明代会试判卷标准考 [J]. 考试研究, 2010 (1).

56. [日] 鹤成久章. 可以托六尺之孤——建文元年的京闱与方孝孺 [M] //科举学的形成与发展. 陈翀, 译. 武汉: 华中师范大学出版社, 2009.

57. 刘希伟. 明代山东进士的区域分布研究 [J]. 教育与考试, 2007 (6).

58. 龚延明. 明洪武十八年进士发覆——兼质疑《明清进士题名碑索引》[M] //2007 科举学论丛第一辑. 北京：线装书局，2007.

59. 邱进春. 明代进士的改姓与复姓 [M] //2007 科举学论丛第一辑. 北京：线装书局，2007.

60. 张学亮. 天命意识与明代士人的科举心理探析 [M] //2007 科举学论丛第二辑. 北京：线装书局，2007.

61. 张学亮. 明代科举士人群体应试心理探析 [J]. 教育与考试，2010（4）.

62. 张德信. 明代科考复试述略 [J]. 大连大学学报，2008（2）.

63. 章宏伟. 明代观政进士制度 [J]. 吉林大学社会科学学报，2008（5）.

64. 许静. 明代湖南乡试时空分布初探 [J]. 教育与考试，2008（1）.

65. 李子君. 科举与音韵——明代音韵学繁荣的原因 [J]. 长春大学学报，2008（6）.

66. 余来明. 唐宋派与明中期科举文风 [J]. 武汉大学学报（人文科学版），2009（2）.

67. 朱子彦. 论复社与晚明科举 [J]. 社会科学，2009（3）.

68. 叶楚炎. 论明代科举的考试资格 [M] //明清论丛第九辑. 北京：紫禁城出版社，2009.

69. 刘志强. 明代的交址进士 [M] //2009 科举学论丛第一辑. 北京：线装书局，2009.

70. 陈长文. 明代宗科进士辑考 [J]. 鲁东大学学报（哲学社会科学版），2009（3）.

71. 陈长文. 明代"杂流"登科现象考略 [M] //科举学的形成与发展. 武汉：华中师范大学出版社，2009.

72. 〔日〕三浦秀一. 明代"科举"程论管窥 [M] //科举学的形成与发展. 武汉：华中师范大学出版社，2009.

73. 张献忠. 明代科举考试用书的出版 [M] //科举学的形成与发展. 武汉：华中师范大学出版社，2009.

74. 张献忠. 明中后期科举考试用书的出版 [J]. 社会科学辑刊，2010（1）.

75. 张献忠. 袁黄与科举考试用书的编纂——兼谈明代科举考试的两个问题 [J]. 西南大学学报（社会科学版），2010（3）.

76. 付琼. 明代举业教育中的苏文选本 [J]. 学术论坛, 2010 (1).

77. 毛晓阳. 明代公益性助考基金述论 [J]. 教育与考试, 2010 (3).

78. 钱茂伟. 国家、科举与家族：以明代宁波杨氏为中心的考察 [J]. 宁波大学学报（人文科学版），2010 (6).

79. 张涛. 梦的解析：明人科举梦兆迷信述论 [J]. 四川教育学院学报, 2011 (2).

80. 吴恩荣. 科考、遗才与大收：明代乡试资格考试述论 [J]. 安徽大学学报（哲学社会科学版），2013 (5).

81. 丁修真. 科举的"在地"：论科举史的地方脉络——以明代常熟县为中心 [J]. 史林, 2016 (3).

82. 赵克生. 时文熟 榜头立——明代士子的时文阅读实践 [J]. 史学月刊, 2017 (11).

83. 安娜. 明代科举士子时文阅读初探 [J]. 古代文明, 2017 (1).

84. 陈长文. 明代科举取士中的时务策研究——以登科录为中心 [D]. 开封：河南大学, 2001.

85. 周慧. 明代的科举与社会流动 [D]. 长春：东北师范大学, 2002.

86. 何玉军. 明代科举与诗歌 [D]. 苏州：苏州大学, 2004.

87. 张连银. 明代乡试、会试评卷研究 [D]. 兰州：西北师范大学, 2004.

88. 张涛. 明代科场迷信研究 [D]. 兰州：西北师范大学, 2006.

89. 赵国平. 明代嘉、隆、万时期山西籍进士及其时政思想 [D]. 太原：山西大学, 2007.

90. 王红春. 明代浙江举人研究 [D]. 上海：华东师范大学, 2007.

91. 丁蓉. 明代南直隶举人研究 [D]. 上海：华东师范大学, 2009.

92. 申礼. 明代河南开封府举人辑略 [D]. 上海：华东师范大学, 2009.

93. 徐姗姗.《游艺塾文规》正续编研究 [D]. 扬州：扬州大学, 2008.

94. 胡定鸿. 明代江西书院与科举互动关系研究 [D]. 南昌：江西师范大学, 2008.

95. 陈鹏. 明代殿试时务策与边防对策研究 [D]. 哈尔滨：黑龙江大学, 2009.

96. 孙珊珊. 明代辽东的教育与科举 [D]. 大连：辽宁师范大学, 2010.

97. 朱帅. 论明代绍兴府余姚县科第蔚盛与地域社会 [D]. 上海：复旦大

学，2010.

98. 李文芝. 明清科举冒籍研究［D］. 长沙：湖南大学，2010.

99. 多洛肯. 明代浙江进士研究［D］. 上海：复旦大学，2003.

100. 潘峰. 明代八股论评试探［D］. 上海：复旦大学，2003.

101. 李兵. 书院与科举关系研究［D］. 厦门：厦门大学，2004.

102. 黄明光. 明代科举制度研究［D］. 杭州：浙江大学，2005.

103. 高明扬. 科举八股文专题研究［D］. 杭州：浙江大学，2005.

104. 邱进春. 明代江西进士考证［D］. 杭州：浙江大学，2006.

105. 宋长琨. 家庭背景与明代徽州双籍进士的地位升迁［D］. 北京：中国人民大学，2008.

106. 廖鸿裕. 明代科举研究［D］. 台北：中国文化大学中国文学研究所，2008.

107. 安娜. 明代时文阅读研究［D］. 长春：东北师范大学，2017.

后 记

本书基于我的硕士学位论文，稍加修订而成。

2008年，我跨专业考研被东北师大历史学院中国古代史专业（明清史方向）录取，蒙赵师克生教授不弃，忝列门墙。入学后，专研明代历史，赵师推荐读《国榷》，至09年5月初，读完《国榷》。之后又用大半年时间，至研二寒假，基本读完中华书局版《明史》。同时，通过阅读《四库全书》系列、《丛书集成》系列、《中国野史集成》及《续编》《北京图书馆古籍珍本丛刊》《北京图书馆藏珍本年谱丛刊》《天一阁藏明代方志选刊》及《续编》《中国方志丛书》《稀见中国地方志汇刊》等丛书的目录，来了解现已出版明代文献的分布状况，并选择性泛读。了解明史研究的主要工具书，如《明人传记资料索引》《四库全书总目提要》等，为论文的写作打下坚实的文献基础。

研一暑期参加赵师主持的四库明人文集篇目整理项目，先将《四库存目》《续修四库》《四库禁毁》《四库未收》所收明人文集目录摘出（《文渊阁四库全书》因已有电子全文检索版，故不及），大抵以二十册为断，派于各人整理编目。9月，我顺利完成所负责二十册《四库存目》明人文集的编目任务，其他同学亦次第交稿。由于人手不足，最后《四库存目》所收明人文集基本编目完毕，《续修》《禁毁》亦整理出部分，《未收》则付之阙如。然明人文集主要收录于《四库全书存目丛书》中，是举虽未竟全功，亦成十之七八。10月统稿，凡八千余页，三百七十余万字。编目首列书名、作者、丛书名、册数，各卷篇目鳞次于后，皆附丛书名及册数、页码，颇便检索。该目录对本书资料收集资益实多。

研一下学期，赵师为我们开设毕业论文讨论课，因我本科专业是广告学，初选题目为明代的广告。因资料寡少，未克有终。转而关注明代的信息传播，又不果。赵师乃荐以明代科举士子备考。我以题目数易，不便遽辞，又时光奄忽，选题迟迟不定，心甚忧急。然以我二十余年的生涯，绝大部分岁月与备考应试相终始，故于是题，虽初意其琐屑，无甚大意义，亦颇怀兴趣，有同病相怜，物伤其类之感，有意一窥其详，题遂定。

论文课结束后，我始对论文资料分布、框架、内容粗知浅深，觉是题多可施展处，疑虑渐消。然当时正读《明史》，尚未专事于此。研二上学期，赵师以访问学者赴美，平时通过网络与我们联系。下学期没课，《明史》亦已读完，始肆力于论文资料收集、整理，编制资料长编。6月开题，获得通过，赵毅、赵轶峰、刁书仁、罗冬阳、刘晓东、董铁松六位先生提出宝贵参考意见。开完题后，整理成的资料长编已近二十万字。长编以所拟章节为框架，或以类从，或以时序。打印成稿，反复研读，构思细节渐渐清晰，乃捉笔为文。

论文的写作过程与博士备考同时进行，一边自己备考，一边研究古人备考。当是时，率以半日备考，半日读资料长编、构思，有所得辄草书其意，于午间或晚自习后回寝室，就电脑上敲定成文，无所得则颓首而回。如是者半载，至研三寒假，初稿始具。时赵师已于去冬归，返校后携稿谒师，赵师稍为调整框架，而试期已迫，论文不得不暂阁。11年3月中旬，我赴南开大学考博初试，返校已至4月初，稍事校订，旋往复试。两经奔走，思虑悬望，加上余日不多，论文只得稍事修补，校订句读、出处，疏通文字，而无力大动筋骨，有质的提高。6月答辩，南炳文、赵毅、赵轶峰、刁书仁、罗冬阳五位先生出席了我的答辩会，一致首肯并提出后续修改意见。犹记赵毅教授言："此文堪称明代科举考试备考指南，在明代一定会成为畅销书"。因毕业在即，论文未再做过多修改，其时尚待他年有暇补正。

2011年9月，我进入南开大学历史学院攻读中国古代史专业（明清文献研究方向）博士，师从郭培贵教授。因专业方向的限制，研究重心转移到明清文献上，博士论文选题为《〈礼部志稿〉研究及校补》，也为日后转向明代礼制的研究作铺垫。读博期间曾将硕论部分章节改写成《科考、遗才与大收：明代乡试资格考试述论》一文，发表于《安徽大学学报（哲学社会科学版）》2013年第5期，这是我发表的第一篇论文，不久被人大复印报刊资料《明清史》2013年第12期全文转载。此后，忙于博士论文的写作，硕论就被束之高阁，无暇顾及。

博士毕业后，我进入肇庆学院西江历史文化研究院工作，时赵师克生教授